ALBER PHÄNOMENOLOGIE

Zu diesem Buch:

Das Verhältnis von Theorie und Praxis begegnet uns bei Husserl als ein ebenso grundlegendes wie apokryph erscheinendes Thema. Zwar betont Husserl die Praxisgebundenheit der transzendentalen Phänomenologie, macht diese aber von einem geglückten „Abstoß" von der Praxis abhängig. Diesen Widerspruch klärt Hans Rainer Sepp in seiner Analyse überzeugend auf, indem er nachweist, daß Husserl selbst die Phänomenologie als Mittlerin zwischen transzendentalem und praktischem Sein auffaßte. Dabei stellt Sepp in seiner Analyse nicht nur Husserls bisher wenig beachtete Ethik vor, sondern belebt mit seiner neuen Deutung der phänomenologischen Epoche die zukünftige phänomenologische Besinnung.

Sepp elucidates the relationship between theory and practice in Husserl's phenomenology. Through this he is able not only to present to the reader Husserl's little-known work on ethics, but also future phenomenological consciousness as imbued wih his new exposé of the phenomenological Epoché.

Der Autor: Dr. phil. Hans Rainer Sepp, geb. 1954, lehrt Philosophie an der Karlsuniversität Prag. Von 1982 bis 1992 Mitarbeiter des Husserl-Archives Freiburg i. Br. Koeditor von Bänden der Gesammelten Werke Husserls („Husserliana"). Herausgeber (mit Kah Kyung Cho, Buffalo, und Yoshihiro Nitta, Tokyo) des „Orbis Phaenomenologicus" (bei Alber 1993ff.). Beirat u.a. der Zeitschriften „Phänomenologische Forschungen" (Alber) und „Rechereches Husserliennes". Frühere Veröffentlichungen bei Alber: „Edmund Husserl und die Phänomenologische Bewegung" (als Hg., 1988).

Hans Rainer Sepp

Praxis und Theoria

PHÄNOMENOLOGIE
Texte und Kontexte
Herausgegeben von
Karl-Heinz Lembeck, Ernst Wolfgang Orth
und Hans Rainer Sepp

KONTEXTE
Band 1

Hans Rainer Sepp

Praxis und Theoria

Husserls transzendentalphänomenologische Rekonstruktion des Lebens

Verlag Karl Alber Freiburg / München

Gedruckt mit Unterstützung
des Förderungs- und Beihilfefonds Wissenschaft der VG Wort

Die Deutsche Bibliothek – CIP-Einheitsaufnahme

Sepp, Hans Rainer :
Praxis und Theoria : Husserls transzendentalphänomenologische
Rekonstruktion des Lebens / Hans Rainer Sepp. –
Freiburg (Breisgau) ; München : Alber, 1997
(Phänomenologie. Texte und Kontexte : Kontexte ; Bd. 1)
Zugl.: München, Univ., Diss., 1992
ISBN 3-495-47842-6

Texterfassung und Druckvorlage durch den Autor

Gedruckt auf alterungsbeständigem Papier (säurefrei)
Printed on acid-free paper

Einbandgestaltung: Eberle & Kaiser, Freiburg
Einband gesetzt in der Rotis SemiSerif von Otl Aicher
Druck und Bindung: Difo-Druck, Bamberg 1997
ISBN 3-495-47842-6

Meinen Eltern

Inhalt

Danksagung

Mein Dank gilt an erster Stelle Herrn Privatdozenten Dr. Eberhard Avé-Lallemant (Universität München). Mit bewundernswerter Anteilnahme hatte er das Entstehen der vorliegenden Arbeit begleitet und gefördert. Ebenso danke ich Herrn Prof. Dr. Wolfhart Henckmann (ebenfalls Universität München) für seine stete Gesprächsbereitschaft. Schließlich erinnere ich mich in Dankbarkeit an die Zusammenarbeit mit dem ehemaligen, inzwischen verstorbenen Direktor des Husserl-Archivs der Universität Freiburg i. Br., Prof. Dr. Werner Marx. Herrn Prof. Dr. Bernhard Rang, derzeit Leiter des Freiburger Husserl-Archivs, danke ich für seine Unterstützung bei der Beantragung des Druckkostenzuschusses. Dem Direktor des Husserl-Archivs der Universität Leuven, Herrn Prof. Dr. Samuel IJsseling, danke ich für die bereitwillig erteilte Erlaubnis zur Zitation aus unveröffentlichten Texten Husserls. Dem früheren, langjährigen Leiter des Verlags Karl Alber, Herrn Dr. Meinolf Wewel, danke ich für seine Anregung und sein Angebot, das Manuskript dieses Buches an Alber zu geben. Dem jetzigen Geschäftsführer des Verlags, Herrn Dr. Falk Redecker, schulde ich Dank für sein den Abschluß des Druckmanuskriptes förderndes Drängen, welches mich jene Anregung endlich in die Tat umsetzen ließ. Meiner Lebensgefährtin Frau Cornelia Billmeier danke ich herzlich für Ihre Unterstützung. Mein besonderer Dank gebührt meinen Eltern. Ihnen sei dieses Buch gewidmet. Das Manuskript zu diesem Buch wurde im Wintersemester 1991/1992 von der Philosophischen Fakultät der Ludwig-Maximilians-Universität München als Dissertation angenommen. Ich danke dem Freistaat Bayern für die Gewährung eines Stipendiums. Dem Vorstand der VG Wort in München danke ich für den großzügig bemessenen Zuschuß zu den Druckkosten.

Prag, Center for Theoretical Study — Hans Rainer Sepp

Einleitung

1. Problemfeld und Aufgabenstellung

Theorie im eigentlichen Sinn besagt für Husserl Philosophie als universale Wissenschaft: *theoría* mit Bezug auf den griechischen Urstiftungssinn der Philosophie (vgl. Hua VI, 326 ff.). Husserl gebraucht den Begriff auch synonym für Wissenschaft schlechthin, etwa wenn es ihm darum geht, Wissenschaft als Praxis, als „theoretische Praxis", zu reflektieren (vgl. z. B. ebd. 113, 401; Hua XVII, 438; Hua XXVII, 187). Kants Diktum, „Alles läuft zuletzt auf das Praktische hinaus",[1] würde Husserl zustimmen. Doch näher als zu Kant steht er in diesem Punkt zu Fichte, dessen Gedanken einer „Subordination der Theorie unter das Praktische"[2] er in einem formalen Sinn durchaus teilt.[3] Den Begriff *Praxis* verwendet Husserl im Sinn mundaner Lebenspraxis, die ihre Verwandlung durch die transzendentale Phänomenologie erfahren kann.[4]

---

[1] *Logik*, Akademie-Ausgabe Bd. IX, 87.

[2] *Grundlagen der gesamten Wissenschaftslehre*, I. H. Fichte (Hg.), *Fichtes Werke*, Nachdruck Berlin 1962-1965, Bd. I, 294.

[3] Husserl befaßte sich vor allem während der Jahre des Ersten Weltkriegs mit Fichtes ethischen Schriften. Fichtes Einfluß auf Husserls Denken wird besonders in den Texten zur Ethik spürbar, die Husserl zu Beginn der zwanziger Jahre verfaßte und in denen er dem Praktischen eine größere Bedeutung zumaß als in seinen früheren Texten zur Ethik (siehe unten Teil II.). Zudem fällt auf, daß Husserls Reflexionen zum Theorie- und Praxis-Verhältnis in der Hauptsache aus den zwanziger und dreißiger Jahren stammen. Vgl. auch Husserls ‚Kriegsvorlesung' über „Fichtes Menschheitsideal" aus den Jahren 1917 und 1918 (Hua XXV, 267-293). Hierzu James G. Hart, „Husserl and Fichte: With special regard to Husserl's lectures on ‚Fichte's ideal of humanity'", in: *Husserl Studies* 12 (1995) 135-163.

[4] Dementsprechend bezieht Husserl den Begriff ‚Leben' als „Ichleben" (Hua VIII, 120) sowohl auf das personale Weltleben („personales Leben ist, als Ich und Wir

Die folgende Untersuchung gründet in der Tatsache, daß die transzendentale Phänomenologie das Verhältnis von Theorie und Praxis radikalisiert hat. Diese Radikalisierung hatte ihre Voraussetzung in der Radikalisierung der Philosophie selbst zur transzendentalen Phänomenologie, und sie bewirkte, daß etwas Zwiespältiges, ja Paradoxes im Verhältnis von Theorie und Praxis zutage trat: Es zeigte sich, daß die Theorie als transzendentale Phänomenologie sich völlig von der Praxis als mundanem Weltleben abstoßen muß, um sich begründen zu können,[5] daß sie jedoch in die Praxis insofern eingebunden bleibt, als sie, selbst in Praxis gründend,[6] eine Funktion dieser und für diese sein soll.[7]

Husserl begreift diese Funktion nicht als eine Aufgabe, die die Theorie neben anderen Aufgaben wahrzunehmen habe, sondern die Ermöglichung einer universalen Umgestaltung der Praxis stellt für ihn den eigentlichen Zwecksinn der Theorie dar. Bereits in seinem *Logos*-Artikel „Philosophie als strenge Wissenschaft" von 1911 hatte Husserl betont, daß Philosophie nicht nur „den höchsten theoretischen Bedürfnissen Genüge leisten", sondern auch „in ethisch-religiöser Hinsicht ein von reinen Vernunftnormen geregeltes Leben ermöglichen" solle (Hua XXV, 3). Diese Aufgabe sollte, so sah er es, die transzendentale Phänomenologie übernehmen: Leben sei auf Vernunft angelegt, doch erst die zur transzendentalen Phänomenologie ausgebildete Theorie vermöge die ge-

---

vergemeinschaftet in einem Gemeinschaftshorizont leben", Hua VI, 314) wie auf das „transzendentale Leben" (z. B. Hua XV, 539).

5 „Natürlich haben wir in der jetzigen thematischen Sphäre [derjenigen der transzendentalen Subjektivität] auch keinen Anteil an all den Interessen, die irgendeine menschliche Praxis in Gang bringen, zumal sie vermöge ihrer Bodenständigkeit in der schon seienden Welt immerfort auch an dem Wahrhaftsein oder Nichtsein der Dinge, mit denen sie sich beschäftigt, mit interessiert ist." (Hua VI, 159)

6 „Die ‚strengste Wissenschaft', die ‚reinste Theorie' hat ihre Wurzeln im Erdreich des praktischen Lebens mit seinen Wertungen, Zielsetzungen und Normen." (Stephan Strasser, *Welt im Widerspruch. Gedanken zu einer Phänomenologie als ethischer Fundamentalphilosophie* [*Phaenomenologica* Bd. 120], Dordrecht/Boston/London 1991, 70.)

7 „Die universal apodiktisch begründete und begründende Wissenschaft entspringt nun als die notwendig höchste Menschheitsfunktion [...]." (Hua VI, 273)

sicherte Basis dafür bereitzustellen, daß es zu einem konsequent auf Vernunftziele ausgerichteten Leben wird.

Dies führt zu einem zweiten Paradox. Husserls zentraler, an die europäische Philosophie gerichteter Vorwurf lautet, daß sie sich nicht nach Maßgabe ihres ursprünglichen Sinns realisiert habe. Wenn Husserl in der Beschränkung des natürlichen Weltlebens die Ursache dafür erblickt, daß die Theorie an ihrer radikalen Ausbildung zur universalen Wissenschaft als Bedingung für eine Umgestaltung der Praxis behindert wird, dann liegt im natürlichen Weltleben der Grund dafür, daß dieses nicht es selbst werden kann. Das heißt, das Weltleben befindet sich vor der transzendentalen Besinnung vom Standpunkt des Phänomenologen aus betrachtet in der paradoxen Situation, zu sein und nicht es selbst zu sein. Wie ist es aber denkbar, daß es mittels der Theorie, also gerade durch etwas, das zu ihm gehören soll, es selbst werden kann? Können diese beiden Paradoxa, das Paradoxon im Verhältnis von Theorie und Praxis und das Paradoxon der Praxis im Verhältnis zu sich selbst, auf dem Boden der transzendentalen Phänomenologie aufgeklärt werden?

Obgleich dieser skizzierten Problematik Husserls Denkansatz zugrunde liegt und obgleich Husserl sie, geleitet von seinen spezifischen Probleminteressen, von verschiedenen Aspekten her anschnitt, machte er sie systematisch und mit der hier formulierten Fragestellung nicht zum Thema. Bei dem Versuch, auf diese Fragen eine Antwort zu geben, orientieren wir uns an seiner transzendentalen Phänomenologie. Die Fragen werden erst zu beantworten sein, wenn deutlich geworden ist, was für Husserl Umstellung, Umgestaltung, Verwandlung der Praxis durch die Theorie besagt, wie auch der Sinn von Veränderung die Klärung dessen impliziert, was Praxis im Blick der Theorie bedeutet: Ihre Aufklärung durch die Theorie und die theoretische Perspektive ihrer Veränderbarkeit gehören zusammen.

Husserl begreift das Weltleben als eine Weise der transzendentalen Subjektivität zu sein, und zwar als eine solche, in der sich die Subjektivität als transzendentale und damit als Grund aller Vernunftausweisung selbst nicht durchsichtig ist. Für die transzendentale Phänomenologie ist die (relative) Aufhebung dieser Selbstentäußerung zwar möglich, aber um den Preis der Aufhebung des

Weltlebens überhaupt. So hat es zunächst den Anschein, als könnte das Weltleben als solches nie es selbst werden, weil es im Versuch des Zusichselbstkommens über die Theorie als transzendentale Phänomenologie seiner völlig verlustig geht. Jeder Versuch des Lebens jedoch, auf dem Boden der Welt zu sich selbst zu kommen, verfehlt nach Maßgabe von Husserls transzendentaler Phänomenologie sein Ziel. Die Frage lautet also genauer: Ist mit der Erschließung des Transzendentalen der ursprüngliche Sinn des Weltlebens so anzueignen, daß seine Verwirklichung auf dem Boden der Welt denkbar wird?

Mit dem Übertritt ins Transzendentale zeigt sich dem Phänomenologen das Weltleben modifiziert. In dieser Modifikation ist das Sein des Weltlebens nicht in ein anderes Sein verwandelt, sondern verdeckende Sinnschichten sind abgelöst, und im Ablösen wird sowohl das Verdeckende wie das Verdeckte sichtbar. Die transzendentalphänomenologische Analyse entwirft nicht ein neues Sein des Lebens, sie will das Leben in seinem Sein aufdecken: *Sie rekonstruiert.* Die Freilegung des transzendentalen Sinnes des Weltlebens durch die transzendentale Phänomenologie faßt Husserl selbst als *Rekonstruktion.*[8] In dem Text „Teleologie in der Philosophiegeschichte" von 1936/1937, der Husserls „letztes, genau datierbares Manuskript" enthält[9] und, als bestimmt für den Schlußteil der *Krisis*, den Gedanken der Aufgabenidee der Philosophie, der mit der Prager Abhandlung vom Sommer 1934 den Anstoß zur *Krisis*-Schrift gab, wiederaufgreift, beschreibt Husserl die „Rekonstruktion" der Urstiftung der Philosophie als eine Möglichkeit des „Rückverstehens" (Hua XXIX, 380 f.). Das Rückverstehen von „Werk auf Wirken" deutet an, daß für Husserl „Rückfrage",[10]

---

[8] „Ich pflege mich gegen phänomenologische Gegebenheiten so zu verhalten wie der Archäologe bei der Ausgrabung: Sie werden sauber zusammengestellt, aber die eigentliche Arbeit ist nicht ihre Beschreibung, sondern die Rekonstruktion." (Briefentwurf Husserls an Gerda Walther vom 18.5.1920, in A V 21, 61a)

[9] Vgl. die Einleitung des Herausgebers Reinhold N. Smid zu Hua XXIX, S. LXI ff.

[10] Im Spätwerk Husserls bezeichnen „Rückfrage und Rekonstruktion" (Hua XV, 595) das methodische Vorgehen der genetischen Phänomenologie, um das Leben der transzendentalen Intersubjektivität in seiner Geschichtlichkeit und nach seinen generativen Schichten aufzudecken. Dies befaßt Probleme „der transzendentalen Rückfragen von den Wesensformen menschlichen Daseins in Gesellschaftlichkeit,

„Rückschau“,[11] „Restitution“[12] und schließlich „Rekonstruktion“[13] generell das Verfahren bezeichnen, das von erzeugten Gebilden auf deren Erzeugungsprozeß, transzendentalphänomenologisch gewendet, von der Endkonstituiertheit von Gebilden auf deren Konstitutionsgenese zurückzufragt.[14]

‚Rekonstruktion‘ kann die Wiederherstellung einer Sache meinen, wie sie einmal gewesen war. Das Wort mag auch die Gestaltung einer Sache bezeichnen, wie sie nie gewesen war, wie sie jedoch nach Maßgabe ihres eigenen Sinns sein sollte. Letzteres schließt ein, daß dieser Sinn verschüttet war und selbst rekonstruiert werden kann. Der Terminus bezeichnet schließlich das ganze Geflecht der Strategien, Sinngehalte aus ihren Verschüttungen zu bergen, bezeichnet Blickwinkel und Bedingtheit eines jeden Versuchs einer Rekonstruktion. Rekonstruktion des Sinnes wahrer Praxis setzt Rekonstruktion des Sinnes wahrer Theorie voraus:

---

in Personalitäten höherer Ordnung, auf ihre transzendentale und somit absolute Bedeutung“ (Hua VI 191 f.), aber auch die Rückfrage auf den Ursprung des theoretischen Zugriffs selbst, wobei das Rückfragen selbst zur Generativität gehört, die es aufdeckt: „Im Sinn des Philosophen-Daseins als eines Daseins aus philosophischer Generativität liegt die historische Rückfrage nach dieser selbst [...].“ (Ebd. 489)

[11] Philosophische und transzendentalphänomenologische Rekonstruktion gründen für Husserl in der Möglichkeit des Lebens, den Fluß des Erlebens zu unterbrechen und, im Absehen auf eine Neuorientierung des Lebens, in einem Akt der Besinnung die verflossenen Akte und ihre Gehalte einer kritischen Klärung zu unterziehen: „Notwendigkeit der Rückschau, der Kritik der Vergangenheit“ (Hua XV, 600).

[12] Restitution als Klärung der Sinngeschichte theoretischer Erwerbe durch Wiederverlebendigung ihrer anschaulichen Gehalte: „Restitution“ der Begründungswege theoretischer Erkenntnis, „mit denen sich die Evidenz ihres ursprünglichen rechtmäßigen Sinnes erneuert“ (Hua XXVII, 227) - oder allgemeiner: des Ganzen der philosophischen Zweckgestalt als universaler Wissenschaft: Im *Encyclopaedia-Britannica*-Artikel schreibt Husserl, nachdem er einen Aufriß der phänomenologischen Philosophie gegeben hat: „Eben damit restituiert sich der ursprünglichste Begriff der Philosophie als universaler Wissenschaft aus radikaler Selbstrechtfertigung.“ (Hua IX, 298)

[13] In einem Manuskript aus Anfang der zwanziger Jahre, das überschrieben ist mit „Funktion der Wissenschaft als Kultur für die universale Kultur etc.“, charakterisiert Husserl „erworbene Wahrheit“ als Mittel für neu zu erwerbende und als „ein dauerndes Mittel, die ‚Wahrheit selbst‘“ - den Urstiftungssinn dieser Wahrheit durch erneute Veranschaulichung - „zu rekonstruieren“ (B I 21 II, 6).

[14] Dieses Verfahren umschreibt der Begriff der „regressiven Phänomenologie“ (vgl. HuaDok II,1, 12 f.).

Rekonstruktion als das zu Rekonstruierende zielt auf den eigenen Sinn der Praxis im Wie der Theorie, und Rekonstruktion als Aufriß der Wiederherstellung ist der Zielsinn der Theorie für die Praxis. So impliziert nicht nur der Aufriß der Theorie das zu Rekonstruierende, antizipiert seine Verwirklichung, sondern das zu Rekonstruierende ist selbst auf die Rekonstruktion durch die Theorie hin angelegt.

Die Aufklärung des Verhältnisses von Theorie und Praxis als dasjenige einer transzendentalphänomenologischen Rekonstruktion ist das Thema dieser Untersuchung. Es wird in der Perspektive zweier leitender Gesichtspunkte behandelt: Zum einen soll geprüft werden, inwieweit die Theorie die Umgestaltung *einzelpersonaler* Existenz begründet; dabei ist die Überlegung leitend, daß jede Konzeption der Umgestaltung einer Gemeinschaft letztlich nachweisen muß, ob sie die Möglichkeit der Umwandlung des einzelnen einsichtig machen kann.[15] Der zweite Gesichtspunkt läßt sich in die Frage fassen, ob es eine *direkte* Umwandlung der Praxis in ihrer Relation zur Theorie resp. als transzendentaler Phänomenologie gibt.

Husserls transzendentale Phänomenologie analysiert die konstitutiven Prozesse, denen zufolge das transzendentale Leben sich als mundanes ausbildet, seine mundane Phänomenologie will als Ethik Prinzipien für eine Umgestaltung des Weltlebens freilegen, und sein Denken kennt auch Brücken, die beides verbinden. Die wichtigste Brücke bildet das Kernelement seiner Phänomenologie: die transzendentale Epoché. Sofern sie Eingangstor zur phänomenologischen Wissenschaft ist, gehört sie selbst noch nicht in die Philosophie, ist somit Bindeglied zwischen philosophischer und außerphilosophischer Haltung. Sie ermöglicht nicht nur mit Vollzug der „Entweltlichung" die Erschließung des Transzendentalen und den für Husserl wahren Anfang des Philosophierens, sondern im Rück-

---

[15] „Die Gemeinschaft kann sich aber nur verantworten im einzelnen personalen Subjekt" (Hua VIII, 197). - Vgl. E. Tugendhat, *Der Wahrheitsbegriff bei Husserl und Heidegger*, Berlin 1967: „Mit der Idee der Verantwortlichkeit ergibt sich also die Notwendigkeit, in die Wahrheitsproblematik und damit in die phänomenologische Problematik überhaupt ‚das personale Einzelsubjekt' als die Instanz, die auf ihre Verantwortlichkeit ansprechbar ist, einzubeziehen. [...] Die Idee der Verantwortlichkeit verweist aber nicht nur auf ein *einheitliches* Subjekt gegenüber den mannigfaltigen Akten, sondern auch auf ein *einzelnes* gegenüber anderen Subjekten" (190 f.).

gang eine Wiederverweltlichung der transzendentalphänomenologisch gewonnenen Erkenntnisse. Die Funktion der Philosophie für das Leben besagt für Husserl somit in einem ersten Schritt die transzendentale Aufklärung des Vollsinns des Lebens als einer Selbstapperzeption der transzendentalen Subjektivität, wobei in einem zweiten Schritt die Ergebnisse dieser Aufklärungsarbeit der Lebenspraxis vermittelt werden sollen. Ist bezüglich der Erschließung des Transzendentalen nicht eine direkte Umwandlung des Weltlebens, ohne Vermittlung, denkbar? Dies hätte zur Voraussetzung, daß eine *direkte Verbindung* zwischen Transzendentalität und Mundanität nachgewiesen werden kann.

Die Grundthese dieser Untersuchung ist, daß Husserl eine solche Verbindung nicht dachte: Für ihn steht - unserer Lesart zufolge - der Phänomenologe entweder auf dem Standpunkt der transzendentalen Subjektivität, dann ist alles mundane Leben als Phänomen in die Transzendentalität aufgehoben und nicht mehr als solches wirksam. Oder er begibt sich im Zug der Verweltlichung wieder auf den Boden der Mundanität, bereichert um seine transzendentale Erfahrung, die er anderen vermitteln kann, so seine Aufgabe als „Funktionär" (Hua VI, 15) in der Funktion, die die Theorie als Praxis für die Praxis wahrnehmen soll, erfüllend. Demgegenüber wird hier die These vertreten, daß es eine direkte Beziehung zwischen Transzendentalität und Mundanität gibt, und zwar im Vollzug der Epoché selbst. Husserl sprach zwar von der „existenziellen" Bedeutung der Epoché (ebd. 140) und davon, daß sie sich im Phänomenologen habitualisiert (ebd. 153). Ersteres meint aber, wie zu zeigen sein wird, den Prozeß der Verweltlichung und letzteres einen mit der Erschließung des Transzendentalen gewonnenen Zuwachs an habitualisiertem Wissen. Die Epoché selbst beschreibt Husserl nur als Methode, als Grundstück der Theorie, und reflektiert sie nicht in ihrem existenziellen Vollzugssinn. Dies hat freilich darin seinen Grund, daß sein Interesse ausschließlich der Begründung der Philosophie als einer gesicherten Wissenschaft galt.

2. *Forschungsstand*

Was den *Forschungsstand* zum Thema des Theorie-Praxis-Bezugs im Werk Husserls anbelangt, so spiegelt er mit wenigen Ausnahmen Husserls eigene Haltung wider: Der seltsam anmutende Gegensatz, daß für Husserl Fragen nach der Lebensbedeutsamkeit der Philosophie im Zentrum seines Interesses standen, er sich ihnen aber nicht auf eine systematische Weise widmete, hat seine Entsprechung darin, daß die Husserl-Exegese zwar wiederholt auf Begriffe wie ‚Selbstverantwortung', ‚Rechenschaftsabgabe', ‚Selbstbesinnung' und ‚Selbstbestimmung' hinwies, es aber zumeist unterließ, sie auf der Grundlage der zerstreuten Textdokumente und im Kontext der entsprechenden Husserlschen Grundannahmen zu diskutieren.[16] Eine gute knappe Zusammenfassung der Problematik in ihrem Bezug zum Wahrheitsproblem gab 1967 Ernst Tugendhat in seiner Arbeit *Der Wahrheitsbegriff bei Husserl und Heidegger*.[17] Für Tugendhat liegt die Praxisfunktion der Theorie im Sinn Husserls in der Selbstverantwortung als der „Bereitschaft zur Rechenschaft über die Wahrheit der jeweiligen Auffassungen [...] Verantwortlichkeit überhaupt ist demnach nichts anderes als das subjektive Korrelat des Anspruchs auf Wahrheitsausweisung".[18] So zutreffend diese Interpretation ist, so greift sie doch zu kurz; unklar bleibt der

---

[16] Anders die Arbeiten von Klaus Held. Vgl. z. B. seinen Beitrag „Edmund Husserl. Transzendentale Phänomenologie: Evidenz und Verantwortung" in: Margot Fleischer (Hg.), *Philosophen des 20. Jahrhunderts. Eine Einführung*, Darmstadt 1990, 79-93. Held legt dar, wie Husserl das transzendentalphänomenologische Prinzip der Verantwortung im natürlichen Streben nach einem gelingenden Leben als einer grundlegenden Weise der Erfüllung lokalisiert („insofern ist sie [die Phänomenologie] die äußerste Konsequenz des natürlichen Bewußtseins"), gleichzeitig aber „die entschiedenste Kritik" am natürlichen Weltbezug übt (88), indem Phänomenologie in einer nicht der Perspektivität des natürlichen Weltverhältnisses unterworfenen Interesseneinstellung die Evidenzquellen, die anschaulichen Grundlagen der natürlichen Interessenperspektiven ins Licht stellt. - Vgl. jetzt auch das Buch von R. Philip Buckley, *Husserl, Heidegger and the Crisis of Philosophical Responsibility* (*Phaenomenologica* Bd. 125), Dordrecht/Boston/London 1992. Buckley diskutiert darin Husserls Krisis-Diagnostik und den Gedanken der Verantwortlichkeit im Problemumfeld von Geschichtlichkeit und Vergessen.

[17] Vgl. 186-193, bes. 188-191.

[18] Ebd. 190.

Bezug des Anspruchs auf Selbstverantwortung zur transzendentalen und zur mundanen Seite der Phänomenologie und damit auch seine Einlösbarkeit in der Welt der Praxis. Ferner ist zu fragen, ob mit dem Befund der Selbstverantwortung im Sinn einzelner Stellungnahmen Husserls Auffassung von der Praxisfunktion der Theorie schon zureichend bestimmt ist. Setzt nicht die von Husserl beschworene „philosophische Kultur“ (Hua VII, 203) zu stiftende, in der Passivität des Erlebens sich habitualisierende Dispositionen voraus, die die Möglichkeit zur Selbstverantwortung in den zahllosen Einzelfällen erst eröffnen und die von Husserl wenn auch nicht genau bestimmt, so doch vorgedacht wurden? Ein weiterer Punkt betrifft die Gründung der Theorie in der Praxis, wobei Tugendhat zu Recht auf die im Horizont des praktischen Erlebens herauslösbaren „doxischen“ Aktivitäten als Grundlage für jede theoretische Stellungnahme verweist.[19] Aber auch hier wäre wieder zu fragen, ob der Hinweis auf je einzelne doxische Aktivitäten und einzelne praktische Ziele[20] schon eine zureichende Basis für die Beantwortung der Frage nach der Praxisfunktion der Theorie bereitzustellen vermag.

Tugendhat verweist in seiner Darstellung des Prinzips der Selbstverantwortung auf den Aufsatz von L. Landgrebe „Husserls Abschied vom Cartesianismus“[21]. Auch zu Landgrebes Analyse muß Ähnliches gesagt werden: Sie läßt nicht deutlich werden, wie sich das „Streben auf letzte Erkenntnisverantwortung“[22] zu habitualisieren und in der Wechselwirkung von transzendentaler Theorie und Praxis wirksam zu werden vermag. Die Selbstverantwortung denkt Landgrebe als ein Vermögen des transzendentalen Subjekts,[23] aber offen bleibt, wie dieses Vermögen, das als ein sich realisierendes doch ein praktisches ist, eben zu einem praktischen *wird*: Fraglich ist die Begründung der Selbstverantwortung in der all-

---

[19] Ebd. 188.
[20] Ebd.
[21] *Philosophische Rundschau* 9 (1961) 133-177; wiederabgedruckt in: L. Landgrebe, *Der Weg der Phänomenologie. Das Problem einer ursprünglichen Erfahrung*, Gütersloh 1963, 163-206.
[22] L. Landgrebe, *Der Weg der Phänomenologie*, a.a.O. 169.
[23] Vgl. ebd. 203.

gemeinen transzendentalen Subjektivität durch den individuellen Akt des Epoché übenden Phänomenologen für diesen in seiner sein Theoretisieren umgreifenden Praxis sowie hinsichtlich seines Auftrags in der Vermittlung dieses Prinzips an das Weltleben. Landgrebes Darstellung macht nicht deutlich, inwieweit mit dem Subjekt der Selbstverantwortung der Mensch schlechthin, der Phänomenologe bzw. der Mensch als potentieller Phänomenologe gemeint ist;[24] d. h., die für die Problematik zentrale Frage der Vermittlung der transzendentalen Erkenntnisse und Normen an die Praxis wird nicht in Rechnung gezogen wie auch die Husserl selbst wichtige Frage nach dem Verhältnis der vortheoretischen „Selbstnormierungen" zu den theoretischen nicht behandelt wird. Landgrebe analysiert die Genese der transzendentalen Aneignung von Selbstverantwortung durch den Phänomenologen vom transzendentalen Blickwinkel aus und läßt so den Wirkraum der Selbstverantwortung, der immer nur in der Weltpraxis liegen kann, wie Landgrebe selbst feststellt,[25] in seiner Dialektik zum Transzendentalen außer acht.

Die bisher ausführlichste Arbeit zum Thema der Verantwortung legte 1976 der Landgrebe-Schüler Guillermo Hoyos Vásquez vor.[26] Das besondere Verdienst dieser Untersuchung liegt darin, Selbstverantwortung als eine in der teleologischen Struktur der transzendentalen Subjektivität gründende „Verantwortungsfähigkeit"[27] erwiesen zu haben. Hoyos Vásquez argumentiert ebenfalls vom transzendentalen Standpunkt aus, so daß die „Idee eines wahrzumachenden transzendentalen Menschseins", die von der transzendentalen Subjektivität angeeignet und als „wahre Praxis" vollbracht werden

---

[24] Vgl. z. B. L. Landgrebe, *Faktizität und Individuation. Studien zu den Grundfragen der Phänomenologie*, Hamburg 1982, 30 ff.

[25] „Der Gebrauch, den der Mensch von den Ergebnissen dieses Strebens [des Strebens nach Erkenntnis] macht", soll „verantwortet werden, und das ist kein erkenntnistheoretisches, sondern ein ethisches Problem" (Landgrebe, *Faktizität und Individuation*, a.a.O. 30).

[26] G. Hoyos Vásquez, *Intentionalität als Verantwortung. Geschichtsteleologie und Teleologie der Intentionalität bei Husserl* (*Phaenomenologica* Bd. 67), Den Haag 1976. Vgl. auch A. Ales Bello, „Teleology as ‚the Form of all Forms' and the Inexhaustibility of Research", in: *Analecta Husserliana* 9 (1979) 337-351.

[27] Ebd. 206.

soll,[28] hier nicht im Bezugsganzen von Transzendentalität, „phänomenologischem Zuschauer“ und mundaner Praxis im weitesten Sinn verortet wird.

Die hier grob skizzierte Aporie bezüglich einer Explikation von Husserls Auffassung des Theorie-Praxis-Verhältnisses wird begreiflich, wenn man berücksichtigt, daß die meisten der hierfür in Frage kommenden Texte Husserls über weite Teile seines schriftlichen Nachlasses verstreut sind bzw. sich an ebenso entlegenen Stellen der publizierten Werke finden. Eine Ausnahme bilden Husserls Untersuchungen zur Ethik, die zu einem repräsentativen Teil jedoch erst ab 1987 der Öffentlichkeit vorgelegt wurden.[29] So konnte noch 1988 B. Merker, wenn auch nicht ganz ohne sachliches Recht, mit Blick auf Husserls *Logos*-Aufsatz feststellen, daß dort Husserl „die Phänomenologie als eine Philosophie“ präsentiere, „die keine Ethik hat, sondern *selber ethisch ist*“.[30] Vor dem Erscheinen zentraler Texte Husserls zur Ethik gab lediglich das Buch von A. Roth[31] eine systematische Übersicht über Husserls Ethik mit der erklärten

---

28 Ebd. 205.

29 *Vorlesungen über Ethik und Wertlehre 1908-1914* [mit den erhaltenen Bruchstücken aus den Vorlesungen von 1897 und 1902], Hua XXVIII, 1988; „Fichtes Menschheitsideal“ (1917/1918), Hua XXV, 267-293, 1987; „Fünf Aufsätze über Erneuerung“ (1922/1923), Hua XXVII, 3-124 (siehe hierzu die Artikel von J. G. Hart, „The entelechy and authenticity of objective spirit: Reflections on *Husserliana* XXVII“, in: *Husserl Studies* 9 [1992] 91-110, und E. W. Orth, „Interkulturalität und Inter-Intentionalität: Zu Husserls Ethos der Erneuerung in seinen japanischen Kaizo-Artikeln“, in: *Zeitschrift für philosophische Forschung* 47 [1993] 333-351).

30 B. Merker, *Selbsttäuschung und Selbsterkenntnis. Zu Heideggers Transformation der Phänomenologie Husserls*, Frankfurt am Main 1988, 194. Merker ignoriert die Tatsache, daß Husserl nicht nur eine eigenständige Ethik in Parallele zur formalen Logik entwickelte, sondern auch systematische Überlegungen zu einer Individualethik und einer solchen Sozialethik anstellte, die nicht nur auf die Forschergemeinschaft der Philosophen und Phänomenologen beschränkt blieb. Gleichwohl muß zugestanden werden, daß schon in Husserls mittlerer Ethik die ethischen Überlegungen zur Kulturfunktion der Philosophie als Phänomenologie ein Übergewicht erlangten, und zutreffend ist, daß Husserl insofern keine *phänomenologische* Ethik im streng philosophischen Sinn entwickelte, als Ethik bei ihm *ontologische* Disziplin blieb. Hierin liegt in der Tat das eigentliche Problem der Husserlschen Ethik, das Problem des Verhältnisses von Ethik und transzendentaler Phänomenologie.

31 A. Roth, *Edmund Husserls ethische Untersuchungen. Dargestellt anhand seiner Vorlesungsmanuskripte* (*Phaenomenologica* Bd. 7), Den Haag 1960.

Einschränkung, „lediglich das in den Manuskripten enthaltene Material zu einer systematischen Darstellung“[32] zu verarbeiten, wobei sich Roth nur auf Husserls Vorlesungsmanuskripte bezog[33]; insofern ist K. Schuhmann zuzustimmen, wenn er anmerkt, daß mit der kritischen Edition der frühen Vorlesungstexte Husserls zur Ethik (Hua XXVIII) das Buch von Roth „so gut wie ganz entbehrlich“ geworden ist.[34] Einen guten historischen Überblick über Husserls Ethik gibt U. Melle in der Einleitung zu seiner Edition.[35] Die Probleme, die sich in Husserls Wertlehre aus den Aporien von Husserls Scheidung von objektivierenden und nicht-objektivierenden Akten ergeben, diskutiert K. Schuhmann in dem Aufsatz „Probleme der Husserlschen Wertlehre“[36]; diese Untersuchung gibt eine kurze vorzügliche Einführung in Husserls Axiologie. Eine auf der Grundlage historisch-philologischer Forschungen aufbauende Deutung eines zentralen Aspekts von Husserls sozialethischem Ansatz, der sozialen Rolle der Phänomenologie, gibt der gleiche Verfasser in seinem Buch *Husserls Staatsphilosophie*[37].

In ähnliche Richtung zielt die umfassende Studie von James G. Hart, *The Person and the Common Life. Studies in an Husserlian Social Ethics*.[38] Hart stellt einen Zusammenhang zwischen dem Subjekt der phänomenologischen Reduktion und den ethischen und politischen Handlungsbereichen her, in denen sich das personale Selbst vorfindet. Er analysiert das Telos des ‚ethischen Lebens‘ mit den Mitteln der genetischen Phänomenologe, um so die Genese des Willens sichtbar zu machen, der in diesem Telos mit der Aus-

---

[32] Ebd. S. XVII.

[33] Ebd. S. XVI.

[34] K. Schuhmann, „Probleme der Husserlschen Wertlehre“, in: *Philosophisches Jahrbuch* 98 (1991) 107, Anm. 2.

[35] Hua XXVIII, S. XV-XLVIII. Vgl. auch die Einleitungen der Herausgeber von Hua XXV, S. XXVIII-XXXIII, und von Hua XXVII, S. X-XVII. - Vgl. auch U. Melle, „The Development of Husserl's Ethics“, in: *Études Phénoménologiques* 13-14 (1991) 115-135.

[36] A.a.O.

[37] Freiburg/München 1988; vgl. vor allem Abschnitt III, 132-180.

[38] *Phaenomenologica* Bd. 126, Dordrecht/Boston/London 1992. - Eine ausführliche Würdigung dieser vielschichtigen Studie gibt U. Melle mit seinem Artikel „Selbstverwirklichung und Gemeinschaft in Husserls Ethik, Politik und Theologie“, in: *Tijdschrift vor Filosofie* 57 (1995) 111-128.

richtung auf das Husserlsche Ideal einer „Liebesgemeinschaft“ intersubjektive Implikation erwirkt. Hart entnimmt ferner dem Husserlschen Ansatz Konsequenzen für eine weiterführende Diskussion um moralische Kategorien und Fragen einer politischen Kultur.[39]

Christine Spahn sucht in ihrem Buch *Phänomenologische Handlungstheorie. Edmund Husserls Untersuchungen zur Ethik*[40] Husserls Ethik „in ihrer Verflochtenheit und Wechselbeziehung von wissenschaftlichem Anspruch und lebensbedeutsamen Erfordernissen“.[41] Spahn berücksichtigt dabei nicht das vielschichtige und paradoxe Verhältnis von Praxis und transzendentaler Theorie, indem sie das bei Husserl indizierte Problem der Verschränkung von theoretischem Anspruch und praktischen Erfordernissen auf das Verhältnis von (mundaner) Logik und Ethik bzw. Axiologie reduziert.[42] Dies mag für eine Untersuchung, die ihr Ziel darin sieht, Husserls Theorie der Handlung für aktuelle Probleme der praktischen Philosophie fruchtbar zu machen, legitim sein. Leider wird jedoch dieses Ziel von Spahn nur angedeutet.[43]

---

[39] Siehe auch vom selben Verfasser: „I, We and God. Ingredients of Husserl‘s Theory of Community“, in: S. IJsseling (Hg.), *Husserl-Ausgabe und Husserl-Forschung* (*Phaenomenologica* Bd. 115), Dordrecht/Boston/London 1990, 125-149. Vgl. auch den Artikel von Ullrich Melle: „Husserls Phänomenologie des Willens“, in: *Tijdschrift voor Filosofie* 54 (1992) 280-305.

[40] Würzburg 1996.

[41] Ebd. 25.

[42] Vgl. ebd. 215.

[43] Gestützt auf die neuen Editionen diskutiert Husserls Ethik auch A. Ales Bello in ihrem Aufsatz „L’etica nelle analisi fenomenologiche di Edmund Husserl“, in: *Fenomenologia e societa* 14 (1991) 21-39. Siehe ferner die älteren Arbeiten von G. Funke, „Lebenswelt, praktisches Wissen und Praktik bei Husserl“, in: E. Ströker (Hg.), *Lebenswelt und Wissenschaft in der Philosophie Edmund Husserls*, Frankfurt am Main 1979, 45-55, und „Kritik der Vernunft und ethisches Phänomen“, in: E. W. Orth (Hg.), *Neuere Entwicklungen des Phänomenbegriffs* (*Phänomenologische Forschungen* Bd. 9), Freiburg/München 1980, 33-89. An neueren Veröffentlichungen zum Thema sind noch Beiträge zu nennen, die in den *Analecta Husserliana* erschienen sind: Dallas Lasky, „The Constitution of the Human Community: Value Experience in the Thought of Edmund Husserl. An Axiological Approach to Ethics“ (20 [1986] 315-329) sowie in Bd. 22 (1987) die Arbeiten von Klaus Wiegerling, „Value-Acquiring (Wertnehmung) and Meaning-Bestowal (Sinnzueignung): An Exposition of the Problem of Value-Acquiring“ (55-67); Ludwig Grünberg, „The ‚Life-World‘ and the Axiological Approach in Ethics“ (287-296);

Neben der Ausgabe von Husserls Texten zur Ethik legte eine weitere kritische Edition der letzten Jahre, nämlich die von Eugen Fink im Auftrag Husserls 1931/1932 verfaßte, 1988 publizierte *Sechste Cartesianische Meditation* (HuaDok II,1), wichtiges Material für die Diskussion des Theorie-Praxis-Verhältnisses, und zwar im Gesamtrahmen der transzendentalen Phänomenologie, vor. Dieser Text ist nicht nur bemerkenswert, weil er als eine Metareflexion der phänomenologischen Reduktion ausführlicher, als dies bei Husserl zu finden ist, die Problematik der Wiederverweltlichung transzendentalphänomenologischer Erkenntnisse diskutiert, sondern weil Husserl selbst ihn reich kommentierte und mit Zusätzen versah.[44] Nicht nur Husserls Praxis-Begriff im Zusammenhang seiner Überlegungen zum Verhältnis von Theorie und Praxis fand bisher keine ausführliche Würdigung,[45] gleiches gilt auch vom Kernstück der Husserlschen Phänomenologie: von der Problematik der Epoché und Reduktion; auch hier fehlt bisher eine auf historisch-philologischer Grundlage aufbauende kritische Gesamtdeutung[46].

Aurelio Rizzacasa, „Life-World, History, and Ethics in a Husserlian Perspective" (ebd., 509-517); Efraim Shmueli, „The Universal Message of Husserl's Ethics: An Explication of Some Ethical Premises in Transcendental Phenomenology" (551-569). Siehe ferner Peter Prechtl, „Husserls Gedanken zur praktischen Vernunft in Auseinandersetzung mit Kant", in: *Perspektiven der Philosophie* 17 (1991) 291-314, und Urbano Ferrer, „La Etica en Husserl", in: *Revista de Filosofia* 4 (1991) 457-467.

[44] Dazu Guy van Kerckhoven, „Die ‚Idee' einer transzendentalen Methodenlehre in phänomenologischer Absicht. Eine Voranzeige zu Eugen Finks Entwurf einer VI. Meditation zu Husserls *Méditations cartésiennes*", in: Ch. Jamme und O. Pöggeler (Hg.), *Phänomenologie im Widerstreit. Zum 50. Todestag Edmund Husserls*, Frankfurt am Main 1989, 81-105; Ronald Bruzina, „The Enworlding (Verweltlichung) of transcendental phenomenological reflection: A study of Eugen Fink's 6th Cartesian Meditation", in: *Husserl Studies* 3 (1986).

[45] Vgl. jedoch die instruktiven Ausführungen bei J. G. Hart, a.a.O., bes. 17-23, 26-40; ferner Elling Schwabe-Hansen, *Das Verhältnis von transzendentaler und konkreter Subjektivität in der Phänomenologie Edmund Husserls*, Oslo/München 1991, 149-174, sowie Yoshimichi Saito, „The transcendental dimension of ‚praxis' in Husserl's Phenomenology", in: *Husserl Studies* 8 (1992) 17-32.

[46] Auch in diesem Fall ist umfangreiches Textmaterial Husserls, seine späten Reflexionen zur Reduktionsproblematik von Anfang der dreißiger Jahre (in Gruppe B des Nachlasses), editorisch noch nicht erschlossen.

Die vorliegende Untersuchung nimmt mit der sie leitenden Frage nach einer unmittelbaren Modifikation einzelpersonalen Seins auf dem Grund des Vollzugs der phänomenologischen Einstellung einen Standpunkt ein, der über dem von Husserl selbst ins Auge gefaßten Problembereich hinauszielt. Auf dem Weg zur Beantwortung dieser Frage soll, im Kontext einer Klärung des Verhältnisses von Praxis und Theorie und einer Herausarbeitung der Praxisfunktion von Theorie in Husserls Phänomenologie, Husserls sowie Finks Deutung des ‚dialektischen' Bezugs von *Transzendentalem* und *Mundanem* diskutiert werden: und zwar hinsichtlich der Fragen, welche Seinsstellung dem phänomenologischen Zuschauer in den Bezugspunkten von Transzendentalität und Mundanität zukommt; wie durch ihn Transzendentalität und Mundanität vermittelt sind und sich eines für das andere ‚darstellt'; und schließlich, inwieweit dem eine Ortsbestimmung des Husserlschen Vernunftbegriffs in der Problematik von Pluralismus vs. Monismus entnommen werden kann.

Die Arbeit behandelt das Thema in vier Teilen: Der *erste Teil* arbeitet Husserls Auffassung des Sinnes von Praxis und des Bezugs der Theorie zu ihr einschließlich Husserls Bestimmung der Praxisfunktion von Theorie heraus. Der *zweite Teil* stellt die Frage nach derjenigen Wissenschaft, die für Husserl die Bedingung der Realisation der Praxisfunktion von Theorie zum Thema macht: der Ethik. Der *dritte Teil* diskutiert das Problem, inwiefern Theorie als transzendentale Wissenschaft eine Funktion für die Praxis übernehmen kann, und fragt nach zentralen Verbindungslinien von Transzendentalität und Mundanität in Husserls Werk. Im *vierten Teil* wird abschließend die Praxisfunktion der transzendentalen Phänomenologie bestimmt und erwogen, wie transzendentale Epoché die Umwandlung individueller Praxis in einer Verschmelzung von Transzendentalem und Mundanem impliziert.

I. Praxis und theoretische Praxis

Das Vorhaben, Husserls phänomenologische Bestimmung der Praxis darzulegen, steht vor mindestens zwei Schwierigkeiten. Zum einen gibt es bei Husserl eine ausdrückliche oder gar ausgearbeitete Phänomenologie der Praxis nicht.[47] Zum anderen sieht sich der Versuch, Husserls diesbezügliche Auffassungen zu systematisieren, mit einer eigentümlichen Zirkelstruktur[48] konfrontiert: Die Sinnbestimmung von Praxis ist von derjenigen Wissenschaft abhängig, die sie unternimmt, andererseits gehört, so lautet Husserls These, die Wissenschaft selbst zur Praxis. Welche Lösungsmöglichkeiten bieten sich für diese beiden Schwierigkeiten an? Obwohl Husserl eine Phänomenologie der Praxis nicht vorgelegt hat, ließe sich eine solche aufgrund seiner mannigfachen Beiträge hierzu in den grundlegenden Strukturen entwickeln. Hier kann es nur darum gehen, einige Grundzüge in ihren systematischen Zusammenhängen hervorzuheben, und nur soweit, wie es unser Vorhaben erfordert.

---

[47] Jüngere Mitglieder der Phänomenologischen Bewegung wie vor allem Alfred Schütz griffen Husserls Analysen auf und entwickelten eigene Ansätze einer Phänomenologie der Praxis. Diese trotz ihrer Anknüpfung an die Husserlsche Phänomenologie von ihr in der Formulierung der Ziele und der angewandten Methodik bewußt abweichenden Ansätze können im Rahmen dieser Untersuchung nicht berücksichtigt werden. Vgl. z. B. A. Schütz, *Der sinnhafte Aufbau der sozialen Welt. Eine Einleitung in die verstehende Soziologie*, Wien 1932; ferner die Darstellung bei R. Welter, *Der Begriff der Lebenswelt. Theorien vortheoretischer Erfahrungswelt*, München 1986, 159-185; vgl. auch B. Waldenfels, *In den Netzen der Lebenswelt*, Frankfurt am Main 1985, 153-234; ders., „Der Logos der praktischen Welt", in: H. Kojima (Hg.), *Phänomenologie der Praxis im Dialog zwischen Japan und dem Westen*, Würzburg 1989, 11-29; auch A. Mickunas, „The Context of Praxis", ebd., 31-50.

[48] Auf die Zirkelstruktur als einer Grundfigur des Husserlschen Denkens weist K. Schuhmann hin (*Husserls Staatsphilosophie*, a.a.O. 95).

Wie ist aber anzusetzen, wenn Theorie die Praxis und diese zugleich jene umgreift?

In seinem Aufsatz „Die Idee einer philosophischen Kultur“[49] spricht Husserl von der „Prinzipalkoordination“, in der Welt „für den Handelnden und im besonderen auch für den forschenden Menschen“ gegeben sei (Hua VII, 203); diese „notwendige Orientierungsform“ meine die Koordination von „Ich und meine Umwelt“ bzw. „Wir und unsere (gemeinsame) Umwelt“ (ebd., vgl. Hua VIII, 273). Die Pole von Ich und Welt bzw., mit Blick auf den Dreischritt von ego-cogito-cogitatum gesprochen, von Ich, welterfahrendem Leben und Welt sind in der Tat zu befragen, wenn es darum gehen soll, die von Husserl fixierten Sinnebenen von Praxis aufzuzeigen. Praxis erweist sich somit in einer ersten Bestimmung als das Polsystem von Ich und Welt.[50]

Wir springen in jenen Zirkel, indem wir zunächst die Ichseite des Polsystems zum Thema machen (nicht nur mit Blick auf Husserls transzendentalphänomenologische Feststellung, der zufolge das Ich als konkrete Monade alle konstitutiven Problemzusammenhänge in sich befasse [vgl. Hua I, 102 f.]), bevor wir uns der Welt in ihrer Korrelativität zum Ich zuwenden. Für Husserls Vorgehen ist es bezeichnend, daß er seine Analysen zu den Koordinaten von Ich und Welt und dem darin für das welterfahrende Leben und seine Handlungsziele und -ergebnisse, seine bearbeiteten und erwirkten Objekte aufgeschlossenen Bereich immer wieder auf das Thema der *Einheit* bezog. Dieses Thema vermag einen Leitfaden bereitzustellen, mit dem sich ein systematischer Aufriß einer Phänomenologie der Praxis in einer die mundane wie die transzendentale Phänomenologie umfassenden Breite bewerkstelligen ließe. Husserl beunruhigte die Frage, aufgrund von welchen Bedingungen von einem einheitlichen, seine mannigfaltigen Erlebnisse vereinheitlichenden und darin sich selbst jederzeit als identisch sich vorfindenden Ich gesprochen werden kann, ebenso wie das Problem, wie angesichts des mannigfaltig Gegebenen für das Einzel-Ich und der mannig-

---

[49] Von 1923; Text in Hua VII, 203-207, 8-10 und 11-17.

[50] In A V 22 bemerkt Husserl, daß Welt „für die Menschheit Feld ihrer Praxis“ sei (24).

fachen Standpunkte der verschiedenen Ego ein gemeinsamer Weltbezug bestehen könne, in dem sich Intersubjektivität und allgemeinsame Welt hervorbilden.

Diese universale Frage nach der Einheit und den vereinheitlichenden Prinzipien stellt nicht erst die transzendentale Phänomenologie, die als konstitutive es mit den die Bewußtseinssynthesis betreffenden Problemen der Konstitution des Einen aus dem Vielgestaltigen zu tun hat, sondern schon die phänomenologische Psychologie. Diese ist es auch, in der bei Husserl die Praxis als solche, die ‚Lebenspraxis', das ‚praktische Leben', mit Blick auf die einheitliche Strukturtypik des welterfahrenden Lebens und seines Korrelats, der einen und selben Erfahrungswelt in der Mannigfaltigkeit der Umwelten, zum Thema wird. Die Phänomenologie der Praxis bestimmt sich daher zunächst als vortranszendentale, mundane, d.h. realontologisch: Sie gehört in die intentionale Anthropologie bzw. intentionale Psychologie.[51] Zugleich wird es virulent, ihr Verhältnis zur transzendentalen Phänomenologie zu klären, was letztlich zu einer Diskussion des Verhältnisses von mundaner und transzendentaler Phänomenologie führen muß. Im Schnittpunkt von Mundanität und Transzendentalität steht auch das Ich (und damit auch sein Korrelat, die Welt). Die Aufgabe lautet also, die Phänomenologie der Praxis in der transzendental wie mundan formulierten Frage nach der Einheit von Ich und Welt und der solcherart aufgeschlossenen Perspektive für eine mundanphänomenologische Behandlung der Praxis als des welthaft handelnden Lebens als solchen zu verorten.

Wir gehen in vier Abschnitten vor: Zunächst wird die Schlüsselfunktion der von Husserl transzendental wie mundan problematisierten Einheit des Ich für die Bestimmung des praktischen Ichverhaltens, zu dem auch die Tätigkeit des Phänomenologen zählt, der die Praxis zum Thema macht, zu kennzeichnen sein (1.).

---

[51] Hierfür kommen die Texte aus dem Umkreis der phänomenologischen Psychologie (vgl. Hua IX) sowie zahlreiche Nachlaßmanuskripte der Gruppe A (mundane Phänomenologie) in Betracht (A V: Intentionale Anthropologie, A VI: Psychologie und A VII: Theorie der Weltapperzeption; vgl. S. Mödersheim, „Husserls Nachlaß und seine Erschließung", in: H. R. Sepp [Hg.], *Edmund Husserl und die Phänomenologische Bewegung*, Freiburg/München, 2. Aufl. 1988, 106 f.).

Sodann sollen Husserls vortranszendentale Bestimmungen der Praxis, des welterfahrenden Lebens in seinem universalen Bezug auf die eine gemeinsame Welt (2.) und darin im besonderen der Sonderpraxis der Theorie als theoretischer Praxis herausgestellt werden (3.). Schließlich wird zu fragen sein, inwiefern die transzendentale Phänomenologie mit der transzendentalkonstitutiven Aufdeckung der Einheit von Welt einen wesentlichen Beitrag zu einer Phänomenologie der Praxis leistet (4.).

1. Einheit des Ich

Die folgenden Untersuchungen leitet die These, daß die Bedingung für Husserls Auffassung von Praxis sowie für die aus dieser Auffassung resultierenden und wie auch immer zu beurteilenden Paradoxien in Husserls Bestimmung der Grundstruktur allen Bewußtseinslebens als *Synthesis* und den daraus sich ergebenden Problemen von Einheit und Vereinheitlichung liegt.

1.1. Synthesis aus Motivation

‚Synthesis' ist Grund- und Haupttitel in Husserls konstitutiver Phänomenologie und erhält als Doppelbegriff der aktiven und passiven Synthesis vor allem zentrale Bedeutung in Husserls genetischer Bewußtseinsforschung der zwanziger und dreißiger Jahre,[52] und

[52] Im Paragraphen 17 der *Cartesianischen Meditationen* spricht Husserl von der „Synthesis als Urform des Bewußtseins"; die „Verbindungsweise, die Bewußtsein mit Bewußtsein einigt", sei „als die dem Bewußtsein ausschließlich eigene" die „der *Synthesis*" (Hua I, 77). - Zu Husserls genetischer Phänomenologie vgl. K. Held, *Lebendige Gegenwart. Die Frage nach der Seinsweise des transzendentalen Ich bei Edmund Husserl, entwickelt am Leitfaden der Zeitproblematik* (*Phaenomenologica* Bd. 23), Den Haag 1966; A. Aguirre, *Genetische Phänomenologie und Reduktion. Zur Letztbegründung der Wissenschaft aus der radikalen Skepsis im Denken E. Husserls* (*Phaenomenologica* Bd. 38), Den Haag 1970 (besonders 142-173); E. Holenstein, *Phänomenologie der Assoziation. Zu Struktur und Funktion eines Grundprinzips der passiven Genesis bei E. Husserl* (*Phaenomenologica* Bd. 44), Den Haag 1972; G. A. de Almeida, *Sinn und Inhalt in der Genetischen*

„Identifikation" gilt Husserl als „Grundform der Synthesis" (Hua I, 79). Die alle Einheitsbildung des Bewußtseins leitende universale Gesetzmäßigkeit erblickt Husserl in der Motivation. Unsere Frage wird also zugespitzt so formuliert werden müssen: Inwiefern stellt Einheitsbildung aufgrund von Motivation die Bedingung der Möglichkeit für ein Ich dar, das sich als Ich der Praxis erfährt?

In den *Ideen II* charakterisiert Husserl die Motivation als die „Grundgesetzlichkeit des geistigen Lebens" (Hua IV, § 56; Hua XXV, 321 f.).[53] Sie ist damit, entsprechend der ‚Doppelseitigkeit' des geistigen Lebens, ein mundan-transzendentaler Zwitterbegriff,[54] ein Begriff der transzendental-konstitutiven und der phänomenologisch-psychologischen Forschung. Husserls Ausführungen in den *Ideen II* sind beiden Einstellungen verpflichtet. Das Rahmenthema ist ein transzendentales: Es geht um eine konstitutive Problematik, um die Konstitution der „geistigen Welt". Korrelativ ist die Konstitution der Person ein transzendentales Thema, das freie oder gebundene Verhalten der Person im Rahmen ihrer konstitutiven Vorbedingungen aber zugleich ein Thema der intentionalen Psychologie oder der Ethik.

Die Motivation als das das gesamte Bewußtseinsleben bestimmende Prinzip der Synthesis bezieht sich auf alle Glieder der Aktintentionalität, die im Ausdruck ego-cogito-cogitatum genannt sind: auf Ich, Erlebnis und vermeinten Gegenstand in ihren spezifischen Einheitsbildungen. Dabei verweist die Einheit der Erlebnisse auf einen Bereich vor der Aktintentionalität, auf den Bereich passiver Synthesis, zuunterst auf die Konstitution des

---

Phänomenologie E. Husserls (*Phaenomenologica* Bd. 47), Den Haag 1972 (besonders 216-225).

[53] Zu Husserls Begriff der Motivation siehe die Arbeit von B. Rang, *Kausalität und Motivation. Untersuchungen zum Verhältnis von Perspektivität und Objektivität in der Phänomenologie Edmund Husserls* (*Phaenomenologica* Bd. 53), Den Haag 1973.

[54] Entsprechend steht das geistig-personale Ich selbst im Schnittpunkt von Mundanität und Transzendentalität, bildet, wie Karl-Heinz Lembeck zu Recht formuliert, „eine mittlere Größe zwischen den Begriffen des ‚transzendentalen' und des ‚empirischen Ich'" (*Gegenstand Geschichte. Geschichtswissenschaftstheorie in Husserls Phänomenologie* [*Phaenomenologica* Bd. 111], Dordrecht/Boston/London 1988, 79).

Bewußtseinsstroms im inneren Zeitbewußtsein. Das Ordnungsprinzip aller Synthesen im Aktbezug von Ich und Gegenständlichkeit sowie in den Schichten der alle aktiven Bezüge aufbauenden passiven Intentionalität soll also der Begriff der Motivation umfassen - nicht nur hinsichtlich des reduzierten, reinen transzendentalen Ich, sondern vor allem auch hinsichtlich des vollen, des personalen transzendentalen Ich als der „Monade". Damit weitet Husserl, wie er in den *Ideen II* selbst bekennt (Hua IV, 223), den sprachüblichen Sinn von Motivation als auf die Aktintentionalität, die Ichtätigkeit, bezogenen erheblich aus.

Korrelativ zum Bereich des Praktischen steht für Husserl das aktive Ich, das, wie es in den *Ideen II* heißt, „im ursprünglichen und eigentlichen Sinne Subjektive" (ebd. 215), das Subjekt der Akte. Dementsprechend äußert sich Husserl noch in den *Cartesianischen Meditationen*: In der aktiven Genesis fungiert „das Ich als durch spezifische Ichakte, als erzeugende, konstituierendes" (Hua I, 111), und hierzu gehören „alle Leistungen der in einem weitesten Sinne praktischen Vernunft" (ebd.). Die gesetzliche Synthesis der Ichakte regle demgemäß die „Vernunftmotivation", die „Motivationen im Rahmen der Evidenz" (Hua IV, 220).[55] Die Vernunftmotivation des ‚freien', stellungnehmenden Ich kontrastiert Husserl in den *Ideen II* mit der assoziativen und Erfahrungsmotivation (ebd. 222, 224), die auch Vernunftmotive enthalten können. Den Sinn von ‚Vernunftmotivation' faßt Husserl so weit, daß darunter auch relativ vernünftige und unvernünftige Motivationen fallen (ebd. 221).[56] Das Feld der aktiven Synthesis, der „Motivation von Stellungnahmen durch Stellungnahmen" des Ich (ebd. 220; vgl. Hua IX, 213 f.), bezeichnet somit für Husserl auch den Bereich, auf den die Grundfragen der Ethik abzielen, „die das vernünftige Subjekt-

---

[55] „Vernunft verweist auf Möglichkeiten der Bewährung, und diese letztlich auf das Evident-Machen und Evident-Haben" (Hua I, 92).

[56] „Wer sich von Trieben, Neigungen ziehen läßt, die blind sind, weil sie nicht vom Sinn der als Reiz fungierenden Sachen ausgehen, nicht in ihm ihre Quelle haben, ist unvernünftig getrieben. Halte ich aber etwas für wahr, eine Forderung für sittlich, [...], und folge ich frei der vermeinten Wahrheit, der vermeinten sittlichen Güte, so bin ich vernünftig - aber relativ, sofern ich mich darin ja irren kann." (Hua IV, 221 f.)

verhalten zum Gegenstand hat“ (Hua IV, 222). Dies ist auch ein Indiz für die transzendental-mundane ‚Doppelnatur‘ des Ich und seiner Motivationsstruktur: Nur als mundan-praktisches können es selbst und seine Aktionen Thema der Ethik sein, die Husserl ihrerseits als mundane, regionalontologische Disziplin begreift (siehe unten Teil II). Demgegenüber sind das dem ‚vernünftigen Subjektverhalten‘ zugrundeliegende Vermeinen in seiner konstitutiven Leistung und die Konstitution des in ihm Vermeinten nur transzendental aufklärbar. In diesem letzteren Sinn bezeichnet *Vernunft*, wie Husserl in den *Cartesianischen Meditationen* ausführt, eine „universale wesensmäßige Strukturform der transzendentalen Subjektivität überhaupt“ (Hua I, 92); ihre Korrelate sind solche Synthesen, die bewährende bzw. evident bewährende oder Bewährung aufhebende bzw. evident aufhebende sind und deren korrelative Gegenstände die Charaktere seiend bzw. nicht-seiend aufweisen (ebd.).

Die Darlegung der Motivationen von Ichaktionen aus ‚freier Vernunft‘ bezeichnet zwar das Feld für alle praktischen Intentionen, macht diese aber in ihrer Bewußtseinsgenese nicht verständlich. Denn die dem praktischen Verhalten vorgegebenen konstituierten Sinneinheiten sind für Husserl Endprodukte einer Konstitutionsgenese. Somit rücken bei der Befragung, welche Rolle die einheitsstiftenden Strukturen der Motivation für das praktisch gerichtete Ich und seine Aktionen spielen, sämtliche weiteren Motivationsstrukturen, die der Ausdruck der ‚passiven Synthesis‘ umfaßt, mit ins Thema. Es gilt daran zu erinnern, daß nicht erst Husserls genetische Bewußtseinsforschung die Strukturen passiver Synthesis behandelte, wenngleich diese in ihrer Genesis dort bevorzugtes Thema wurden. Bereits in den *Ideen II* gelangt Husserl zu der Feststellung, daß die Einheit des Bewußtseinsstroms, die Form des inneren Zeitbewußtseins, Einheit infolge von Motivation sei (Hua IV, 227 f.). Mit dem Hinweis auf diese Urform aller Konstitutionsweisen als Einheitsbildung aufgrund von Motivation hat Husserl die im Rahmen seiner Phänomenologie denkbar größte Ausweitung des Motivationsbegriffs vorgenommen.

1.2. Einheit aus passiver Konstitution

Erst mit der Berücksichtigung der passiven Synthesen sind die Konstitutionsprinzipien der einzelnen Glieder im Ausdruck ego-cogito-cogitatum voll zu verdeutlichen. In der Vorlesung zur phänomenologischen Psychologie vom Sommersemester 1925 spricht Husserl mit Blick auf jene Konstitutionsprinzipien von noematischer Polarisierung (die Einheit des Gegenstandes bzw., umfassender, die Einheit der Erfahrungswelt betreffend), noetischer und Ich-Polarisierung (Hua IX, 207). Die Polarisierung in noetischer Einstellung meint das Polsystem, das die Erlebnisse des Bewußtseinsstroms „in Beziehung auf die Phänomene der ursprünglichen zeitgegenständlichen Konstitution" und der Selbstkonstitution des gesamten immanenten Lebens aufspannen (ebd.). Diese rudimentäre „allwaltende, passiv verlaufende Synthesis" des inneren Zeitbewußtseins, wie es in den *Cartesianischen Meditationen* heißt (Hua I, 79), ist damit erste Bedingung für jede Ich- und Gegenstandspolarisierung. Diese grundlegende Motivation als „universale *Einheitsform des Strömens*", solcherart eine *„formale Gesetzmäßigkeit einer universalen Genesis*, der gemäß sich immer wieder in einer gewissen noetisch-noematischen Formstruktur strömender Gegebenheitsweisen Vergangenheit, Gegenwart und Zukunft in eins konstituiert" (ebd. 109), begründet sowohl die Ordnungsfolge der mannigfaltigen Zeitstrecken und -phasen, in denen als wandelnde Erscheinungen von dem einen und selben sich der identische Gegenstand konstituiert (vgl. ebd. 79 f.), wie auch die Einheitsbildung der Genesis des Ego, das als identisches in der Mannigfaltigkeit seiner Erlebnisse (als „Einheitspol seiner Intentionalitäten" [Hua IX, 207]) die Einheit seiner ‚Geschichte' (Hua I, 109, vgl. 100) ist.

Daß das reine Ich als identisches seiner Erlebnisse[57] mehr ist als bloßer Identitätspol, sondern als „Ich der Affektionen und Aktionen" (Hua IX, 208; vgl. Hua XIV, 172) auch Pol von Habitualitäten,

---

[57] „[...] das offenbar Kant im Auge hatte, als er vom Ich der transzendentalen Apperzeption sprach" (*Phänomenologische Psychologie*, Hua IX, 208). Vgl. E. Marbach, *Das Problem des Ich in der Phänomenologie Husserls* (*Phaenomenologica* Bd. 59), Den Haag 1974, 319-329.

das seine Geschichte hat (Hua IX, 211) und darin seine ‚Konsequenz', betonte Husserl bekanntlich in der *Phänomenologischen Psychologie*. In diese Richtung weisen schon Ausführungen in den *Ideen II*, die die ursprüngliche Selbstkonstitution des Ich nicht nur an den Formalstrukturen des inneren Zeitbewußtseins festmachen, sondern ebenso abhängig sein lassen von einem dunklen Untergrund doxischer Gewohnheiten, die dem Ich ebenfalls ein habituelles Profil verleihen und den Rohstoff für seine Ichaktionen liefern (vgl. Hua IV, 222, 255, § 61). Als grundlegende Motivationsweise, die diesen passiven Untergrund des Ich webt und ihn an das Ich vermittelt, stellt Husserl die Assoziation heraus (vgl. ebd. 222, Hua XI, 117-191). Assoziationen und Gewohnheiten stiften Beziehungen zwischen früherem und späterem Bewußtsein innerhalb eines Ichbewußtseins (Hua IV, 222); dabei kann es sich um in die passive Sphäre abgesunkene Vernunftleistungen aus früheren Ichaktivitäten handeln oder um rein passive Motivationsleistungen (vgl. ebd.).

In den *Ideen II* orientiert Husserl die Rede von ‚Passivität des Bewußtseins' am Ich und seiner spezifischen Freiheit: Dem freien Ich als dem Ich der Stellungnahmen stehe das passive Ich, das „Ich der ‚Tendenzen'" (Hua IV, 213), das „von *ursprünglichen ‚Instinkten'* getriebene und ihnen passiv folgende" (ebd. 255) gegenüber.[58] In Hinblick auf Husserls spätere Bestimmung der passiven Sphäre, in der korrelativ von einem auch nur erleidenden Ich nicht gesprochen werden kann,[59] handelt es sich bei dieser Gegenüberstellung von freiem und passivem Ich um eine Unterscheidung, die, als am Ichverhalten orientiert, anzeigt, daß das Ich von passiv Vorgebenem eingenommen werden oder aber ihm gegenüber frei Stellung nehmen kann. Die unterste Schicht der Abhängigkeit des Ich von passiv-assoziativen Bestimmtheiten bildet für Husserl die Abhängigkeit „von der Natur" (ebd. 276; vgl. 338 f.). Dies meint die Abhängigkeit von den naturkonstituierenden Strukturen des Bewußtseins und seinen Inhalten, von den Bewußtseinsprozessen,

---

[58] Zu Husserls phänomenologischer Analyse der Triebintentionalität siehe Nam-In Lee: *Edmund Husserls Phänomenologie der Instinkte* (*Phaenomenologica* Bd. 128), Dordrecht/Boston/London 1993. Vgl. auch die Ausführungen bei Ullrich Melle, „Husserls Phänomenologie des Willens", a.a.O., 299-304.

[59] Vgl. E. Holenstein, a.a.O. 132 f.

die die unterste Schicht der Wirklichkeit, die ‚bloße Gegenstandswelt', konstituieren, sowie von der durch den Leib vermittelten hyletischen Schicht der bloßen Empfindungen, der „ersten ‚*subjektiven Habe*'" (ebd. 214) des Ich.[60] Die fundierende Voraussetzung für alle leibvermittelten Empfindungen erblickt Husserl in der zunächst nur solipsistisch konstituierten leib-seelischen Einheit, die sich zur Konstitution „Ich-Mensch" erweitert (ebd. 215).[61] In mundan-empirischer Einstellung ist jene leib-seelische Einheit in der Gesamtapperzeption des ‚Ich-Mensch' immer schon vorgegeben. In der Einheit von Leib und Seele erhält das Seelische - der innerzeitliche Erlebnisstrom - seine Stelle in Raum und Zeit, wird lokalisiert und temporalisiert (ebd. 168, 177 f.). In Hinblick auf diesen Annex der Seele an den Leib, ihrer Lokalisierung in einem Leibkörper, und der dadurch konstituierten „eigenen Erfahrungseinheit" spricht Husserl von einer „rechtmäßigen ‚Naturalisierung' des Bewußtseins" (ebd. 168). Daß transzendentales Bewußtseinsleben „in der Welt selbst auftritt" (Hua XV, 546), bezeichnet Husserl, mit Blick auf die Konstitution des Ich-Menschen, als *Verweltlichung* der transzendentalen Subjektivität (vgl. ebd. 544, 645). Die Konstitution ‚Ich-Mensch' vollendet sich Husserl zufolge erst in intersubjektiver Konstitution, mittels eines spezifischen Aktes der Einfühlung: Ich apperzipiere den anderen, ihn zunächst einfühlend als Analogon meiner Leib-Seele-Einheit erfassend, dann in seinem mir Gegenüber, in seinem „Dort", wie Husserl sagt, mit

[60] Der hier gebrauchte Naturbegriff enthält eine Doppeldeutigkeit: Er benennt zum einen „das assoziative Geflecht, wodurch mein Seelenleben mit Leibesvorgängen geeinigt ist und <das> eine Art Vorkonstitution" leistet, wie es in einem Manuskript aus dem Umkreis der Vorlesung über „Erste Philosophie" (1924) heißt (Hua VIII, 409). Dieses vorkonstitutive Geflecht bezeichnet Husserl als eine erste „Latenz des Ich" (ebd.). Dieser stehe eine zweite Ichlatenz gegenüber, gebildet aus vergangenen Aktleistungen, die das Ich aus dem „Hintergrund" bestimmen (ebd.); solcherart „‚erledigte' Geistigkeit" trete, wie es in einem Text von 1920 heißt, „ein in die Natur" (Hua XIII, 452). Im zweiten Fall umfaßt ‚Natur' also beide Weisen der Ichlatenz. - Dieser (doppelsinnige) transzendentale Naturbegriff ist nicht dem Naturbegriff der phänomenologischen Psychologie gleichzustellen, der die „raumzeitliche Welt als Natur - vor aller Praxis" (A V 24, 33) meint.

[61] „Nur an materielle Leiber" ist „reale Geistigkeit angeknüpft"; „materieller Leib und Seele" gehören „notwendig zusammen in der Idee eines wirklichen Menschen" (Hua IV, 94).

meinem „Hier-Leib-Phänomen“ (Hua IV, 168) aufgrund der Analogisierung identifizierend, als transzendentes Objekt, als „Naturwesen Mensch“ (ebd. 169) und setze wiederum mich selbst als ein solches in analogisierender Apperzeption.

Mit der Apperzeption des Ich-Menschen hängt die *Form* der Gegenstandskonstitution eng zusammen: Die Konstitution des Gegenständlichen in seiner Grundform in Korrelation zum naturkonstituierenden Bewußtsein als Konstitution ‚bloßer Sachen‘ (Dingkonstitution) besagt für Husserl die intentional synthetisierte und sich durchhaltende Einheit in der Mannigfaltigkeit von Erscheinungsweisen: ‚das eine und selbe Ding‘ in der Vielfalt seiner perspektivischen Anblicke. Die intentionale Einheit ist als ein nicht reelles Datum des Bewußtseinsstroms Produkt konstitutiver Leistung. Diese Bewußtseinsleistung kommt dadurch zustande, weil die Erscheinungsmannigfaltigkeit selbstgegebener Aspekte des Dinges aufgrund von horizonthaft vorgezeichneten und vorweisenden Mehrmeinungen einer jeden Einzelerscheinung, als Möglichkeiten für künftige Bewährungen, in einem antizipierenden Vorgriff die Setzung eines einheitlichen, als solchen nicht gegebenen ‘X’ als eines seienden Dinges motiviert (vgl. Hua XVI, 285).[62] Wie der einzelne Gegenstand ist die gesamte objektive Natur transzendentalphänomenologisch gesehen „nur als eine“ im Bewußtsein „durch immanente Zusammenhänge motivierte intentionale Einheit“ (Hua III, 95; vgl. unten 4.3.). Motivieren in diesem Sinn vermag nur Selbstgebung; sofern Selbstgebungen zur Setzung eines einheitlichen, als solchen gerade nicht selbstgegebenen Gegenständlichen motivieren, spricht Husserl von einer „vernünftigen Motivation“ (Hua III, 283; Hua XVII, 168 f.), die nicht der Vernunftmotivation im engeren Sinn, der Motivation des stellungnehmenden Ich aus evidenten Gründen, gleichgesetzt werden darf. Ein „Vernunftcharakter“ komme dem „Setzungscharakter“ dann zu, „wenn er Set-

[62] In Mitgeltung sei „ein Horizont von Möglichkeiten von dem nicht nur kontinuierlich Kommenden [...], sondern von künftigen, aber auch mitgegen-wärtigen und vergangenen Möglichkeiten - als in einem einstimmigen Kontinuum zu konstruieren, als Konstruktion der totalen Möglichkeit -, wie der Gegenstand, der in Gewißheit ist, sein könnte. Das sagt nicht, wie er anders, sondern wie er als derselbe sein könnte in seinem als wirklich gesetzten und erhaltenen Sein“ (A VI 23, 2).

zung auf Grund eines erfüllten, originär gebenden Sinnes" ist (Hua III, 283). Der Husserlsche Vernunftbegriff bezeichnet also des näheren primär alle originäre Gegebenheit und die von ihr motivierten intentionalen Einheiten („unmittelbare Vernunftsetzungen", ebd. 294; vgl. Hua IV, 223) Da für Husserl Vernunft mit Evidenz korreliert, faßt er diese als „Einheit einer Vernunftsetzung mit dem sie wesensmäßig Motivierenden" (Hua III 284). Vernunftsetzung ist aufgrund ihres nichtselbstgegebenen, wenn auch aus originär Gegebenem motivierten Sinnüberschusses zugleich „Glaubensgewißheit": Gewißheit im Modus des Glaubens, daß die in selbstgegebenen und somit ‚wirklich seienden' Ansichten sich bildende intentionale Einheit ebenso *ist* (vgl. EU 87).

Damit zeigt sich die Konstitution des Ich-Mensch als Begrenzung (gegenüber der transzendentalen Subjektivität) *und* als Ermöglichung in einem. Die konstitutive Genealogie der Ich-Mensch-Apperzeption eröffnet aufgrund rein passiver Konstitution einen Bereich, in dem sich in einem Geflecht von assoziativen Motivationen und Vernunftmotivationen für das Ich sein transzendentes Gegenüber, seine Gegenstände, konstituiert.[63] Sie ist damit auch der aufschließende Grund dafür, daß das Subjekt ursprünglich an sein Gegenüber verwiesen ist („es erfährt primär nicht sich, sondern es konstituiert Naturgegenstände, Wertsachen, Werkzeuge etc." [Hua IV, 252]); es ist darin „motiviert und immer neu motiviert" (ebd. 253) und hält diesen Stil des ursprünglichen Verwiesenseins durch. Husserl gebraucht in diesem Zusammenhang den Begriff der „Selbsterhaltung" (ebd.), was zugleich auch die paradoxe Grundsituation benennt, daß dieses Außersichsein des Subjekts zugleich die Weise seines Selbstseins und seiner Selbstkonstitution auf dieser Stufe des Ich-Mensch ist. *Selbsterhaltung* ist ein Grundbegriff in Husserls teleologischer Auffassung vom Aufbau und von der Entwicklung des Ich und bezeichnet die Weise, wie das Ich als Motivationssubjekt wirkt. Das Ich besitzt eine wesenhafte Tendenz auf Selbsterhaltung, die sich, entsprechend den Schichten der Motivation, auf verschiedenen Stufen realisiert und eine aller

---

[63] Auf die konstituierten intentionalen Einheitspole beziehen sich „alle spezifischen Leistungen, Anteilnahmen, Affektionen, Stellungnahmen des Ich" (Hua XI, 395).

empirischen Selbstwahrnehmung wie überhaupt allem empirischen Ichverhalten vorgängige Strukturform besagt. ‚Tendenz' ist selbst ein teleologischer Begriff, den Husserl auf die Bewußtseinsintentionalität, die nur aufgrund von Motivation ist, bezieht.[64] Allgemein formuliert kann es heißen, daß für Husserl nur dort *Möglichkeit* besteht, Möglichkeiten für Verhalten und Aktivität, wo *Motivation* und *Motive* vorliegen (vgl. Hua IX, 71). Motivation ist Eröffnung von Möglichkeiten, Möglichkeitshorizonten, ist ‚raumgebend'.

Schon die Form der Gegenstandskonstitution ist raumgebend, nicht nur für die Konstitution möglicher einzelner Gegenstände, sondern für ein nachfolgendes spezifisch ichliches Verhalten. Mit dem Verweis auf die Horizontvorzeichnungen formuliert Husserl einen ursprünglichen Sinn von Freiheit:[65] Jede Horizontvorzeichnung impliziert eine Potentialität, ein ‚ich kann': Ich kann prinzipiell in die Vorzeichnung eintreten und das Antizipierte mir bekanntmachen (vgl. Hua I, 82).[66] Doch nicht nur die Gegenstandskonstitution besitzt ihre Horizonte und damit Potentialitäten; auch die erlebte Vergangenheit ist ein Horizont möglicher Wiedererwekkung (vgl. ebd.). Im Gegensatz zu den Potentialitäten von Wahrnehmung und Vergangenheitsbewußtsein, die vorgezeichnet und vorgegeben sind und als solche Horizontintentionalitäten zu Themen von Intentionalanalysen werden können (ebd. 82 ff.), stellen die Phan-

---

[64] „Alle Intentionalität ist in sich selbst *auch* ‚tendenziös', von Tendenzen durchwaltet, [...] und damit sind (Tendenz ist nicht selbst Wille, nicht selbst Praxis) Felder für universell mögliche Praxis vorgezeichnet [...]." (Hua XXV, 196 f.)

[65] Zu Husserls Begriff der Freiheit vgl. K. Wiegerling, *Husserls Begriff der Potentialität. Eine Untersuchung über Sinn und Grenze der Transzendentalen Phänomenologie als universaler Methode* (*Mainzer philosophische Forschungen* Bd. 27), Bonn 1984, 159-167.

[66] Vgl. Hua I, 113: Das Ich habe dank passiver Synthesis stets „eine Umgebung von *Gegenständen*. Schon daß alles mich als *entwickeltes* ego Affizierende apperzipiert ist als *Gegenstand*, als Substrat kennenzulernender Prädikate, gehört hierher. Denn das ist eine im voraus bekannte mögliche Zielform für Möglichkeiten der Explikation als bekannt machender, [...] und diese Zielform ist im voraus verständlich als aus einer Genesis entsprungen. Sie weist selbst auf eine *Urstiftung* dieser Form zurück." - „Diese Mitmeinung ist es, welcher jeder beobachtenden und experimentierenden Intention ihren praktischen Sinn gibt [...]." (Hua VIII, 45) Vgl. auch EU 89: Die „Freiheit des Durchlaufens" einer Wahrnehmungsfolge bezeichne „*praktische* Möglichkeiten".

tasien eine andere Gattung von Potentialitäten dar; sie sind nicht vorgezeichnet und vorgegeben, sondern werden willkürlich entworfen. Husserl bezeichnet sie als Potentialitäten, die „in der Verknüpfung mit den Wirklichkeiten der positionalen Sphäre die Vorstellbarkeit des Andersseins" verschaffen, und er fügt hinzu: „Das aber ist Voraussetzung für eine umgestaltende Praxis." (Hua IX, 205)

Es sind also jene dem Bewußtseinssubjekt als solchem zukommenden ‚Vermögen' wie dasjenige der Erfahrung transzendenter Gegenstände, des Vergangenheitsbewußtseins und der Phantasie, die allerst einen Raum für ein mögliches Können aufschließen, von eben diesem Können zu unterscheiden. Sind diese Vermögen wesentlich zum Ich-Mensch überhaupt gehörig, so zählen dazu auch Dispositionen, Habitualitäten, Charakteranlagen, „Vermögen" im spezifischen, Husserlschen Sinn (vgl. Hua IV, § 59), zuunterst, auf der Grundlage des naturkonstituierenden Bewußtseins, die Konstitution geistiger Gebilde als Gemeinschaftsleistung, die „Humanisierung" der Natur in der Konstitution einer geschichtlichen Welt (vgl. Hua XV, 645). Auch diese konstitutiven Schichten eröffnen ‚Räume', in denen ein Können aktualisiert zu werden vermag. Die von ihnen aufgeschlossenen Räume sind immer zugleich auch inhaltlich bestimmt und darin relativ auf Kulturkreise, Gemeinschaften und Einzelsubjekte.

Während Husserl bereits in den *Ideen II* auf die Gegenstandskonstitution und naturkonstituierendes Bewußtsein umfassende Ich-Mensch-Apperzeption als Unterschicht des Ich hinwies, von der das Ich abhängig sei und die seiner Aktivität Möglichkeit wie Grenze vorzeichne, blieb er dabei, sie als vorichlich zu charakterisieren. Erst zu Beginn der zwanziger Jahre erweiterte er die Rede von der ichlichen Habitualität auch auf die passiven und rezeptiven Leistungen der Welt- und Gegenstandskonstitution (die zwar vorichlich, aber *für* das Ich sind) und sprach von der „Weltapperzeption als Habitus".[67] E. Marbach weist darauf hin, wie dies beim späten

---

[67] „Das Ich, bestimmt durch Systeme der Weckung der unterichlichen psychischen Sphäre, entwickelt in sich [...] die raumdingliche Apperzeption aus, einen allgemeinen Habitus, der sich in besonderen Apperzeptionen immer wieder bekundet, in besonderen Wahrnehmungen usw., mit denen ein besonderes Dasein

Husserl zur Anerkennung der fundamentalen Rolle führte, die die Konstitution einer standhaltenden Welt aus einstimmiger Erfahrung für die Selbsterhaltung des Ich spielt.[68]

1.3. Einheit der Person

Im Paragraphen 59 der *Ideen II* bestimmt Husserl das Ich als das „Subjekt der Vermögen", dessen Einheit ein „System des *,Ich kann*'"[69] darstellt (Hua IV, 253), und betont, daß sein Vermögen kein „leeres Können", sondern eine „positive Potentialität" besage (ebd. 255). Husserl bezieht das ,ich kann' auf das Ichzentrum und bestimmt das korrelative Ichverhalten als „frei", „autonom" (ebd.). Mit der Gegenmöglichkeit des unfreien, gehemmten, passiv nachgebenden Ich bildet es „gegenüber dem allgemeinen und einheitlichen empirischen Subjekt die *,Person' in einem spezifischen Sinne*" als „das Subjekt der unter dem Gesichtspunkt *Vernunft* zu beurteilenden Akte" - das „selbstverantwortliche" freie oder das unfreie, „geknechtete" (ebd. 257; vgl. 269). Person in diesem engeren Sinn gilt Husserl somit in den *Ideen* als eine besondere Schicht des „allgemeinen und einheitlichen empirischen Subjekts" (ebd.), des Ich-Mensch, der „vollen Persönlichkeit" (ebd. 280). Die volle Persönlichkeit ist für Husserl Einheit aus der Eigenart ihres Sichverhaltens (dazu gehört die Person im engeren Sinne als das Subjekt in der Eigenart seiner Stellungnahmen) und der Eigenart in der Konstitution ihrer Hintergründe, beides vermittelt durch die

für das Ich zur Stiftung kommt, eine besondere habituelle Setzung" (A VI 30, November 1921; zitiert bei Marbach, a.a.O. 314).

[68] Vgl. E. Marbach, a.a.O. 322, 325; vgl. Hua I, 95 f.

[69] „Dabei ist zu unterscheiden zwischen dem *physischen* ,Ich kann', dem leiblichen und leiblich vermittelten, und dem *geistigen*" (Hua IV, 253). - Als eine Sonderform des leiblichen ,ich kann' stellt Husserl die praktische Möglichkeit heraus (ebd. 258 ff.), wobei dem Bewußtsein des ,ich kann' ein ,ich tue' vorausgehen muß (ebd. 261): Der subjektive Charakter des ,ich tue' setzt das Tun als ein (jederzeit) praktisch mögliches, setzt die Thesis des Tunkönnens (ebd.). Modifiziert die Neutralisierung eines doxisch-logischen Bewußtseins Sein zu bloßer Vorstellung mit einer implizierten theoretischen (doxischen) Möglichkeit, so wandelt „praktische' Neutralitätsmodifikation" (ebd. 263) Handlung in mögliche Handlung mit implizierter praktischer Möglichkeit um (ebd. 262 f.).

Eigenart des Gegenstandsbewußtseins: Die „Aufmerksamkeit“ mit ihren attentionalen Modi verweist Inhalte des Gegenstandsbewußtseins aus den Hintergründen in den Bereich des aktiven Ichverhaltens (ebd. 278 f.).

Die Sphäre des ‚ich kann‘ bezeichnet Husserl als eine Sphäre der „Freiheit im besonderen Sinne“ und „wohl im eigentlichen Sinne“ (ebd.). Dies hat zur Folge, daß er die zur Apperzeption des Ich-Mensch gehörigen ‚Vermögen‘ nicht in ihrem Verhältnis zur Sphäre des ‚ich kann‘, nicht in ihrer diese Freiheit erst ermöglichenden Funktion zu bestimmen sucht. Das Ich vermag sich doch nur aus dem Grund frei zu verhalten, gegenüber passiven Anmutungen sein fiat zu sprechen bzw. diese Anmutungen zu inhibieren (ebd.), weil es sich vorgängig in einer Dimension vorfindet, in der diese Möglichkeiten ihrerseits ermöglicht sind. Somit ist die Freiheit des ‚ich kann‘ immer nur auf dem Grunde und im Zusammenhang mit jenen Möglichkeitsbereiche erschließenden (und d.h. zugleich andere Bereiche ausschließenden) vorgängigen Vermögen im weitesten Sinn zu sehen. All diese Vermögen konstituieren aufgrund assoziativ-passiver Intentionalität das persönliche Subjekt, indem sie dem Erlebnisstrom eine „gewisse Regel der Entwicklung“ (ebd. 256) verleihen; Husserl spricht diesbezüglich von einer „sozusagen doxischen Gewohnheit“, die für das ichliche Verhalten protentional Bekanntheitsvorzeichnungen entwirft (ebd.). Diese passiv konstituierten und sich dem Ich evtl. rezeptiv aufdrängenden Strukturen kann sich das Ich nachkommend aneignen, d. h., es besitzt als Vernunft-Ich diesen Strukturen gegenüber jene Mög-lichkeiten, sich entweder von ihnen triebhaft-instinktiv bestimmen zu lassen oder zu ihnen frei Stellung zu nehmen (ebd. 255, vgl. 269). Das ‚triebhaft-instinktive‘ Verhalten, das Husserl oftmals auch ein passiv geleitetes nennt (vgl. 255), bezieht sich hier also nicht, wie sich jetzt deutlicher zeigt, auf die passive Konstitution von Sinngehalten (etwa der Sinngehalte, auf die sich das Ich richten kann), sondern meint vom Standpunkt des (aktiven) Vernunft-Ich aus die Möglichkeit der Stellungnahme zu dem Vorgegebenen. Mit dem Begriff der „Gewohnheit“ bezeichnet Husserl dann nicht nur die passiv konstituierten Bekanntheitsvorzeichnungen, sondern das Passivität und Rezeptivität umschließende triebhafte Verhalten des Ich *vor* dessen aktiver Stellungnahme, aber auch die zu einer Tendenz sich verfestigende Stellungnahme (ebd.).[70]

In den *Ideen II* markiert die Doppelbestimmung des Ich als Ich der Habitualitäten und als je individuelles Motivationssubjekt noch die Abgrenzung von reinem und personalem Ich. Während ersteres als bloßes identisches Ich reflexiver Selbstwahrnehmung bestimmt wird, werden letzterem jene Prädikate der Habitualität und der konkreten Motivationsvielfalt zugesprochen, es selbst wird aber im Gegensatz zum reinen (transzendentalen) Ich nur als empirisches Ich aufgefaßt.[71] Allerdings stellt Husserl bereits die Frage nach der Konstitution des personalen Ich in seiner Einheit als individuelles Motivationssubjekt, als Subjekt einer individuellen Erfahrungsapperzeption;[72] und er kommt zu dem Ergebnis, daß sich das persönliche Ich nicht allein aufgrund von Ichreflexionen konstituiert, sondern daß ihm schon ursprünglich jener Bereich ihm zunächst verborgener Dispositionen zugehört, die dann zugleich das Material für mögliche weitere Ichreflexionen in Form von empirischen Selbstapperzeptionen (im ‚Sichkennenlernen'; vgl. ebd. 251 f.) be-

---

[70] „Sich durch ein Wertmotiv bestimmen lassen und einem Triebe widerstehen begründet eine Tendenz (einen ‚Trieb'), sich wieder durch solch ein Wertmotiv (und evtl. Wertmotive überhaupt) bestimmen zu lassen und einem solchen Triebe zu widerstehen. Da *verflicht sich Gewohnheit und freie Motivation.*" (Hua IV, 255) „Es erwachsen mit jeder Stellungnahme ‚Tendenzen' zu gleichen Stellungnahmen unter ähnlichen Umständen" (ebd. 280).

[71] „Wir unterscheiden also von der *reinen Ichreflexion*, der Reflexion auf das wesensmäßig zu jedem cogito gehörige reine Ich, die *reflexive thematische Erfahrung* auf Grund der erwachsenen Erfahrungsapperzeption, deren intentionaler Gegenstand dieses empirische Ich, das Ich der empirischen Intentionalität, ist, als Selbsterfahrung des *persönlichen Ich* mit Beziehung auf die Erfahrungszusammenhänge, in denen sich dies persönliche Ich [...] nach seinen *‚persönlichen Eigenheiten'* oder *Charaktereigenschaften* ausweist." (Hua IV 249)

[72] „[...] wenn ich in die Verflechtung der Motivationen meines cogito, in die offenen und verborgenen Intentionalitäten der Motivation eintrete, so erfahre ich, wie ich durch sie motiviert bin und motiviert zu sein *pflege*, welche *erfahrungsmäßige Eigenart* ich als Motivationssubjekt dieser motivierenden Umstände *überhaupt* besitze: oder was für ein *persönliches Subjekt* ich bin." (Hua IV, 248 f.) „In der Art, wie sich das Ich mit Beziehung auf die ihm bewußtseinsmäßige Umwelt motivieren läßt zu den wechselnden Entscheidungen, und somit in der Art der Besonderheit seiner Entschiedenheiten selbst und ihrer Zusammenhänge bewahrt das Ich einen individuellen und herauserkennbaren Stil." (Hua IX, 215)

reitstellen.[73] Auch später unterscheidet Husserl weiterhin zwi-schen einem reinen und einem personalen Ich. Doch dadurch, daß das personale Ich nicht mehr als nur empirisches gefaßt wird, tritt es als gleichfalls transzendentales in eine Allianz mit dem reinen Ich. Ist das reine Ich „identisches Substrat bleibender Ich-Eigenheiten", so befaßt das personale Ich als das genuin habituelle gerade diese Eigenheiten in ihrem relativ konstant bleibenden Bestand: Es ist „*stehendes und bleibendes* personales Ich" (Hua I 101) - stehendes und bleibendes im unaufhörlichen Prozeß seiner Selbstkonstitution.

In den *Ideen II* parallelisiert Husserl diesen Prozeß der Selbstkonstitution der Person mit der Dingerfahrung (Hua IV, 250): Nach der Entwicklung der empirischen Selbstapperzeption ist das personale Ich sich selbst eine *Vorgegebenheit*, „so gut wie das Ding mir vorgegeben ist, nachdem die Dingapperzeption entwickelt ist" (ebd.). Man kann diese Analogie noch weiter führen: Wie sich in der Dingapperzeption in der Mannigfaltigkeit der Dingerscheinungen der identische Gegenstand konstituiert, so konstituiert sich im Prozeß der Selbstapperzeption die Identität des personalen Ich.[74] Diese Identität bezeichnet nicht nur die Einheit der Person als individuelles Motivationssubjekt, sondern ist selbst Identität nur aus ihrem jeweiligen Stil der Motivation, d.h., der Motivationsstil wirkt selbst motivierend für die Identität der Person (vgl. Hua IX, 215, Hua I, 101). Eben dies drückt der Begriff der Selbsterhaltung aus: daß sich das Ich im Wechsel seiner Entscheidungen nicht zerfasert, sondern sich in seinen Motivationseinheiten in einer „Typik"[75] durchhält. Zugleich betont Husserl den Unterschied gegenüber der Dingkonstitution: Die Identität des Ich ist nicht „Identität in der Veränderung, im Wandel von Phasen" wie im Fall der Dingapper-

---

[73] Vgl. Husserls spätere kritische Notiz in Beilage II (nach 1924), Hua IV, 310 f., in der Husserl den Ichpol als „apriorisches Zentrum ursprünglicher Icheigenschaften" bestimmt (311).

[74] In dem Begriff ‚personale Individualität' „liegt eine sich im Wechsel der Entscheidungen konstituierende und identisch verharrende Einheit. Sie ist ein wenig analog mit der Einheit des realen Dinges gegenüber dem Wechsel der dinglichen Zuständlichkeiten" (Hua IX, 215).

[75] „Es gehört zum personalen Leben eine Typik, die für jeden eine andere ist." (Hua IV, 271) ‚Hinter' dieser Typik steht noch die Typik des Bewußtseinsaufbaus selbst (vgl. Hua I, 86).

zeption; die Identität des Selbst gehe „als Einheit schaffende Identität für alle Gehalte diesen vorher“ (Hua XIV, 50; vgl. 48).[76] Obgleich sich die Identität des Ich nicht erst in Bewußtseinsverläufen konstituiert und allein darin sich durchhält, wird sie doch im Wandel der Ich-Entscheidungen immer neu ‚bestätigt‘. In diesem Sinn hat das Ich nicht nur seine Pol-Einheit vorweg, sondern bewahrt kontinuierlich seinen „individuellen und herauserkennbaren Stil“ (Hua IX, 215), „einen *personalen Charakter*“ (Hua I, 101).

Damit ist auch die Möglichkeit eröffnet, daß sich das personale Ich zu seinen Dispositionen verhalten und bis zu einem gewissen Grad seinen Motivationsstil selbst aus- und umbilden kann. Mit dem Aufweis dieser grundlegenden, vorempirischen Möglichkeit der mannigfachen empirischen Verhaltensmöglichkeiten des Ich deckt Husserl, ohne dies ausdrücklich zum Thema zu machen, einen weiteren Aspekt eines ursprünglichen, transzendentalen Raums von Freiheit auf, der als vorgegebenes Faktum zugleich eine Notwendigkeit, die Notwendigkeit des Nicht-Festgelegtseins auf dem vorgängigen Grund von Vorgegebenheiten, besagt und ein solches ‚ich kann‘ ermöglicht, das sich auf den Selbstbezug des stellungnehmenden Ich bezieht. Damit nimmt Husserl Heideggers ‚geworfenen Entwurf‘ und Sartres Auffassung vom Subjekt, das zur Übernahme seiner Freiheit verurteilt ist, in Grundzügen vorweg.

1.4. Einheit als Aufgabe

Als passive Konstitution erfolgt die Apperzeption des Ich-Mensch, die zugleich die konstitutiven Bedingungen für die Welt- und Gegenstandskonstitution beinhaltet. Alle diese ‚konstituierten Formen der Konstitution‘ eröffnen freigebend-begrenzend Räume für nachkommende mannigfaltige Weisen des ‚ich kann‘. Da sie mit der Einrichtung solcher fester Raumsysteme alle passiven Verläufe und alles aktive Verhalten stabilisierend regeln, verkörpern sie zugleich

[76] Das „bleibende Ich“ ist „als Pol bleibender Ich-Bestimmtheiten kein Erlebnis und keine Erlebniskontinuität“, „obschon doch wesensmäßig mit solchen habituellen Bestimmtheiten zurückbezogen auf den Erlebnisstrom“ (Hua I, 101).

rudimentäre Weisen der Selbsterhaltung des Ich, sind so (in ihrer jeweiligen monadischen Konkretheit) Habitualitäten des Ich der transzendentalen Apperzeption. Sie besitzen ihre Ergänzung in der (aktiven) Selbstkonstitution der Person. Diese Konstitution ist zugleich nur auf dem Boden jener passiven Konstitutionen möglich, da z. B. das Gegenstands- und das Vergangenheitsbewußtsein erst ausgebildet sein müssen, damit sich die Person zu sich selbst verhalten kann.

Husserl bestimmte das Verhältnis zwischen den in der Passivität konstituierten Formen der Konstitution und der Selbstkonstitution der Person nicht genau. Gründet die personale Selbstkonstitution samt und sonders in den vorgängigen Konstitutionsformen, oder verkörpert sich in ihr diesen gegenüber ein eigenes Prinzip? Gleich, ob mit der Selbstkonstitution eine empirische Selbstapperzeption gemeint ist wie in den *Ideen II* oder aber die transzendentalfaktische Selbstkonstitution der Monade, die selbst schon alle vorgängige Konstitution mitumgreift: die von der Ich-Mensch-Apperzeption, ihrer Welt- und Gegenstandskonstitution, eröffneten Räume genügen nicht, um das *principium* der Selbstkonstitution voll begreiflich zu machen. Muß für die Möglichkeit des Selbstbezugs des Ich nicht eine ganz andere Tendenz, als sie in der Welt- und Gegenstandskonstitution des Ich-Mensch besteht, eine dieser gerade entgegengerichtete und ebenso ursprüngliche vorliegen? Die Möglichkeit des Selbstbezugs ist nicht aus der Ich-Mensch-Apperzeption und ihrer *Geradehin*-Einstellung ableitbar, sondern weist auf eine vorgängige transzendentale Ermöglichung hin. Und doch stellt die Ich-Mensch-Apperzeption gleichsam das auslösende Moment dar, das auch den Raum für die Bewegung des Selbstbezugs erst aufschließt: Der Rückbezug auf das Selbst setzt die Abständigkeit des Selbst von sich voraus. Die Ich-Mensch-Apperzeption lokalisiert das Selbst im Dinglichen. Solcherart verfährt sie als raumerschließende nicht nur ermöglichend und begrenzend in einem, sondern entfremdet das Selbst von sich selbst. Sie schafft jedoch damit zugleich die Voraussetzung für die mögliche (relative) Aufhebung dieser Entfremdung, ohne daß dadurch die Selbstbezüglichkeit per se gestiftet wäre; sie ist für Husserl im Horizont der Welt allenfalls in der Weise ihrer Selbstverborgenheit ‚angelegt'.

Ein erster Schritt, den Ursprung der Möglichkeit des Selbstbezugs zu klären, liegt u. E. darin, daß zwischen zwei Weisen der freien Stellungnahme unterschieden wird. Das stellungnehmende Ich stiftet Überzeugungen, die sich habitualisieren und als relativ konstant bleibende Habitualitäten den Fonds der vorgegebenen Dispositionen bereichern. Als freies stiftet es nicht nur ständig neue Überzeugungen, sondern modifiziert die alten. Trotz solcher Modifizierungen hält sich auch auf dieser Stufe die Einheit der Person durch: Der Begriff der Selbsterhaltung ist folglich so weit zu nehmen, daß er noch die Modifizierbarkeit und die tatsächlichen Modifikationen befaßt. Auf dem vorgegebenen Grund der Selbsterhaltungsweisen des Ich der transzendentalen Apperzeption, in den von ihnen eröffneten Räumen, betätigt sich das freie Verhalten der empirischen Person; diese ist ‚frei' in der Spontaneität ihres stellungnehmenden Verhaltens im weitesten Sinn, aber ‚unfrei', insofern sie in ihrem Verhalten jene vorgegebenen Räume nicht verläßt. Doch besitzt sie hierzu überhaupt eine prinzipielle Möglichkeit?

Husserl geht in der Tat von einer solchen Möglichkeit aus, die insofern als eine Radikalisierung der freien Stellungnahme der Person angesehen werden kann, als sie nicht nur die Weise besagt, wie sich die Person zu sich selbst verhält, in den von zufälligen Umständen abhängenden mannigfaltigen Weisen in Selbstkritik eigene Dispositionen zu verwerfen oder anzuerkennen, sondern in eine willentlich sich vorgesetzte Haltung der Selbstkritik („Selbstregelung") sich wandeln kann. Damit ist ein neuer qualitativer Faktor der Selbsterhaltung konstituiert, der sich von den vorgängigen Formen der Selbsterhaltung darin unterscheidet, daß er in seiner willentlichen Setzung eine neue Stufe personaler Einheit konstituiert: als eine aufgegebene und als eine solcherart erfüllbare und zu erfüllende Einheit. Die Bedingung der Möglichkeit für solche Selbstregelung liegt offenbar in dem Umstand, daß sich die Person auch zu ihrem eigentlichen ‚Kern', ihrem Motivationsstil selbst, verhalten und ihn bis zu einem gewissen Grad, in der Gradualität, wie sie sich ihn verfügbar macht, umbilden kann.

Der wesentliche Unterschied zwischen den beiden Arten des Verhaltens zu sich selbst, einerseits in personalen Stellungnahmen überhaupt und andererseits mittels der Selbstregelung, liegt in der im zweiten Fall bestehenden ausdrücklichen Stiftung einer Willenshabitualität, die sich der konsequenten Bewahrung personaler Eigenheiten verschreibt. Mit dieser ausdrücklichen Bezugnahme auf das eigene Selbst ist der Stil eines personalen Verhaltens, das sich primär aus der konstituierten Welt her verstand und nur in ihr seine letzten Ziele und Zwecke hatte, durchbrochen und ein neues teleologisches Verhalten, das sich am Selbst orientiert, gestiftet. Übergang wie motivierendes Moment zu dieser Stiftung einer Willenshabitualität mag jenes Streben sein, das Husserl als ein Wesensmerkmal des Ich herausstellt, das „Streben, zu einer Einheit und zu Einhelligkeit in der Mannigfaltigkeit seiner Überzeugungen zu kommen, derart, daß das Ich zu einem solchen werden will, das sich selbst treu bleibt bzw. sich treu bleiben kann, sofern es nie mehr geneigt ist, seine Überzeugungen preiszugeben" (Hua IX, 214).

Dieses Streben zu einer Integration der mannigfachen Äußerungen des eigenen Selbst ist nicht aus der Ich-Mensch-Apperzeption ableitbar, sondern stellt eine ‚Gegenrichtung' zu der weltkonstituierenden Bewegung dar. Es muß also nach Wegen gesucht werden, diese Gegenbewegung, die in der Möglichkeit der Selbstbezüglichkeit liegt, in ihrem Ursprung auszuweisen. Dies unternimmt Husserl, wenn er, wie zu zeigen sein wird, die Möglichkeit des Selbstbezugs vor der Ich-Mensch-Apperzeption in der transzendentalen Subjektivität zu lokalisieren sucht. Erst die Konstitution einer derartigen Willenshabitualität würde das Ich nicht nur als ein frei stellungnehmendes ausweisen, sondern als solches, das in einer Umdrehung seines Strebensverlaufs zu seinen eigenen passiven Gründen Stellung nimmt. Sosehr das Vermögen, frei Stellung nehmen zu können, Voraussetzung für eine solche Umstellung ist, so deutlich ist doch die Differenz zwischen beidem, die Husserl selbst zumeist, so in den betreffenden Passagen der *Ideen II*, nicht klar hervorhebt: Die Wendung auf das Selbst im zweiten Fall gründet in einer Änderung des teleologischen Bezugspunktes für die Intentionalität des aktiven Ich, was seinerseits, wie erwähnt, darin seine Bedingung besitzt, daß sich das Ich prinzipiell zu seinem Motivationsstil verhalten kann. Diese Umdrehung des Strebensverlaufs versieht Husserl mit dem allgemeinen Titel der „Selbstbesinnung".

Selbstbesinnung vermag einer solchen ‚Selbstregelung' allererst den Grund zu legen, wie sie auch solche Regelung begleitet. Selbstbesinnung gehört, wie Husserl in Beilage XXIV zur *Krisis* formuliert, zur „Person, die sich selbst anspricht als Ich" (Hua VI, 485). Selbstbesinnung in diesem radikalen Sinn korreliert mit einer bestimmten Struktur des Lebens, die Ganzheitscharakter aufweist. Dies ist ein konkreter Hinweis darauf, daß es bei diesem Selbstverhalten in der Tat um den personalen Motivationsstil selbst geht.[77] Die Bezüglichkeit, die in dieser Umstellung des Selbstverhaltens gestiftet wird, steht in einem besonderen Verhältnis zur Lebenszeit der Person: Sie ist sowohl vorwärts- wie rückwärts gewandt. Sie ist vorwärts gerichtet, indem sie für das gesamte künftige Leben eine Erfüllungsgestalt antizipiert, die für den künftigen Verlauf des Lebens teleologisch leitend wird: „Das Ergebnis der Selbstbesinnung ist eine Einheit antizipierende Vorstellung von einem letztlich einstimmigen Erfüllungsstil des künftigen handelnden Lebens überhaupt [...]." (Ebd.) Diese einheitliche Antizipation wird Gegenstand für den Willen, der sich darin zu einer teleologischen Strebensform habitualisiert.[78] Als universale, die Lebensganzheit umgreifende „Aufgabenidee" hält diese Antizipation in der „Urstiftung" ihres Telos eine Räumlichkeit offen, vermöge deren die teleologische Strebensform eine das künftige Leben regelnde relative Festigkeit erhält.[79]

---

[77] „Die Frage der Selbstbesinnung, die das Ich an sich selbst stellt, ist die, worauf es in diesem ganzen Leben als einem Ganzen des Strebens und im einzelnen sich tätig Verwirklichens hinauswill." (Hua VI, 485)

[78] „Schon der im Erlebnisstrom einsetzende Aktus des ‚Ich will' hat einen Zukunftshorizont als den seiner Fortgeltung. Mit dem Moment des ‚ich will', ‚ich entschließe mich', bin ich, das liegt unablösbar darin, der hinfort Entschlossene." (Hua XXIX, 367)

[79] Diese Auffassung wendet Husserl im Spätwerk auf den Zwecksinn der Philosophie selbst an, indem er nach der „gegenwärtigen Aufgabe der Philosophie" fragt (Hua XXVII, 184 ff.; Hua XXIX, 364). ‚Aufgabe' wird bei Husserl somit zu einem Titel, der den theoretischen Zwecksinn der Philosophie als transzendentaler Phänomenologie (Aufgabe der Rekonstruktion transzendentaler Subjektivität) und ihre praktische Gestalt (Aufgabe als Willenssetzung) sowie ihre Funktion für die Praxis zusammenklammert.

Die Umwendung auf das Selbst besitzt jedoch nicht nur diesen antizipativ-teleologischen Charakter. Als Umwendung weg von einer ausschließlichen Ausrichtung auf das in der Weltkonstitution verräumlichte Weltlich-Gegenständliche hin zum Selbst ist sie zugleich, da sie die Weltkonstitution voraussetzt und im besonderen zur Stiftung des (neuen) Lebenswillens alte subjektive Erwerbe prüft, ein *Rückgang*. Rückgang ist aber nur ein anderes Wort für Wiederholung, d. h. die hiermit konstituierte höhere Stufe der Selbsterhaltung verdankt sich nicht nur dem Vermögen der Erinnerung, in dem Husserl wie erwähnt schon eine Vorbedingung für die rudimentäre Form der personalen Selbsterhaltung erblickt,[80] sie vollzieht sich wesentlich in diesem Medium der Vergegenwärtigung. Wiederholendes Tun legt Konstituiertes schichtweise frei und vermittelt die so gewonnenen Ergebnisse an die Praxis. Das Aufdecken in Schichten besagt aber vor allem, daß es sich in verschiedenen Stufen vollzieht. Aus der Tendenz dieser Stufenfolge, d. h. aus der verborgenen Teleologie, die Husserl in ihr aufdeckt, ist noch das entscheidende Argument dafür zu entnehmen, daß diese Rückfrage auf das Selbst in der transzendentalen Subjektivität terminiert und damit in der Tat ein selbständiges Prinzip gegenüber der Ich-Mensch-Apperzeption und der Weltkonstitution darstellt.

Die Möglichkeit des Rückfragens gründet in der Möglichkeit der Reflexion, welche selbst Ausdruck einer Selbstbezüglichkeit ist. Im Rückfragen als konsequenter Habitualität bildet sich das Vermögen der Reflexion zu einem willentlich gesetzten und ausgestalteten Habitus aus. Die erste Stufe nimmt Husserl zufolge die konsequente reflexive Befragung ein, die die Einzelperson aufgrund ihrer Fähigkeit zu rückerinnernder und vorerwartender Zusammenschau bezüglich des Ganzen ihres Lebens vornehmen kann. In ihrer zwei-

[80] „Beim Menschen vollzieht sich eben eine ständige Umwandlung der passiven Intentionalität in eine Aktivität aus Vermögen der Wiederholung" (Hua XV, 184); vgl. hierzu die Bemerkungen von Marbach, a.a.O. 336 f. - Zu Husserls Analysen der Erinnerung siehe die Studie von Seong-Ha Hong, *Phänomenologie der Erinnerung*, Würzburg 1993; vgl. auch W. Bergmann und G. Hoffmann, „Habitualität als Potentialität: Zur Konkretisierung des Ich bei Husserl", in: *Husserl Studies* 1 (1984), bes. 290-298 („3. Erinnerung, Konsequenz, Habitualität").

fachen, vorwärts und rückwärts gewandten Struktur ist diese in der Stiftung einer universalen Aufgabenidee bestehende Bildung personaler Einheit sowohl von der Konstitution des einheitlichen Dinges wie auch von der vorgegebenen Einheit des personalen Ich zu unterscheiden. Wie letztere bildet sich die aufgegebene personale Einheit nicht, wie im Gegensatz dazu die Einheit der Dingkonstitution, erst im Durchlaufen einer Erscheinungsmannigfaltigkeit; auch sie ist in ihrem antizipierten Telossinn als das praktische Leben der Person regelnde diesem ‚vorweg'.[81] Von der vorgegebenen personalen Einheit unterscheidet sie jedoch ihr willentlich im wachen Ichbewußtsein gestifteter Sinn, dessen Radikalisierung allerdings - da sich diese Sinnstiftung selbst dem Möglichkeitsbereich des personalen Motivationsstils verdankt - jenen zunächst passiv-vorgängig ausgebildeten Motivationsstil, auf diesen mehr oder weniger eigens abzielend, modifizieren kann.

Die aus den Dispositionen von Weltkonstitution und Selbstbezüglichkeit resultierenden Möglichkeiten zu Rückschau und Vorentwurf implizieren für Husserl die *Verpflichtung* für das Individuum, diese Möglichkeiten zu realisieren: Die Möglichkeit zu einer willentlichen Zusammenschau des eigenen Lebens, der Auffindung des eigenen Lebenstelos und der konsequenten Festhaltung an dieser Teleologie interessiert Husserl letztlich hinsichtlich der *ethischen* Forderung, die sich darin ausdrückt, wenn die im Unendlichen liegende Idee der Selbsterhaltung die Gestalt eines praktischen Ideals annimmt.[82] Diese reflexiv eingeholte und willentlich habitualisierte Teleologie des individuellen Lebens verweist für Husserl auf weitere teleologische Stufen: zunächst auf die Teleologie des Gemeinschaftslebens, diese wiederum auf die Teleologie des Allgemeinen überhaupt, also auf das Prinzip der Theorie korrelativ zur reinen Vernunft, Theorie wiederum auf ihre Vollendungsgestalt als Phänomenologie und phänomenologische Philosophie (vgl. die Ausführungen in II.2.). In dieser Stufenfolge

[81] ‚Vorweg' sind dingliche Einheiten nur, sofern sie vom Erfahrungsverlauf gelöste endkonstituierte Produkte (empirische Allgemeinheiten, Typiken) sind.

[82] „Jeder erwachte Mensch (der ethisch erwachte) setzt willentlich in sich selbst sein ideales Ich als ‚unendliche Aufgabe'." (XIV, 174) Vgl. auch den dritten *Kaizo*-Artikel, Hua XXVII, 20 ff. und unten II.2.1.

begegnen sich, miteinander eng verwoben, Ethik, Praxis, Theorie und Theorie als Transzendentalwissenschaft, ohne daß zunächst deutlich wird, wie das eine mit dem anderen zusammenhängt, wie im besonderen die auf diesem Weg zu erfolgende Rekonstruktion der transzendentalen Subjektivität durch Theorie als transzendentale Wissenschaft mit der Rekonstruktion einer ‚wahren' Praxis in Einklang gebracht werden kann.

Die Frage nach der Konstitution der Person im Koordinatensystem von Transzendentalität und Mundanität zielte darauf, den Ort und die Grundstruktur des praktischen Ich zu bestimmen. Es zeigte sich, daß zu den grundlegenden Formen, in denen sich die Einheit des Ich konstituiert, für Husserl zuhöchst diejenigen gehören, in denen das praktische Ich willentlich Weisen konsequenten Verhaltens zu sich selbst ausbildet und daß für Husserl am Ende dieses Entwicklungsganges die Phänomenologie in ihrer mundanen und transzendentalen Doppelnatur steht. Die Phänomenologie ist damit als ein wesentlicher Faktor im Entwicklungsgeschehen der Selbsterkenntnis und der Selbstverwirklichung des praktischen Ich enthüllt: Indem sie das Ich (und korrelativ die Welt) zum Thema macht, verkörpert sie eine Weise des Verhaltens des Ich zu sich selbst; sie findet in dem, was sie zum Gegenstand macht, sich selbst als Faktor im Geschehen, das ihr Gegenstand durchläuft. Ihr Blick auf das Thema ist identisch mit der Rolle, die sie im Stück ihres Themas spielt. Dies hat zur Folge, daß ihr eigener thematischer Gesichtspunkt nicht nur aus äußerlichen methodischen Gründen stets mit in ihr Thema genommen werden muß, sondern weil sie aufgrund der Korrelativität, in der sie zu ihrem Gegenstandsbereich steht, selbst in ihn gehört.

Obgleich die Ichaktivität den eigentlichen Bereich für das praktische Ichverhalten markiert, so erschließen doch die Motivationseinheiten aus passiven und rezeptiven Synthesen die Räume, in denen sich alles ‚ich kann' vollzieht. So wird man bei Husserl von einem engeren und weiteren Begriff praktischen Ichverhaltens und korrelativ von einem engeren und weiteren Praxisbegriff sprechen müssen. Der engere Begriff würde nur einen Teil der Ichaktivität selbst befassen: das handelnde Ich und seine ‚praktischen Möglichkeiten' im Husserlschen Sinn (im Gegensatz zu den doxisch-logischen Möglichkeiten, vgl. Hua IV, 258, 262 f.). Der weitere Begriff würde hingegen alle Ichaktivität sowie die für das aktive Ichleben vorgezeichneten Horizonte aus passiven und rezeptiven Bewußtseinsleistungen mitumspannen. Dieser weitere Begriff korreliert mit der universalen Apperzeption des Ich-Mensch: Diese Apperzeption, die relativ auf den Weltboden ist, bezeichnet das Subjekt der Praxis, denn in dieser Apperzeption und dem von ihr erschlossenen Horizont spielt sich alles praktische Ichverhalten im weitesten Sinn ab. Nun besitzt diese Apperzeption ihrerseits ihre Ermöglichung in der Selbstkonstitution des transzendentalen Erlebnisstroms, diese Ermöglichung ist aber in dem von der Apperzeption des Ich-Mensch aufgeschlossenen Horizont gerade nicht mehr horizonthaft vorgegeben, sondern verschlossen. Somit beginnt und endet alle Praxis mit der Vorgabe der Ich-Mensch-Apperzeption.

Dies veranlaßt eine weitere Unterscheidung: nämlich das, was für das praktische Verhalten des Ich ein eröffneter Horizont ist, von solchem abzusetzen, was als Gebilde von konstitutiven Bewußtseinsleistungen nur der transzendentalen Analyse zugänglich ist. Somit sind praktisches Verhalten und Praxis im engeren Sinn, sodann im weiteren Sinn und drittens die konstitutiven Grundlagen praktischen Verhaltens voneinander zu unterscheiden. Praxis im weitesten Sinn ist Thema der Weltwissenschaften, ihre konstitutiven Grundlagen Thema der Transzendentalphilosophie. Diese Differenzierungen sind insofern von Bedeutung, da mit ihnen die in Husserls Praxisbegriff liegenden Paradoxien bezüglich des Verhältnisses von Praxis und Theorie aufgezeigt und einer Auflösung zugeführt werden können. Im Dreischritt dieser Unterscheidungen liegt der Ort der Theorie in der Mitte oder besser zwischen dem zweiten und dritten Glied: Sie ist ein Gegenbegriff zur Praxis (im engeren Sinn), selbst aber in die Praxis (im weiteren Sinn) gehörig und gleichzeitig, als transzendentale Theorie, von aller Praxis abgehoben.

Folglich kann der Bereich der Praxis, wie Husserl ihn ins Auge faßt, als identisch mit dem von der Ich-Mensch-Apperzeption eröffneten Raum gelten, der auch die Stufenfolge der Rückfragen bis vor die Schwelle der transzendentalen Phänomenologie in sich befaßt.

Hier kündigt sich jene schon genannte Schwierigkeit an: Es hieß, daß die Phänomenologie der Praxis selbst in ihr Thema gehöre, weil sie für Husserl die grundlegende Weise darstellt, wie das Ich als frei tätiges sich seiner selbst versichert. Widerspricht dem aber nicht die jetzt getroffene Feststellung, daß Phänomenologie als transzendentale alle Praxis übersteigt? Diese Frage wird erst zu beantworten sein, wenn der Ort der Theorie im Ganzen der Praxis und im besonderen das Verhältnis von Theorie als transzendentaler Wissenschaft und Praxis bestimmt ist. Dies setzt aber voraus, daß zuerst die Frage diskutiert wird, welche Bedeutung dem transzendentalen Standpunkt für eine Phänomenologie der Praxis zukommt.

In der Struktur der Räume, die Motivationseinheiten für das praktische Verhalten eröffnen, liegt eine weitere Paradoxie, von der auch bereits die Rede war und die sich nun deutlicher formulieren läßt: diejenige Paradoxie, daß sich das Weltleben zunächst in Abständigkeit zu sich befindet, d. h. zu seinem es tragenden Grund, daß es ‚ist', ohne es ‚selbst' zu sein. Jetzt zeigte sich, daß die meisten der in Synthesen des Bewußtseins eröffneten Räume Ermöglichungen, aber zugleich Begrenzungen, ja Verengungen umfassenderer Ermöglichungen sind. Schon die alle Praxis fundierende Motivationseinheit der Ich-Mensch-Apperzeption stellt für Husserl eine Verengung der transzendentalen Subjektivität dar. Mensch und Praxis *sind* (hinsichtlich ihrer Sinnbestimmtheit und Seinsgeltung) zwar, insofern sie in der Ich-Mensch-Apperzeption und der Raum-Zeit-Konstitution ihre Ermöglichung besitzen, aber gerade damit sind sie von dem dies selbst noch ermöglichenden Grund abgerückt. Es wird darauf ankommen, diese Paradoxie aufzulösen: Die Person ist praktische nur auf dem Boden der Ich-Mensch-Apperzeption, doch gerade dies verschließt ihr den Grund ihres Selbst. Es wird also zu fragen sein, wie die Voraussetzung des Ich-Mensch zu umgehen ist, damit sich die Person in ihrer transzendentalen Verwurzelung finden kann, ohne das Feld ihrer Praxis zu verlieren.

Bevor die ethisch-praktischen und die transzendentalen Konsequenzen diskutiert werden, die sich aus der Möglichkeit der freien Stellungnahme zu sich selbst, d. h. zu den Systemen der Selbsterhaltung, in Hinblick auf die vom Ich selbst zu erwirkenden Stufen seiner Einheit ergeben, soll gezeigt werden, wie Husserl in der mundanphänomenologischen Einstellung der intentionalen Psychologie das praktische Ichverhalten, das als solches stets mundan ist, und sein korrelatives Feld der Praxis bestimmt und wie in der transzendentalphänomenologischen Blickrichtung die absolute Grenze der Praxis zutage tritt.

2. Theorie der Praxis

2.1. Handlung und Tat

Der Kernsinn von Praxis liegt für Husserl darin, daß diese durch Handlung und Tat im weitesten Sinn bestimmt ist. Die Begriffe ‚Handlung' und ‚Tat' sind bei Husserl nicht fest umrissen. „Handlung ist der Prozeß der Ichtätigkeit in statu fiendi, Tat ist die vollendete Handlung" (Hua XIII, 428). Handlungen sind für Husserl Verläufe bestimmter Komplexionen von Ichakten, „psychophysische Handlungen, wie Erzeugungen der Handwerker, aber auch geistige Handlungen, wie eine Beweisführung und in ihr das Ziehen eines Schlusses" (ebd.). Die Tat ist demgegenüber, als Geltungsgebilde, Vermeintheit der handelnden Subjektivität, intentional vorgezeichnetes bzw. intentional erfülltes Endprodukt aller an ihrem Zustandekommen beteiligten Handlungsgebilde und darin unterschieden vom Werk als einem bleibenden Endergebnis, objektiviert als ein prinzipiell jedermann zugängliches Kulturgut. Im selben Text nennt Husserl das Gesamt von Handlung, Tat und Werk auch „Taten im weitesten Sinne" (ebd. 429).

Die erstzitierte Stelle belegt, daß Husserl die Begriffe ‚Handlung' und ‚Tat' auf das gesamte aktive Verhalten des Ich bezieht. Handlung ist nicht nur das planvolle Erzielen von der Vorhabe bis zur Verwirklichung, sondern umfaßt auch alle Ich-Tätigkeit einschließlich der logischen Denktätigkeit des Wissenschaftlers. In *Erfahrung und Urteil* stellt Husserl dem praktischen Handeln das „erkennende Handeln" gegenüber (EU § 48). Dies verdeutlicht, daß der hier gebrauchte Handlungsbegriff dem oben herausgestellten weiteren Sinn von Praxis, das praktische Handeln jedoch dem engeren Sinn entspricht. Husserl betont, daß im erkennenden Handeln auch neue Gegenstände gebildet werden, doch im Gegensatz zum praktischen Handeln ist Erzeugung von Gegenständen nicht das Endziel des Erkennens, vielmehr „eine *Erzeugung der Erkenntnis von einem selbstgegebenen Gegenstand*“ (ebd. 235). Das Kriterium dafür, daß Husserl den Handlungsbegriff auch auf das Erkennen anwendet, liegt offenbar darin, daß er das Resultat des Erkennens genauso wie dasjenige praktischen Handelns als ein „Erzeugnis“, als „*Erzeugnis des Ich*“ (ebd. 237) charakterisiert. Somit gehört zur Praxis als Handlung und Tat im weitesten Sinn auch die „theoretische Praxis“, die Theorie, insofern sie Ichtätigkeit ist, aber auch insofern sie zu Institutionalisierungen im Gesamt der Lebenspraxis führt bzw. ihre Ergebnisse in der Praxis Anwendung finden, das praktische Leben bestimmen, es umformen können etc.

Indem Husserl ‚Handeln‘ als „willentlich verwirklichend Gerichtetsein auf Seiendes, das noch nicht ist“ (Hua XV, 441) bestimmt, denkt er Tat- und Handlungsstruktur teleologisch: Jede Tat, jede Handlung gründet in einer Motivation, die sie in ihrer Beabsichtigung veranlaßt. Jede solche Motivation verfügt über den allgemeinen Charakter einer „praktischen Antizipation“, die darauf gerichtet ist, Seiendes „nach Vorstellungen von Möglichkeiten des Andersseins“ umzugestalten (A V 20, 16). Die Absicht einer Handlung ist ein motivierter und selbst wieder motivierender Zielsinn, der die Abfolge der Handlungsschritte dirigiert. Er ist Ziel- und Zwecksinn zugleich, indem er das Ende der Handlungsschritte und ihr Wofür im zu erwirkenden Werk vorzeichnet. Husserls Interesse gilt insbesondere dem ‚Erzeugungsprodukt‘ des Handelns, der „Habe“ als dem „Erzielten des Zielens“ (Hua VI, 470). Intentionalpsychologisch lautet seine Frage, wie im Ichleben das objektive Werk bewußt ist, und zwar bewußt als Endgestalt, als Ergebnis von Zweckgestalten, die allesamt Korrelate des subjektiven Erzielens und seiner schrittweisen Verwirklichung sind. Jede einzelne Zweckgestalt hat ihren Zwecksinn in der übergreifenden Einheit des Zwecksinnes des zu erzielenden Werks in seiner Endgestalt (vgl. A V 7, 153). Praxis als Tat und Handlung in einem weitesten Sinn umgreift also alles aktive Geltungsleben und seine Korrelate sowie deren objektivierte Formen als im Weltleben für jedermann zugängliche.

Wie schon zur Erreichung eines einzigen Handlungsziels mehrere in sich relativ abgeschlossene Teilhandlungen (Mittelvorhaben und Mittelzwecke für den zu erzielenden Endzweck) vonnöten sein können, so verlaufen Handlungen nicht gesondert, sondern kreuzen, verflechten sich mit anderen Handlungen, mit anderen Zielvorstellungen, nehmen auf bereits abgelaufene Handlungen Bezug usw. Jede Einzelhandlung steht in einem zumeist nur passiv mitpräsenten Netz von Handlungen, Strebungen. Eine Einzelhandlung ist nur durchführbar, weil sie aus Ergebnissen oder verfehlten Ergebnissen vergangener Handlungen ihre Motivation erhält. Andererseits bewirkt jede neu auftretende Handlung einen Zuwachs an Erfahrung und Wissen als Habe, als Untergrund für neue Handlungen usf. Mittels der gesamten Handlungsstruktur *wird* der Mensch, baut sich seine Persönlichkeit auf und zugleich das Korrelat seines Erlebens, ein in der Vielzahl der Erfahrungsmomente sich bildender Zusammenhang der Identifizierbarkeit: seine jeweilige Weltvorstellung und im intersubjektiven Kontext die eine und selbe Welt (vgl. Hua XVII, 438 f., Hua XV, 463).

2.2. Die Struktur der Erfahrungswelt

Der Vollsinn der Lebenspraxis ergibt sich erst mit der Berücksichtigung nicht nur des Wer und des Wozu, sondern des Woher und Wohinein des Handelns. Woher, Wozu und Wohinein des Handelns wird von demjenigen Bereich umfaßt, den Husserl die „Erfahrungswelt“ (Hua IX, 60), als das einheitliche Gebilde einstimmiger Gesamtwirklichkeit, nennt.[83] Zwischen den Polen der erwirkten

[83] S. Strasser diskutierte in seinem Aufsatz „Der Begriff der Welt in der phänomenologischen Philosophie“ (in: E. W. Orth [Hg.], *Phänomenologie und Praxis* [*Phänomenologische Forschungen* Bd. 3], Freiburg/München 1976, 151-179) „drei wesentlich voneinander abweichende Begriffe von Welt“ (165): Welt als Allheit konkreter Seiender, als strukturierte Ganzheit und als universaler Horizont (154 ff.). Strasser legt das Gewicht auf den dritten Begriff (Welt als Horizont), was zur Folge hat, daß die beiden anderen Begriffe, die nicht in ihrer irreduziblen Korrelation zu den ihnen jeweils entsprechenden Einstellungen gesehen werden, wie ungeklärte Versionen des dritten erscheinen. So entsteht der Eindruck einer „unzulänglichen Umreißung der phänomenologischen Grundbegriffe“ wie desjeni-

Habe und des offenen Horizonts des möglicherweise handelnd zu Erwerbenden liegt der Spielraum des Handelns.[84] Dieser Spielraum wird von der Struktur der Erfahrungswelt als des Universalfeldes für alle mögliche Praxis bestimmt. Er wurde bereits in der Frage nach den transzendentalkonstitutiven Voraussetzungen des praktischen Ichverhaltens thematisch. Da es jetzt um den genuinen Vollzugsbereich der Praxis geht, soll er im folgenden bezüglich des Weltlebens selbst, im Blickpunkt der intentionalen Psychologie, behandelt werden.

Die Welt als Welt aus Erfahrung ist für Husserl Boden für alle höherstufigen Leistungen wissenschaftlicher Theorie und Praxis. Um diese Welt aus Erfahrung freizulegen, lautet eine der ersten Aufgaben der intentionalen Psychologie, von den wissenschaftlichen Sonderwelten abzusehen und auf die vor aller Wissenschaft liegende Welt vortheoretischer Anschauung zurückzugehen. Husserl will im Rückgang auf diese vorwissenschaftliche Welt der Erfahrung eine a priori notwendige einheitliche Struktur eidetisch aufzeigen: Die Welt aus reiner Erfahrung weist eine bestimmte *Typik* auf (ebd. 91), gleich von welchem Subjekt oder Subjektverbänden in welcher bestimmten Umwelt auch immer sie erfahren sein mag. Husserls Aufweis dieser Typik ist bekannt; es sei hier nur

---

gen der Welt bei Husserl, was „zu einer mehrdeutigen, zwitterhafen Formulierung der Grundprobleme" geführt haben soll (152). Vgl. auch U. Claesges, der in seinem Artikel „Zweideutigkeiten in Husserls Lebenswelt-Begriff" (in: U. Claesges und K. Held [Hg.], *Perspektiven transzendentalphänomenologischer Forschung* [*Phaenomenologica* Bd. 49], Den Haag 1972, 85-101) von einem „ontologisch-transzendentalen Zwitterbegriff" spricht (97), und die Kritik von A.F. Aguirre (*Die Phänomenologie Husserls im Licht ihrer gegenwärtigen Interpretation und Kritik*, Darmstadt 1982, 118 ff.), der dazu anmerkt: „*Verschieden sind nur die Reflexionsebenen seiner* [des Lebenswelt-Begriffs] *Thematisierung*, die jeweils einem Einstellungswechsel entsprechen" (133). - Zu Husserls Lebenswelt-Begriff vgl. L. Landgrebe, „Lebenswelt und Geschichtlichkeit des menschlichen Daseins", in: B. Waldenfels, J. M. Broekman und A. Pazanin (Hg.), *Phänomenologie und Marxismus*, Bd. 2, Frankfurt am Main 1977, 13-58; E. Ströker (Hg.), *Lebenswelt und Wissenschaft in der Philosophie Edmund Husserls*, a.a.O.; R. Welter, *Der Begriff der Lebenswelt*, a.a.O. 70-115.

[84] Diesen Spielraum hat B. Waldenfels im Blick, wenn er im Anschluß an Husserl und Merleau-Ponty die Frage nach der „ethischen und pragmatischen Dimension der Praxis stellt" (B. Waldenfels, *Der Spielraum des Verhaltens*, Frankfurt am Main 1980, 265-285).

auf das Ergebnis hingewiesen. In den Vorlesungen zur „Phänomenologischen Psychologie“ heißt es: „Jederzeit ist eine Welt erfahren, und bei allem Wechsel der Auffassungen und vor dem Denken, das hinterher ins Spiel treten mag, ist fortlaufend erfahren die eine und selbe Welt, über die sich Aussagen machen lassen und für die Erkenntnis von Wahrheit zu erstreben ist.“ (Ebd. 57)

Erfahrung läßt partielle Durchstreichung, Korrekturen zu, aber durch alle Modalisierungen geht, wie Husserl betont, die kontinuierliche *Einheit der einen Erfahrungswelt*. Husserl exemplifiziert dies bekanntlich an der Apperzeption des räumlichen Einzeldinges: Ich kann mich bei der Wahrnehmung eines Gegenstandes täuschen, ihn statt für eine Puppe für einen Menschen halten; doch in der Widerlegung der früheren Evidenz tritt sogleich eine neue Evidenz an ihre Stelle. Daß das erfahrende Subjekt stets auf Evidenz bezogen ist, wird durch die partiale Durchstreichung einer Erfahrungsevidenz nicht nur nicht widerlegt, sondern gerade bekräftigt: Die Erfahrungswelt ist „der sich im Fortgang unserer Erfahrungen immer wieder herausstellende Einheitsbestand einstimmiger Gesamtwirklichkeit“ (ebd. 60). Doch nicht nur die Kontinuität jeweiliger Erfahrungsevidenz verweist auf die Struktur der einheitlichen Welterfahrung, sondern auch die prinzipielle Möglichkeit, daß Wahrnehmung an kein Ende gelangt und daß diese Möglichkeit der Fortsetzbarkeit im momentanen Gegebensein horizonthaft vorgezeichnet ist: Bei der Wahrnehmung eines Raumdinges ist eine offen-endlose Horizont-Präsumtion stets mitgegeben. Auch im Eintritt in diese Kontinuität der Horizontverweisungen, in der schrittweisen Überführung der Leerhorizonte in Selbstgebungen, hält sich die eine und selbe Welt durch: „[...] nie steht die Welt selbst, solange wir natürlich dahin-erfahrend leben, das Universum ‚des‘ Seienden in Frage. Es ist immerfort im Fortströmen der universalen Erfahrung der feste und allgemeine Seinsboden, auf dem alle Sonderfragen Entscheidung finden.“ (Ebd. 63) Dies bestimmt Husserl zufolge den Sinn des „natürlichen Weltbegriffs“: daß trotz partieller Durchstreichung gewonnener Erfahrungsevidenz sich bis in die vorgezeichneten Leerhorizonte hinein die Einheit einer Welt erstreckt, daß Welt als eine und selbe erfahren ist, obschon immer nur ein ‚Ausschnitt‘ originär selbstgegeben ist.

In der *Krisis*-Schrift stellt Husserl sich ebenfalls die Aufgabe, in der Abscheidung aller objektiven Wissenschaft, des „objektiven Apriori“, das „bloß Subjektive“ des Erfahrungslebens, das „lebensweltliche Apriori“, freizulegen. Er bezeichnet dort diese Abscheidung als „erste Epoché“ (Hua VI, 143) in Hinblick auf die zweite, die transzendentale Epoché. Die erste Epoché legt eine „allgemeinsame Struktur“ der Lebenswelt frei, „an die alles relativ Seiende gebunden ist“, die aber „nicht selbst relativ“ ist (ebd. 142). Diese Epoché bewirkt eine universale Modifikation im bewußten Leben weltlicher Seinsgewißheit, indem sich der thematische Blick auf die subjektiven Erscheinungsweisen richtet, darauf, „*wie* im Wandel relativer Geltungen, subjektiver Erscheinungen, Meinungen die einheitliche, universale Geltung Welt, *die* Welt für uns zustande kommt“ (ebd. 147). Diese Stufe der lebensweltlichen Ontologie entspricht dem Vorgehen der phänomenologischen Psychologie. Ihre Problemstellung weist allerdings schon in die Richtung der transzendentalen Phänomenologie, in der sie aufgehoben wird. Gegenüber der phänomenologischen Psychologie erscheint die mundane Lebensweltwissenschaft von vornherein unselbständiger (vgl. unten III.2.2.).

Das sich trotz partieller Streichungen durchhaltende Weltbewußtsein eröffnet allererst den Bereich, innerhalb dessen für Husserl die Rede von Praxis, von Handlungsaktivität, ihren Sinn erhält. Die intentionale Vorzeichnung der Einheit der Welt umgreift alle Sonderziele und -zwecke des Handelns. Handeln ist stets Handeln in der Welt, und jede handelnde Praxis setzt die Einheit der vorgängigen Welterfahrung voraus. Mit der Erfahrung der Einheit der Welt ist intentional ein universaler Horizont vorgezeichnet, ein Horizont der Vermöglichkeit a priori, von Erfahrung zu neuer Erfahrung fortschreiten, die Sonderhorizonte des jeweils Gegebenen immer weiter auslegen zu können.

In der intentionalen Psychologie verbleibt die Behandlung der Frage nach der Einheit von Welt und Weltbewußtsein im Rahmen deskriptiver Beschreibung der Weltapperzeption. Erst in der transzendentalen Umwendung, im Rückgang auf die konstitutive transzendentale Subjektivität, erfolgt die Aufklärung der Einheit der Welt als Leistung der transzendentalen Subjektivität aufgrund passiver Synthesen. Die transzendentale Analyse klärt die universale Glaubensthesis, daß Welt ist, und legt die materialen Strukturen der leistenden Subjektivität frei.

Wurde im Rahmen der mundanen Phänomenologie mit dem Ausdruck ‚Einheit des horizonthaften Weltbewußtseins' bereits das Wohinein des Handelns gekennzeichnet, als Wohinein der Einheit der Welt, das alle Sonderzwecke der Praxis integriert, so wird bezüglich des Woher des Handelns die Welt als Boden Thema. Einen Zugang zum Sinn der Bodengeltung von Welt in der mundanen Phänomenologie bietet Husserls Begriff der „jeweiligen Weltvorstellung", die ihm zufolge im mundanen Subjekt mit dem Bewußtsein der einen und selben Welt verbunden ist. Husserl betont immer wieder, daß die Tatsache, im Bewußtsein der einen und selben Welt zu leben, nicht dem widerspricht, daß jeder seine eigene Weltvorstellung besitzt. Weltvorstellung ist kein starrer Erlebnisrahmen für das mundane Subjekt, sondern ein flexibles Gebilde, entstanden aus Niederschlägen rezeptiver und praktischer Aktivitäten und durch neue Rezeptionen und Handlungen immerfort im Umbau begriffen. In ihr drückt sich die Orientiertheit objektiver Weltgegebenheit in Relation zum jeweiligen erlebenden Subjekt aus.

Auf diesen Sachverhalt verweist Husserls Gebrauch des Begriffs ‚Umwelt': „Die Umwelt bezeichnet einen für mich selbst im Fortgang meines bewußten Lebens wandelbaren subjektiven Bewußtseinsmodus der seienden Welt als für mich bewußt seiender." (A V 7, 57)[85] Das Zitat verdeutlicht, daß Husserl immer wieder versuchte, das Verhältnis von jeweiliger Weltvorstellung und dem Bewußtsein der einen Welt zu bestimmen. Hier wird dieses Verhältnis so gedacht, daß Umwelt als Bewußtseinsmodus der einen Welt aufgefaßt ist. Einige Zeilen weiter spezifiziert Husserl dieses Verhältnis: „Im Wandel der Umwelt [...] wird dieselbe Welt erfahren, von der die jeweilige Umwelt der jeweilige Aspekt ist." (Ebd. 58) Faßte Husserl die Einheitsstruktur der Welt bereits über

[85] „Die Menschen in ihrem leiblichen Walten und Handeln - jeder von seiner ‚Stelle' aus greift ein oder kann eingreifen in die um ihn orientierte Welt, die dieselbe ist für einen jeden als dieselbe, nur von seiner Stelle aus anders orientierte." (A V 20, 22)

die Horizonthaftigkeit der Dingwahrnehmung, so sucht er mit der Bestimmung der Umwelt als eines Aspekts der einen Welt das Verhältnis von Umwelt und Welt ebenfalls am Modell der Dingwahrnehmung zu klären. Wie im Fall des wahrgenommenen Dinges stets nur ein Aspekt originär gegeben ist, die anderen Seiten nur als Leerhorizonte mitgegeben sind, so ist die Welt als Einheit zwar apperzipiert, mit bestimmter inhaltlicher Fülle erfahren jedoch nur als jeweilige Umwelt.[86]

Diese Auffassung des Verhältnisses von Welt und jeweiliger Weltvorstellung (korrelativ Umwelt) macht deutlich, daß die Apperzeption der Einheit der Welt in erster Linie eine strukturelle Apperzeption ist („Aber jeder Inhalt, den die Welt von den früheren Umwelten her [...] hat, [...] das ist doch nur umweltlich" [ebd.]). Dem steht eine andere Ansicht Husserls gegenüber. Husserl formuliert sie, als er bei der Beschreibung der Umweltcharaktere die Frage nach der in diesen Umwelten „allmenschlich gemeinsamen Welt" (Hua IX, 501) stellt. Diese gemeinsame Welt wäre die Welt „allgemeinsamer Leiblichkeit", ein apriorischer Formstil der Intentionalität, durch den sich Personalität und Gemeinschaftlichkeit in einer Lebenswelt konstituieren (ebd. 500). Eine in diesem Sinn allgemeinsame Welt wäre eine solche, in der von allem

[86] Diese apperzipierte Einheit der Welt ist für den natürlich Eingestellten zunächst nicht Thema. Thematisch wird Welt als die eine Welt für Husserl erst dort, wo im Aufeinandertreffen von je bestimmten ‚Weltganzheiten', „Heimwelten", sich die eigene Weltvorstellung in der Konfrontation mit anderen Weltvorstellungen als relative erweist und die Frage nach der allgemeinsamen Welt aufgeworfen wird (vgl. Hua XXVII, 188 f.). So erwuchs, wie Husserl herausstellt, im antiken Griechenland ein Streben nach *Homogenisierung* und korrelativ die Bildung einer homogenen Welt, die allen heimweltlichen Auffassungen gegenüber irrelativ sein will (vgl. hierzu Toru Tani, „Heimat und das Fremde", in: *Husserl Studies* 9 [1992] 199-216). Da jedoch Heimwelten für sich schon ‚Totalgebilde' sind, besteht auch hier das Verhältnis von Heimwelt und umweltlich orientierter Partizipation an ihr: „Alle Menschen, die zu meinem Heim als Angehörige zählen, haben in einer Weise dieselbe Heimwelt, nur in einem anderen ‚Aspekt' von ihnen aus." (A V 10, 128) Seine Heimwelt in der je eigenen Perspektive umweltlicher Orientiertheit zu erfahren, ist offensichtlich die erste Weise, wie der natürlich Eingestellte in der Differenz von Umwelt und der einen Welt lebt bzw. ihm diese Differenz auch bewußt werden kann. - Vgl. auch den Artikel von Klaus Held, „Husserls These von der Europäisierung der Menschheit", in: Chr. Jamme und O. Pöggeler, *Phänomenologie im Widerstreit*, a.a.O., 13-39.

Geistigen in spezifisch inhaltlichem Sinn, von allen Kulturleistungen abstrahiert würde, wäre, wie Husserl in der „Phänomenologischen Psychologie" sagt, die „reine Dingwelt" (ebd. 119).[87] Sie ist als solche nie vorfindlich, sondern nur durch Abstraktion freizulegen: Als „die durch alle Umwelten [...] hindurchgehende absolut objektive Weltstruktur" ist sie eine Objektivität, die „nur denkbar ist als eine abstrakte Strukturform in allen Umwelten" (ebd. 498 f.).

Beide Ausprägungen des natürlichen Weltbegriffs - die einheitliche Welt als der strukturelle Universalhorizont einstimmiger Erfahrung wie auch die Bestimmung der allgemeinsamen Welt als reiner Dingwelt - kennzeichnet Husserl als „notwendige Strukturformen", „strukturelle Allgemeinheiten" aus „reiner Ideation", die besagen: „Ich weiß zwar nicht, wie die Dinge <aussehen>, wie die ganze Welt da aussieht, wohin mein wirkliches Sehen nicht reicht, aber wie immer, irgendwie aussehen muß sie, und vom Gesehenen aus ist notwendig vorgezeichnet der *allgemeine* Stil des Nichtgesehenen." (Ebd. 89) Im Gegensatz zur einheitlichen Welt als Universalhorizont ist die Dingwelt material gegliedert (in transzendentaler Wendung soll sie in ihrem Aufbau konstitutiv aufgeklärt werden), und doch ist sie mit Husserls Worten „abstrakt" (ebd. 499), eine Abstraktion von der vorgängigen Konkretheit der Erfahrungswelt überhaupt - der Welt vor aller Wissenschaft.

Die Frage nach der allgemeinsamen Welt ist hier dreifach zu beantworten: 1. Allgemeinsam ist Welt als Struktureinheit eines Universalhorizonts. 2. Allgemeinsam ist sie auch als physische Natur. 3. Schließlich ist sie allgemeinsam als objektive, seiende Allheit. Das Korrelat von Welt als Universalhorizont und von Welt als Natur ist das intentionalpsychologische Subjekt, wobei im ersten Fall der Intentionalpsychologe Welt so aufzuweisen sucht, wie sie unthematisches Korrelat des fungierenden Weltlebens ist. Korrelat von Welt als Natur ist zudem, in anderer Einstellung und anderer

---

[87] Daß die objektiven Korrelate einer solcher Grundschicht der Weltapperzeption durch abstrahierende Verfahren überhaupt zugänglich und verfügbar gemacht werden können, stellt eine Bedingung für naturwissenschaftliche Betätigung und schließlich für den Idealisierungsprozeß der neuzeitlichen Mathematisierung der Natur dar.

Absicht, der abstrahierende naturwissenschaftliche Zugriff. Das Korrelat der Welt als zumeist unthematischen (relativen) Totalgebildes bzw. Totaltypik ist das natürliche Leben als vor- und außerwissenschaftliches, das Korrelat der objektiven Welt als allbefassender Idee die natürliche philosophisch-wissenschaftliche Einstellung.

Für Husserl sind jeweilige Weltvorstellung und ihr Korrelat, die Umwelt, keine einheitlichen Gebilde, sondern bestehen aus einem Schichtenbau, wobei die einzelnen Schichten intentionalpsychologisch freigelegt und analysiert werden können. Vom untersten Teil des Schichtenbaus, von der Dingwelt, war bereits die Rede. Eine wiederum an ihm geübte Abstraktion legt die Naturwelt als Substrat für die Naturwissenschaft frei. Diese raumzeitliche Naturwelt bezeichnet Husserl als „letzten Kern" und macht deutlich, daß sie nicht nur Substrat für die Verwissenschaftlichung ist, sondern Grundlage für alle umweltliche Praxis. Dieser letzte abstrakte Kern ist aber als solcher für die konkrete Lebenspraxis nicht gegeben; Lebenspraxis hat Natur immer schon im Horizont des Praktischen ausgelegt, ihr Bedeutungen zuerteilt und so Reales als praktisches Reales apperzipiert. Auch diese Apperzeption des Realen hat ihre Sinngeschichte, und so ist in der Lebenspraxis das gegebene Reale selbst wieder in ein Netz von Sinndeutungen einbezogen, die auf Kulturleistungen mannigfacher Art verweisen. So kann Husserl sagen, daß bereits der Rückgang auf die reine Dingwelt eine Abstraktion darstellt. Daß Natur, Realität immer schon ausgelegt sind, macht einen ersten Sinn von Husserls Rede von der *Vorgegebenheit* der Welt aus; ‚vorgegeben' bedeutet hier stets vorgegeben für die Praxis. Das aktuelle praktische Leben vollzieht sich schon immer auf dem Boden einer vorgegebenen Welt, die Vorgabe aus Sinnleistung ist („das praktische Leben vollzieht sich auf dem Urboden der jeweiligen Wahrnehmungsgegenwart; aber die enthält als umweltlichen Ausschnitt bloß das, was schon ist" [A V 7, 72]). Die Vorgegebenheit der Welt für die jeweils aktuelle Praxis erwächst aus der Einheit von jeweilig ausgelegter Dingwelt und den Sinngehalten einer normativen Kulturwelt. Diese umweltliche Ausgelegtheit der Welt als Ineinander von ausgelegter Dingwelt und Kulturwelt bildet einen Grundsinn von Husserls Gebrauch des

Begriffes *Tradition*[88]: Die vorgegebene Welt ist „Welt aus Tradition“ (vgl. A V 19, 14; B I 25).[89] Die vorgegebenen tra-ditionalen Sinngehalte bestimmen zumeist unausdrücklich, passiv, die aktuelle Praxis. Weltpraxis ist nicht denkbar ohne den Untergrund dieser sie passiv prägenden traditionalen Welt. Doch die vorgegebene Welt ist ständig im Umbau begriffen: Die Weltvorstellung als Ineinander von nachwirkender Traditionalität und aktueller Praxis, die selbst von Erfahrung zu Erfahrung, von Handlung zu Handlung neue Sinngehalte beibringt bzw. alte Sinngehalte modifiziert, ist in ständigem Wandel begriffen. Auch dieser Umbau der Weltvorstellung und ihres traditionalen Gehalts verläuft zumeist passiv; aktiv gerichtet ist das erlebende Subjekt gewöhnlich darauf, was jeweils Erfahrung und Handlung leitet.

2.3. Doxa und Praxis

Alle Vorgegebenheit der Welt und alles durch Erfahrung und Handlung neu Hinzutretende ist seinssetzend, erfolgt auf dem Grund der Setzung des Seins der Welt. Diese in bezug auf alles Weltleben vorgängige Setzung wird erst mit der transzendentalphänomenologischen Umwendung sichtbar. Insofern Sinnbestände der Welt, aktive wie passive, seinssetzend sind, nennt Husserl sie „doxische“. Alle Weltpraxis ist somit doxisch. Das „wache Leben“ ist in einer „nie unterbrochenen Aktivität“, die Husserl in zwei grundlegende Weisen sondert: einmal in die „doxische Aktivität“ (die er z. B. in A V 24 auch „doxische Praxis“ nennt [34]) und zum anderen in die „praktische Aktivität“ („umgestaltende Praxis“) (vgl. A V 19, 9 ff.). Die doxische Aktivität meint „das tätige Erfahren (gegenüber dem untätigen, passiven Bewußt-

---

[88] Zu ‚Tradition‘ bei Husserl vgl. A. Ponsetto, *Die Tradition in der Phänomenologie Husserls. Ihre Bedeutung für die Entwicklung der Philosophiegeschichte* (*Monographien zur philosophischen Forschung* Bd. 157), Meisenheim am Glan 1978.

[89] „Das in der praktischen Welt Sein, in dem überschaubaren Horizont der Weltzukunft und Weltvergangenheit, in der Welt der Güter Güter zu erringen, ein Dasein in ihr sich zu bauen - das ist vorgegeben, das *ist*; es ist Tradition.“ (A V 22, 6)

haben etwa eines unbeachteten Hintergrundes) als in verschiedenen Modi verlaufendes Kenntnisnehmen, Kennenlernenwollen, Behalten und Behaltenwollen, und alle damit zusammenhängenden weiteren Tätigkeiten der Erkenntnis, in ihrer Richtung auf Bewährung und darin zugeeignetem wahren Sein“ (ebd. 9 f.). Wissenschaft bestimmt Husserl demzufolge als doxische Praxis, da sie „auf Grund der Erfahrung“ vorgeht (A V 22, 13). Die praktische Aktivität umfaßt alle „praktischen Tätigkeiten“, das sind solche Aktivitäten, die bloß Wahrgenommenes, bloß Erfahrenes und Kennengelerntes daraufhin erfassen, inwiefern es veränderbar ist: „Die Praxis will das Seiende [...] verändern“ (A V 19, 11). Mit diesen Bestimmungen wird Husserls Begriff der Praxis, wie erwähnt, doppelsinnig. Im engeren Sinn bezeichnet Praxis die handelnde, praktische Aktivität, andererseits umgreift sie als Weltpraxis nicht nur diese, sondern auch die doxische Aktivität, zu der die ‚Erkenntnishandlung‘ zählt.

Alle aktive Sinnstiftung in Erfahren und Tun, die doxisch-aktive wie die praktisch-aktive, erfolgt nach Husserl auf dem Grund früherer Sinnstiftungen, auf dem materialen Boden der doxisch passiven wie aktiven Sinnbestände. Andererseits erweitert und modifiziert jede Aktivität den vorhandenen Sinnbestand - aktives Leben bedeutet ständigen Zuwachs an Kenntnis und Geltung und eine ständige Modalisierung von bereits Erworbenem. Ein Kern an Sinnbestand bleibt jedoch relativ konstant, nie löst sich das Gesamt der Sinnerwerbe auf. Ähnlich wie im Erfahrungsstil der Einheit der Welt als des universalen Horizonts liegt auch hier eine gewisse sich durchhaltende Identität vor. Im Gegensatz zum einheitlichen Weltbewußtsein handelt es sich bei den doxischen Sinnbeständen jedoch nicht um eine strukturelle Einheit; die Einheit betrifft hier materiale Gehalte (‚Boden‘), die im einzelnen prinzipiell veränderbar sind. Undurchstreichbar ist der doxische Bestand aber insofern, als sich immer ein Kernbestand in relativer Beständigkeit durchhält. Es wird jedoch zu fragen sein, ob nicht Doxa als Bodengeltung einerseits und Einheit des Universalhorizonts andererseits, als in faktischer Praxis ineinander wirkend, letztlich nur abstraktiv zu trennen sind (vgl. unten 4.3.).

Jedes weltliche Subjekt besitzt seine eigene doxische Geschichte, die aber immer schon von den Geschichten anderer Subjekte durchsetzt ist. Im Bereich der Doxa ist das ‚Eigene', das in der Setzung einer aktiven („freien") Stellungnahme erfolgt, vom ‚Fremden' zumeist nicht zu trennen. Wie Nicht-Eigenes das praktische Verhalten bestimmt, machte Husserl in der mundanen Phänomenologie, insbesondere der intentionalen Anthropologie, bezüglich des erwähnten Sinnes von Tradition zum Thema. *Tradition* besitzt bei Husserl verschiedene Bedeutungsbezüge. Zum einen besagt Tradition das objektive Gesamt an Geltungsgebilden relativ zu bestimmten Gemeinschaften und bestimmt sich somit als ein Korrelat des fungierenden welterfahrenden Lebens.[90] Zum anderen ist Tradition ein Problemtitel für bestimmte intentionalpsychologische Analysen, korrelativ zur eidetischen Einstellung der Intentionalpsychologie. Diese ist nicht an den objektiven Sinngebilden selbst interessiert, sondern daran, inwiefern sie Geltungsgebilde sind, Gebilde eines subjektiven Geltens.[91] Dabei kann sie den allgemeinen Geltungsstil des Weltlebens, insofern es traditional ist, beschreiben; sie stellt aber auch fest, wie sich das Weltleben, in einer „Gemeinschaft des Erfahrens" (Hua XIII, 469), hinsichtlich seiner traditionalen Geltungsstruktur aufbaut: daß es umwelthaft seine Nähen und Fernen des Geltens hat, daß es Fernes in die eigene Geltung, Fremdtraditionales in die eigene Tradition integrieren kann etc. In transzendentalphänomenologischer Wendung können die Sinngehalte wie die Geltungsweisen des Traditionalen als korrelative Gebilde von Leistungen der transzendentalen Subjektivität aufgeklärt werden. Vom transzendentalen Standpunkt aus wäre ferner zu erwägen, wie weit die Entsprechung von Geltungsübernahme und Traditionalität reicht, ob die universale Seinssetzung des natürlichen Lebens selbst noch darunter zu befassen ist, da ja auch ihre Geltungssetzung Übernahme ist und nicht willentlich erfolgt.

[90] Husserl bezieht ‚Tradition' im Sinne von Geltungsgebilde und ihrer korrelativen zumeist latenten Zweckabsicht bzw. als sedimentierte Gewohnheit nicht nur „auf das Dasein jedes Menschen als Gliedes einer historischen Menschheit", sondern auch auf jedes „einzelmenschliche Leben" (vgl. A V 11, 9-12).

[91] „Den Begriff der Tradition müssen wir dabei so weit als möglich fassen, soweit er eine wesentliche Einheit darstellt. Nicht etwa bloße Übernahme fertig gebildeter Meinungen [...], sondern jede im Einzelsubjekt oder in einer Gruppe von Subjekten [...] sich bildende Überzeugung, alles psychologisch sich Bildende und nun aus ‚bloß psychologischen' Motiven Geltende, ist traditional [...]." (B I 21 IV, 41)

Träfe dies zu, wäre ‚Traditionalität' nicht nur eine universale Strukturform des mundanen Lebens und ein Titel für die transzendentale Klärung dieser Form, sondern auch und letztlich für den transzendentalphänomenologischen Befund, daß dem mundanen Leben sein transzendentaler Grund verschlossen ist und doch zugleich die Möglichkeit besteht, das Verdeckte zugänglich zu machen. Dafür spricht, daß Husserl Tradition als unbefragte Geltungsübernahme mit Selbstbesinnung kontrastiert (vgl. Hua XIV, 231). Selbstbesinnung bezeichnet für Husserl einen Gegenbegriff zu Traditionalität, sofern sie in ihrem reflexiven Rückgang überlieferte Gehalte nicht vorbehaltlos akzeptiert, sondern sie hinsichtlich ihres Rechtsgrundes, ihrer Ausweisung in anschaulicher Evidenz, befragt. „Der Begriff der *Originalität* eines Menschen und Menschheitslebens" tritt für Husserl somit in Gegensatz zur „*Konventionalität* (Traditionalität)" (ebd.). Indem sich Selbstbesinnung zur transzendentalen Klärung radikalisiert und auf diese Weise die universale Setzung von Welt einsichtig macht, belegt sie in der Tat, daß auch diese Setzung Geltungsübernahme ist, zu der sich Leben, resp. reflexives Leben, umgestaltend verhalten kann.

2.4. Interesse und Situation

Gehört Traditionalität sowohl mit ihren jeweiligen Sinnbeständen als auch in ihrer Geltungsstruktur zum doxisch-passiven Untergrund der Praxis, so betreffen die Sachverhalte, die Husserl mit den Begriffen „Interesse" und „Situation" bezeichnet, in erster Linie den Verlauf doxischer und praktischer Aktivität.[92] Das Interesse ist für Husserl der Motor der Handlung, es bringt das zielgerichtete Handlungsgeschehen in Gang, indem es eine Zielantizipation und den Willen, dieses Ziel zu erlangen, in sich schließt. Interessen als Tendenzen des Ich gehören zur habituellen Struktur der Personalität, sie sind selbst „habituell", „verharrend" (A V 24, 40; Hua

[92] „In jedem actus ist also das Ich kontinuierlich-bewußtseinsmäßig bei seinem Ziel als Telos [...]. Inter est." (Hua IX, 412)

VIII, 103),[93] die aktuellen Vorhaben der Ichtätigkeiten sind „Aktualisierungen“, Entfaltungen dieser Interessen (A V 24, 40). Husserl bezeichnet die lebenspraktischen Interessen oftmals als „Instinkte“. Im Manuskript A V 24 unterscheidet er zwischen „Urinteressen“, „blinden Instinkten“, deren Zielsinn dem Subjekt nicht enthüllt ist, und „enthüllten (oder entwickelten) Instinkten“ (ebd.), solchen, in denen das Ziel vorstellig ist. Wurde ein blinder Instinkt entfaltet, ist er für alle weiteren Aktualisierungen enthüllt. Demgegenüber stehen für Husserl höherstufige Interessenformen wie Interessen, die etwa das Berufsleben betreffen, oder das Berufsleben selbst oder das theoretische Interesse der Wissenschaft oder das alle praktische Handlung eines Einzelsubjekts umgreifende *Lebensinteresse* (das selbst nur instinkthaft gegeben sein mag). In *Erfahrung und Urteil* führt Husserl, ausgehend vom Begriff des *Themas* (vgl. auch Hua IV, 13, Hua VIII, 100 ff.),[94] eine weitere Bedeutung von Interesse an. Er hebt dort einen engeren Begriff von Interesse, demzufolge ein Ich einem Gegenstand thematisch, „etwa wahrnehmend und dann eingehend betrachtend“ zugewendet ist, von einem weiteren Begriff ab, der alle Akte „vorübergehender oder dauernder Ichzuwendung, des Dabeiseins (inter-esse) des Ich“ umfaßt (EU 93; vgl. auch Hua VIII, 102, Hua IX, 412). Dieser weitere Begriff des Interesses würde also die enthüllten Instinkte miteinbegreifen, nicht aber die ‚blinden‘, bei denen keine Zuwendung des Ich vorliegt. Interessen liefern, Husserl zufolge, aufgrund ihrer Habitualisierungsleistung Bausteine für die Identitätsstrukturen von Person und Welt. Sie sind zwar relativ, sofern sie auf subjektive Umwelten bezogen sind und neue Interessen alte ablösen können, und doch zeigt sich in ihnen eine Tendenz auf eine „Identitätsstruktur“: Das Thema des Interesses bezeichnet den Zielpunkt „einer in der Personalität habituell durchgreifenden, immer wieder auf konsequente Fortbetätigung angelegten Interessenrichtung“ (Hua IX, 412; vgl. Hua XV, 415).

[93] Die Habitualisierungsleistung des Interesses umfasse Gewohnheiten, Willensäußerungen und Überzeugungen (Hua IX, 412, Anm. 2).

[94] Das Ich als Aktsubjekt ist durch seinen actus hindurch kontinuierlich auf sein Handlungsziel gerichtet „als ihm geltend, auf es meinend hinzielend. Dieses Ziel nennen wir allgemein das Aktthema“ (Hua IX, 411).

Jedes Interesse ist Husserl zufolge im Vollzug der Wahrnehmung oder Handlung selektierend: Es „bestimmt, was mir auffällt, als in Frage kommend, und worüber mein Blick achtlos fortgleitet" (A V 22, 10). Die jeweilige Weltvorstellung und alle umweltliche Erfahrung und Kenntnis stehen somit in Korrelation zur jeweiligen Interessenstruktur, diese ist damit ständig im Umbau begriffen. Der Umbau erfolgt von dort her, wo Interessen sich aktualisieren: vom praktischen Gegenwartsfeld aus. Dieses hat ständig seinen jeweiligen „Interessenhorizont" auf dem „Hintergrund des sedimentierten Lebenshorizontes seiner sedimentierten Interessen" (Hua XV, 397). Alle Interessen und umweltlichen Gegebenheiten durchzieht die Einheit der Welt als Einheit der Umwelten; wie die jeweiligen Weltvorstellungen das Bewußtsein von derselben Welt durchhalten, so auch die Interessenhorizonte. Husserl betont, daß diese Einheit der Welt Einheit nur ist „aus dem wirklichen und möglichen überschauenden, wiedervergegenwärtigenden Bewußtseinsleben" (ebd. 398), d. h. das Korrelat des Einheitssinns der Umwelten ist das einheitliche Interessenleben des jeweiligen Menschen und „das aller Anderen, mit mir in wirklicher und möglicher Einfühlungsgemeinschaft stehenden" (ebd. 399).

Jeweiligkeit wie Einheitsbildung praktischer Welterfahrung führt Husserl so zum einen auf ihre Interessenstruktur zurück. Eine andere Wurzel bietet der phänomenologische Befund, daß Welterfahrung stets Erfahrung in *Situation* ist (vgl. Hua XV, 394 ff.). Situation hängt eng mit Interesse zusammen; die Einzelperspektive in der Mannigfaltigkeit von Perspektiven, in denen Welt relativ zum aktiven Interesse vorstellig wird, bezeichnet Husserl als praktische Situation.[95] „Die Situation ist der lebendige Interessenhorizont, ist der praktische Horizont des Handelnden." (A V 10, 2) Sie meint das

[95] Menschliches Leben stehe, als sich in der „beständig beweglichen Spannung der Bekanntheit und Unbekanntheit, der Nähe und Ferne" sich abspielend, in einer Relativität der Umweltlichkeit, d. i. „in der Relativität der weltlichen Situation, und in dieser Beweglichkeit besteht seine beständige *Historizität*, seine und seiner Umwelt" (Hua XV, 395).

konkrete Ganze, in dem ein horizonthaft vorgezeichnetes Interesse im Erfahren, Urteilen, Handeln zur Auswirkung kommt.[96]

Husserl konfrontiert die praktische Situation aber auch mit Tradition. Situativ sind nicht nur das aktuelle Leben und seine Erwerbe, sondern notwendigerweise auch seine Sedimentierung, seine doxische Verwahrung für neue Aktivität, ja der situative Charakter des Erfahrungslebens ist es auch, der die Jeweiligkeit der traditionalen Inhalte bewirkt. Dies wird verständlich, wenn man hinzunimmt, daß auch die Weltvorstellung nicht auf die situative Aktualität beschränkt bleibt, sondern die gesamte jeweilige Traditionalität mitbefaßt. Die jeweilige aktuelle Situation ist somit der Urquell, in dem Geltung sich bildet, die Stätte aller natürlichen Geltungsstiftung. In den sedimentierten Erwerben der traditionalen Doxa wird aktuelle Geltung zum Geltungsuntergrund für alles weitere Erfahren und Handeln,[97] und als Geltungshorizont des Interesses ist die situativ sedimentierte Doxa immer wieder aktualisierbar in einer neuen und für eine neue Situation.

Situation folgt auf Situation, wie auch Interessen nacheinander aktualisiert werden können. Auch Situationen stehen wie Interessen in einer gewissen Hierarchie - etwa die Situation einer momentanen Entscheidung, die Situation in der übergreifenden Situation des Berufslebens ist, oder die Situation des persönlichen Lebensganzen in der momentanen Gegenwart, mit all den übrigen Interessen der Person, die nicht nur Berufsinteressen sind, schließlich die Situation, die das übergreifende Lebensinteresse aktualisiert etc. - und sind, da umweltlich ausgerichtet, relativ. Sie korrelieren mit der jeweiligen Umweltlichkeit und nicht mit einer wahren Welt an sich. ‚Situation' wird für Husserl somit zu einem Titel für die Umwelthaftigkeit und Historizität des praktischen Lebens: Menschliches Leben spielt sich „immer ‚umweltlich' in einer Relativität dieser Umweltlichkeit [ab], oder was nur ein anderes Wort ist, in der Relativität der weltlichen Situation, und in dieser Beweglichkeit

[96] „Zunächst besagt ‚Situation': Ich lebe in einem praktischen Interesse, und zwar einem fortdauernden, innerhalb dessen mannigfaltige praktische Tätigkeiten organisiert ins Spiel gesetzt werden [...]." (A V 19, 3)

[97] „Gemeinschaftliche Situation ist immerzu das Geltungsfundament, auf dem das jeweilige Handeln ruht [...]." (A V 10, 2)

besteht seine beständige Historizität, seine und die seiner Umwelt" (ebd. 30).

‚Situation' bezeichnet also auch das objektive Korrelat des Interessenlebens, den umweltlichen Sinn der jeweiligen Situiertheit aufgrund einer bestimmten Interessendisposition. Auch im Fall der Umwelten gibt es ein Art von hierarchischem Aufbau. Die allumfassende Situation nennt Husserl „All-Situation", es ist die praktische objektive Welt als die „immerzu vorgegebene", die „Welt ‚für alle'", die universale Situation ist „universaler Geltungsboden für alle" (ebd. 3), aber im Blick der Jeweiligkeit, vom Standpunkt einer bestimmten historischen Stelle aus.[98] Es ist nicht die objektive Welt der Wissenschaft, sondern die Welt der jeweiligen, relativen Totalität einer historischen Menschheit: umweltlich-orientiert erfahrene „Heimwelt". Welt in der Bedeutung von All-Situation meint somit auch nicht Welt als strukturelle Einheit weltlicher Erfahrung. Die All-Situation ist, wie alle Situation, ebenfalls relativ, sie ist relativ zu anderen jeweiligen All-Situationen anderer historischer Gemeinschaften.

Husserl verweist jedoch auf eine ausgezeichnete Situation, die gegenüber den anderen Situationen eine neuartige sei: die „willkürlich hergestellte" (A V 19, 2) Situation der theoretischen Einstellung. Ist jede Situation des praktischen Lebens relativ, mit einer jeweiligen, relativ geltenden Wahrheit, einer „Situations-wahrheit", so gilt dies formal auch für die Situation der theoretischen Einstellung: Sie steht in Relation zu dieser Einstellung; und doch soll sie aller nichttheoretischen Situation entgegengesetzt sein. Diese Entgegensetzung liegt für Husserl in erster Linie darin, daß der entsprechend Eingestellte die Frage nach der Irrelativität in der Relativität auch dieser Situation stellt: die Frage nach derselben Welt. Diese Aufgabenstellung bedeutet „die Schaffung einer in der Tat völlig eigenartigen Situation, nicht einer beliebigen, anderen Situationen gleichstehenden, sondern sich allen erdenklichen gegenüberstellend und von ihnen also prinzipiell unterschieden" (ebd. 4).

---

[98] „In meinem Leben als reifer Mensch habe ich im Wechsel der einzelnen praktischen Situationen die universale praktische Lebensumwelt, die ich als die für alle in Geltung habe." (B I 21 V, 8)

Damit wird ‚Situation' zu einem Terminus, mit dem Husserl die Einheit von Theorie und Praxis denkt, genauer, die Theorie als eine Sonderpraxis auffaßt, die aller übrigen Praxis entgegengerichtet ist, und das inhaltliche Moment dieser Entgegensetzung ist das Thema der Welt.

3. Theorie als Praxis

Theorie gilt Husserl als eine Sonderform der Praxis; sie gehört somit in den universalen praktischen Weltzusammenhang. Doch die Rede von *Sonder*praxis deutet schon an, daß es sich bei ihr um eine besondere Praxis in Abhebung von aller übrigen Praxis handeln muß. Den Sachverhalt, daß die Theorie in die Praxis gehört, kennzeichnet Husserl mit dem Ausdruck der *Funktion*: Theorie stelle eine Funktion der Praxis dar.[99] Dies kann nicht lediglich heißen, daß die Theorie eine letztlich praktische Tätigkeit ausübe oder daß ihre Aufgabe im Horizont der Praxis liege. Der Grundsinn von ‚Funktion' bei Husserl bezieht sich auf die Ichtätigkeit im Vollzug, auf das *fungierende* Subjekt.[100] Wenn Husserl Theorie als Funktion der Praxis bezeichnet, so meint dies also ‚erkennende Betätigung der Praxis' - der Praxis (genitivus subjectivus) insofern, als sie theoretisch erkennende Praxis ist. Dabei ist jedoch Praxis nicht nur Subjekt, sondern wird auch zum Objekt: zum Thema der erkennenden Besinnung und darüber hinaus zum Zielpunkt dessen, wofür die erkennende Besinnung letztlich durchgeführt wird (Theorie als Funktion *für* die Praxis). Zielpunkt ist sie aber, weil sie Subjekt des ganzen Vorgangs ist. Daß Theorie eine Funktion der

[99] Vgl. z. B.: Wissenschaft als Gesetzlichkeiten herausstellende Normwissenschaft „ist Funktion des universal sich selbstbesinnenden Menschheitslebens" (Hua XIV, 232); die „universal apodiktisch begründete und begründende Wissenschaft" entspringe „als die notwendig höchste Menschheitsfunktion" (Hua VI, 273).

[100] Husserl spricht von „Erkenntnisfunktionen", „Gemüts- und Willensfunktionen" (Hua XXV, 195), in diesem Zusammenhang auch von der „Funktion der Praxis" (ebd., 196); weiter heißt es: „Wissenschaft als Theorie hat aber ihr Korrelat in Wissenschaft als Funktion, als erkennende Betätigung des Subjekts." (Ebd., 205) Vgl. auch: „Erkenntnisvernunft ist Funktion der praktischen Vernunft, der Intellekt ist Diener des Willens." (Hua VIII, 201)

Praxis sei, erinnert somit an den Wortgebrauch in der Mathematik, wonach eine Funktion das Abhängigkeitsverhältnis zweier Variablen ausdrückt: Theorie und Praxis stehen in einem funktionalen Zusammenhang. Im folgenden soll genauer gezeigt werden, inwiefern Praxis für Husserl nicht eine unveränderliche Größe darstellt, zu der sich Theorie irgendwie verhält, sondern daß eine gegenseitige Beeinflussung von Theorie und Praxis statthat, was zunächst paradox erscheint: Die Theorie, obwohl zur Praxis gehörig, weist in gewissem Sinn über die Praxis hinaus und zwingt in ihrer eigenen Verwirklichung die Praxis, sich ebenfalls zu verändern. Damit vertritt die Theorie einen aktiven Part, sie ist in ihrer Funktion für die Praxis das ausschlaggebende Moment.

Von Theorie im Sinn einer besonderen Praxis spricht Husserl relativ spät in seinem Werk. Seine Überlegungen hierzu stehen in Zusammenhang mit seinen Untersuchungen der historischen und ethischen Relevanz der Philosophie, die er in den Jahren nach dem Ersten Weltkrieg durchführte, und mit seiner Lektüre der ethischen Schriften Fichtes.[101] Besonders aus den Jahren 1922-1924 (Arbeiten im Umfeld der Artikel für die japanische Zeitschrift *Kaizo* und zur Vorbereitung der Vorlesung über *Erste Philosophie*) und dann wieder ab 1934 (im Vorfeld der *Krisis*-Schrift) liegen umfangreiche Reflexionen zum Verhältnis von Theorie und Praxis bzw. von Philosophie und Leben, von Wissenschaft und Lebenswelt vor. Diese drei Doppeltitel sind nicht schlechthin synonym. Während dies für die ersten beiden cum grano salis zutrifft (wobei Theorie nur als universale mit Philosophie und Leben nur als mundanes mit Praxis kongruieren), ist die dritte Bezeichnung, ‚Wissenschaft und Lebenswelt' von ihnen insofern unterschieden, als hierbei die transzendentale Problematik eine wesentliche Rolle spielt: Der Begriff ‚Lebenswelt' unterscheidet sich in Husserls Wortgebrauch von demjenigen der Praxis darin, daß er, wie schon erwähnt, korrelativ zu einer mundan- wie transzendentalwissenschaftlichen Betrachtungsweise steht.[102]

---

[101] Vgl. oben S. 13, Anm. 3.

[102] Überschneidung wie Differenz von Lebenswelt und Praxis werden deutlich, wenn Husserl darauf hinweist, daß jede praktische Welt als Zweckgebilde Lebenswelt (d. i. den letztlich transzendental aufklärbaren lebensweltlichen

Doch bereits Husserls *Logos*-Artikel von 1911 sucht in einer Kritik an der „Weltanschauungsphilosophie“ die Rolle zu bestimmen, die die Philosophie resp. als phänomenologische Wissenschaft für das Leben zu übernehmen habe. Husserl zufolge erblickt die Weltanschauungsphilosophie in der philosophischen Betätigung eine „einzigartige teleologische Funktion“ (Hua XXV, 48). In der nachfolgenden Kritik an der Weltanschauungsphilosophie weist Husserl nicht diese Ansicht zurück, daß Philosophie generell eine Aufgabe für das Leben übernehmen solle, sondern die Art und Weise, wie Weltanschauungsphilosophie diese Funktion konkretisiert – „als höchste Steigerung der Lebenserfahrung, der Bildung, der Weisheit ihrer Zeit“ (ebd.). Dies würde bedeuten, daß es Husserl nicht nur um das Eigenrecht einer wissenschaftlichen Philosophie gegenüber dem Absolutheitsanspruch der Weltanschauungsphilosophie ginge, sondern insbesondere darum, wie ein gegenständlicher Bereich (derjenige der Praxis) vor einer verkürzten theoretischen Behandlung zu schützen sei, wobei die Verkürzung wiederum aus einer verdeckten Bindung an Praxis resultiert. Die Funktion, die die Weltanschauungsphilosophie für das Leben wahrnimmt, ist für Husserl deswegen verkürzt, weil sie sich nicht am Maßstab einer strengen Wissenschaft orientiert, weil sie auf die Auslegung einer geschichtlichen Epoche, welche Auslegung relativ auf die (empirische) Person ist, weil sie auf „Zeit“ und nicht auf die Unendlichkeit einer „überzeitlichen universitas“ (ebd. 52) bezogen ist. Obgleich Husserl im *Logos*-Artikel die Funktion der Philosophie nicht positiv bestimmt, wird doch deutlich, daß er das im Endlichen liegende „Lebensziel“ (ebd.) der Weltanschauungsphilosophie ebenso zurückweist, wie er ihr Motiv, die „Lebensnot“ als „Weltanschauungsnot“ (ebd. 56, 55) anerkennt. Da er bereits hier schreibt, daß diese Not von der Wissenschaft stamme und nur von ihr wieder aufgehoben werden könne (ebd. 57), müßte die im *Logos*-Artikel noch nicht formulierte Aufgabe lauten, daß Philosophie als strenge Wissenschaft die Funktion der Theorie für das Leben darin konkretisiere, daß die

---

Universalhorizont) voraussetze, zugleich aber ein Stück der Lebenswelt sei (d. i. den Fonds lebensweltlicher Gehalte ihrerseits bereichert) (vgl. Hua VI, 462).

‚Lebensnot' nur mittels der auf Unendlichkeit gerichteten universalen Wissenschaft zu überwinden sei. In der Tat ist dies der Weg, den Husserl Jahre später einschlug. Vor allem in den genannten Arbeiten zur Ethik aus den Jahren 1922/1923, doch auch schon zuvor, so in der Vorlesung über „Natur und Geist" vom Sommersemester 1919, verband er kulturphilosophische Studien mit dem Absehen auf strenge Wissenschaftlichkeit („wissenschaftliche Ethik", Hua XXVII, 50). Es wird zu prüfen sein, inwiefern er dabei den im *Logos*-Artikel erhobenen Anspruch, daß auch sämtliche Fragen der ‚Lebensnot' von der jede geschichtliche Zeit transzendierenden, auf das Unendliche bezogenen universalen Wissenschaft behandelt werden müßten, erfüllt hat (s. unten IV.1.).

In diesem Abschnitt soll Husserls Standpunkt im Verhältnis von Theorie und Praxis in drei Kapiteln geklärt werden. Leitend sind folgende Fragestellungen: Wie ist Theorie in Praxis verwurzelt? (3.1.) Was ist das Motiv für die Theorie, aufgrund dessen sie sich als Sonderpraxis von aller übrigen Praxis abhebt? (3.2.) Wie kann die Theorie, trotz ihres Hinausgreifens über die Praxis, ihre Funktion für die Praxis wahrnehmen? (3.3.)

3.1. Das praktische Fundament der Theorie

Wie im vorigen Abschnitt gezeigt wurde, behandelt Husserl das Verhältnis von Theorie und Praxis in erster Linie im Rahmen der mundanen Phänomenologie. Die Bezeichnung der Theorie als Sonderpraxis charakterisiert sie als Praxis, aber in relativer Abgehobenheit von aller anderen Praxis.[103] Sie ist Praxis, insofern sie mit aller übrigen Praxis die Strukturformen von Praxis überhaupt teilt: Sie stiftet eine bestimmte Situation, verfolgt ein bestimmtes Interesse, ihr Bezugsfeld ist das Seiende im Horizont der Welt. Aber zugleich sind es ihr besonderes Interesse und ihre besondere Situation, die sie von aller übrigen Praxis absetzen. Die Situation der Theorie ist für Husserl dadurch bestimmt, daß sie, wie gezeigt,

---

[103] Husserl bezeichnet die theoretische Einstellung „als eine Art Epoché", die den Philosophierenden „des praktischen Interessenlebens enthebt" (Hua XXIX, 393).

inmitten der Relativität praktischer Situationen die Frage nach der Irrelativität als Frage nach derselben Welt stellt. In der Situation der Urstiftung der Theorie im antiken Griechenland wurde der Mensch sich, wie Husserl in der „Prager Abhandlung“ von 1934 schreibt, „der Geltungsrelativität der Welt“ bewußt (Hua XXVII, 188) und stellte die Frage nach der „Seinsidentität“ (ebd.) im Wechsel der Welten und Weltvorstellungen.[104] Husserl bezeichnet dies als zweites Moment zur Installierung theoretischer Praxis, neben der Ausbildung des theoretischen Interesses (ebd. 187), ja die „Neubildung des Sinnes Welt als thematisches Feld der wissenschaftlichen Urteile, des Sinnes Seiendes, [...] der Begriffe Wahrheit, Erkenntnis, Vernunft“ ist dasjenige Moment, das erst den Sinn der Wissenschaft als eines „Ganzen wissenschaftlicher Theorie“ stiftet (ebd.).

Auch das theoretische Interesse als solches, die Tatsache, daß Theorie interessiert ist, verbindet diese mit aller übrigen Praxis. Mit der inhaltlichen Bestimmung des Theoretischen setzt sich das theoretische Interesse jedoch von allen anderen Interessen der Praxis ab. Das Interesse der Theorie ist das „Interesse an der Wahrheit rein um der Wahrheit willen“ (Hua VII, 203).[105] Wenn Husserl die theoretische Einstellung als interessenlose bezeichnet, dann meint dieser Ausdruck ein Freisein von den Interessen des täglichen Lebens, er negiert nicht die Zugehörigkeit der Theorie zur Interessenstruktur der Praxis überhaupt. Paradox formuliert könnte es heißen, daß es gerade das Interesse der Theorie ist, interessenlos zu sein. Dieses scheinbar paradoxe Verhältnis drückt aus, daß es nicht möglich ist, die prinzipielle Interessiertheit der Praxis zu überwinden, wohl aber, sich zu ihr als einer Gesamtstruktur zu verhalten. Gerade mit der Haltung der Interessenlosigkeit ordnet sich Theorie auf einer reflexiven Stufe der Interessenstruktur der Praxis ein. Interessenlos zu sein bestimmt das theoretische Interesse noch nicht positiv. Erst mit dessen Bestimmung als des Interesses

---

[104] Wissenschaft „soll nicht Standpunktswahrheit sein, Situationswahrheit“, sondern mit der Erkenntnis „objektiver Wahrheit“ dieser „Bedeutung für alle Praxis“ geben (Hua VI, 506).

[105] „Das theoretische Interesse ist universales Interesse rein am Sein und Sosein als Ziel einer erkennenden und das Erkannte sichernden Praxis.“ (Hua XXVII, 187)

rein um der Wahrheit willen bringt sich die Theorie in Gegensatz zur Praxis. In welchem Verhältnis steht dann aber die Theorie zur Praxis, überwiegt das integrierende oder das separierende Moment? Die Antwort liegt in dem bereits Ausgeführten: Das integrierende Moment dominiert, weil es auf die unauflösliche Struktur des Weltlebens verweist. Die Aufhebung dieser Struktur durch die ‚interessenlose' Theorie ist als eine nur auf dem Boden jener Struktur mögliche eine lediglich scheinbare; sie stellt eine extreme Weise dar, wie sich die Struktur konkretisiert. Zugleich bildet das theoretische Interesse in seinem relativen Uninteressiertsein einen neuen Typus des Interessenlebens aus, der eine Mannigfaltigkeit von theoretischen Partialinteressen in sich schließt.

Daß alles theoretische Sonderinteresse in das praktische Interessenleben integriert bleibt, bedeutet nicht nur ein formales Eingebundensein in die Praxis. Alles praktische Interesse ist Interesse im Horizont der „Lebenssorge" (A V 22, 19). Der Befund, daß Leben „Leben in der Vorsorge" (E III 4, 3) ist, zielt auch für Husserl - wie der Sorgebegriff Heideggers -[106] auf eine Ganzheitsstruktur des Lebens: ‚Vorsorge' wird auch für Husserl zu einem Titel für ein Leben, dem es in seinem Verhalten und Tun *um sich* geht: um seine Selbsterhaltung. Demzufolge besitzt das Leben in der Vorsorge auch bei Husserl eine bevorzugte Ausrichtung in das Künftige. Leben ist „Dasein in beständiger Sorge für die Zukunft" (ebd. 2); Lebenssorge wird „zur universalen Sorge für die ganze Lebenszukunft" (ebd. 3). Die Sorge umfaßt, als bezogen auf das Selbsterhaltungsstreben der Person, alle Intensivierungsstufen dieses Strebens bis hin zur Setzung eines universalen Lebenswillens in Korrelation zu einer einheitlichen „Lebensaufgabe" als Telos-

[106] Der entscheidende Unterschied von Husserls Sorgebegriff zu Heideggers „Sein des Daseins als Sorge" (vgl. *Sein und Zeit*, erster Abschnitt, sechstes Kap.) liegt u. E. darin, daß für Husserl Sorge mit einer bestimmten *Einstellung* korreliert (in der „Einstellung der Lebenssorge" ist man „praktisch eingestellt" [A V 22, 19]), die man, wie bei Einstellungen üblich, zugunsten der Einnahme einer anderen Einstellung verlassen kann. - Vgl. den bemerkenswerten Versuch von Nam-In Lee, Husserls Begriff der Sorge in Verbindung mit Husserls Auffassung von ‚Stimmung' zu analysieren (Lee, *Edmund Husserls Phänomenologie der Instinkte*, a.a.O., S. 145 f.).

idee.[107] Sorge fundiert einheitlich die zeitliche Gestalt, in der der Selbstbezug der Person auf zweifache Weise, vorwärts und rückwärts, Bewegungsräume für die Praxis eröffnet: Noch und insbesondere die mit ihrer Rückwärtswendung letztlich auf Zukunft bezogene Selbstbesinnung verkörpert in dieser Gerichtetheit somit eine Funktion dessen, wie das Dasein Vorsorge trifft. Gerade die universale Sorgestruktur des Lebens verdeutlicht, daß für Husserl jedes praktische Interesse sein letztes Umwillen im Horizont des Lebens besitzt. Wenn also das theoretische Interesse nicht aus der Interessenstruktur überhaupt, die Interessenstruktur des Weltlebens ist, ausbrechen kann, dann ist letztlich auch das Interesse, das die Stiftung der Theorie als solche betrifft, unbesehen aller auf Theoretisches bezogenen Partialinteressen (die auch rein praktische sein können), gerichtet auf letzte Ziele im Horizont des praktischen Lebens.[108] Dies mag hier als erste Andeutung genügen.

Die Theorie gehört nicht nur hinsichtlich der Strukturformen von Interesse und Situation zur Praxis. Wissenschaft wurzelt für Husserl vor allem insofern in der Praxis, als sie in der passiven Urdoxa ihre Grundlage hat und selbst eine besondere Weise doxischer Aktivität darstellt. Die doxische Erfahrung ist zum einen ein bestimmendes Moment der Praxis überhaupt, im besonderen der praktischen Aktivität; sie ist zum anderen aber gerade für die Theorie grundlegend, sofern diese in einer Verselbständigung doxischer Erfahrung, in ihrer relativen Herauslösung aus dem Gesamtzusammenhang der Weltpraxis, ihre Basis besitzt. Theorie fußt auf der konsequent betriebenen und als Habitus genuiner Art ausgebildeten doxischen Erfahrung: „Wissenschaft urteilt, sie urteilt auf Grund der Erfahrung, urteilend auf Wahrheit abzielend ist sie eine doxische Praxis - eine im weitesten Sinne urteilende und bewertende.“ (A V 22, 13; vgl. Hua IV, 3 f.) Mit anderen Worten, die

---

[107] „Einheit des Ich als Menschen-Ich in ausgezeichneter Form: Einheit eines menschlichen Daseins: im Willen auf ein Leben in Fürsorge für die Zukunft [...].“ (E III 4, 5)

[108] „Das *Streben nach Urteilskonsequenz und Gewißheit ist somit ein Zug im allgemeinen Streben des Ich nach Selbsterhaltung.*“" (EU 351) Ist für Husserl Theorie ein ‚interesseloses Interesse‘, so auch ein „sorgloses Sichsorgen“ (B I 21 IV, 55). Vgl. auch Hua XXIX, 384.

Verselbständigung der Wissenschaft kann nie so weit gehen, daß sich diese aus dem praktischen Zusammenhang löst. Noch in der Verselbständigung doxischer Erfahrung zeigt sich der Praxisbezug der Theorie. Husserl kann aber auch sagen, daß „doxische Aktivität und praktische Aktivität [...] Grundlage der Scheidung zwischen Theorie und Praxis" und damit zwischen „theoretischer und praktischer Vernunft" darstellen (A V 19, 9).[109] Zwar ist doxische Aktivität auch für die praktische normierend, und andererseits gehört die Theorie gerade wegen ihrer Gründung in doxischer Aktivität in die Praxis; sie gehört auch insofern in diese, als Wissenschaft z. B. in Vorgängen der Institutionalisierung handelnd verfährt, von praktischer Aktivität Gebrauch macht. Doch zugleich bietet die vorwissenschaftliche Differenz zwischen doxischer und praktischer Aktivität auf dem einheitlichen Grund der Praxis den Ansatzpunkt zur relativen Herauslösung der Theorie aus dem praktischen Zusammenhang des Weltlebens. Die relative Selbständigkeit der Theorie gründet somit in der Unterscheidbarkeit von doxischer und praktischer Aktivität und der relativen Differenz der ersteren zum allgemeinen praktischen Weltzusammenhang.

Transzendental gesehen basiert Theorie insofern auf ‚Praxis', als alle ihre prädikativen Sinnbestimmungen höherstufige Leistungen sind, die auf vorprädikative lebensweltliche Strukturen und Gehalte - das von den Wissenschaften in ihrer faktischen Entwicklungsgestalt vergessene Sinnfundament - zurückweisen. Die Aufklärung dieses lebensweltlichen Fundaments, auf dem alle Theorie ruht, besorgt Husserl zufolge die transzendentale Logik im Gesamtrahmen der in der *Krisis* durch die zweite Epoché eröffneten transzendentalen Wissenschaft von der Lebenswelt (Hua VI, §§ 39 ff.). Doch die gegenständlichen Korrelate dieser Lebensweltwissenschaft sind nicht die Gegenstände weltlicher Praxis, sondern die Strukturen und Sinnbestände des Weltlebens im transzendentalphänomenologischen Blick, die im Weltleben nicht nur verborgen sind, sondern dort schlechterdings nicht aufgedeckt werden können.

---

[109] „Theoretische Vernunft ist selbst eine besondere praktische Vernunft und doch eine solche, die praktische Vernunft überhaupt übergreifen (auch sich selbst umgreifen) kann." (A V 22, 20)

Die doxische Erfahrung, die für jede Praxis Grundlage ist, wird bei der Ausbildung von Theorie aus praktischen Zusammenhängen herausgelöst. Sie ist nicht mehr Grundlage für eine bestimmte Handlungsabsicht, sondern wird selbst zum Bezugspunkt eines Interesses. Das theoretische Interesse kann Interesse an der Wahrheit rein um der Wahrheit willen nur sein, weil dies die doxische Erfahrungsgrundlage ermöglicht. Doxische Erfahrung läßt ein Interesse zu, das sie nicht nur - wie im Fall rein praktischer Interessen - in den Dienst einer praktischen Absicht stellt, sondern das sich ausschließlich auf sie richtet und die Vervollkommnung ihrer Erfahrungsbasis erstrebt. Die Grundlage doxischer Erfahrung ermöglicht somit ein Interesse, das auf Erfahrung und Erkenntnis selbst gerichtet ist.

Wie die theoretische Situation Ausdruck der Auffassung von der Irrelativität der Welt ist, so ist auch für das theoretische Interesse die Tendenz nach Überwindung der Relativitäten konstitutiv. Dies verdeutlichen die Prädikate, die Husserl wiederholt zur Bestimmung des theoretischen Interesses anführt: Wissenschaft sei auf wahres Ansichsein bezogen, das sie endgültig zu erkennen sucht (vgl. Hua VII, 295). Streben nach wahrem Ansichsein und nach Endgültigkeit sind selbst noch verwiesen auf ein Moment, das Husserl als das wesentliche Merkmal des theoretischen Interesses bezeichnet: die Norm verbindlicher Begründung („das *theoretische Interesse im spezifischen Sinne* ist *Interesse an der Begründung*" [EU 379]). Begründete endgültige Erkentnis wird zu einem bleibenden geistigen Besitz. Husserl wird nicht müde, in immer neuen Zusammenhängen diese verharrende Habe als Wesensmoment der theoretischen Einstellung zu reflektieren. In *Erfahrung und Urteil* heißt es, daß es der erst in theoretischer Haltung zum Ausdruck kommende „Wille zur Erkenntnis" (232) sei, der das Erkannte nicht nur als Mittel zum Zweck praktischer Absicht ansehe, sondern es als es selbst wolle, und zwar „ein für allemal" (ebd.).

Das Erkenntnisinteresse korreliert mit einem habituellen Stil, der in der außertheoretischen Einstellung nicht zu finden ist und der für Husserl ebenfalls ein Wesensmoment der theoretischen Einstellung verkörpert. Zugleich verweist dieser Habitus auf einen praktischen Aspekt, denn jeder Wille steht in einem praktischen Zusammenhang. Dieser Wille zielt mithin auf eine solche Praxis, die der Theorie inhärent ist. In diesem Sinn spricht Husserl von den Ergebnissen der Wissenschaft als einer „eigenen Sorte von Gütern" (B I 21 IV, 67); es sind „Dauergüter, die immer wieder Erkenntnisbedürfnise befriedigen" (ebd. 68). Hierbei handelt es sich um ein praktisches Interesse innerhalb des theoretischen. Das praktische Interesse konsolidiert dabei das theoretische, indem es ein „eigenes Güterreich" (ebd. 67) konstituiert (vgl. B I 21 V, 14). Ein praktisches Interesse ist dann dem theoretischen eingeordnet, wenn es - als praktisches - letztlich den Zielen des rein theoretischen Interesses dient. Diese Art des praktischen Interesses ist also von denjenigen Interessen der Praxis zu unterscheiden, die motivierend sein mögen für die Bildung des theoretischen Interesses, also etwa die Frage betreffen, inwiefern das Streben nach Wahrheit an sich, nach endgültig gesicherter Erkentnnis als Dauererwerb, selbst eine Motivation in der Praxis besitzt, aber auch von denjenigen Interessen abzuheben, die wissenschaftliche Ergebnisse in den Dienst konkreter Praxis stellen bzw. Wissenschaft um dieses Zieles willen betreiben.[110] Doch gerade mit ihrem vordergründig auf das rein theoretische Interesse bezogenen praktischen Absehen auf ein Reich von Gütern theoretischer Provenienz verkörpern Erkenntniserwerbe einen viel tieferen Praxisbezug, da sie als „fortdauernder Besitz", als „fortdauernde Habe" im Sinn eines „mir Eigenen" (A V 24, 36) Ausdruck des Strebens nach Selbsterhaltung und damit der Lebenssorge selbst sind.

Die Ablösung der Theorie von der Praxis besitzt zwar in der Grundscheidung zwischen doxischer und praktischer Aktivität innerhalb der Praxis ihre Ermöglichung, doch dies sagt noch nichts über die konkreten Motive aus, die zur Verselbständigung der Theorie führen können und de facto geführt haben. In der Abhandlung „Problem einer nicht historischen, sondern idealen Genesis der Idee strenger Wissenschaft" aus der Mitte der

[110] „[...] so kann Wissenschaft in praktischer Absicht geübt sein, z. B. um des allgemeinen praktischen Zweckes willen, Natur zu beherrschen [...]." (A V 22, 12)

zwanziger Jahre unterscheidet Husserl ausdrücklich diese beiden Aspekte in der Frage nach den Motiven für die Ausbildung der Theorie: „Dem historischen Problem der Motivation [...] steht zur Seite das *Problem der idealen Genesis*, nämlich das Problem, die *Notwendigkeiten* zu verstehen, die im Historischen im verborgenen bestimmend waren und die es verständlich machen, warum Wissenschaft der Vorstufe aus eigener Konsequenz zu solchem neuartigen Absehen, dem auf eine absolute Endgültigkeit, hindrängte." (Hua VII, 296) Die Abhandlung gibt eine Metareflexion zu einer Bestimmung der Motivationsgrundlagen der Wissenschaft und zeichnet diesen Motivationsweg selbst nicht nach. Aber sie hebt das Reflexionsniveau gegenüber den Ausführungen zur Genese der Wissenschaft in der Abhandlung „Phänomenologie und Erkenntnistheorie" (1917), dem fünften *Kaizo*-Artikel (1922/1923) und den Vorlesungen zur *Ersten Philosophie* (1923) auf eine neue Stufe, die auf die Behandlung des Themas im Umkreis der *Krisis*-Schrift von 1936 vorweist. Denn ein wesentliches Moment in Husserls Kritik an der Wissenschaft bildet seine Scheidung zwischen der idealmöglichen Genesis und der faktischen Entwicklung von Wissenschaft. Diese Differenzierung liefert ein Argument dafür, daß faktische Wissenschaft nicht zwangsläufig schon der Idee der Wissenschaft entspricht.

Zur Motivation, welche die Theorie aus dem Zusammenhang des praktischen Weltlebens löst, sagt Husserl wenig (vgl. z. B. XXIX, 12 ff.). In einem Manuskript, verfaßt im Januar 1934, heißt es: „Zunächst liegen doch in der menschlichen Praxis [...] keine Motive für die Aufgabenstellung einer ‚Philosophie', ja für die Konzeption ihrer als Zielidee" (E III 7, 9). Ähnlich vage heißt es schon in einem zehn Jahre älteren Manuskript: „Im allgemeinen hat die Praxis kein Bedürfnis, in ein theoretisches Interesse überzugehen, aber im besonderen Falle kann ein Motiv dafür wach werden" (B I 21 V, 12). Über die Eventualität dieser Motive und über diese selbst sagen die beiden Texte nichts aus. Das ‚zunächst' im ersten Zitat kann aber so verstanden werden, daß die Philosophie nicht unmittelbar aus dem alltäglichen praktischen Leben erwächst, sondern einen Mittler benötigt. Den Gedanken einer Vermittlung äußert in der Tat der Wiener Vortrag von 1935. In ihm verweist Husserl auf eine mittlere Stufe „ursprünglicher Theoria" (Hua VI, 332) zwischen Praxis und eigentlicher Theorie; auf dieser Stufe erfolge im *thaumázein* bereits eine „Epoché von allem praktischen Interesse" (ebd.; vgl. Hua XXIX, 389 f.). Diese mittlere Stufe befindet sich allerdings in größerer Nähe zur Praxis, und zwar insofern, als sie noch nicht in der theoretischen Situation (Identität der Welt) steht und noch nicht das genuin theoretische Interesse (Erkenntnis des wahren Ansichseins) ausgebildet hat. Aus diesem Grund setzt Husserl hier den Schnitt von Doxa und Episteme zwischen dieser mittleren Stufe und der Theorie an (Hua VI, 332). Dies steht in Widerspruch zu einer Textstelle in E III 7, worin die Scheidung zwischen Doxa und Episteme der Stufe des *thaumázein* gleichgesetzt wird (9). Die praktische Motivation für die theoretische Frage nach Identität und wahrem Ansichsein unterstreicht Husserl auch in A V 19: „Die Frage, wie dieselben Dinge in verschiedenen widerstimmigen Wasgehalten im Wechsel der praktischen Situationen wahre Wirklichkeit heißen können, das ist eine von der Praxis ausgehende Frage - aber das weitere gehört nicht dazu." (6)

Es ist hier nicht der Ort, vom philosophiehistorischen Standpunkt aus zu beurteilen, ob Husserl mit dem Gedanken der „ursprünglichen Theoria" dem faktischen Entstehungsprozeß von Wissenschaft gerecht wird.[111] Husserl macht deutlich, daß es - gleich, wo man die Abgrenzung von Doxa und Episteme vornehmen will - im Horizont der Praxis eine Haltung gibt, die durch Nichtinteresse an praktischen Absichten und praktisch-endlichen Zielen charakterisiert ist und als eine besondere Weise von „Neugier" („ein Interesse, das sich der Lebensinteressen enthoben" hat [Hua VI, 332; vgl. Hua XXIX, 61]) den Erfahrungsgegenständen gegenübertritt, die aber diese Gegenstände noch nicht im Rahmen einer Theorie mit den Ingredienzen der einen und wahren Welt und mit einer prinzipiell ins Unendliche zielenden Erkennbarkeit zum Thema macht. Eine Motivation zur Überschreitung der traditionalen Situationsgegebenheit in Richtung der Allsituation erblickt Husserl wie erwähnt in

---

[111] Vgl. K. Held, „Husserl und die Griechen", in: E. W. Orth (Hg.), *Profile der Phänomenologie* (*Phänomenologische Forschungen* Bd. 22), Freiburg/München 1989.

der Begegnung mit anderen Kulturen, in der Erkenntnis der Relativität der je eigenen Welt (Hua VI, 332). Die Neugier des Staunens bezeichnet Husserl als „Abwandlung“ der Neugier des alltäglichen Lebens. Das Staunen besitzt also für ihn eine direkte praktische Motivation.

Auf die Frage nach den Motivationsgrundlagen der „ursprünglichen Theorie“ beziehen sich auch Husserls Überlegungen zur Entstehung der Philosophie im Spannungsfeld von Ernst und Spiel. Die uninteressierte Neugier des unbeteiligten Zuschauers ist ein „spielerisch sich die Dinge Ansehen“ (A V 7, 18).[112] Ebenso hält Husserl es für möglich, daß Wissenschaft auch „aus dem Bedürfnis einer bestimmt interessierten Einstellung und für deren Zweck einer Erforschung der Sachlagen, die für diesen Zweck nur unvollkommen bekannt sind“ (ebd. 19), hervorgehen kann. Dieses Spannungsverhältnis hinsichtlich der Motivationslage findet sich in gewisser Weise auch bei zwei scheinbar widersprüchlichen Stellen in B I 21 IV wieder. Einmal spricht dort Husserl vom „freien, von allen sachhaften Interessen gelösten, von allen Interessen der ‚Selbsterhaltung‘ befreiten theoretischen Interesse - Spiel der Erkenntnis“ (52),[113] an anderer Stelle ist von der „Idee einer durch das wesensmäßige praktische Streben der Menschheit nach Selbsterhaltung entspringenden neuartigen universalen Menschheitsbesinnung: derjenigen einer universalen Wissenschaft“ (5), die Rede. Die Lösung dieses scheinbaren Widerspruchs kann nur ‚dialektisch‘ sein: Das praktische Interesse der Selbsterhaltung verhindert, solange es in praktischer Einstellung verbleibt, selbst seine Erfüllung. Erst mit seiner Ausschaltung erwächst die Möglichkeit, ihm in größtmöglicher Weise zu entsprechen. So ist das Ausschalten des Lebensinteresses kein auch nur zeitweiliges ‚Herausspringen‘ aus dem Ernst des Lebens, das theoretische Spiel kein Spiel in einem vom Lebenszusammenhang abgehobenen Bereich, sondern die Ausschaltung des Fixiertseins, des distanzlosen Eingenommenseins vom Lebensinteresse. Dieses wirkt weiter,

[112] Vgl. jedoch Husserls Bemerkung in A V 22, daß das Unbeteiligtsein des Wissenschaftlers nicht wie ein Zuschauen bei einem Spiel aufgefaßt werden dürfe (15).
[113] Ähnlich auch in E III 4, 7: „Besinnung, *theoría*, Verwunderung - Spiel - Freiwerden von der Lebenssorge.“

ja bildet letztlich das Motiv für die Ausschaltung selbst: Das theoretische Leben kann sich „tatsächlich nicht [...] aus der ‚Not' des Lebens lösen" (ebd. 53). Das Lebensinteresse der Selbsterhaltung bildet somit für Husserl nicht nur den Motor der theoretischen Betätigung, sondern auch das letztlich wirkende Motiv im Horizont der Weltpraxis, das für die Ausbildung der Theorie bestimmend ist.[114] Jedes praktische Sonderinteresse setzt dieses Interesse voraus bzw. schließt es mit ein, also auch die Bedürfnisse etwa der „bestimmt interessierten Einstellungen", von denen die Rede war.

Wie aber *motiviert* das Lebensinteresse der Selbsterhaltung, die Sorge, die theoretische Besinnung? Wie kann aus einem besorgenden Leben der Ursprung der Theorie verständlich werden? Husserl erblickt dieses Motiv in einem Faktum, das selbst noch die Ausbildung der Sorgestruktur des Lebens bewirkt: Das Faktum, daß Leben der stets drohenden Gefahr des Mißlingens ausgesetzt ist, daß es keine Gewähr gibt, daß Intentionen ihre vorgezeichneten Erfüllungen auch wirklich finden, läßt es zu jenem allseitig Vorsorge treffenden werden. Das Erlebnis, das den Raum für die Bewegung des Selbstbezugs der Vorsorge allererst aufschließt, nennt Husserl die *Enttäuschung* (vgl. EU 94). Enttäuschung liefert zwar Evidenz aufgrund von Anschauung, doch eine solche, die einen ganzen Erwartungshorizont zunichte werden läßt, da sie kraft ihrer Evidenz eine Wirklichkeitsthesis impliziert, an der das Erwartete zerschellt. Die enttäuschte Intention motiviert jedoch zu einer Umwendung, zu einem Bezug auf die Bedingungen, die zur Ansetzung dieser Intention geführt haben, motiviert *Besinnung*.[115] Besinnung soll nicht nur die Gründe für das einmalige Scheitern aufzeigen, sondern zugleich ein Wissen gewinnen helfen, das in möglichst vielen ähnlichen und möglichst allen Fällen sichere Erfüllung verspricht und daher selbst möglichst gesichert sein muß.

---

[114] „So kämen wir vom Leben her und den aus ihm entspringenden universalen Bestrebungen nach einem konsequenten ‚seligen' Leben [...] zu einer Motivation, die eine absolute universale Wisenschaft fordert [...]." (B I 21 IV, 83)

[115] „Ursprünglich liegt das Motiv für eine Besinnung in der früheren, öfteren unliebsamen Erfahrung [...]" (Hua XXIX, 376; vgl. Hua VIII, 343) „Das Mißlingen, das Verfehlen motiviert mich zur Reflexion [...]" (A V 24, 3)

So erwächst für Husserl schon in der Praxis die Absicht, objektive Wahrheit „gegen die möglichen Modalisierungen der Gewißheit zu sichern“ (Hua VI, 179). Sofern Theorie eine Radikalisierung der Selbstbesinnung mit dem Ziel, gesichertes Wissen zu erlangen, darstellt, steht auch sie in der Folge dieser Motivation: „Die Selbstbesinnung ineins mit der zugehörigen Besinnung über meine Umwelt als praktisch interessierte Selbstbesinnung [...] führt auf die Forderung einer universalen Selbsterkenntnis und Welterkenntnis [...].“ (B I 21 IV, 76)

Die spezifische Art der Gründung der Theorie in der Praxis als Motiv für ihre Herauslösung sowie die Motivation für ihren historisch lokalisierbaren Verselbständigungsprozeß bilden nicht die einzigen Möglichkeiten, nach der Motivation der Theorie zu fragen. In Hinblick auf die Erfüllungsgestalt der Theorie im Sinn Husserls, als transzendentale Phänomenologie, würde die Frage lauten, ob auch diese Endgestalt schon in der Praxis eine Motivationsgrundlage besitzt. Diese Frage wird im dritten Teil wiederaufzugreifen sein. Husserl stellt auch die Frage nach der Motivation des anfangenden Philosophen (Hua VII, 3 ff.; Hua VIII, 8 f.). Doch hierbei, wie in allen Überlegungen Husserls zum rechten Anfang des Philosophierens, geht es nicht um die Motive, denen zufolge die Theorie sich von der Praxis löst, sondern um die Problematik, wie bereits im Rahmen überlieferter Theorie ihre Radikalisierung zu einer in Husserls Verständnis universalen, absolut begründeten Philosophie zu erlangen ist. Der anfangende Philosoph befindet sich nicht in einer vortheoretischen Situation, sondern steht bereits auf dem Boden der Wissenschaft, die ihm als Kulturgestalt vorgegeben ist (vgl. Hua VII, 8). Diese Problematik zielt somit auf die Motivation der absoluten Wissenschaft als transzendentaler Phänomenologie und Philosophie innerhalb der Theorie selbst.

3.3. Die praktische Funktion der Theorie

Eine Antwort auf die Frage, wie es denkbar sei, daß die Theorie trotz ihrer Ablösung von der Praxis weiterhin in diese gehöre, wurde in den bisherigen Ausführungen schon gegeben: Die Ausbildung der Theorie ist für Husserl nur möglich auf dem Untergrund der Praxis und im Miteinbezug ihrer. Es läßt sich schon erkennen, daß die Theorie zwar in der Praxis fundiert ist, daß aber die Denkgestalt eines hierarchischen Fundierungsbaus nicht genügt, um das Bezugssystem von Theorie und Praxis adäquat wiederzugeben. Eine komplexe Vernetzung bindet Theorie und Praxis aneinander. Als Hauptmomente dieser Vernetzung zeigte sich bisher:

Die Theorie gründet in erster Linie insofern in der Praxis, als sie aus einer Radikalisierung der doxischen Erfahrung erwächst; ihre Erkenntnisbildung und diejenige der Praxis besitzen einen gemeinsamen Boden. Gemeinsame Grundlage ist ferner der Bereich passiver Urdoxa, und ebenso teilt die Theorie mit aller übrigen Praxis die Strukturformen der Situation und des Interesses sowie der Zielstellung. All dies stellt wiederum erst Theorie als apriorische Bedingung für sich und für alle Praxis fest, und in diesem Sinn umgreift sie die Praxis. Der Theoretiker vollzieht seine Einstellung willentlich, aber dieser Wille ist wieder ein praktisches Moment. Neben die Praxisgründung der Theorie tritt ihr fortwährender Praxisbezug. Dazu zählen all die Momente im Vollzug der Theorie, die auf die Praxis verweisen, also in gewissem Sinn auch die Funktion, die sie für die Praxis wahrnimmt. Aber zunächst gehören dazu alle Unternehmungen, die dem rein theoretischen Interesse selbst dienen. Es zählen dazu ferner alle Erwägungen, die den Ergebnissen der Theorie einen praktischen Sinn erteilen, also diejenigen, die sie als Erkenntnisgüter apperzipieren. Dies kann im Interesse der Theorie selbst geschehen, aber auch im Interesse der Praxis. Rein praktische Ziele sind solche, die nicht mehr dem theoretischen Interesse dienen. In der Neugier und im Spiel erblickte Husserl eine Motivationsgrundlage zur Ausbildung des theoretischen Interesses.

Husserl nennt mehrere Möglichkeiten, wie Theorie zur Funktion für die Praxis wird. Es kann sich um praktische Interessen handeln, die die Theorie nicht als bloßes Mittel gebrauchen, sondern als relativen Endzweck (und daraus evtl. einen höheren Funktionswert für die Praxis gewinnen). Husserl führt in diesem Zusammenhang das „Erkenntnisbedürfnis“ an (vgl. Hua XXVII, 114). Im Manuskript „Funktion der Wissenschaft als Kultur für die universale Kultur etc.“ (in B I 21 II) erwähnt Husserl als Praxisfunktion der Theorie ihre „soziale Nützlichkeit“. Selbst in ihrem Mißbrauch steht Wissenschaft noch in praktischer Funktion, so im Fall „nationalistischer Wendung“, wenn mit ihr „auf Größe und Macht der Nation“ spekuliert wird (9; vgl. Hua VI, 329).

Allen praktischen Zielen und Zwecken solcher Art stellt Husserl als eigentliche, ‚universale‘ Funktion, die Theorie für die Praxis zu erfüllen hat, die Ermöglichung eines „Vernunftmenschentums“ gegenüber. Doch hier drängen sich sogleich Fragen auf: Ist der Zwecksinn der Theorie selbst identisch mit dieser universalen Funktion, die sie für die Praxis ausüben soll? Wäre universale Wissenschaft denkbar, die auf die Übernahme dieser Funktionsleistung gleichsam verzichtete und sich selbst genügte? Was besagt *Universalität* in Husserls Rede von der universalen Funktion der Theorie in Korrelation zur universalen Wissenschaft? Schließlich: Jener Funktionsverpflichtung könnte die Theorie doch nur in einer Vielzahl von Sonderzielungen nachkommen. Wie aber unterscheiden sich dann diese von den mehr oder minder zufälligen praktischen Abzweckungen, denen Wissenschaft auch nachgehen kann? Die Rede von *universaler Funktion* steht in offensichtlicher Korrelation zu der, wie Husserl es sieht, teleologisch vorgezeichneten Vollendungsgestalt der Theorie als einer „universalen Wissenschaft“ (vgl. Hua VI, 321; Hua VIII, 195, 336 ff.). Um die Frage nach der Universalität der lebenspraktischen Funktion der Theorie zu beantworten, muß zunächst geklärt sein, in welcher Weise diese Funktion von der Praxis her bestimmt ist und in welchem Verhältnis diese praktische Gründung des Funktionssinnes zur Verselbständigung der Theorie steht, zur Radikalisierung der doxischen Erfahrung zu wissenschaftlich-rationalem Erkennen. Die bisherigen Ergebnisse dieses Abschnitts sollen nun vertieft werden.

Es zeigte sich, daß Husserl das letzte Umwillen weltlicher Praxis in der *Lebenssorge* erblickt. Dies ist deswegen das Grundinteresse, weil diese Sorge sich nicht um diese oder jene Aspekte des Lebens bekümmert, sondern die Struktur des Sorgens selbst zum Ausdruck bringt, die besteht, weil Weltleben in das Unbestimmt-Offene gehalten ist: Praxis ist Husserl zufolge stets der Gefährdung durch „Nöte des Lebens", „Schicksalsschläge" (HuaDok II,1, 195; Hua XV, 600) ausgesetzt. Das grundlegende Interesse des Lebens gilt der Abwehr wirklicher und möglicher Krisen und der Herbeiführung und Sicherung eines glückhaften Daseins, der Verwirklichung von Glück: „Macht über das Schicksal, die Ermöglichung eines glückhaften Daseins" (A V 24, 20). *Befriedigung* als Komplementärbegriff zur Enttäuschung (EU 93)[116] wird so für Husserl zu einem Titel, der nicht nur zur Bezeichnung von Erfüllungssynthesen partialer Intentionen, sondern des alle Einzelinteressen übergreifenden Lebensinteresses dient. Drang nach Befriedigung, verstärkt in seinem Ausbleiben im Fall von Enttäuschungen, motiviert in der Einheit der Lebenssorge die Ausbildung korrelativer Ganzheitsbildungen: in der „Überschau über bisheriges Leben in Gelingen und Mißlingen, über bisherige Zufriedenheit und Unzufriedenheit etc.", in der „Selbstbesinnung, Kritik, universalen Willensentschlüssen" den Entwurf von „Lebenszielen", einer „Lebensganzheit" (A V 10, 130).

Die Sorge ergreift alles, was der Sicherung des Daseins förderlich ist, und das ist in erster Linie das durch Erfahrung, Kenntnisnahme zugänglich und verfügbar zu Machende. So tritt bereits die doxische Erfahrung in den Dienst praktischer Aktivität. Doch doxische Erfahrung, vor der Stiftung von Wissenschaft, ist endlich, in endlichen Umwelten verfangen. Die Herauslösung der doxischen Erfahrungsstruktur aus dem Gesamtzusammenhang weltlicher Praxis, die in der Begründung der wissenschaftlichen Weltsicht erfolgt, bedeutet zwar die Überschreitung der endlich-praktischen Sphären, nicht aber die Abstreifung des grundlegenden praktischen Interesses, das alle Erfahrung des Weltlebens leitet, denn sonst besäße Theorie keine Interessenbasis, die sie mit der Praxis teilt, als Voraussetzung für ihre universale Praxisfunktion. Für die Theorie

[116] „Befriedigung ist Intentionalität der aktuellen Selbsterhaltung. Unbefriedigung ist Hemmung der Selbsterhaltung." (E III 4, 2 f.)

bildet das praktische Grundinteresse an der Sicherung des Lebens zwar nicht mehr das Nahziel - dieses wird vom spezifisch theoretischen Interesse mit seinen Teilinteressen formuliert -, es bleibt aber als ein, ja als das zentrale Fernziel für das theoretische Interesse letztbestimmend.

Daß das Grundinteresse der Praxis für die Theorie letztlich leitend ist, besagt, daß Theorie mit ihrem eigenen Interesse und dessen mannigfachen Erfüllungsstufen in die Funktion des praktischen Interesses an der Sicherung des Lebens eingebunden bleibt. Die „größte Menschheitsfunktion" der Philosophie als universaler Wissenschaft beruht, wie Husserl in seinem 1923 veröffentlichten Aufsatz „Die Idee einer philosophischen Kultur" schreibt, in „ihrer notwendigen Bestimmung, ein universales und letztrationales Selbstbewußtsein der Menschheit zu schaffen, durch welches sie auf die Bahn einer echten Menschheit gebracht werden soll" (Hua VII, 205 f.).[117] Die Radikalisierung vortheoretischer Erfahrungs- und Erkenntnismöglichkeiten durch die Theorie verschafft dem Leben allererst die Möglichkeit, auf einer völlig neuen Stufe, nämlich mit rationaler Methode, seine Sicherung zu besorgen. Die größtmögliche Sicherung des Lebens als Vorbedingung für Glück ist für Husserl dann gewährleistet, wenn Wissenschaft jenes „letztrationale Selbstbewußtsein der Menschheit" (ebd.), die „Vernunftmenschheit" (Hua VIII, 23), verwirklicht hat. „Reine Erkenntniskultur allein" könne „das Mittel sein, um Menschen zur Befriedigung, zur ‚Glückseligkeit', zu verhelfen" (B I 21 II, 20).

Die grundlegende Sorgestruktur der Praxis scheint mithin sowohl die Radikalisierung doxischer Erfahrung zu wissenschaftlicher Erkenntnis wie zuhöchst die Ausbildung reflexiver, selbstbezüglicher Erkenntnisformen zu motivieren. Auf beides bezieht sich der Sinn der Funktion, die Praxis mit der Ausbildung von Theorie, die Theorie für die Praxis übernimmt. Somit tritt Theorie als universale Wissenschaft, die alle Formen reflexiven Erkennens in sich beschließt, in besondere Funktion für die Praxis. Jeder neue qualitative Schritt der Reflexion bedeutet demzufolge eine Steigerung

---

[117] Philosophische, wissenschaftliche Erkenntnis sei „Moment des auf universale Selbsterhaltung und bewußt universal gerichteten Menschheitslebens" (A V 24, 26).

in der Sicherung wissenschaftlicher Erkennbarkeit und damit mittelbar eine Steigerung in der Sicherung des Daseins. In diesem Sinn interpretiert Husserl bekanntlich auch den Gang der europäischen Philosophie: Platon, Descartes, Hume, Kant, schließlich die transzendentale Phänomenologie sind für ihn die Meilensteine auf dem Weg, den Theorie in reflexiver Überprüfung ihres Erkenntnisprinzips in Hinblick auf die vorgezeichnete Idee einer universalen Wissenschaft zurückgelegt hat. Reflexivität dient in Husserls Sicht nicht nur und allenfalls nur vordergründig (in einem guten Sinn) erkenntnistheoretischen Zwecken; zugleich ist sie auf Zwecke bezogen, die über diese noch hinausweisen.

Die universale Funktion der Theorie für die Praxis ist diejenige, die sie erfüllt, insofern sie selbst universale ist. Mit *universal* bezeichnet Husserl folglich eine Wissenschaft, die alles mögliche Urteilen, alle mögliche prädikative Aussage und damit mögliche Wahrheit und Unwahrheit (B I 21 I, 43) umschließt. Der „Gesamtinbegriff aller in möglichem echten Erkennen zu erzielenden an sich gültigen Wahrheiten" bilde die Einheit universaler Wissenschaft (Hua VII, 13). Wird die Funktion, die Theorie für die Praxis übernehmen soll, als ‚universale' bezeichnet, dann bedeutet dies zweierlei: einmal daß sich Wissenschaft auf die gesamte Praxis bezieht, auf alle ihre Teilbereiche und nicht nur auf diesen oder jenen Bereich, zum anderen, daß sie sich in der Weise auf sie bezieht, in der sie selbst universale Wissenschaft ist. Beides drückt dieser Satz Husserls aus: „Die absolute Autorität der Wissenschaft erstreckt sich auch auf die wissenschaftlich geleitete Praxis, genau so weit, als die Praxis auf Urteilsmotiven beruht, über deren Wahrheit Wissenschaft entscheiden kann." (B I 21 I, 43) Doch noch in einem dritten Sinn ist das Universalsein der theoretischen Funktion zu verstehen, nämlich in der Weise, wie sich die Praxis gemäß der Funktionseinwirkung universaler Wissenschaft verhält und verändert. Praxis wird durch den Logos der Theorie in bestimmter Weise normiert. Die Funktion der Theorie ist die „eines Normensystems für eine universale vernünftige Praxis" (B I 21 II, 17). Was bedeutet *universale vernünftige Praxis*?

Es hieß, daß Wissenschaft ihrer Aufgabe für das eigentliche praktische Interesse, die Lebenssorge, dadurch nachkomme, weil sie mit ihrem jeder vortheoretischen doxischen Erfahrung überlegenen Stil der Erkenntnisgewinnung und -begründung eine Funktion der Praxis ist und in Funktion für die Praxis tritt; weil sie überdies in der Ausübung dieser Funktionsleistung eine desto größere Sicherung der Praxis bieten kann, je weiter sie sich selbst zu einer radikalen, reflexiven Wissenschaft ausbildet, d.h., in je höherem Maß sie die Vorzeichnungen, die in ihr als einer universalen Wissenschaft teleologisch angelegt sind und die sie in ihrem reflexiven Selbstbezug wiederum erkennt, zum Austrag bringt.

Für Husserl gehört schon zur untersten Stufe reflexiver Wissenschaft Kritikfähigkeit, „radikale Rechenschaftsabgabe" (Hua VII, 206), durch die gesichertes Wissen, Episteme, von bloßer Meinung, Doxa, abgehoben wird. Ist nicht aber gerade der Bereich der Doxa das Ursprungsgebiet der Theorie? In der Tat wird Husserls Bezugnahme auf die Doxa doppelsinnig, wenngleich diese Zweideutigkeit zwei unterschiedlichen Bezugnahmen entspricht. Doxa als (phänomenologischer Begriff der) Urdoxa ist für Husserl die Quelle allen Vernunftbewußtseins, sofern sie alle in originär Selbstgegebenem gründende Vernunftsetzung umfaßt. Hierin fußt nicht nur die Möglichkeit einer Radikalisierung doxischer Aktivität im Rahmen der Theorie, sondern insbesondere die Möglichkeit einer Rechtsausweisung von Vernunftsetzungen. Solche Rechtsausweisung ist ihrerseits eine vernünftige nur aus dem Grund, weil ihre explizite Aufgabenidee darin liegt, auf die Quellen aller Vernunftsetzung, auf evidentes, ‚vernünftiges' Sein, zurückzufragen: Ihr Vernunftcharakter bezieht sich in erster Linie auf den Charakter ihres intentionalen Gerichtetseins, das nicht in diesem oder jenem tendiert, sondern ausdrücklich im Aufweis von Evidenz. Die natürliche Tendenz des Lebens hingegen zielt in einem formalen Sinn zwar auch auf Selbsthabe des Intendierten, doch nicht um es als Erkenntnishabe auszuweisen, sondern um es in praktischem *Begehren*, orientiert am Lebensinteresse standhaltender Befriedigung, real zu besitzen. Die Intentionalität des Begehrens überdeckt von vornherein die doxischen Bestände und stellt sie in den Dienst ihrer praktischen Abzweckung. Nur die *praktisch angeeignete* Doxa - ein Begriff, der die mundane Erscheinungsform der phänomenologisch aufklärbaren Doxa im transzendentalen Sinn meint - bezeichnet den Widerpart, gegen den die Episteme sich erhebt. In diesem Sinn intendiert für Husserl schon die ‚Interesselosigkeit' aller Theorie den „Ausschluß alles Begehrens" (B I 21 III, 29). Reine Theorie und Praxis stellen somit zwei Weisen dar, sich zum Bereich des Doxischen, den wiederum phänomenologische Theorie als solchen aufdeckt, zu verhalten.

Vernunftbewußtsein als Korrelat des von universaler Wissenschaft zu erkennenden wahrhaft Seienden bezeichnet folglich nicht ein freischwebendes Ideal, sondern besitzt im Intentionalsystem der Praxis selbst ihre Motivationsgrundlage. Wenn alle Praxis standhaltende Erfüllung intendiert, alle tatsächliche Erfüllung aber evidentes Sein ist, das als solches für Husserl den Charakter der Vernünftigkeit trägt, dann ist Theorie in dem Sinn eine Funktion der Praxis, als sie die Gewinnung von Evidenz, auch gegen Tendenzen der Praxis, intensiviert, indem sie auf das Vernunftmäßige als das evident Gegebene, Erfüllte selbst zielt und sonst auf nichts. Wissenschaft in diesem Sinn ist auf Bereitstellung von Evidenz theoretischer wie praktischer Vernunft bezogen. Praktische Vernunft umspannt Husserl zufolge die gesamte Gemüts- und Willenssphäre. Da sie alle Aktivität befaßt, insofern diese unter praktischen Vernunftgesetzen steht, fällt in den Aufgabenbereich einer Kritik der praktischen Vernunft auch eine Kritik des wissenschaftlichen Tuns selbst, ein Herausfinden der apriorischen Vernunftgesetze, denen ihr Tun selbst untersteht - vor allem als ein solches, das die Bedingung dafür schafft, daß Praxis zu einer vernünftigen Praxis werden kann. Eine vernünftige Praxis ist demzufolge eine solche, für deren Urteile und Entscheidungen universale Wissenschaft Vernunftprinzipien vorgibt. Solche ‚Vernunftnormierung' wird jedoch der Praxis nicht übergestülpt, sondern erwächst ihren eigenen doxischen Gründen. Vernunftprinzipien basieren auf dem Stoff, aus dem Praxis selbst ist. Allgemein formuliert liegen einer vernünftigen Praxis die prinzipiellen Stile ihrer evidenten Ausgangspunkte und ihrer Intentionalvorzeichnungen sowie die von ihnen her geforderten Möglichkeiten des Verhaltens offen.

Für Husserl deckt Wissenschaft, insofern sie universale Ethik ist, diese Prinzipien für sich selbst wie für die Praxis auf und erwägt für diese die Bedingungen der Realisierung der Vernunftnormen. Zu diesen Prinzipien gehört auch dasjenige Prinzip, dem sich Wissenschaft in ihrer Praxisfunktion selbst unterstellt. Mehr noch: Die ‚vollkommen vernünftige Praxis' konstituiert sich im theoretischen Zugriff auf die Welt als eine im Unendlichen liegende Idee. Fichtes Satz, daß das rein Theoretische die „Mittel" „zur Realisierung eines noch entlegenen Ziels" anzeige, wohingegen das rein Praktische „auf den absolut nächsten Zweck" gehe,[118] findet bei Husserl seine Ausweitung dergestalt, daß die Praxis selbst zum universalen Zweck der Theorie wird und sich dadurch ebenfalls die Normgestalt der Universalität aneignet. Nur Wissenschaft kann, so Husserl, die im Unendlichen liegende Idee universal vernünftiger Praxis erschließen, und nur mittels ihrer kann diese Idee sich verendlichen, im Horizont der Praxis realisieren. Diese Verendlichung bedeutet aber eine Unendlichkeit der auf die Limesidee hin zu unternehmenden Schritte, die Theorie zur Ermöglichung einer Vernunftpraxis zurücklegen muß. Diese Schritte sind nun von den mannigfachen möglichen praktischen Bezügen der Theorie darin unterschieden, daß sie im teleologischen Prozeß der Limesvorzeichnung mit dem praktischen Zwecksinn der universalen Wissenschaft zusammenstimmen müssen.

Impliziert universale Wissenschaft eine universale vernünftige Praxis, so fordert umgekehrt eine Praxis aus absoluter Rechtfertigung eine universale Wissenschaft (vgl. B I 21 IV, 80 ff., A V 19, 40) - nicht nur, weil Wissenschaft das Ideal vernünftiger Praxis stiftet, sondern weil sie eine solche Praxis in konkreto erst ermöglicht: „Vernünftige Praxis setzt vernünftige Gewißheit voraus, praktische Vernunft theoretische Vernunft, ideal wahrhaft gute Welt endgültig wahrhaft seiende Welt; also Wissenschaft ist Fundament praktisch vernünftiger Menschheit und Welt." (A V 19, 40) Von der Position einer universalen Vernunftausweisung aus umschließt Theorie die Praxis; Kritik der theoretischen wie der praktischen Vernunft und die Konzeption einer vernünftigen Praxis ist da die Aufgabe der Theorie: „Universale Theorie hat im Thema universale

[118] *Die Staatslehre*, I. H. Fichte (Hg.), *Fichtes Werke*, Nachdruck Berlin 1962-1965, Bd. IV, 394.

Praxis", und Husserl fährt fort: „Universale vernünftige Praxis hat aber auch im Thema universale Theorie." (Ebd.) Eine sich verwirklichende universale Praxis verweist auf eine in ihr sich ausbildende universale Theorie, ohne die vernünftige Praxis nicht sein kann, und in dieser hat auch Theorie ihren Ort - als eine Sonderpraxis in einer realisierten universalen Vernunftpraxis. Die Funktionsweise der Theorie für die Praxis im Sinn Husserls kann also so aufgefaßt werden, daß Theorie ein Katalysator für die Vervollkommnung der Praxis ist. Darin aber besitzt Theorie zwei Anlässe und zwei Maßstäbe für ihre Funktionsleistung: einmal das Sicherungsbestreben der Praxis und zum anderen die Idee einer vollkommenen Praxis als Vernunftpraxis. Das Verhältnis beider Momente wird noch zu klären sein.

4. Transzendentale Theorie der Praxis

Den transzendentalen Standpunkt in der Frage nach der Praxis thematisch zu machen, kann nur heißen, die Praxis an ihre absolute Grenze heranzuführen. Denn wenn die Ich-Mensch-Apperzeption den Rahmen für alle Praxis vorzeichnet, dann wird mit der Einklammerung dieser Apperzeption durch die transzendentale Epoché auch der Praxis der Boden entzogen. Trotzdem kommt für Husserl der transzendentalen Phänomenologie das ausschlaggebende Moment in der Themenstellung der Praxis zu, da es ihr Programm ist, alle Sinngehalte, somit auch diejenigen Bestimmungen einer mundanen Phänomenologie der Praxis, in ihrer Genesis konstitutiv aufzuklären. Doch Phänomenologie vom transzendentalen Standpunkt ist nicht nur konstitutive Phänomenologie. In ihrem ersten Schritt ist sie Abstoß von der natürlichen Welthaltung, um so erst die Möglichkeit zu schaffen, den Sinn der natürlichen Welt thematisch zu machen. Damit legt sie frei, worauf mundane Phänomenologie, sofern sie noch auf dem Boden der Welt steht, keinen Zugriff hat. Die transzendentale Perspektive gehört noch zu einer Phänomenologie der Praxis, weil sie den Weltsinn betrifft, in dem sich alle Praxis hält. Der transzendentalphänomenologische Part einer Phänomenologie der Praxis im Sinn

Husserls wird somit zum einen die Frage nach dem Übergang von der Mundanität in die Transzendentalität behandeln müssen und zum anderen die Frage, wie transzendentale Phänomenologie die Doxa des Weltlebens und die Einheit der Erfahrungswelt in ihrem Zusammenhang analysiert. Die erste Frage zielt zugleich auf die Bedingung der Möglichkeit desjenigen theoretischen Zugriffs, der diese (transzendentale) Befragung der Praxis unternimmt, sowie darauf, inwieweit dieser Zugriff selbst noch zur Praxis gehört. Als erstes wird aufzuzeigen sein, wie Husserl mit der Methode von transzendentaler Epoché und Reduktion die Doxa in der Bestimmung der phänomenologischen Psychologie zur Urdoxa der „Generalthesis" radikalisierte (4.1.). Als zweites gilt es, genauer den Vollzug der Epoché zu befragen (4.2.), und drittens Husserls konstitutive Klärung des Einheitssinnes von Welt darzulegen (4.3.).

4.1. Die Urdoxa der Generalthesis

Husserls Methodik zur Erschließung der tanszendentalen Subjektivität, die transzendentale Epoché und Reduktion, weist eine dreißigjährige Entwicklungsgeschichte auf.[119] In diesem langen Zeitraum reflektierte Husserl sie immer wieder erneut, so daß es nicht erstaunt, daß sie nicht nur zu einem der von ihm selbst meist kommentierten Grundlagen seines Denken wurde, sondern auch Wandlungen durchlief. Im Zusammenhang unseres Themas kann nur auf einige zentrale Aspekte hingewiesen werden. Die Ursprünge der Reduktionsproblematik datiert Husserl selbst auf das Jahr

[119] Zu Epoché und Reduktion vgl. R. Boehm, „Die phänomenologische Reduktion", in: ders., *Vom Gesichtspunkt der Phänomenologie. Husserl-Studien* (*Phaenomenologica* Bd. 26), Den Haag 1968, 119-140; ders., „Die konstitutive Leistung der Epoché", in: ders., *Vom Gesichtspunkt der Phänomenologie II* (*Phaenomenologica* Bd. 83), The Hague/Boston/London 1981, 67-80; E. Ströker, „Das Problem der *epoché* in der Philosophie Edmund Husserls", in: *Analecta Husserliana* 1 (1971) 170-185; E. G. Ballard, „On the Method of Phenomenological Reduction. Its Presuppositions", in: L. E. Embree (ed.), *Life-world and Consciousness*, Evanston 1972, 101-124; J. San Martín, *Estructura del método fenomenológico*, Madrid 1986; R. Bernet, I. Kern und E. Marbach, *Edmund Husserl. Darstellung seines Denkens*, Hamburg 1989, Kap. 2.

1905.[120] Die erste ausführliche Darstellung dieser Methode gab er bekanntlich vor seinen Göttinger Studenten im Sommersemester 1907 (vgl. Hua II, 39-47), doch schon in der Vorlesung des Wintersemesters 1906/1907 kam er auf die „phänomenologische Reduktion" zu sprechen (Hua XXIV, 212). In der Vorlesung vom Sommersemester 1907 handelt Husserl von der „erkenntnistheoretischen Reduktion" (Hua II, 39, 43), die er auch dort terminologisch als „phänomenologische Reduktion" faßt (ebd. 44 f.); auch spricht er in diesem Zusammenhang bereits von Epoché („*epoché* in Betreff alles Transzendenten"; ebd. 44). Die damit schon angedeutete terminologische Unterscheidung zwischen Epoché und Reduktion formulieren die *Ideen I* deutlicher: die „transzendentalphänomenologische" (Hua III, 56), „phänomenologische" (ebd. 57, 59) oder auch „transzendentale" (ebd. 59) Epoché dient zur Kennzeichnung der ‚negativen' Seite der Methode, der „Einklammerung", „Ausschaltung", „Urteilsenthaltung" (ebd. 55),[121] während die „phänomenologische" (ebd. 109) oder „transzendentale Reduktion" (ebd. 111), die sich zu einem System von Reduktionen ausbildet, die ‚positive' Seite, das durch Zurückführung freigelegte „reine Bewußtsein" (ebd.), meint. Diese terminologische Fixierung bleibt konstant; noch in der *Krisis* bezeichnet die transzendentale Epoché die Enthaltung (die eine „völlige Umstellung" bedeute [Hua VI, 153]) von der universalen Vorgegebenheit der Welt als ermöglichende Voraussetzung der transzendentalen Reduktion, der „Reduktion ‚der' Welt auf das transzendentale Phänomen ‚Welt' und damit auf ihr Korrelat: die transzendentale Subjektivität" (ebd. 155).

Auffallenderweise gebraucht Husserl zur Kennzeichnung der Reduktionsproblematik in der frühen Phase (in den Vorlesungen

[120] Vgl. Husserls Aufschrift auf dem Umschlag von A VII 25: „In Seefelder Blättern (1905) finde ich schon Begriff und korrekten Gebrauch der ‚phänomenologischen Reduktion'" (zitiert in: K. Schuhmann, *Husserl-Chronik. Denk- und Lebensweg Edmund Husserls* [*Husserliana Dokumente* Bd. I], Den Haag 1977, 92).

[121] In der *Ersten Philosophie* bezieht Husserl die Rede vom ‚Ausschalten' bzw. ‚Einklammern' terminologisch auf die einzuklammernden Objekte (Hua VIII, 110 f.), während der Ausdruck „Außer-Spiel-Setzen" korrelativ die Akte und Interessen bezeichnen soll, die sich auf jene Objekte richten (ebd. 110).

von 1906-1907) noch nicht den Begriff ‚transzendental', der dann in den *Ideen I* an zentraler Stelle steht. In der Tat weist dies auf einen wesentlichen inhaltlichen Unterschied hin: In der Vorlesung von 1907 wird die Möglichkeit entworfen, alle transzendenten Bestimmungen auszublenden und so den thematischen Blick auf das rein Bewußtseinsimmanente zurückzuführen. Demgegenüber geht es der in den *Ideen* geforderten Ausschaltung nicht um die Einklammerung einer Vielzahl von transzendenten Bestimmungen, sondern nur um eines: um die Enthaltung von der Generalthesis der Welt. Daß das, was ‚Welt' hier für Husserl besagt, nicht als ein weiteres Moment zu mannigfaltig vermeinter Transzendenz hinzutreten kann, sondern eine eigene und höherstufige Art der Einklammerung voraussetzt, liegt in der Singularität ihrer Thesis (vgl. Hua VI, 146) begründet. Diese aber beschließt in ihrer Einheitlichkeit alle mögliche Transzendenz, ihre Einklammerung bedeutet zugleich die Einklammerung aller Transzendenz. Somit verkörpert die Position der *Ideen* nicht eine Alternative zum Standpunkt von 1906-1907, sondern stellt einen weiteren Schritt dar, der diesen Standpunkt integriert. Andererseits kommt Husserls früher Position der Reduktionsthematik gerade in Hinblick auf deren weitere Entwicklung Eigenständigkeit zu: Denn das, was Husserl in den Vorlesungen von 1906 und 1907 als Epoché und Reduktion präsentierte, die Rückführung von Transzendenz auf die Immanenz des Bewußtseins, ähnelt dem Reduktionsverfahren der phänomenologischen Psychologie, das er als eigenständige Methode wie auch mit Blick auf deren Funktion als Vorstufe für die transzendentale Reduktion (und hierin als Variante zum Cartesianischen Weg)[122] konzipierte.[123] So kann mit Recht gesagt werden, daß Husserls

[122] Zu Husserls Wegen der Epoché und Reduktion vgl. die Arbeit von Iso Kern, „Die drei Wege zur transzendentalphänomenlogischen Reduktion in der Philosophie Edmund Husserls", in: *Tijdschrift voor Filosofie* 24 (1962) 303-349.

[123] Die Reduktion, die die phänomenologische Psychologie begründet, bezeichnete Husserl zumeist als „phänomenologische" (vgl. Hua IX, 187; Hua VIII, 109, Anm. 1, parallel zur „phänomenologischen *epoché*" [108]), also mit derselben Terminologie, die zur Kennzeichnung des Reduktionsverfahrens schon in den Vorlesungen von 1906-1907 diente.

transzendentale Version der Phänomenologie erst mit den *Ideen* öffentlich in Erscheinung trat.

Den Unterschied zwischen phänomenologischer und transzendentaler Epoché ist vor allem ein zweifacher. Den einen Unterschied verdeutlicht Husserl mit dem Hinweis auf zwei prinzipiell verschiedene Weisen, wie Epoché ansetzt: ob sie die Geltungsthesis einzelner Erlebnisse oder die universale Vorausgeltung der Welt selbst in Klammern setzt. Das eine Mal teilt sie sich in eine Mannigfaltigkeit von Einklammerungen auf,[124] das andere Mal ist sie ein singulärer Akt. Nur letzterer bahnt Husserl zufolge einen möglichen Zugang zum Transzendentalen. Husserl ist der Auffassung, daß es möglich sei, „Erfahrungen von Weltlichem nicht bloß einzelweise" (Hua III, 56) einzuklammern, sondern den Boden aller Geltungen selbst. Noch in der *Krisis* heißt es, daß Enthaltungen „vom Vollzug einzelner Geltungen" nur jeweils „einen neuen Geltungsmodus auf dem natürlichen Weltboden" verschaffe (Hua VI, 153; vgl. Hua VIII, 153) und somit von der „universalen", transzendentalen Epoché unterschieden werden müsse, welche allein „mit einem Schlage den durch die Gesamtheit des natürlichen Weltlebens und durch das gesamte (ob verborgene oder offene) Geflecht der Geltungen hindurchreichenden Gesamtvollzug außer Aktion setzt" (Hua VI, 153; ebenso Hua VIII, 162, Hua XV, 549; vgl. Hua VIII, 129, 143, 445). Dieses ‚Geflecht der Geltungen' bestimmte Husserl in den *Ideen* bereits als den „universalen Erfahrungshorizont" (Hua III, 56; vgl. Hua VIII, 434): Eben dieser Horizont wird durch die Einklammerungen einzelner Geltungen nicht tangiert. Die Forderung nach Einklammerung einer generellen Thesis wird also mit der Erkenntnis begründet, daß alle Einzelerfahrung in offen-endloser Horizontvorzeichnung steht. Eigenartigerweise hatte Husserl seine Forschungen zur Horizontverweisung von Wahrnehmung und Vorstellungsweisen, die er

124 „In dieser Art kann ich in Bezug auf jeden Akt, den ich geradehin vollzog, eine *‚phänomenologische' epoché* vollziehen, [...] in einem [...] beschränkten und *keineswegs transzendentalen Sinn.*" (Hua VIII, 108)

zeitgleich mit der Entdeckung der phänomenologischen Reduktion unternahm,[125] erst später mit dieser in Beziehung gebracht.

Nun tritt in Husserls späterer Fassung der phänomenologischen Psychologie die Epoché nicht mehr nur als Fortsetzungsgeschichte auf, sondern ebenso als eine universale Epoché (vgl. z. B. Hua IX, 282). Auch diese Epoché schaltet das Tendieren eines verobjektivierenden Weltbezugs aus, doch im Gegensatz zur Epoché der transzendentalen Einstellung - und das ist der zweite Unterschied von psychologischer und transzendentaler Epoché - verschafft die Epoché der phänomenologischen Psychologie keinen Zugang zu den diesen Weltbezug überhaupt erst bildenden subjektiven Vermögen, sondern führt lediglich an die Grenze dieses Zugangs: Sie bringt „die so und so *bewußte* [...] Welt *‚als solche*'" (ebd.) vor den Blick, macht sozusagen vor dem Geltungsganzen ‚Welt' halt.

Epoché als Einklammerung, Enthaltung ist nicht so aufzufassen, als ob es in ihr lediglich um die Außer-Kraft-Setzung einer jederzeit prinzipiell verfügbaren Thesis ginge. Epoché besagt nicht nur den bloß negativen Akt der Wegnahme von etwas, das da ist, sondern die Freilegung von solchem, das zuvor gerade nicht ‚da', weil vorgegeben war: die universale Glaubensthesis; die Epoché ist, wie E. Ströker bemerkt, „*Aufdeckung dieses Glaubens als Glaube*"[126]. In dieser Freilegung zeigt der Glaube sich erst dann, wenn er eingeklammert ist; es gibt nichts vor der Epoché, das ihn sichtbar machen würde. Dies weist auf das Problem der Motivation für den Vollzug der Epoché hin: Die Epoché scheint sich nur aus sich selbst begründen zu können. Es ist fraglich, ob sie ausschließlich ein logischer Denkvollzug ist bzw. in einem solchen allein zugänglich wird oder ob sie nicht eine eigene Weise der Erfahrung darstellt und existenzielle Dispositionen voraussetzt, die aber wiederum nur hinleitende, nicht begründende Funktion hätten (s. u. III.2.3. und IV.3.).

---

[125] Ludwig Landgrebe verweist auf die Rolle, die Husserls diesbezügliche Analysen sowie die phänomenologische Reduktion für die Herausbildung des Problembewußtseins von ‚Welt' gespielt haben (vgl. *Der Weg der Phänomenologie*, a.a.O. 42).

[126] E. Ströker, „Das Problem der *epoché* in der Philosophie Edmund Husserls", a.a.O. 176.

Das, was Husserl unter der Generalthesis der natürlichen Einstellung begreift, ließe sich mit dem Satz ‚Die Welt ist' ausdrücken (vgl. Hua III, 52 f.), wobei jeder Bestandteil dieses Satzes auf einen Problemzusammenhang hinweist: Fraglich ist die Welt als ‚die' Welt, und fraglich ist, in welcher Weise ihr Sein zukommt. Mit Blick auf die Generalthesis spricht Husserl von der „Vorgegebenheit" der Welt. Diese Vorgegebenheit meint das Vorgegebene, das jedes Gegebene, das Gegebenes in der Welt ist, immer schon voraussetzt, das nicht im Verfügungsbereich mundaner Einstellung liegt und sich somit dem Gegebenwerden entzieht (vgl. Hua VI, 149). Vorgegeben ist die Geltung der einen Welt, weil das natürliche Bewußtsein in seinem „Wachleben" (ebd. 145) die universale Seinssetzung von Welt stets unausdrücklich und von ihm uneinholbar vollzieht: Die Generalthesis geht allen möglichen Einzelsetzungen, sie fundierend, vorauf und wird von Umwertungen und Umbestimmungen des Weltlebens nicht betroffen. Daher stellt sich im Weltleben trotz partieller Durchstreichung eine Einstimmigkeit immer wieder her, und zwar vermöge einer sich durchhaltenden Einheit des Erfahrungslebens, in der die Tendenz waltet, auch unerwartete Evidenz in den bisherigen Erfahrungsverlauf zu integrieren. Sofern diese Einheit selbst, als einheitliche Setzung von Welt, aller Modalisierung entzogen bleibt, ist Setzung von Welt eine Thesis, die über alle Modalisierbarkeit hinaus ist: Sie ist die transzendentale Struktur des setzenden Lebens selbst, das nie bei einem Gegenständlichen stehenbleiben kann, sondern von den Horizonten, in denen jedes Gegenständliche steht, in die Endlosigkeit möglicher weiterer Erfahrbarkeit fortgewiesen wird, und das vorgängig das ‚Feld', in das dieses umfassende Können hineinweist, als wirklich setzt. Solange Weltleben in der Weltthesis, dem „universalen Vorurteil der Positivität" (Hua VIII, 461), lebt, vermag es ‚Welt' nie vor sich zu bringen. Solcherart ist Welt „die beständige Prämisse, auf welcher unausgesprochen das ganze natürliche Leben - und so das aller positiven Wissenschaften - beruht" (ebd. 459).[127]

---

[127] Alles thematische Interesse tendiert innerhalb der Welt, in Interessenhorizonten als Sonderwelten: „In der besonderen Welt allein thematisch [...] lebend, ist also

Statt ‚Generalthesis' verwendet Husserl auch die Bezeichnung „Urdoxa" (oder „Urglaube", Hua III, 216); dies weist darauf hin, daß es sich bei dieser Thesis um ein ursprünglich doxisches Bewußtsein handelt. ‚Urdoxa' gebraucht Husserl jedoch in einem zweifachen Sinn: nicht nur zur Bestimmung der Generalthesis als solcher, sondern auch um damit, wie erwähnt, die „‚unmodalisierte' Urform der Glaubensweise" (ebd. 215), die schlichte Glaubensgewißheit, in der ein jeder Wahrnehmungs- oder Anschauungsgegenstand gegeben ist, zu kennzeichnen, die schon Thema der intentionalen Psychologie ist.[128] Doch beides, die Urform einer jeden doxischen Modalität und die Generalthesis hängen offenbar eng zusammen. Bedeutet dies, daß ‚die' Generalthesis nur gleichsam die Summe urmodaler Anschauungsweisen wäre, oder ist sie demgegenüber doch noch etwas anderes?[129] Ein Schlüssel für die Beantwortung dieser Frage könnte darin liegen, das genuine theoretische Verfahren zu befragen, das die Generalthesis als solche vor den Blick bringt.

Husserl weitet den Begriff der Thesis gegenüber dem üblichen Sprachgebrauch erheblich aus. Er bezieht den Begriff nicht nur auf logische Entitäten, sondern auf das gesamte positionale, seinssetzende Bewußtseinsleben und ebenso noch auf das neutrale, aber potientiell in ein seinssetzendes überführbare: „Jedes Bewußtsein

---

Lebenswelt unthematisch, und solange sie es bleibt, haben wir unsere besondere Welt, allein als Welt thematisch als unseren Interessen-Horizont." (Hua VI, 459) - Den Weltglauben in der Form, daß in ihm das Lebensinteresse standhaltender Befriedigung sich ausspricht, bezeichnet Husserl als „praktische Generalthesis": den „Glauben, daß in der Welt ein befriedigendes menschliches Leben durchzuführen sei" (B I 21 IV, 5). Der Gehalt dieses Glaubens bezeichnet die Art und Weise, wie der Weltglaube für das Weltleben in gewisser Weise thematisch werden kann. Zugleich wird deutlich, daß die das Lebensinteresse wie die Lebenssorge in eins umfassende Selbsterhaltung im Weltglauben nicht nur ihre Verankerung besitzt, sondern Form, Erscheinungsform des Weltglaubens ist: der Weltglauben selbst im Modus des vollen praktischen Weltlebens.

[128] Korrelativ dazu steht die von Husserl gesehene Möglichkeit der Einklammerung einzelner gesetzter Gegenstände: „In diesem Falle ist gemeint, daß *jede auf diese Gegenständlichkeit bezogene Seinsthesis auszuschalten* und in ihre Einklammerungsmodifikation zu verwandeln sei." (Hua III, 56)

[129] In den *Ideen* betont Husserl, daß sie „natürlich *nicht in einem eigenen Akte*, etwa in einem artikulierten prädikativen Urteil *über* Existenz" besteht (Hua III, 53).

ist entweder aktuell oder potentiell ‚thetisches'." (Ebd. 242) Die Grundklasse der positionalen Akte bilden für ihn die doxischen Akte, die Akte der Wahrnehmung und Erfahrung und ihrer Modalitäten,[130] in denen alle höherstufigen Akte wie Akte der Gemüts- und Willenssphäre, wertende und praktische Akte gründen. So kann Husserl den Satz formulieren, daß „die doxischen Modalitäten und darunter in besonderer Weise die doxische Urthesis, die der Glaubensgewißheit, den einzigartigen Vorzug" besitzen, „daß ihre positionale Potentialität die ganze Bewußtseinssphäre übergreift" (ebd. 243). Das Fazit ist dann: „*In allen thetischen Charakteren stecken in dieser Art doxische Modalitäten* und, wenn der Modus der der Gewißheit ist, doxische Urthesen [...]." (Ebd. 244) Wir sahen bereits, daß für Husserl die doxischen Akte die Grundlage theoretischer und logischer Explizierbarkeit darstellen; damit, daß er den doxischen Akten eine derartige Universalität bezüglich des Bewußtseinslebens zuspricht, kommt er zu dem Schluß, daß jeder Akt und jedes Aktkorrelat „in sich ein ‚Logisches'" berge, das im impliziten Fall logisch zu explizieren sei (ebd.). Folglich sind „alle Akte überhaupt - auch die Gemüts- und Willensakte - ‚objektivierende'",[131] „Gegenstände ursprünglich ‚konstituierend'" (ebd.; vgl. Hua IV, 16 f.). Dies bedeutet, daß zwar nur das wache cogito des doxischen Bewußtseins (also nicht jedes doxische Bewußtsein überhaupt) „aktuelle Objektivierung" vollzieht, daß aber alles übrige doxische und nicht-doxische Bewußtsein „*potentiell* objektivierend" ist (Hua III, 244). Husserl bezeichnet diesen in den *Ideen* ausgesprochenen Sachverhalt als „die tiefste der Quellen, aus denen die *Universalität des Logischen*" zu entnehmen ist (ebd.). Hier liegt der Grund für seine Ausweitung des Logik-Begriffs, wie sie vor allem in den Jahren nach den *Ideen* in seinen Analysen zu einer transzendentalen Logik Gestalt annahm. Die transzendentale Logik konzipierte Husserl bekanntlich als eine genetische Theorie der

[130] Zu Husserls Modallehre vgl. die detaillierte Untersuchung von F. Belussi, *Die modaltheoretischen Grundlagen der Husserlschen Phänomenologie*, Freiburg/München 1990.

[131] Zu den Antinomien in Husserls Unterscheidung der Akte in objektivierende und nicht-objektivierende vgl. U. Melle, „Objektivierende und nicht-objektivierende Akte", in: S. IJsseling, *Husserl-Ausgabe und Husserl-Forschung*, a.a.O. 35-49.

Bewußtseinskonstitution, welche alle Sinnbildung in ihrer Bewußtseinsgenese aufklären soll, d.h. die transzendentale Befragung ist eine *logifizierende* (im Sinne von Husserls Logik-Begriff). Dies verweist auch auf den für die Klärung der Generalthesis zuständigen Logos.

4.2. Die transzendentale Epoché

In den *Ideen* führt Husserl die transzendentale Epoché in einer Parallelisierung mit dem Cartesianischen Zweifelsversuch ein. Er betont, daß dieser Vergleich „nur als methodischer Behelf" dienen soll (Hua III, 54). Das Ergebnis dieses Vergleichs ist, daß der Zweifel (jeder Zweifel) sowohl die Seinsmaterie wie die Seinsthesis des zu Bezweifelnden aufhebt (ebd.). Dieses Moment der Einklammerung, der Ausschaltung, „das offenbar nicht an das Phänomen des Zweifelversuches gebunden" ist (ebd. 55), ist es, das nun auch die Epoché kennzeichnen soll. Ein weiteres Moment hebt Husserl hervor, das die transzendentale Epoché mit dem Zweifelsversuch, ja mit jeder Urteilsenthaltung gemeinsam hat: Sie sei ein Akt der „Freiheit" (ebd. 54 ff.),[132] was besagen soll, daß sie zum frei-vermöglichen Verhalten des Ich, zu seinem ‚ich-kann' gehört. Gleichzeitig wird auch der Unterschied deutlich, weshalb Epoché nicht eine Art des Bezweifelns darstellt. Im Zweifelsversuch, so schreibt Husserl, „vollzieht sich die ‚Ausschaltung' in und mit einer Modifikation der Antithesis, nämlich mit der *‚Ansetzung' des Nichtseins*, die also die Mitunterlage des Zweifelsversuches bildet" (ebd. 55); d. h., der Zweifel möchte zu einer Entscheidung zwischen Sein oder Nichtsein kommen, er besitzt ein direktes Interesse an einer solchen Entscheidung, das ihn selbst motiviert und das ein Seinsinteresse an dem ist, was er bezweifeln will.

Anders das Vorgehen der transzendentalen Epoché: Ihr Verfahren zur Aufhebung der Thesis impliziert kein Interesse an der Generalthesis, ja der Sinn ihrer Aufhebung liegt gerade darin, daß nur

---

[132] „In Beziehung auf *jede* Thesis können wir und in voller Freiheit diese eigentümliche *epoché* üben [...]." (Hua III, 55)

das Gebundensein an diese Thesis bzw. Interessen, die mit ihr verknüpft oder aufgrund ihrer Setzung möglich sind, aufgehoben werden sollen und nicht die Thesis selbst: „*Die Thesis, die wir vollzogen haben, geben wir nicht preis, wir ändern nichts an unserer Überzeugung*, die in sich selbst bleibt, wie sie ist [...].“ (Ebd. 54) Epoché ist Neutralisierung, doch eine solche, die nicht Setzungen eines doxischen oder praktischen Bewußtseins im Horizont des Weltlebens modifiziert (vgl. Hua IV, 262 f.), sondern auf die Neutralisierung der Weltthesis selbst zielt. Gleichwohl verdankt sich die Möglichkeit zur Epoché dem Umstand, daß Neutralitätsmodifikation „*eine grundwesentliche Eigentümlichkeit alles Bewußtseins überhaupt betrifft*, die sich im Verhalten zur aktuellen urdoxischen Setzbarkeit oder Nichtsetzbarkeit ausdrückt“ (Hua III, 232).

Auf die Aufhebung des Gebundenseins an die Thesis weist Husserls Rede von der ‚uninteressierten Einstellung‘ (vgl. z.B. Hua VIII, 96) desjenigen, der die Epoché vollzieht, des ‚phänomenologischen Zuschauers‘, hin. Der uninteressierte Zuschauer Husserls ist nicht einer, der gleichgültig bei etwas zusieht, was vor ihm abläuft, er ist weder selbst ohne Interesse noch ‚bloßer Zuschauer‘, passiver Betrachter. Die Rede vom Uninteressiertsein soll vielmehr zum einen auf die Einklammerung alles im Horizont der Grundtendenz des Weltlebens sich auslebenden Interesses hinweisen und zum anderen belegen, daß der Epoché Übende auch bezüglich der Generalthesis, die er sichtbar werden läßt, nicht in einem Interessenverhältnis vom Stil des Weltlebens steht. Auf das Vermögen zu dieser Einklammerung verweist die Freiheit, die Husserl dem Epoché Übenden zuspricht.[133] Sie ist damit eine ‚höhere‘ Form der Freiheit als diejenige, die einen Zweifelsversuch ermöglicht: Denn das Ausschalten eines Interesses besagt stets die Einklammerung *meines* Interesses oder eines Interesses, das *ich selbst* teile, ansonsten wäre sie mit einem Zweifelsversuch identisch (‚ich zweifle an der Angemessenheit seines Interesses‘ etc.). Die Freiheit zu dieser Ausschaltung des Interesses besagt also die Ermöglichung eines Selbstbezugs, einer Stellungnahme zu sich selbst, eine Rück-

[133] „Nur durch die *freie Tat der Urteilsenthaltung*“ könne „jene Einstellung des unbeteiligten Betrachtens zustandekommen“ (Hua VIII, 98).

bezogenheit, nicht nur einen Direktbezug wie im Fall eines Zweifels. Doch noch mehr: Die Einklammerung jemeiniger Interessen und schließlich der Setzung der Generalthesis selbst verlangt nach einem ‚höheren' Ermöglichungsraum als etwa die Ausschaltung eines einzelnen Urteils, sie setzt in diesem Sinn eine einzigartige Freiheit voraus, die so singulär ist wie die Generalthesis selbst. Diese Freiheit, die einen höheren - für Husserl den höchsten - Grad des Selbstbezugs ermöglicht, stellt für ihn ein Faktum dar, wobei jedoch, so Husserl, gefragt werden müsse, welche besondere Motivation die Übernahme dieser Freiheit veranlassen könnte.[134] Dies verweist auf einen vorgängigen Frei-Raum, der diese Freiheit in ihrer Aktualisierbarkeit ihrerseits ‚ermöglicht' (vgl. unten III.2.3.).

Schaltet der ‚uninteressierte Zuschauer' der transzendentalen Epoché die Setzung der Generalthesis und alles mit ihr verbundene Interessenleben aus, so besitzt er doch gleichwohl an diesem ganzen Vorgang ein fundamentales Interesse. Bezüglich der phänomenologischen Epoché formuliert Husserl die Sätze: „Ich, als reflektierendes Ich, bin nicht in jeder Hinsicht uninteressiert. Ich vollziehe ja einen Akt, betätige ein Erkenntnisinteresse [...]." (Ebd. 97)[135] Das Interesse des Epoché-Vollziehenden ist für Husserl also das theoretische. Auch die phänomenologische Epoché schaltet das jemeinige Interessenleben aus, aber so, daß alles mein Ichleben Transzendierende der Einklammerung verfällt und „mein Wahrnehmen in seinem puren Eigensein" (ebd.) offenliegt.[136] In der Ausschaltung

---

[134] Schon in Hinblick auf die phänomenologische Epoché formuliert Husserl die Sätze: „*Schlicht* reflektierend, kann ich nicht anders, als mit mir selbst zu sympathisieren, als, über mich reflektierend, meine Interessen zu übernehmen. Eine *besondere Motivation* muß mich erst von dieser Sympathie *befreien* und es dadurch ermöglichen, daß ich zum reinen Betrachter meiner selbst werde, oder zum Betrachter meines reinen Selbst und des jeweiligen rein in sich und für sich genommenen Aktes." (Hua VIII, 98)

[135] Mit Bezug auf die Epoché der phänomenologischen Psychologie spricht Husserl von einer „Interessen-Änderung" (Hua IX, 189): vom „Interesse auf das objektiv Seiende" hin zum „Interesse für das Subjektive" (ebd. 190).

[136] „Gerade dadurch, daß ich jeden Vollzug eines am wahrgenommenen Sein [...] sich mitbeteiligenden Interesses unterlasse, also in dieser Richtung nichts von einem Mitglauben betätige, ist für mich nichts da als das rein Subjektive, und mein theo-

meiner Interessen und der gleichzeitigen Freilegung meiner Akte und ihrer Korrelate in ihrem Eigensein liegt für Husserl mithin kein Widerspruch. Dies wird deutlicher, wenn man jene Paradoxie berücksichtigt, daß für Husserl die Person vor dem Vollzug der ethisch-praktischen bis hinauf zu den phänomenologischen Reflexionen nicht ‚sie selbst' ist, da sie vermöge ihrer transzendentalen Verfassung in der universalen Ich-Mensch-Apperzeption immer schon an die Objekte verwiesen ist. Mit der Unterbindung dieser universalen Apperzeption ‚negiere' ich mich als Mensch-in-der-Welt und erhalte mich doch auf einer anderen Stufe insofern, als ich jetzt das, was *mich* noch mit der Universalapperzeption des Ich-Mensch bestimmte und bestimmt, erkenne und so einen Zuwachs an ‚Verselbstung' gewinne.

Weil die Ausschaltung eines Interesses an einer Thesis bzw. einer Interessenrichtung aufgrund einer Thesis mit der Stiftung eines neuen Interesses einhergeht, kann sie nicht ein nur privativer Akt sein (vgl. Hua III, 54, Hua VIII, 98). Husserl bezeichnet sie als eine „*eigenartige Bewußtseinsweise*, die zur ursprünglichen schlichten Thesis (sei sie aktuelle und gar prädikative Existenz*setzung* oder nicht) hinzutritt und sie in einer eben eigenartigen Weise umwertet" (Hua III, 55).[137] Als „Umwertung" (ebd.) und als neues Interesse muß ihr aber Seinsgeltung zukommen. Der phänomenologische Psychologe, der alles geradehin Geltende außer Geltung setzt, legt das reine Aktleben frei, das „in Erfahrung setzbar ist" (Hua VIII, 110): „Rein phänomenologisches Interesse ist dasjenige Seinsinteresse, das überall noch möglich ist, wenn ich alle sonstigen Interessen, nämlich alle Interessen, die ich als geradehin Akte vollziehendes Ich hatte, ausschalte." Husserl fügt hinzu: „Das Sein, den Wert, den Zweck, den ich als phänomenologischer Betrachter nicht mehr im normalen Sinn ‚habe', habe ich doch in einem anderen und modifizierten Sinn beständig." (Ebd.) Das Interesse des phänomenologischen Psychologen ist „reines Interesse am subjektiven Sein" (ebd. 108).

---

retisches Interesse betätigt sich in Betrachtung und Bestimmung eben dieses rein Subjektiven und seiner rein immanenten Gehalte." (Hua VIII, 97)

[137] Vgl. E. Ströker, a.a.O. 176.

Wie verhält es sich aber im Fall der Einklammerung der Generalthesis? Kann da die Einklammerung selbst noch seinssetzend sein, wenn sie die universale Geltung von Sein ausschalten soll? Sie installiert sich als Umwertung, Umstellung mit einem neuen, eigenen Interesse - ist dies denkbar ohne eine implizite Setzung von Sein? Die Frage könnte in einer erneuten Reflexion, einer Reflexion auf den phänomenologischen Akt der Epoché selbst, zu beantworten sein. Zeigt diese Reflexion dann in der Tat einen Akt, der seinssetzend ist, oder ist er selbst von der Ausschaltung mitbetroffen?[138] Einen Hinweis liefert ein von Husserl um 1924 verfaßter Text, der als Beilage XXI dem zweiten Teil der *Ersten Philosophie* nachgestellt ist (ebd. 439-443). Hier spricht Husserl davon, daß auch im Fall der transzendentalen Epoché (und nicht nur der phänomenologischen, vgl. ebd. 138) eine Reflexion auf diesen Akt möglich ist, die diesen als latent fungierenden patent macht: Die Epoché, die selbst fungierendes Leben aufdeckt, ist ihrerseits „wieder fungierendes Erfahren, Denken und Erkennen" (ebd. 440). Latentes Fungieren scheint zunächst ohne Setzung von Sein nicht denkbar zu sein, zumal die transzendentale Subjektivität in ihrem anonymen Fungieren stets Seinsgeltung ausbildet. Des weiteren betont Husserl, daß die Welt auch während der Epoché bleibt, was sie ist. Dies besagt offenbar, daß die Welt*geltung* erhalten bleibt, daß sie nicht zerstört wird, sondern im Bewußtseinsleben weiterströmt.[139] Worin besteht dann aber die Ausschaltung der Seinsthesis, wenn die Weltgeltung gar nicht unterbrochen werden kann? Husserl selbst gibt einen Hinweis: Die Einklammerung der Generalthesis erfolge nur *im Thematischen* (vgl. z. B. Hua VIII, 431, 440; Hua IX, 190; Hua XIII, 208). „Aber die Welt [...] ist nicht

---

[138] Diese Reflexion einer ‚Phänomenologie der Phänomenologie' ist das zentrale Thema der von Eugen Fink verfaßten *VI. Cartesianischen Meditation* (Hua.Dok. II,1).

[139] „Eben dieses im natürlichen Leben [...] im voraus Für-mich-Sein ‚der' Welt inhibiere ich, ich nehme ihm die Kraft, die mir bisher den Boden der Erfahrungswelt gab, *und doch geht der alte Gang der Erfahrung weiter wie bisher*, nur daß diese Erfahrung, in der neuen Einstellung modifiziert, mir eben den ‚Boden' nicht mehr liefert, auf dem ich bisher stand." (Hua III, 56; Hervorhebung von mir) - „Die Welt erscheint weiter, wie sie erschien, das Weltleben ist nicht unterbrochen." (Hua XXVII, 171) - Vgl. auch HuaDok II,1, 210.

verschwunden, nur daß sie während der konsequent durchgeführten Epoché im Blick steht rein als Korrelat der ihr Seinssinn gebenden Subjektivität, aus deren Gelten sie überhaupt ‚ist'" (Hua VI, 155). Bedeutet dies, daß nur im thematischen Blick der Epoché die Ausschaltung der Weltsetzung erfolgt (aber dabei Welt als Phänomen erhalten bleibt), während die Epoché als fungierender Akt sich nur auf dem Boden der Weltgeltung vollziehen kann? Dagegen spricht jedoch die Grundeinsicht der Phänomenologie, daß aufgrund des Korrelationsverhältnisses von Akt und Intentum beiden die gleichen Seinscharaktere zukommen: Ein neutralisiertes Intentum ist eben Ergebnis eines seinerseits neutralisierenden Aktes.

Damit bietet sich für das Problem, ob der Aktvollzug des Epoché übenden Phänomenologen seinerseits seinssetzend ist oder nicht, diese vorläufige Lösung an: 1. Die Ausschaltung der Weltthesis erfolgt im Thema des neutralisierenden Aktes der Epoché, d. h., ein zweiter Akt, derjenige der Epoché, richtet sich auf das im natürlichen Wachleben dahinströmend In-Geltung-Haben der Weltsetzung. Sein Intentum ist diese Weltgeltung im Wie ihres Erlebnisvollzugs, und er schaltet die gesamte Struktur der Horizontgeltung des Weltlebens aus. 2. Der Akt der Epoché selbst steht als neutralisierender in keiner Seinstendenz. 3. Er besitzt jedoch, als ‚eingebettet' in das Aktgefüge einer Person, einen in der Zeit seiner Durchführung zwar unthematischen, doch latent mitpräsenten Horizont universaler Weltgeltung. In diesem Horizont ist das Interesse des Phänomenologen an der Durchführung der Epoché und des nachfolgenden Aufbaus der transzendentalen Phänomenologie lokalisiert und damit ebenso sein freier Willensentschluß, die Epoché zu vollziehen. Jedes ‚verharrende' Interesse ist aber eine Habitualität, und so stellt auch die transzendentale Epoché für Husserl „keineswegs einen vorübergehenden und in den Wiederholungen zufällig und vereinzelt bleibenden Akt" dar, sondern eine „habituelle Einstellung, zu der wir uns ein für allemal entschließen" (Hua VI, 153).[140] Es wird zu prüfen sein, ob dieser

[140] Die transzendentalphänomenologische Reduktion sei nicht „eine *vorübergehende* Glaubensenthaltung bezüglich des Seins der Welt, sondern als eine wil-

Sachverhalt nicht noch mehr differenziert werden muß (vgl. unten IV.2.).

Das Interesse des Phänomenologen, das die Durchführung der Epoché leitet, ferner der Akt der Ausschaltung selbst mit seinem Horizont latenter Weltgeltung sowie der Tatbestand, daß dabei das Gelten von Welt als ein fungierendes Gelten nicht unterbrochen wird, verweisen darauf, daß dieser Akt wenn auch selbst nicht seinssetzend, so doch in der Einheit der ihn vollziehenden Person in Seinssetzung eingelassen ist. Die Epoché ist somit in der Erlebniseinheit der sie vollziehenden Person gleichsam nur eine *weltsetzungsfreie Zone* inmitten der Totalität der Weltgeltung.

4.3. Einheit der Welt

Mit der Aufhebung des Interesses an einer Thesis löst eine Einzelepoché die Identifikation, die das Ich mit dieser Thesis eingeht. Das Verbundensein des Bewußtseinslebens mit der Generalthesis ist nicht von der Art einer Interessenstruktur, diese Thesis ist nicht vom aktiven Ich gesetzt, das sich vielmehr schon auf dem Boden ihrer Geltung vorfindet; und doch ist diese durch die Geradehin-Einstellung des Weltlebens bestimmte Gerichtetheit des Erlebens nur denkbar als eine im aktuellen Erleben immer wieder neu bestätigte Thesis. Diese Geradehin-Gerichtetheit der Generalthesis verweist das Erleben an die Welt als den „Horizont der ‚Termini'" (Hua VI, 180), in dem alle Abzweckungen des Weltlebens „terminieren" (ebd.).[141] Da der in universaler Glaubensthesis aufgespannte Totalhorizont aller Abzielungen den Begriff von ‚Welt' in transzendentalphänomenologischer Hinsicht ausmacht, bezeichnet Husserl den die Glaubensthesis aufhebenden Akt der universalen Epoché als Vorgang der *Entweltlichung*: Die Entweltlichung führt ‚vor' die Verweltlichung, die Apperzeption des

---

lentlich fortdauernde, mich als Phänomenologen ein für allemal bindende" (Hua XXVII, 171). Hier bindet also eine genuin transzendentale Erfahrung die Person in der damit zugleich gestifteten Einheit ihres transzendentalen *und* mundanen Seins.

[141] „‚Geradehin' besagt hier affizieren zu einer *terminierenden* Zuwendung zum Affizierenden." (Hua XIV, 461, Anm.)

Ich-Mensch, zurück, indem sie, diese Apperzeption in ihrem Fungieren unterbindend, die Koordinaten außer Funktion setzt, in deren Netz Gegenstandskonstitution und ihre Horizontbildungen ablaufen. Als Horizont aller Termini ist die Welt auch der Horizont aller Interessen, und schon aus diesem Grund kann ihr korrelativer Glaube kein Interesse sein: Die universale Glaubensthesis durchwirkt vielmehr alles Interessenleben, in jedem Einzelinteresse ist sie schon mitgesetzt und vorausgesetzt; in diesem Sinn umgreift sie auch alle einzelnen urdoxischen Bestände.

Den Einheitssinn der universalen Geltung ‚Welt' und damit die Bedingung der Möglichkeit einer jeden mundanen Auffassung von Selbigkeit der Welt zu klären, ist Husserl zufolge Aufgabe der auf der transzendentalen Epoché aufbauenden konstitutiven Analysen der transzendentalen Reduktion. Die Einheitsetzung von Welt verständlich zu machen ist für Husserl wie erwähnt eins mit der Frage, wie ‚die' Welt, die eine und selbe, im Wandel der subjektiven Gegebenheitsweisen ihre Seinsgeltung erhält. Da eine substanzhaft gedachte Einheit der Welt als Korrelat des welterfahrenden Lebens transzendentalphänomenologisch nicht auffindbar ist - auffindbar sind nur „noematische Inhalte" in der Einheit ihrer jeweiligen „noematischen Gegenstände" (vgl. *Ideen I*, §§ 129-131) mit der Verweisungsmannigfaltigkeit ihrer Horizonte - muß sie in ihrer Geltung, so Husserl, ein Produkt der transzendentalen Subjektivität sein.

Diesem Vorhaben, die einheitliche Geltung von Welt und korrelativ das einheitliche Bewußtsein von Welt als konstitutive Gebilde transzendentaler Subjektivität aufzuklären, widmete Husserl zahlreiche Analysen seiner genetischen Bewußtseinsforschungen der zwanziger und dreißiger Jahre. In der *Krisis* gibt er eine abschließende Charakteristik derjenigen Wissenschaft, die dies unternehmen soll: Es ist die zweite Wissenschaft von der Lebenswelt, die in einer zweiten, radikaleren (Hua VI, 151) Epoché und Reduktion im Ausgang von der ersten, ontologischen Lebensweltwissenschaft zu begründen ist. Diese rein transzendentale Wissenschaft kennzeichnet Husserl als „Wissenschaft von dem universalen Wie der Vorgegebenheit der Welt, also von dem, was ihr universales Bodensein für jedwede Objektivität ausmacht", gleich

„einer Wissenschaft von den letzten Gründen, aus denen alle objektive Begründung ihre wahre Kraft, die aus ihrer letzten Sinngebung schöpft“ (ebd. 149). Dieses Vorgegebensein von Welt aufzuklären, bedeutet für Husserl, „jenen subjektiven Wandel der Gegebenheitsweise, der Erscheinungsweisen, der einwohnenden Geltungsmodi“ herauszustellen, „welcher, ständig verlaufend, das einheitliche Bewußtsein des schlichten ‚Seins‘ der Welt zustande bringt“ (ebd.). Husserl spricht nicht nur von diesem Vorgegebensein der Welt, von ihrem „Bodensein“, er bestimmt Welt auch als Horizont, als Totalhorizont des Erfahrungslebens (ebd. 152): Kein einzelner Akt sei isoliert, er stehe vielmehr in einem „unendlichen Horizont inaktueller, in strömender Beweglichkeit mitfungierender Geltungen“, in einer „ständig strömenden *Horizonthaftigkeit*“ (ebd.). Wir sahen, daß dieser Befund für Husserl die ‚Epoché auf einem Schlag‘ erforderlich macht.

In der *Krisis*-Schrift wird weder deutlich, wie sich diese Bestimmungen des Boden- und Horizontseins bezüglich der Einheitskonstitution von Welt zueinander verhalten noch wie überhaupt die Genese dieser Konstitution aufzufassen ist. Husserl macht aber Andeutungen, die auf eine Spur verweisen: So ist beiden Zitatstellen, die einmal das Bodensein von Welt, das andere Mal ihr Horizontsein hervorheben, gemeinsam, daß in ihnen Bezug auf die Verlaufsstruktur des inneren Zeitbewußtseins genommen wird (der ‚ständig verlaufende subjektive Wandel‘, die ‚strömende Beweglichkeit‘ ‚strömender Horizonthaftigkeit‘). In der Tat stellen die von Husserl in der ersten Hälfte der zwanziger Jahre im Rahmen einer transzendentalen Logik durchgeführten genetisch-konstitutiven Analysen zur passiven Synthesis und einer Phänomenologie der Assoziation Stücke einer transzendentalen Lebensweltwissenschaft dar, insofern sie insbesondere die *Einheit* des Weltbewußtseins in ihrer Spannung zu der sich durchhaltenden oder Brüche erleidenden *Einstimmigkeit* des Weltbewußtseins behandeln (vgl. Hua XI). Husserl legte hierzu jedoch keinen systematischen Aufriß vor. Unsere Auslegung versucht aufzuzeigen, dabei an die Ausführungen zur Praxisbestimmung der intentionalen Psychologie anknüpfend, daß die beiden Bestimmungen von Welt als Boden- und Horizontsein unterschiedliche Akzente im selben Vollzug der Generalthesis setzen.

Einem ersten, die Sachverhalte von *Boden* und *Horizont* abstrakt sondernden Blick verweist ‚Boden' als doxische Bodengeltung auf den konstituierten Fonds an sedimentierten Sinngehalten, während der Begriff des Horizontes auf die offenen Implikationen aller konstituierten Sinngehalte aufmerksam macht. Der Welthorizont konstituiert sich im Fortgang der Wahrnehmung: Jedes Ding besitzt seinen Erfahrungshorizont, den Husserl als einen offen-unendlichen denkt und der letztlich auf den Totalhorizont der Welt verweist, der, während alle davorliegenden Horizontvorzeichnungen prinzipiell durch neue Erfahrung erfüllbar sind, unerfüllbar ist und bleibt. Nicht nur dieser letzte Horizont ist ‚Welt', sondern Welt konstituiert sich im ganzen Richtungssystem der Horizontvorzeichnungen und tendiert im umfassenden Horizont.

Das, was Husserl unter der einstimmig durchgehaltenen Erfahrungswelt versteht, läßt sich jedoch nur in einem Zusammenwirken von Welt als Boden und als Horizont denken. Jede Bodengeltung steht in Horizonten, und jede Horizontintentionalität ist auf Bodengeltung bezogen. Merkmale des Boden- und des Horizontseins lassen sich wechselweise auffinden; so wirken die sedimentierten Sinnbestände auch als Horizont, und die Struktur des Welthorizontes ist in seiner „Totalitätstypik" ebenso eine Vorgegebenheit im Sinne eines Bodenseins. Vor allem aber ist im einstimmig verlaufenden Prozeß der Welterfahrung *Einstimmigkeit* selbst auf Doxa *und* auf Einheitsbildung verwiesen: Damit Erfahrung einstimmig verläuft, ist Husserl zufolge eine kontinuierliche Erfüllung vorgezeichneter Intentionen erforderlich, also errungene Habe als Ergebnis erfüllter Vorzeichnungen ebenso wie das Geflecht von Horizontverweisungen, die die Habe an neue Antizipationen ‚vermittelt'. Der Begriff der Vernunftsetzung bringt dies prägnant zum Ausdruck: Vernunftsetzung ist als Setzung intentionaler Vorgriff, und zwar motiviert von errungener Fülle, Evidenz.

In den Analysen zur passiven Synthesis untersucht Husserl, wie im Ineinanderwirken von Erfüllung und Verweisung Assoziation eine Leervorstellung, eine „passive Intention" (Hua XI, 76), weckt. Vor aller aktiven Zuwendung ist passive Intentionalität vermöge ihres Richtungssinns durch ein tendenziöses Streben gekennzeichnet, das auf Befriedigung hinauswill (ebd. 83). Das passive

Gerichtetsein definiert sich als ein Abzielen, das sich erst „Beim-Ziel-selbst-Sein“ der Erfüllung beruhigt (ebd. 84). Diesen Prozeß der passiven Intention auf Erfüllung bezeichnet Husserl als *Bewahrheitung*. Die Konstitution des ursprünglichen Zeitfeldes selbst ist für Husserl, wie bereits erwähnt, nur aufgrund von assoziativer Synthesis und passiver Intentionalität denkbar. Sie webt das Netz, das nicht nur alle aktive Ichzuwendung trägt, sondern auch den Zusammenhang des Weltbewußtseins bildet. Husserl zeigt, wie bezüglich des Vorgangs der Wiedererinnerung ein retentionales Datum vermöge assoziativer Weckung an affektiver Kraft gewinnt, um das Ich zu affizieren. Die Zuwendung des Ich kann auf zwei Weisen erfolgen: Einmal kann es bei einer bloßen rezeptiven Zuwendung sein Bewenden haben, welche nur eine erfassende (leere) Vorstellung ergibt. Zum anderen kann das Ich motiviert sein, durch einen eigens veranschaulichenden Akt, einer Wiedererinnerung, das Intendierte zu enthüllen. Was Husserl in erster Linie am Beispiel der reproduktiven Assoziation entwickelt, gilt analog für die antizipatorische Assoziation. Für die protentionale Linie der ursprünglichen Zeitkonstitution fungiert die kontinuierliche retentionale Linie assoziativ weckend, und diese Weckung setzt sich nach der Konstitution der protentionalen Leermeinung in der Veranschaulichung dieser Intention oder in der originären Wahrnehmung eines neuen Jetzt als Erfüllung der Intention fort. Diese „schon in der Sphäre der Passivität oder bloßen Rezeptivität“ statthabenden universalen „Funktionen der erfüllenden Bewahrheitung“ (ebd. 66) betreffen das gesamte Feld äußerer Wahrnehmung. Dies belegt auch, wie die assoziative genetische Struktur des inneren Zeitbewußtseins synthetisch vereinheitlichend am Werk ist, indem sie durchgängig Identität der Synthesis in allen Phasen herzustellen bestrebt ist: in der Verbindung zwischen Vergangenem und Jetzt durch die Ermöglichung der Reproduktion, in der Verbindung von Künftigem und Jetzt in der Ermöglichung der anschaulichen Antizipation: „In jeder Phase haben wir Urimpression, Retention und Protention, und Einheit kommt im Fortgang dadurch zustande, daß die Protention jeder Phase sich in der Urimpression der kontinuierlich angrenzenden Phase erfüllt.“ (Ebd.) Somit ist das Wahrnehmungserlebnis „ein stetiges Sich-erfüllen, eben damit eine Einheit stetiger Einstimmigkeit“ (ebd.). Bewahrheitung, besagt, daß weder im Falle der Wahrnehmung noch der Wiedererinnerung faktisch eine volle Realisierung der intendierten Erfüllung zu erlangen ist: Bewahrheitung ist die in Schritten sich vollziehende relative Erfüllung vorgezeichneter Intentionen vor dem Hintergrund der „im Unendlichen liegenden Idee“ (ebd. 20) absoluter Selbstgegebenheit im Falle der Wahrnehmung und der „im Endlichen liegenden Idee“ (ebd. 275) im Fall der Wiedererinnerung. Damit ist Bewahrheitung eine stete ‚Mischung‘ von Intention und Erfüllung, von Intention, die im Vorgriff *Einheit* konstituiert und den Prozeß der Bewahrheitung immer weiter treibt, und Erfüllung, *Einstimmigkeit*, mit relativ bleibender Habe garantiert.

Sofern sich im Prozeß der Bewahrheitung aufgrund des in Horizonte Eindringenkönnens und aufgrund kontinuierlicher Erfüllungen der Vorzeichnungen die Idee einer vollkommenen, wenn auch faktisch nie zu erlangenden Selbstgebung konstituiert, tritt zu den Bestimmungen von Welt als Boden und Horizont die Bestimmung von Welt als *Idee* hinzu. Der Sinn von Welt als Idee wird dort gestiftet, wo Subjektivität ihr Absehen auf Dinge von den wirklich erfahrenen gegenständlichen Einheiten löst und ‚freischwebende‘ Komplexionen von solchen Einheiten bis hin zu einer umfassenden Einheit bildet (Typik bzw. Platonische Idee) oder ihr Tendieren von passiver Intention und Bewahrheitung auf dem Untergrund assoziativer Synthesis in den offen-endlosen Universalhorizont hinein kontinuierlich verlängert und in der Verlängerung ‚begrenzt‘, d. h. in einem idealen Pol festmacht, der als apriorische Entität zugleich über das Kontinuum hinaus und ihm vorweg gesetzt wird (Kantische Idee). Auch die Bestimmung von Welt als Idee ordnet sich den Bestimmungen von Boden und Horizont zu. So ist Roberto Walton zuzustimmen, daß für Husserl der universale Leerhorizont als Totalhorizont die gemeinsame Struktur darstellt, die schon erworbene Habe, immer neu erfolgende Antizipation und die Idee vollkommener Erfüllung verklammert,[142] sofern alle drei Momente

142 „[...] daß ein und derselbe universale Horizont sich in einer bestimmten Hinsicht als Idee, in einer anderen als Boden darstellt.“ (Roberto Walton, „Welt als Horizont, Idee und Boden bei Husserl“ [für die Veröffentlichung vorgesehenes Manuskript]).

in solchem tendieren, das prinzipiell nicht mehr selbst gegeben werden kann.

Die Wirksamkeit des Weltglaubens resultiert aus einer gegenseitigen Wechselwirkung von Intention und Erfüllung im unabschließbaren Prozeß der Bewahrheitung. Zwar können Meinungen auch mittels anderer mit ihnen zusammenstimmender Meinungen in ihrem Glaubenscharakter bekräftigt werden (vgl. ebd. 99);[143] doch nur im Zusammenwirken der Intentionen in ihrer unablässigen Tendenz zur Bewahrheitung mit einer ebenso steten Gewinnung und einem bereits gewonnenen Bestand von Selbstgebungen, die in die Vergangenheit versinken und dort zum Ausgangspunkt für neue Intentionen, Intentionen der Weckung, werden können, konstituiert sich die Einheit des Weltbewußtseins und korrelativ die Einheit der Welt in Glaubensgewißheit.[144] Die

---

[143] Intentionen können anschaulichen Gehalt besitzen auch ohne aktuellen Rekurs auf Erfahrungsevidenz. Die Explikation dieses binnenintentionalen Gehalts nennt Husserl „Enthüllung“, im Gegensatz zur Erfüllung von intentionalen Vorzeichnungen durch Selbstgebung. Freilich wird man sagen müssen, daß aller binnenintentionaler Gehalt früherer Erfahrungsevidenz entstammt. - Somit ist G. Brand zuzustimmen, wenn er in seinem Aufsatz „Husserls Lehre von der Wahrheit“ (*Philosophische Rundschau* 17 [1969] 57-94) die Annahme, erst Erfüllung aufgrund von Erfahrungsevidenz stelle Wissen über die Wirklichkeit bereit, während Intentionen den Status ‚bloßer Meinungen‘ hätten, zurückweist. Das allen Erfahrungs- und Denkakten zugrundeliegende Gerichtetsein auf die Welt in schlichter Glaubensgewißheit sei, so Brand, alles andere als „bloße Intention“, „Bewußtsein als ein Leeres“ verstanden, „das von der Wirklichkeit erfüllt werden muß“ (62); tatsächlich setze „die als unerfüllt betrachtete Intention, die durch die Anschauung von der Sache erfüllt wird, eine Intentionalität voraus, die schon von der Sache herkommt und nicht erst auf sie hingeht“ (63).

[144] W. Marx resümiert seine Überlegungen zum Verhältnis von Lebenswelt und Sonderwelten bei Husserl (*Die Phänomenologie Edmund Husserls*, München 1987) mit der Feststellung: „Was bleibt nun vom Sinn der Welt erhalten? Erhalten bleiben die Bestimmungen einer offenen Totalität und Ganzheit, eines Einstimmigkeit und Zusammengehörigkeit begründenden Bodenseins und das zuletzt genannte Bezwecktsein. Diese Bestimmungen haben eher mit den thetischen Charakteren der Setzungsart von Welt zu tun, so daß wir zu dem Ergebnis kommen, daß das, was Husserl unter dem Titel ‚Lebenswelt‘ dem Gehalt nach dachte, eigentlich eine Pluralität von Sonderwelten ist.“ (131) Marx arbeitet klar heraus, daß Einstimmigkeit und Einheit des Weltbewußtseins keine ‚substantiellen‘ Bestimmungen von Welt sind (auch die relativ verharrenden doxischen Gehalte sind in der Tat als Korrelate einer transzendentalen Aufklärung jeweiliger Umwelten, Sonderwelten anzusehen). Allerdings sind es gerade diese thetischen Charaktere, die für das

Einheit der Welt erweist sich in der transzendentalkonstitutiven Befragung somit als das Geflecht passiver Intentionalität in seiner Ordnungsfolge tendenziösen Strebens. Die Einheit ‚der' Welt löst sich auf in die einheitliche Richtungsform dieses Strebens: „‚Der' Welt entspricht für uns die universale Synthesis zusammenstimmender intentionaler Synthesen, zu ihr gehörig eine universale Glaubensgewißheit." (Ebd. 101) Dieser einheitlichen Richtungsform wächst als Konstitutionsgebilde ‚Welt' Seinssinn zu (vgl. EU 33) - sozusagen ‚primärer' Seinssinn -, den sie als universaler Weltglauben an alles seiend Vermeinte weitergibt. Einheit der Welt und universale Glaubensgewißheit sind also Korrelate; statt ‚Glaubensgewißheit' kann es auch heißen: universale Gewißheit vom „durchgehenden Bewußtsein einer und derselben Welt" (Hua XI, 98). Einheit der Welt ist für Husserl vom transzendentalen Standpunkt mithin „ein universaler geistiger Erwerb", „ein Sinngebilde" (Hua VI, 115), ein „Geltungsganzes" (ebd. 471). Dieses Geltungsganze ‚Welt' konstituiert sich aus sedimentierter Doxa, die aufgrund eines in ihr wirksam werdenden Richtungssinns in immer neuen Erfahrungsverläufen immer weiteren Zuwachs an Evidenz erhält. Mit der Seinskraft dieser erworbenen Habe entwirft die geradehin auf Gegenständliches (Innenhorizont) und über Gegenständliches hinaus (Außenhorizont) gerichtete Intentionalität den Raum für allen weiteren Verlauf des Erwerbenkönnens ins Offen-Endlose; mit der vereinheitlichenden Kraft der Intentionen motiviert Doxa die Setzung dessen, was selbst nicht gegeben, aber aufgrund des einstimmig Gegebenen als seiend geglaubt wird, zuhöchst den aufgespannten Raum selbst als den Totalhorizont aller in ihm terminierenden Abzielungen: als *die* Welt.

Wie sich für Husserl Welt im Ineinander von (relativer) Einstimmigkeit und Einheitlichkeit konstituiert, soll auch die Person als „Willenssubjekt" (Hua IX, 413) in „Willensentschiedenheit" ihr „gesamtes personales Leben zur synthetischen Einheit" gestalten (Hua VI, 272), und zwar „in widerstreitloser Einstimmigkeit" all ihrer Zwecke (Hua IX, 413). Hier ist es jene schon genannte

welterfahrende Leben Kohärenz stiften, so daß es verfehlt wäre, wollte man die Lebenswelt nur als Summe von Weltgehalten ansehen.

Einheitsstiftung eines sich in seinem Ganzheitscharakter überschauenden Lebens, das die größtmögliche Gewähr für Einstimmigkeit bieten, d. h. Modalisierung weitgehend abwehren soll. Konzediert Husserl, daß durch die Einnahme der transzendentalen Position die größtmögliche Überschau über das mundane Leben als transzendentales erreicht ist, kann er diesem Befund ein wesentliches Indiz für die (permanent zu erneuernde) Erfüllung des mundanen Triebs auf Selbsterhaltung durch die transzendentalphänomenologische Theorie entnehmen.

Die Ausführungen dieses Teils begannen mit dem Hinweis auf Husserls Auffassung von der „Prinzipalkoordination von Ich und Welt" und explizierten Husserls Auffassung bezüglich der Einheitsbildungen von Ich- und Gegenstandspol im Medium des welterfahrenden Lebens. Sofern für Husserl die Tendenz auf Selbsterhaltung für die universale Einheitsleistung des Weltlebens aufkommt, ist abschließend zu fragen, in welchem Zusammenhang Selbsterhaltung und die universale Geltung von Welt als Totalhorizont stehen. Es hieß zum einen, daß Selbsterhaltung im Rahmen der Ich-Mensch-Apperzeption zuerst an Binnenweltliches verwiesen sei, von da her motiviert werde. In diesem Sinn ist alle Weltpraxis vom Lebensinteresse, der Sorge um universale und standhaltene Befriedigung in allen Sonderinteressen, bestimmt. Zum anderen wurde zu belegen gesucht, daß die Bewegung der Selbsterhaltung letztlich nicht aus dem Binnenweltlichen verständlich gemacht werden kann. Kann dies jetzt, mit Blick auf den transzendentalen Sinn von Welt, genauer aufgewiesen werden?

Die Einstimmigkeit der Welterfahrung, die Kontinuität der Vernunftsetzungen, ist prinzipiell der Bedrohtheit ausgesetzt: In jedem Moment können erwartete Erfüllungen sich als Schein erweisen, kann Enttäuschung eintreten. Wir sahen, daß für Husserl die Möglichkeit von Enttäuschung die Lebenssorge motiviert, die Sicherung des Erfüllungsstrebens zu intendieren. In der Struktur des Weltlebens selbst liegen jedoch schon Strategien bereit, gegen die Bedrohung der Modalisierung zu Feld zu ziehen. Indem nämlich Weltleben passive Intentionalität und die Tendenziösität des Bewahrheitungsstrebens ausbildet, rettet es in gewissem Sinn vor einem tatsächlichen Gleiten in den Abgrund der völligen Zerfaserung in einem nicht mehr zusammenstimmenden Erfahrungsverlauf: Es garantiert, daß sich stets ein einheitlicher Zusammenhang von Erfahrungsevidenzen, wenn auch von nicht erwarteten, herstellt. Auch die Bildung der Idee einer vollkommenen Erfülltheit - motiviert in der Vorstellung einer sich kontinuierlich erfüllenden Reihe von Selbstgebungen -[145] kann als ein Versuch gelten, die unsichere Wegstrecke der Vorzeichnungen dadurch gewisser zu machen, daß man sich im Vorgriff eines absoluten und als solchen im Unerreichbaren liegenden Zielpunkts versichert. Natürliches Weltleben nimmt vielleicht selbstverständlich an, daß alle Ausrichtung in etwas ‚Festem', Eindeutigem und damit relativ Sicherem tendiert, wenngleich dieses Feste zumeist nicht näher bestimmt sein mag. Zugleich geht Weltleben darauf, dieses ‚irgendwie Feste' zu sichern, ihm Namen zu geben (z. B. das All der Dinge). Die Namengebung ist der Beginn eines Prozesses der Substantialisierung von etwas, das nicht unter die Kategorie eines substanzhaften Seins zu bringen ist, und erreicht seinen Höhepunkt im Idealisierungsgeschehen der neuzeitlichen Mathematisierung der Natur (vgl. unten IV.1.).

Andererseits liegt in der Struktur von Intentionalität und Bewahrheitung selbst der auslösende Faktor, der jene Bedrohung heraufbeschwört: Diese Struktur bildet den Maßstab, der es erst erlaubt, errungene Evidenz an der vorgezeichneten Erwartung zu messen. Solcherart ist das System von Intention und Erfüllung von einem eigentümlichen inneren Ungleichgewicht gekennzeichnet, indem es einem Faktor, dessen Entstehung es selbst ermöglicht hat, ohnmächtig gegenübersteht. Sichtbar wird dies im Strebensprozeß der Selbsterhaltung: Sofern Selbsterhaltung beständig in der Gefahr des Scheiterns von Absichten steht, läßt sie an sich selbst die innere Verwerfung des Gefüges von Intention und Erfüllung sehen und weist damit implizit darauf hin, daß sie selbst diesem Gefüge nicht entspricht. Nur weil sie ihm nicht entspricht, bildet sie sich mundan zur Sorge aus und sucht zuerst an den sichtbaren Dingen Halt zu

[145] Der „Glaube an ein wahres Sein der Welt: das ist eine regulative Idee, ebenso wie die Idee einer ethischen Menschengemeinschaft und meiner selbst als ethischen Ich" (B I 21 IV, 37).

gewinnen. Auch dies läßt sich umkehren: Weil sich Selbsterhaltung im labilen Gefüge von Intention und Erfüllung zur Sorge ausbilden muß, kann sie ihm nicht entsprechen und verendlicht sich in endlichen Dingen. Sofern sie jenem Gefüge nicht entspricht, zeigt sie jedoch ebenso an, daß ihre Herkunft nicht in ihm liegen kann. Das System von Intention und Erfüllung kann somit selbst als Indiz dafür genommen werden, daß die Strebensform der Selbsterhaltung letztlich nicht der Tendenziösität dieses Systems entstammt. Somit ist es die innere Inkonsequenz im System von Intention und Erfüllung, die es erforderlich macht und implizit fordert, den universalen Horizont, den dieses System bildet, das Terminieren im Welthorizont, mit der Durchführung der transzendentalphänomenologischen Epoché zu überschreiten. Folglich steht der Akt der Epoché, wie Husserl wiederholt betonte, nicht mehr *in* der Geradehin-Einstellung, sondern löst sich als Akt der Reflexion daraus und stellt sich *darüber*. Dies verdeutlicht, warum der Akt der Epoché Husserl zufolge das strömende Weltleben nicht unterbricht: Er ‚erhebt' sich über dieses. Dies bezeichnet die „völlige Umstellung des gesamten Lebens" (Hua VI, 153), die Husserl in der *Krisis* charakterisiert als Einstellung „*über* der Geltungsvorgegebenheit der Welt, *über* der Unendlichkeit des Ineinander der verborgenen Fundierungen ihrer Geltungen immer wieder auf Geltungen, *über* dem ganzen Strom des Mannigfaltigen, aber synthetisch Vereinheitlichten, worin die Welt Sinngehalt und Seinsgeltung hat und neu gewinnt" (ebd., vgl. auch 155).[146]

Mit dem Vollzug der Epoché lebt der phänomenologische Zuschauer nicht mehr im Verwiesensein der Praxis auf jeweils letzte Zwecke im Welthorizont. Indem er das Terminieren der Praxis „hinsichtlich des darin waltenden Subjektiven" selbst zum Thema macht, „verwandelt sich für ihn der naive Seinssinn der

[146] Vgl. auch Hua VI, 395, 399. Das *über* kennzeichnet bildlich den sich von aller Setzung von Sein oder Nichtsein freihaltenden neutralisierenden Akt der Epoché; gleichzeitig belegt das Wort den Vollzug der Unterbrechung im strömenden Geltungsleben der Welterfahrung, indem die Epoché - als radikalisierter Akt der Selbstbesinnung - ein ‚Stillhalten' (ebd. 471) gegenüber der universalen Setzung der Generalthesis übt, sich so über sie stellt und so eine *Überschau* (vgl. Hua VIII, 154, 157, 462) ermöglicht.

Welt überhaupt in den Sinn ‚Polsystem einer transzendentalen Subjektivität‘, welche Welt und darin Realitäten ‚hat‘, so wie sie eben Pole hat, sie konstituierend“ (ebd. 180). Da Praxis für Husserl bedeutet, auf Zwecke gerichtet zu sein, die endliche Ziele für das praktische Handeln vorzeichnen, ist mit dem Überstieg in die transzendentale Sphäre alle Praxis insofern überstiegen, als alles Abzielen-auf in seiner Sinn- und Geltungsstruktur zum Thema konstitutiver Untersuchungen wird. Die Generalthesis der Welt zum transzendentalphänomenologischen Thema zu machen ist somit gleichbedeutend mit der Einklammerung aller Lebensvollzüge der Praxis.

II. Theorie und Praktik

Bevor die Frage nach der Praxisfunktion der Theorie als transzendentaler Phänomenologie zu stellen sein wird, soll in diesem Teil nach der Disziplin gefragt werden, die Husserl zufolge die Normprinzipien des Handelns und zuoberst des Handelns der Theorie selbst in ihrer Funktion für die Praxis zum Thema macht. Bedingungen für Normen, die praktisches Handeln leiten, aufzuzeigen und Maßstäbe für Bewertungen von Handlungen zu entwerfen, umschreibt traditionell den Aufgabenbereich der Ethik als einer philosophischen Sonderdisziplin. Auch Husserl hat eine Ethik entwickelt. Vermag jedoch eine philosophische Teildisziplin wie die Ethik die universale Praxisfunktion der Philosophie zu behandeln? Es wird zu zeigen sein, daß es in der Tat ein kardinales, wenn auch zuweilen nur apokryph geäußertes Anliegen Husserls ist, die Praxisfunktion der Theorie von der Ethik analysieren zu lassen. Das, was Husserl unter *Ethik* versteht, changiert in diesen beiden Hinsichten: Als solche, die auch die Praxisfunktion von Theorie zum Thema hat, also damit das Tun der Theorie reflektiert, erweist sie sich als eine besondere Reflexionswissenschaft, als Metatheorie (Husserl bezeichnet sie als „Vernunftlehre"), die sich auf die gesamte Theorie bezieht. Zugleich stellt sie eine Sonderdisziplin mit einer Sonderthematik dar. Diese Doppelschichtigkeit erinnert an Husserls Auffassung des Verhältnisses von Theorie und Praxis, von theoretischer und praktischer Vernunft. Das Sich-gegenseitig-Umgreifen von Theorie und Praxis ist auch das Denkmodell, das diesen beiden Aspekten der Ethik zugrunde liegt. Zum einen umgreift Ethik alle Theorie, zum anderen wird sie von dieser umgriffen. In diese Diskussion gehört auch die Frage nach dem Ort der Ethik im Gesamt der philosophisch-phänomenologischen Disziplinen. Ethik ist für Husserl eine ontologische Disziplin, eine Regionalontologie, ähnlich wie die Logik, sie ist also vorphilosophisch. Wie kann sie dann aber die Problematik der Praxisfunktion von Theorie bedenken, deren Erfüllung für Husserl erst in der Ermöglichung einer transzendentalen Phänomenologie gegeben ist? In welchem Verhältnis steht die Regionalontologie Ethik zur transzendentalen Sphäre und zur transzendentalen Phänomenologie? Diese Fragen werden erst abschließend beantwortet werden können.

Im ersten Abschnitt (1.) dieses Teils soll Husserls Begriff der Ethik im Vergleich mit den Disziplinentiteln von ‚Praktik' und ‚Axiologie' erläutert und Ethik in ihrer metatheoretischen Funktion sowie als Regionalontologie untersucht werden. Der zweite Abschnitt (2.) vertieft die Analyse des Anwendungsgebietes der regionalontologisch begriffenen Ethik hinsichtlich der Grundthemen einer Individual- und Sozialethik; es schließt mit der Frage nach dem Verhältnis von Theorie und Einzelperson im ethischen Horizont einer Umgestaltung des Lebens.

1. Theorie der Praktik

1.1. Praktik als Ethik

Für Husserls Auffassung der Ethik ist bezeichnend, daß er ihre Konzeption früh schon in die Diskussion um das einheitliche Ganze von Wissenschaft, dessen, was universale Wissenschaft sein soll, einbindet. Er übernimmt nicht traditionelle Bestimmungen der philosophischen Disziplinen, sondern problematisiert sie.[147] Die Abgrenzung einer Disziplin bedarf der wissenschaftlichen Rechtfertigung, und so verweist eine wissenschaftliche Begründung der ontologischen Disziplinen für Husserl korrelativ auf die Regionen

[147] „Traditionell werden Wahrheit, Güte und Schönheit als koordinierte philosophische Ideen hingestellt und ihnen entsprechende parallele normative philosophische Disziplinen angenommen: Logik, Ethik, Ästhetik. Diese Parallelisierung hat ihre tiefliegenden und nicht hinreichend geklärten Motive, sie birgt in sich große philosophische Probleme, denen wir im Interesse einer wissenschaftlichen Begründung der Ethik, aber auch in allgemeinerem philosophischem Interesse nachgehen wollen." (Hua XXVIII, 3)

des Vernunftbewußtseins. Sein - Vernunft - Wissenschaft ist ein korrelativer Dreischritt, der Husserl zufolge für jede Wissenschaft bindend ist.[148] Das zentrale Bestreben von Husserls frühen Untersuchungen zur Ethik[149] gilt der Begründung einer formalen Ethik als einer Parallele zur formalen Logik. Eine solche Parallele gründet in „der Parallele der Akt- und Vernunftarten, auf welche diese Disziplinen wesentlich zurückbezogen sind, der urteilenden Vernunft auf der einen Seite, der praktischen Vernunft auf der anderen" (Hua XXVIII, 3), in „der gattungsmäßigen Wesensgemeinschaft aller Setzungscharaktere" (Hua III, 242). Husserls ethische Untersuchungen (wie auch die logischen) sind somit in engem Zusammenhang mit seinem Projekt einer auf phänomenologisch geklärten Fundamenten neu zu errichtenden Kritik der theoretischen und praktischen Vernunft zu sehen.[150] Husserl spricht zumeist von der Parallele logischer, wollender und wertender Vernunft,[151] denn die Axiologie als ontologische Wissenschaft der wertenden Vernunft soll Logik und Ethik zur Seite treten (vgl. Hua XXVIII, 3 f.). Diese parallelen formalen Ontologien gründen für Husserl in zugehörigen Phänomenologien, deren Aufgabe es ist, das jeweilige „System fundamentaler Strukturen des Glaubensbewußtseins" (ebd. 4) zu analysieren. So kommen zu einer Phänomenologie und Theorie der Erkenntnis als Grund- und Ursprungswissenschaften der formallogischen Wissenschaft Phänomenologien der „Wertungs- und Willenstheorie" als Grundwissenschaften der formalen Axiologie und Praktik hinzu (vgl. ebd.).

---

[148] Vgl. Hua III,1, 4. Abschnitt, 2. und 3. Kapitel.

[149] Zur Einteilung von Husserls Untersuchungen zur Ethik in eine frühe (bis etwa 1917), eine mittlere (bis etwa 1932) und eine späte Phase vgl. auch U. Melle, „The Development of Husserl's Ethics", a.a.O.

[150] Vgl. Husserls Tagebuch-Eintragung vom 25.9.1906 (Hua XXIV, 442 ff., besonders 445-447).

[151] Die Parallelisierung von Logik, Ethik, Axiologie war für Husserls frühe Untersuchungen zur Ethik der entscheidende Ausgangspunkt; vgl. die Vorlesung über „Grundfragen der Ethik und Wertlehre" von 1914 (Hua XXVIII, 3), den Ergänzenden Text Nr. 8 („Logik, Ethik [Praktik], Axiologie: Analogien") vom selben Jahr (ebd. 422 ff.), auch schon die Vorlesung über „Grundprobleme der Ethik" von 1908/1909, ebd. 237.

In der Vorlesung „Grundfragen der Ethik und Wertlehre“ von 1914 stellt Husserl die Frage: „Was ist denn das Ethische in dem denkbar weitesten Sinn, das dem Logischen im weitesten Sinn korrespondiert?“ und antwortet: „In jedem Sinn bezieht sich die Ethik auf das Handeln so, wie sich die Logik auf das Denken bezieht, wie diese auf das richtige oder vernünftige Denken geht jene auf das richtige oder vernünftige Handeln“ (ebd. 33). Auch seine Ethik-Vorlesung vom Sommersemester 1920 (die er 1924 als seine letzte Vorlesung zur Ethik wiederholte) beginnt mit einem Hinweis auf diesen Parallelismus.[152] Die Parallelität bezieht Husserl auf die *Formen* des jeweiligen Bewußtseins, des logischen, des wertenden oder des praktischen.[153] Daran knüpft sich sein Vorwurf an die Tradition, daß diese nicht streng zwischen formal- und materialontologischen Disziplinen schied und die Aufgabe einer reinen formalen Ethik ebenso mit einer entsprechenden normativ-praktischen Disziplin, einer Kunstlehre, verwechselte wie im Fall der Logik (vgl. F I 28, 8 ff.). Auch in diesem Sinn bilden insbesondere Husserls frühe Vorlesungen zur Ethik eine Entsprechung zu den *Logischen Untersuchungen*: Sie wollen eine formale Ethik als eine solche Theorie begründen, die frei von praktischen Einmengungen ist (vgl. unten III.1.). In der Vorlesung von 1908/1909 nennt Husserl zwei Gründe dafür, daß die Tradition eine solche rein formale Ethik nicht entwickelte: zum einen „den Umstand, daß das Interesse am Ethischen und seiner Durchforschung selbst ein ethisches Interesse“ war, „Wissenschaft, echte und strenge Wissenschaft, entspringt aber aus theoretischem Interesse und entwickelt sich umso höher, je reiner das theoretische Interesse ist“ (Hua XXVIII, 346); zum anderen die Tatsache, daß Logik strenge Wissenschaften ausgebildet habe, was bei Axiologie und Ethik nicht der Fall gewesen

[152] „Knüpfen wir an die traditionelle Parallelisierung der Ethik mit der Logik an, die in der Tat tiefstliegende Motive in der Vernunft selbst hat.“ (F I 28, 8)

[153] „Den Formen des objektivierenden Bewußseins und näher, den Formen des urteilenden und erkennenden Bewußtseins werden doch wohl Formen des wertenden und praktischen Bewußtseins entsprechen.“ (Ethik-Vorlesung 1911, Hua XXVIII, 207)

sei.[154] Von da her legitimiere es sich, wenn Logik als Wissenschaftslehre katexochen angesehen werde („man kann daher mit Vorteil die Logik als Wissenschaftslehre geradezu definieren" [ebd.]).

Obgleich Husserl rein formale Ethik und Axiologie als Analoga zur rein formalen Logik etablieren will, unterstreicht er in den frühen Vorlesungen zugleich die besondere Bedeutung der Logik als einer Wissenschaftslehre. Zudem weist er wiederholt darauf hin, daß die theoretische Vernunft die anderen Vernunftarten umgreife: „Das Feld der theoretischen Vernunft ist im weitesten Sinn das Feld jeder möglichen Objektivation, und das ist allumfassend" (Ethik-Vorlesung 1911, Hua XXVIII, 206). Die theoretische Vernunft ist allumfassend, insofern „jeder nicht-objektierende Akt zur Unterlage einer ihm ein Wertobjekt oder seinsollendes Objekt entnehmenden Objektivation werden kann" (ebd.). Und an anderer Stelle sagt Husserl: „Erkennendes Bewußtsein ist zugleich wertendes und wollendes." (Ebd. 174)

Demgegenüber heißt es in Husserls Ethikvorlesung von 1920, daß „Normierung und technische Regelgebung" der Ethik „eine ungleich universalere Umspannung hat gegenüber der Logik" (F I 24, 8). Doch Husserl spricht hier von der Logik als Kunstlehre, nicht als einer formalontologischen Disziplin. Im gleichen Sinn heißt es im dritten *Kaizo*-Artikel: „Die volle Ethik umspannt die Logik (logische Kunstlehre) in allen üblichen Begrenzungen, ebenso die Axiologie (Wertelehre, speziell die ästhetische) wie auch jede wie immer zu begrenzende Praktik." (Hua XXVII, 40) Das heißt, die Umspannung der Ethik reicht so weit, als es um die Handlungsdimension, den praktischen Bereich des Theoretischen, geht: „Auch jedes wissenschaftliche Erkennen ist z.B. ein ‚Handeln', und das berufsmäßig der Wahrheit gewidmete Leben des Wissenschaftlers ist ein ‚erkenntnisethisches' - wenn es überhaupt ein im vollen Sinne rechtmäßiges oder vernünftiges ist." (Ebd.) Die Ethik im vollen Sinn umspannt Husserl zufolge alles Praktische, das dem

---

[154] Wie Husserl später im ersten *Kaizo*-Artikel deutlich macht, wäre es die zu entwickelnde Idealwissenschaft vom Geistigen, die reine Ethik und Axiologie als Sonderdisziplinen in sich schließt (vgl. Hua XXVII, 6 ff.).

Theoretischen zukommt, nur dieses selbst begreift sie nicht mit ein. In diesem alle Handlung umfassenden Sinn ist Ethik eine universale (vgl. ebd.).

Husserl kennt also einen engeren Begriff von Ethik (Ethik als formalwissenschaftliches Pendant zu den anderen Formalwissenschaften der Logik und Axiologie, das die praktische Vernunft zum Thema macht) und einen weiteren Begriff (Logik, Axiologie und Praktik umspannende universale Ethik als ontologische Kunstlehre). Ist der engere Ethik-Begriff weitgehend synonym für Praktik (Husserl spricht in den frühen Vorlesungen zur Ethik wechselweise von Ethik und Axiologie bzw. Praktik und Axiologie), so treten bei Husserls späterem und weiterem Ethik-Begriff Praktik und Ethik auseinander. Hier ist dann (wie im obigen Zitat) die Rede von einer begrenzten Praktik (als Analogon zur Logik und Axiologie) im Gegensatz zu der Handlungen im weitesten Sinn umgreifenden universalen Ethik. Husserls spätere Position betont jedoch stärker die Praktik: Nicht nur, daß die universale Wissenschaft vom vernünftigen Handeln eo ipso auch eine universale Praktik darstellt (die eine universale Axiologie mitbefaßt) - was Husserl terminologisch so nicht faßt, er spricht in diesem Sinn von ‚Ethik' -, sondern vor allem, weil der Praxiszusammenhang des Lebens und seine vernünftige Gestaltung nun das kardinale Problem der Ethik wird. So heißt es einleitend in Husserls drittem *Kaizo*-Artikel: „Erneuerung des Menschen - des Einzelmenschen und einer vergemeinschafteten Menschheit - ist das oberste Thema aller Ethik." (Hua XXVII, 20)

Hierbei fällt noch eine weitere wesentliche Modifikation des späteren Ethikbegriffs Husserls auf: Kontrastierte Husserl früher formale und materiale Ethik gemäß der Unterscheidung von formaler und materialer Ontologie - und beide wären demnach Gegenstände der wesenswissenschaftlichen Forschung der Phänomenologie -, so tritt diese Unterscheidung später kaum noch auf. Formale und materiale Ethik verschmelzen zur „reinen Ethik", die Husserl als „die Wissenschaft vom Wesen und den möglichen Formen eines solchen Lebens in reiner (apriorischer) Allgemeinheit" charakterisiert (ebd.). Der reinen Ethik stellt Husserl die „empirisch-humane Ethik" gegenüber, die „die Normen der reinen

Ethik dem Empirischen anpassen" soll und nicht mehr eine phänomenologische Disziplin darstellt (ebd.). Auch hierin zeigt sich eine Verschiebung zugunsten der Berücksichtigung des Praktischen: Leitend ist jetzt nicht mehr das Bestreben, eine formale Ethik als Analogon zur Logik zu begründen, sondern eine praktische Motivation, die Husserl allerdings, wie zu zeigen sein wird, transzendental zu verankern sucht: die Umgestaltung, „Erneuerung" der Praxis. Mit der Begründung einer reinen Ethik erhält diese Aufgabenstellung bereits ein phänomenologisch-ontologisches Fundament. Die Ethik als solche bleibt - wie schon beim frühen Husserl - ontologische Wissenschaft, Regionalontologie; ihre Methode ist die wesenswissenschaftliche, die der eidetischen Phänomenologie.[155] Mit ihrer späteren Fassung, die die Abgrenzung zwischen formal- und materialontologischer Disziplin verwischt, wenn nicht auflöst, sowie mit der ausdrücklichen Leitfrage nach den Bedingungen der Möglichkeit einer Umgestaltung der menschlichen Praxis ordnet sich Ethik der regionalontologischen intentionalen Anthropologie ein.[156]

1.2. Ethik als Vernunftlehre

Mit diesen Ausführungen ist der Ort, der der Ethik als Vernunftlehre zukommen soll, noch nicht bestimmt; geklärt ist nicht ihr Verhältnis zu anderen Wissenschaftsarten. Geleitet von der Absicht, Ethik und Axiologie bzw. praktische und axiologische Vernunft als Analoga der Logik bzw. der logischen Vernunft aufzuzeigen, stellt Husserl in der Vorlesung von 1914 die Frage nach dem Verhältnis dieser verschiedenen Vernunftarten zueinander und knüpft daran die weiteren Überlegungen, ob denn trotz ihrer verschiedenen Arten die Vernunft eine und ob sie als diese eine logische sei (vgl. Hua XXVIII, 56 ff.). Daß für ihn die Antwort nicht in der Alternative

---

[155] Vgl. den zweiten *Kaizo*-Artikel „Die Methode der Wesensforschung", Hua XXVII, 13 ff.

[156] Wichtige Nachlaßmanuskripte aus der Zeit der mittleren und späteren Periode von Husserls ethischen Untersuchungen finden sich in der Gruppe A V, betitelt mit „Intentionale Anthropologie (Person und Umwelt)".

einer monistischen Vernunftkonzeption auf der einen Seite und einer offenen Pluralität der Vernunft auf der anderen liegt, wird schon in der Problemstellung deutlich: Die „*universelle Herrschaft der logischen Vernunft* kann niemand leugnen. Muß das aber besagen, daß eine praktische und axiologische Vernunft in Analogie zur logischen keinen Sinn habe?“ (ebd. 57). Eine Auflösung dieses Paradoxons, demzufolge die „Allherrschaft der logischen Vernunft“ zugestanden, damit aber zugleich in Frage gestellt wird, ob „jede Vernunft selbst logische Vernunft“ sei (ebd. 59), gibt Husserl mit seinem Hinweis auf die grundsätzlichen Scheidungen der Aktarten: „Der Parallelismus der Vernunftarten hat seine Wurzel im Parallelismus der Grundarten von Akten.“ (Ebd.) Jede dieser Grundarten sei durch eine bestimmte Grundart von Meinungen gekennzeichnet. In der Erkenntnissphäre seien die Akte als doxische durch den *belief*, durch Stellungnahmen des Glaubens, bestimmt. Davon unterscheiden sich die „Gemütsakte“ des Fühlens, Begehrens, Wollens (ebd.). Im Fall des ästhetisch wertenden Bewußtseins, „im Genuß des Schönen lebend, vollziehen wir gefallendes Vermeinen, [...] und dieses ist als vermeinendes Verhalten das Analogon zum urteilenden Vermeinen, allgemeiner, zum Seinsvermeinen der Art des Glaubens“ (ebd. 60). Wertende und wollende Akte sind vorausgesetzt, damit ein nachfolgendes Urteil sich auf sie richten kann. Die logischen Akte machen somit „nur sichtbar, was da ist“, sie „konstituieren nur die logischen Formen, nicht aber die in den Formen gefaßten eigentümlichen Vernunftgehalte der parallelen Vernunftsphären“ (ebd. 69). Wertende und praktische Vernunft seien „sich selbst verborgen“ und würden „erst offenbar durch die auf dem Grund der Gemütsakte sich vollziehende Erkenntnis“ (ebd. 63).

Die Triftigkeit dieser Aussage Husserls ist hier nicht zu diskutieren. Man könnte gegen sie auf den Welterschließungscharakter jener Akte hinweisen, der doch auch ein Sichwissen miteinbegreift. Sich selbst verborgen sind diese Akte doch wohl nur in dem Sinn, daß sie als solche eben nicht logisch-theoretisch objektiviert sind. In unserem Zusammenhang ist bedeutsam, auf welche Weise Husserl die Auflösung jenes Paradoxons vornimmt: in dem Nachweis, daß zwei scheinbar gegensätzliche Aspekte bestehen, die einander allenfalls in formallogischer, nicht jedoch in phänomenologischer Hinsicht ausschließen. Der Nachweis hat zum Inhalt, daß es letztlich „irreduzible Gattungen" innerhalb der „obersten Gattung ‚Akt'" (ebd. 62) gibt und daß ebenso eine besondere Aktgattung alle Gattungen zu umgreifen vermag.[157] In diesen frühen Ethik-Vorlesungen spricht Husserl noch nicht davon, ob und inwiefern die wertende und praktische Vernunft die logisch-theoretische umfassen kann. In der Vorlesung von 1914 findet sich eine Stelle, an der Husserl zeitgenössische Versuche vor allem des Neukantianismus, „das Urteilen geradezu als eine Art des Wertens anzusehen, des Wertens im Sinne eines Gemütsaktes" (ebd.), mit dem Argument zurückweist, daß auf diese Weise der Wertbegriff eine unreflektierte Verallgemeinerung erfahre und mit dem eigentlichen, inneren Wertbegriff vermengt würde (vgl. ebd. 62 f.), während er selbst anderenorts nicht zögerte, Erkennen als Handeln aufzufassen.

Später hingegen erwägt Husserl, wie bereits erwähnt, auf welche Weise Ethik die theoretische Vernunft umgreife. Zwar ist Ethik als Theorie selbst eine Weise logisch-theoretischer Vernunft, und demzufolge könnte sie in ihrer universalen Umspannung darauf bauen, daß der logischen Vernunft schon jene Universalität zuerkannt wurde. Zugleich aber ist Ethik ihrem Gegenstand nach verwiesen auf die ihrerseits irreduziblen Sphären praktischer und wertender Vernunft, die, sollte der Ethik jene Universalität in der Tat zukommen, in ihrer alle Vernunftarten übergreifenden Geltung erst erwiesen werden müßten. Wie gezeigt, ist Ethik für den späteren Husserl insofern universal, als sie sich auf die theoretische Explikation und Normierung alles hinsichtlich seines Werts befragbaren Handelns bezieht, und Handeln, Praxis selbst, ist in

[157] In der Ethik-Vorlesung von 1914 heißt es: „Die *Allwirksamkeit der logischen Vernunft* besteht darin, daß sie das gesamte Feld des Erkennbaren überhaupt umspannt, also auch des Erkennbaren, das wir als Wesen der Vernunftarten bezeichnen. Sie erkennt dann eben, daß es a priori wesensverschiedene Gattungen von vermeinenden Akten, von Stellungnahmen, gibt, und zu ihnen gehörig, wie wir zu sehen glauben, Grundarten von Geltungen oder, wie wir auch sagen können, Grundarten von Normierungen, von Sollungen mit Grundarten von normativen Korrelaten, gültigen Sätzen bzw. Gegenständen, Werten." (Hua XXVIII, 61 f.)

dem Sinn universal, daß auch der theoretisch urteilende Akt seine praktische Seite besitzt. So begriffen ist der Zugriff der Ethik in analoger Weise universal wie derjenige der Logik, insofern Logik wie Ethik alle Vernunftarten betreffen, ohne daß aber die logisch-theoretischen und die praktisch-wertenden Vernunftarten je zusammenfielen. Zudem besitzt die Logik gegenüber der Ethik den Vorzug, daß sich die Ethik als solche, als Theorie, auch der Logik bedienen muß, nicht aber umgekehrt. Um Husserls spätere Konzeption einer universalen Ethik in ihrer übergreifenden, vernunfttheoretischen Funktion genauer zu erkennen, soll im folgenden seine Unterscheidung von Ethik als praktischer Disziplin, als Kunstlehre, sodann als rein theoretisch begründeter Normwissenschaft, als „Technologie", und schließlich als reine, apriorische Wissenschaft näher untersucht werden.

In der seine letzte Ethik-Vorlesung von 1920 bzw. 1924 leitenden Fragestellung macht Husserl wie erwähnt erneut die Parallelität von Logik und Ethik zum Problem. Die Antwort wird in der Erörterung der Frage gesucht, inwiefern die Ethik eine Kunstlehre darstelle und inwiefern eine rein apriorische Wissenschaft. Bemerkenswerterweise nimmt Husserl dabei ausdrücklich Bezug auf den ersten Band der *Logischen Untersuchungen*, auf die *Prolegomena*, in denen er mit einer Kritik der logischen Kunstlehre den logischen Psychologismus abzuwehren suchte (F I 28, 21). Nun gelte es, „diesen selben Kampf" „gegen den ethischen Psychologismus und gegen den Psychologismus in der Theorie der praktischen Vernunft und der Theorie der ethischen Erkenntnis durchzufechten, wie denn in allen parallelen Vernunftsphären und normativen philosophischen Disziplinen" (ebd. 21 f.).

Husserl beginnt mit einer Kritik von Brentanos Unterscheidung der Kunstlehre als praktischer Disziplin, die ihre Einheit aufgrund eines praktischen Interesses besitze, und der theoretischen Wissenschaft mit ihrem einheitsstiftenden Moment des theoretischen Interesses (vgl. ebd. 23). Husserl hält eine derartige Abgrenzung von theoretischem und praktischem Interesse für fraglich, da in jeder Wissenschaft „die Einheit eines praktischen Zweckes und Zwecksystems" leitend ist (ebd. 26), formuliert also seine These von der Theorie als einer besonderen, der theoretischen Praxis. Was die

Kunstlehre betrifft, könne diese nicht als eine ausschließlich praktische Disziplin bestimmt werden. Sie sei, so Husserl, doppelsinnig, je nachdem im konkreten Fall eine praktische oder die rein theoretische Einstellung maßgebend ist (ebd. 37). Denn: „Jeder praktische Satz kann theoretisch gewendet werden.“ (Ebd. 32) Im Gegensatz zu den *Logischen Untersuchungen* betont Husserl hier die Möglichkeit einer Kunstlehre in rein theoretischer Einstellung. Eine solche Kunstlehre, eine Kunstlehre „in einem neuen Sinne“ (ebd. 34), bezeichnet er in der Ethik-Vorlesung als „Technologie“ (ebd. 33).[158] Beiden Weisen der Kunstlehre, der Kunstlehre in theoretischer wie derjenigen in praktischer Einstellung, spricht Husserl auch hier partielles Recht zu (schon die in rein praktischer Einstellung gründenden Kunstlehren besitzen „ihren guten Sinn und ihr gutes Recht“ [ebd. 14]), andererseits genügen beide nicht zur Begründung einer reinen Theorie als solcher, einer reinen Logik wie einer reinen Ethik (vgl. ebd. 38 f.). Zwar sind die Technologien nicht mehr rein praktisch fundiert wie die Kunstlehren - in ihnen kommt ja das rein theoretische Interesse zu einem partiellen Recht -, doch die Ausbildung des rein theoretischen Interesses, des Interesses rein um der Sache willen, ist in ihrem Fall durch ein konkret leitendes praktisches Interesse begrenzt. Ist reine Wissenschaft gleichsam erst im ganzen auf Praxis bezogen, wobei innerhalb dieses Ganzen die reine Theorie dominiert, so erfolgt im Fall der Technologie die Ausbildung des Theoretischen schon unter

[158] Von einer ‚Technologie‘ in Anführungszeichen spricht Husserl im Manuskript E III 4 (1930) und meint damit eine „Kunstlehre des richtigen individuellen Lebens, also in gewisser Weise eine ‚*Technologie*‘“ (15). Im Gegensatz zu seinem sonstigen Sprachgebrauch bezeichnet er hier mit ‚Kunstlehre‘ eine apriorische Disziplin: Diese Kunstlehre soll eine „formale“ sein, „formale Ontologie der absoluten Werte und des Lebens auf sie hin (formale absolute Axiomatik und Praktik), absolute Lebenskunst“ (ebd.). Einige Seiten weiter stellt Husserl die Frage: „*Ist Ethik* als Kunstlehre des ethischen Menschentums *eine Technik*, die hinauslaufen will auf eine Selbstdressur wie im Klavierspielen oder im Rechnen?“ (35). Dies führt zur Erörterung des Problems, ob bei der Rationalisierung des Geistigen durch die apriorische Ethik ein ähnlicher Idealisierungsvorgang vorliegt wie im Fall der angewandten Mathematik. Im vierten *Kaizo*-Aufsatz, der das sozialethische Problem der Erneuerung mittels universaler Wissenschaft behandelt, spricht Husserl bereits von der „‚ethischen‘ Technik“ als der „Technik der Selbstverwirklichung echter Humanität“ (Hua XXVII, 56).

vorgängiger Leitung bestimmter endlicher praktischer Interessen, während die bloßen Kunstlehren von vornherein erst gar nicht „im Dienste theoretischer Erkenntnis“ (ebd. 30) stehen. Die technologischen Wissenschaften sind ferner darin begrenzt, daß sie ihrerseits Husserl zufolge in rein theoretischen Wissenschaften gründen, so die Ethik als Technologie in empirischer wie apriorischer Psychologie, Soziologie, Wertelehre (ebd. 35).[159]

Die Ethik muß sich also von „aller praktischen Abzweckung“ befreien (wobei Husserl unter solcher Abzweckung auch alle Moralphilosophie versteht, man denke an seine Kritik der Weltanschauungsphilosophie im *Logos*-Artikel) und „sich zu freier und reiner theoretischer Haltung erheben“ (F I 28, 44). Sie muß sich als „apriorische Wissenschaft von der rein praktischen Vernunft und von dem in ihren Akten sich konstituierenden absoluten und relativen Sollen“ ausbilden (ebd.). Solcherart ist sie eine „Grundwissenschaft der Philosophie“ (ebd. 46), und wie die reine Logik „alle erdenklichen Wissenschaften als Prinzipienlehre umspannt“, so umgreift die reine Ethik „das Universum möglicher Praxis“ (ebd.). Was Husserl zu Beginn der Ethik-Vorlesung von 1920/1924 für die Ethik als Kunstlehre feststellte, „daß ihre Normierung und technische Regelgebung eine ungleich universalere Umspannung hat gegenüber der Logik und gegenüber allen anderen möglichen Kunstlehren“ (ebd. 8), gilt in gewisser Weise auch für die reine Ethik. Von welcher Art und welchem Umfang ist ihre Umspannung? Was den Umfang dieser Umspannung anbelangt, so reicht diese so weit, so weit es um *Praxis* und *Weltwissenschaft* geht.[160]

---

[159] In A V 22 (1931) heißt es, daß auch eine „universale Ethik“, eine „ethisch-teleologische Weltbetrachtung“ „alle positiven Wissenschaften voraussetzen würde. Als Ethik des tatsächlichen Menschen selbstverständlich die Anthropologie bzw. die Psychologie, die Soziologie im Sinne einer Sozialpsychologie [...], die Geschichte des Menschen in seiner Menschlichkeit, [...] dann aber auch alle Naturwissenschaften“ (27 f.).

[160] In der Vorlesung über „Erste Philosophie“ heißt es: „Hiermit tritt die Universalität der Umspannung des Reichs der Erkenntnis über alle Reiche der aus Gemüts- und Willenssubjektivität stammenden Leistungen klar hervor, freilich auch korrelativ eine ähnliche Umspannung, durch die das wertende Gemüt und der Wille im Streben und Handeln über die gesamte Subjektivität und alle ihre intentionalen Funktionen hinüberreicht.“ (Hua VIII, 25)

Damit wird nicht nur deutlich, daß Praxis und Weltwissenschaft Korrelate sind, sondern daß es das „Universum möglicher Praxis" ist, hinsichtlich dessen universale Ethik alle Wissenschaft umgreift, sofern diese Weltwissenschaft, mundane Wissenschaft ist. Die Umschließung aller Wissenschaft in der Ethik erfolgt, wie erwähnt, nur hinsichtlich der praktischen Seite der Wissenschaft - „die Universalität der Ethik, ethischen Praxis umfaßt die Universalität der Wissenschaft als einer Praxis" (B I 21 IV, 32). Betrachten wir zunächst das erste Kriterium, das der Praxis, näher.

Das Verhältnis von Ethik und Logik als Vernunft- und Wissenschaftslehren bezüglich ihrer gegenseitigen Umspannung behandeln die einleitenden Ausführungen eines relativ späten Textes Husserls, der Vorlesung „Einleitung in die Philosophie" vom Wintersemester 1922/1923. Husserl nennt hier die „universale Wissenschaftslehre", als universale Wissenschaft vom erkennenden Leben, speziell der erkennenden Vernunft (B I 37, 29b), also die reine Logik. Nun müßte es aber „in einem analogen Sinn eine noch viel universalere [...] Lebenslehre und wiederum eine solche unter dem obersten Gesichtspunkt der Vernunft" geben (ebd.). Dies ziele auf die Idee einer universalen Vernunftlehre mit „besonderen Vernunftlehren", darunter die Wissenschaftslehre nur eine Abteilung wäre (ebd. 30a). Husserl zufolge ist eine Wissenschaft gefordert, die, wie die Logik hinsichtlich der erkennenden Vernunft das erkennende Leben als wahres und falsches zum Thema hat, das gesamte Vernunftleben hinsichtlich des „Echten" und „Unechten" untersucht (vgl. ebd. 29b).[161] Eine solche universale Vernunftlehre müsse sich in zwei grundsätzlichen Stufen realisieren: zunächst im „universalen Studium der vollen und ganzen Subjektivität, soweit sie irgend unter möglichen Vernunftnormen steht" (ebd. 30b), sodann „müßte

[161] Im dritten *Kaizo*-Artikel betont Husserl die Allgemeinheit, in der der Begriff ‚Vernunft' verwendet würde; er reiche so weit, „soweit irgend in personalen Akten von richtig und unrichtig (bzw. Recht und Unrecht), von vernünftig und unvernünftig gesprochen werden kann". „Alle Aktarten kommen hier in Betracht [...] Nur eine die volle Universalität der Vernunft umspannende Vernunftlehre und in Richtung auf die Wesensmöglichkeiten eines praktischen Vernunftlebens eine entsprechend universale ‚Ethik' können vollständige prinzipielle Einsichten geben und danach ein ethisches Leben der höchsten Wertstufe, der aus vollkommenster prinzipieller Klarheit, ermöglichen." (Hua XXVII, 40)

sie das Spezifische der Vernunft selbst und aller Vernunftarten und sowohl nach seiten der spezifischen Vernunfttätigkeiten wie nach seiten der Vernunftgebilde [...] zum Thema machen" (ebd.). Diese zweite Fragestellung richtet sich also auf die genuinen Vernunftprobleme, auf die Probleme von Evidenz und Nichtevidenz, wozu vor allem die Prüfung jeglicher Evidenz und die Auflösung „naiver Selbstverständlichkeiten" gehören (ebd.). Dazu zählt für Husserl auch, die Bedingungen der Realisierbarkeit eines „seligen Lebens" und eines „seligen Gesamtlebens überhaupt" (ebd. 31a f.) aufzuzeigen. Der Begriff ‚Glückseligkeit' oder der von Fichte entliehene Begriff ‚Seligkeit'[162] verweisen bei Husserl auf die Korrelatbegriffe der „Erfüllung" bzw. der „Befriedigung der Intention" (vgl. ebd. 31a), sind also intentionalphänomenologische Begriffe und auf die Intentionalität des Bewußtseinslebens und auf seine teleologische Grundstruktur zu beziehen. In den einführenden Reflexionen zur Vorlesung „Einleitung in die Philosophie" führt Husserl aus, daß allen Erfüllungsweisen der Intentionalität bestimmte Weisen des seligen Lebens entsprechen. „Erkenntnisseligkeit" wäre die „reine Erfüllung der Erkenntnisintentionen", jedes wissenschaftlich einsichtige Tun wäre so ein „Stück seliges Leben" (ebd.), wohingegen ein seliges Gesamtleben, „ein einheitliches Leben, das nach allen seinen Intentionen, nach all seinem Streben, immerfort, in der Form reiner Erfüllung verliefe" (ebd. 31b).

Die universale Vernunftlehre ist somit als „Wissenschaft vom vernünftigen oder wahrhaft guten Leben überhaupt oder vom seligen Leben" zu bezeichnen; „sie ist Wissenschaft von seinem Wesen, den Bedingungen der Möglichkeit, seinen Normen und möglichen normgemäßen Formen" (ebd.). Diese Wissenschaft sei die Ethik (ebd. 32a). Auch die traditionelle Ethik zielte auf die Realisierung von Glück, sie sei aber, so Husserl, nicht in der hierbei

[162] Vgl. Husserls Äußerung in der Vorlesung „Einleitung in die Philosophie" von 1922/1923: „Sehr eng verknüpft mit den Ideen Vernunft, Vernunftstreben, normgemäßes Leben ist die Idee der *‚Glückseligkeit'* und des glückseligen Lebens als eines Lebens in reiner und konsequenter Befriedigung. Das Wort hat freilich einen üblen Beigeschmack. Fichte sagt dafür ‚Seligkeit', was freilich wieder einen anderen unerwünschten Beigeschmack hat, den einer bodenlosen Überschwenglichkeit." (B I 37, 31a; vgl. auch Hua VIII, 16, Hua IX, 214)

geforderten Radikalität einer universalen kritischen Vernunftlehre begründet worden, derart, daß sie „die Prinzipien der Rationalität aller Erkenntnis und aller Wertung umspannt und von da her schließlich den absoluten Sinn jeder möglichen Welt selbst präjudiziert“ (ebd. 33a). Die Ethik als universale Vernunftlehre umspanne also die universale Wissenschaftslehre, d. i. die universale Logik, doch auch diese umspanne ihrerseits die Ethik, da diese als Theorie „unter den wissenschaftstheoretischen Normen“ steht, und es der Wissenschaftslehre zukommt, „das System aller ideal möglichen Wissenschaften der Form nach zu entwerfen, wobei sie auf alle prinzipiellen Normen aller Wissenschaften stoßen muß“ (ebd. 32b).[163]

Das in unserem Zusammenhang wichtige Ergebnis, das Husserl hier nur knapp umreißt, lautet: Wenn jede der Vernunftlehren per se Universalität intendiert, kann von „‚totalen und partiellen‘ Vernunftlehren“ nicht die Rede sein, „alle Grundarten von Intentionen und demgemäß alle Grundarten der Vernunft durchdringen sich“ (ebd.). Der Aufbau der Vernunft kann also nicht nach dem Schema von Ganzem und Teilen verstanden werden, das der Alternative einer entweder monistisch oder pluralistisch aufzufassenden Vernunft zugrunde liegt. Die Antwort auf die Frage, von welcher Art die Umspannung seitens der Ethik als universaler Vernunftlehre

[163] „In der Begründung der universalen absoluten Wissenschaft ist dann auch beschlossen [...] die universale Theorie, die gewöhnlich in naiver Verendlichung Ethik heißt, die universale Theorie der Möglichkeit einer allmenschlichen Praxis [...]. Sie umschließt auch die gesamte Universalwissenschaft als Gebilde des besonderen praktischen Interesses, das da theoretisch-philosophisch heißt, und so umschließt die Philosophie (als Theorie) in Rückbezogenheit auch ihre eigene Funktion für die universale Praxis.“ (B I 21 IV, 9) Bemerkenswert an dieser Manuskriptstelle (Manuskript von 1925) ist insbesondere Husserls indirekt geäußerte Kritik an einer vorgegebenen Disziplin ‚Ethik‘: Die Festlegung auf eine solche (in sich abgegrenzte) Disziplin ist dem, was sie thematisch zu fassen sucht, dem universalen, ins Offen-Endlose laufenden Prozeß praktischen Lebens, nicht angemessen. Gegenüber der „universalen Theorie“ ist sie eine „naive Verendlichung“, weil sie den Anschein erweckt, als könnte das Vollkommenheitsstreben der Praxis, ihr Bezogensein auf unendliche Pole, in einem von ontologischer Wissenschaft entworfenen System idealer Bestimmungen thematisch erfaßt werden. Hier zeichnet sich schon Husserls Versuch vor, universale Ethik in universale Teleologie überzuführen (s. unten IV.1.).

ist, kann somit zunächst nur paradox sein: Die universale ethische Vernunftlehre umspannt das gesamte Vernunftleben, darunter die Logik, wird selbst aber von der logischen Wissenschaftslehre umgriffen. Dieses Paradox löst sich auf, wenn berücksichtigt wird, daß die jeweilige universale Umspannung eine solche nur ist hinsichtlich des rein Praktischen bzw. des rein Theoretischen. Da aber dort, wo Theorie ist, es immer auch schon um Praxis geht und dort, wo über Praxis reflektiert wird, immer schon Theorie am Werk ist, ist die Umspannung in der Tat in beiden Fällen gegeben und in beiden Fällen universal.

Die Art der Umspannung seitens der Ethik wie auch der Logik ist somit dergestalt, daß sie jeden Fall von Praxis bzw. Theorie betrifft, doch nicht samt und sonders, sondern eben hinsichtlich des Praktischen und hinsichtlich des Theoretischen. Damit wird zudem deutlich, daß Vernunft sich nicht in zwei Hälften, genannt praktische und theoretische, teilen läßt, sondern daß praktisch und theoretisch gerichtete Akte einander durchdringen, einander überlagern. Husserl spricht von „verschiedenen, voneinander untrennbaren Seiten [...] aber nicht Teilen" der Vernunft (ebd.).[164] Deshalb kann er von der „einen universalen Vernunft" reden, ohne in einen Vernunftmonismus zu geraten. Die Rede von ‚Seiten' und von der ‚einen' Vernunft bleibt aber noch metaphorisch. Husserl führt die Analyse der Vernunftlehren und ihres eigentümlichen Verhältnisses nicht weiter, und er erarbeitet keine konkreten Bestimmungen eines daraufhin neu zu fassenden Vernunftbegriffs.[165] Doch deutlich wird, daß der traditionelle Vernunftbegriff in Husserls Analysen seine Auflösung erfährt. Die Identität der Vernunft ist nicht mehr eine solche der Substanz; konkretes phänomenologisches Datum ist vernünftiges Sein nur als Korrelat mannigfaltiger Erfüllungsintentionen. Das einigende Moment, das Selbe ‚der' Vernunft, scheint so eher in einem grundlegenden noetischen Zug der Erfüllungen zu liegen, der in seiner Synthesisfunktion von Husserl transzenden-

[164] In einer Beilage zur Ethik-Vorlesung von 1911 heißt es: „Überhaupt sehen wir, daß *die verschiedenen Arten der Vernunft sich durchdringen und eine einzige Vernunft mit wesentlichen Seiten konstituieren.*" (Hua XXVIII, 228)

[165] Vgl. die Kritik Karl Schuhmanns an Husserls Vernunftbegriff, in: ders., *Husserls Staatsphilosophie*, a.a.O. 186 ff.

talphänomenologisch in Analysen der passiven und aktiven Synthesis aufgeklärt wurde.[166]

So versuchte Husserl phänomenologisch aufzuweisen, daß das gesamte Bewußtseinsleben eine grundlegende Tendenz auf Erfüllung besitzt und daß die Synthesis der Erfüllungsintentionen vereinheitlichend im Sinne von spezifisch ordnungsstiftend ist. Einen Paradefall für Synthesis von Erfüllungsintentionen bietet die Reflexion. Sie ist als Prüfung einer Erfüllung ein besonderer Fall der Synthesis, und zwar schon auf der Stufe der natürlichen Reflexion. Die höherstufigen Formen der mundan- und dann der transzendentalphänomenologischen Reflexion machen zunehmend das zuvor verdeckte Geschehen der Vernunft patent. Dieses Patentwerden der Vernunft für sich selbst fällt mit der Selbstvergewisserung der Subjektivität als transzendentaler zusammen, so daß eine letzte Antwort auf die Frage nach der ‚einen' Vernunft im Synthesisstreben des transzendentalen Selbstbewußtseins zu suchen ist. Für Husserl ist die transzendentale Einstellung zwar die absolute und letztlich maßgebende - gerade für die Aufdeckung aller Vernunftproblematik -, doch damit wird das Eigenrecht der mundanen Einstellungen nicht aufgehoben, d. h., die besondere Einheitsform der Vernunft ist so zu denken, daß sie auch als transzendentale diese prinzipielle Unaufhebbarkeit der Einstellungen und der korrelativen Seinsebenen zuläßt. Dieses vorläufige Ergebnis gilt es im abschließenden Teil zu vertiefen.

Ethik als universale Vernunftlehre und Logik als universale Wissenschaftslehre unterstehen unterschiedlichen Apperzeptionen des vernunftmäßigen Seins, die sich teilweise überschneiden, was zur Folge hat, daß die Vernunftlehren einander, wie Husserl sich ausdrückt, „durchdringen". Die Grundapperzeption der reinen Ethik zielt auf das Praktische, das sie, als Wissenschaft, in Gestalt reiner Theorie zum Thema hat; die Grundapperzeption der reinen Logik ist das rein Theoretische. Dasselbe X kann somit das eine Mal als ‚Seligkeit', als Befriedigung, das andere Mal als Erkenntniserfül-

[166] Z.B. Husserls Behandlung der Frage nach der Konstitution der Einheit von Welt als Korrelat der sich mundanisierenden Vernunft in seinen Analysen zur transzendentalen Ästhetik (Hua XI, vgl. oben I.4.).

lung, als Wahrheit, apperzipiert werden. Beides ist inkommensurabel (Erkenntniserfüllung ist also nur *auch*, und zwar in einem nichttheoretischen Apperzeptionszusammenhang, ‚Erkenntnisseligkeit'). Das Verhältnis von universaler Vernunftlehre (Ethik) und Wissenschaftslehre (Logik) entspricht dem Sachverhalt, daß alles Theoretische seine praktische Bezüglichkeit aufweist, die aber das rein Theoretische als solches nicht zu relativieren vermag, wie überdies, daß Theorie alles Praktische thematisch machen kann. Das Praktische - die praktische universale Vernunft - kommt bereits in der universalen Vernunftlehre, also noch vor der transzendentalen Wendung, kraft universaler Theorie zu sich selbst.

In den *Prolegomena* stellte Husserl der normativ-praktischen Disziplin der logischen Kunstlehre die reine Logik gegenüber. Zwanzig Jahre später charakterisierte er die universale Vernunftlehre als normative Disziplin, die sich nicht nur radikal von aller praktischen Kunstlehre und Technologie abhebt, sondern hinsichtlich des Praktischen auch die reine Logik umgreift, da die „normative Idee der Vernunft" sich auf „das im gewöhnlichen Sinne so genannte (in die Umwelt hineinwirkende) Handeln" ebenso bezieht wie auf „die logischen und wertenden (z.B. ästhetischen) Akte", so daß die universale Vernunftlehre als „volle Ethik" Logik (logische Kunstlehre), Axiologie und Praktik umschließt (Hua XXVII, 40). Insofern Ethik die Wissenschaft von den universalen normativen Vernunftbestimmungen ist, fallen in ihr Zuständigkeitsgebiet alle normativ-praktischen Fragen hinsichtlich der Realisierbarkeit und Realisierung der Theorie als universaler Wissenschaft sowie hinsichtlich der Bestimmung und vorbereitenden Realisierung ihrer Praxisfunktion. Damit ist Ethik nicht mehr nur eine Paralleldisziplin zur Logik wie noch in Husserls früher Konzeption, sondern ihr kommt als universaler normativer Vernunftlehre und aufgrund der Durchdringung mit der logischen Vernunftlehre selbst ein ausgezeichneter Ort in der gesamten Wissenschaftsentwicklung zu, darüber hinaus in der universalen Beziehung von Wissenschaft auf Praxis und als dieses wiederum ein ausgezeichneter Ort in der Selbstverwirklichung der reinen Vernunft. Die Theorie wird damit in ihrem spezifischen Selbstbewußtsein, ihrer universalen Selbstreflexion im Gesamt der Vernunftlehren und der übergreifenden Vernunftlehre der Ethik, zum Subjekt und Objekt der Verwandlung des sozialen Menschseins: „Die Entwicklung der universalen *Wissenschaftstheorie* (Vernunfttheorie und Logik) ist ein Organ und selbst ein Zug der Entwicklung der Menschheit zu einer sich zu höherer Selbstverwirklichung bringenden Menschheit [...].“ (Ebd. 56) Mittels der Metatheorie der Ethik soll sich Theorie hinsichtlich aller normativen Bestimmungen ihrer selbst vergewissern sowie dadurch in die Lage versetzt werden, ihre praxisverändernde Kraft universal zu realisieren. Es zeigt sich jetzt: Theorie und Praxis in Husserls Sinn sind in eine Zirkelbewegung involviert, dessen Zentrum in der Selbstbezüglichkeit der Theorie selbst eine Zirkelbewegung aufweist und das Offenbarwerden des Vernunfthaften für Theorie und Praxis bedeutet. Der Ethik kommt hier eine Schlüsselstellung zu, weil sie gleichsam die aktive bewegende Kraft ist, die jene Zirkelbewegungen vorantreibt.

Das zweite begrenzende Moment für die Reichweite der Umspannung der Ethik als universaler Vernunftlehre ist - neben ihrer Praxisbezüglichkeit - die *Welt*. Ethik ist bezogen auf Weltwissenschaft und bestimmt sich selbst als solche. Nicht nur hinsichtlich alles Praktischen, auch hinsichtlich der Welt und aller Weltwissenschaften stellt Husserl die Frage, ob Ethik in der Tat nur eine „Spezialwissenschaft“ sei (A V 22, 28): „Ist die ethische Frage universal gefaßt nicht ein Gesichtspunkt, unter dem alles und jedes, was zur Welt und ihrer Erkenntnis gehört, vorkommen muß, und muß nicht umgekehrt, wenn von vornherein Erkenntnis der Welt in Form universaler Weltwissenschaft in Frage ist, darin der ethische Mensch mit in Frage sein?“ (Ebd.) In diesen Fragen und den Antworten, die Husserl darauf gibt, wird ein phänomenologischer Grund dafür faßbar, daß Husserls spätere Ethik dem Gedanken der Entwicklung, der Ausbildung eines ‚ethischen Lebens‘ und damit Praxis und Praktik eine Vorzugsstellung einräumt, da Welt als Korrelat des Erfahrungslebens „nicht eine endliche Mannigfaltigkeit von Realitäten bedeutet“ (ebd.), sondern, als universaler Horizont, „eine offene Unendlichkeit von Möglichkeiten“ (ebd. 29), zu denen auch die Möglichkeit gehört, jedes faktische Sein der Welt in ein ethisch wertvolleres umzugestalten. Die Variabilität der faktischen Welt, ein im Ausgang von ihrer erfaßten Struktur zu gewinnender Entwurf einer möglichen besseren Welt, gehört für Husserl selbst zur Wesensverfassung des welterfahrenden Lebens. Dem entspricht auf der Seite des menschlichen Seins die Freiheit des Menschen: Seine „Könnenspotenzialität" des ‚ich kann' „ist eine beständige reale Möglichkeit einer besonderen Dignität, welche die Weltzukunft mitbestimmt; und dazu gehört auch die Möglichkeit, Ethik als Besinnung auszubilden" (ebd. 30). Jede ethische Frage besitzt somit nicht nur ihren Ermöglichungsgrund im Bereich des wesensmäßig Offenen von Welt und im Bezug von Welt und Mensch (sie ordne sich „in die weltwissenschaftliche universale Frage nach dem Sein in der Welt" ein [ebd.]), sondern ebenso dort ihren genuinen Ort. Zugleich wird damit deutlich, daß alle auf Welt bezogenen, vortranszendentalen Wissenschaften „Funktion in einer universalen und radikalen ethischen Menschen- und Weltbetrachtung" erhalten (ebd. 31). Universale Ethik setzt positive Wissenschaft voraus, da Umgestaltung der Welt zum einen universale Kenntnis darüber voraussetzt, „wie sie ist und wiefern sie in der Tat und überhaupt Möglichkeiten auf die ethische Idee hin in sich birgt" (ebd. 28).[167] Sie setzt darüber hinaus auch alle eidetischen Wissenschaften voraus,[168] welche die Unendlichkeit von Möglichkeiten in ihrer Typik zum Thema machen. Da Ethik demzufolge auf die Wesensmöglichkeit „einer möglichen Welt überhaupt als einer wahren und echten" (A V 19, 31) gerichtet ist, wird sie zur eidetischen Disziplin, zur Wesenswissenschaft, „bezogen auf die Idee des Menschen, eines Menschen ideal gesprochen in einer ideal möglichen Welt" (A V 22, 29). Die von der Ethik gefaßte Normidee einer wahren Welt und eines wahren Menschentums wird

[167] Entsprechend umspannt „universale Tatsachenwissenschaft" „alle Ideen, alle absoluten Normen als realisierte" (A V 19, 32).

[168] „Eine universale Wissenschaft von den absoluten Normen und einer möglichen normgerechten Welt [...] umfaßt offenbar alle eidetischen Wissenschaften überhaupt, auch die eidetische Wissenschaft von einer möglichen Tatsachenwelt überhaupt." (A V 19, 32)

selbst zu einem praktischen Ideal der Beurteilung, der Entscheidung und des Handelns (vgl. A V 19, 32).[169]

In der Ethik als Wesenswissenschaft ist kein Raum für transzendentale Fragestellungen. Die Ethik ist Regionalontologie, wenngleich, ähnlich wie die Logik in ihrem Gebiet, als universale Vernunftlehre des Normativ-Praktischen besonders ausgezeichnete Ontologie. Und doch gibt es Nahtstellen, an denen die ethische Problematik in die transzendentale Problemstellung hinüberführt. Eine solche Nahtstelle bezeichnet insbesondere das Problem der Welt. In der transzendentalen Einstellung erweist sich die Welt - die gesamte mundane Struktur in ihrer Faktizität, aber auch in der Möglichkeit ihrer Variierbarkeit - als Konstitutionsgebilde und als Korrelat der transzendentalen Subjektivität. Der Stil der Variierbarkeit selbst gehört dem Konstitutionsgebilde ‚Welt' unabtrennbar zu. Soll nun die in der eidetischen Betrachtung teleologisch vorgezeichnete wahre und echte Welt nicht ein leeres Konstrukt sein, so muß ihr - eben aufgrund der ‚Harmonie' von Welt als Eidos und transzendentalem Gebilde - ein transzendentales Moment entsprechen, m. a. W., Welt als Konstitutionsgebilde muß diese Möglichkeit zulassen. Husserl spricht in diesem Zusammenhang auch von der prinzipiellen Humanisierbarkeit der Welt als einer in ihrer transzendentalen Sinnstiftung verankerten Verfaßtheit; daß Welt „von vornherein auf den Menschen hin und die von ihm geforderte Teleologie [...] angelegt sein, daß <sie> die Bedingungen der Möglichkeit der echten Humanisierbarkeit erfüllen muß und darin ihre Wahrheit hat" (A V 22, 31). In der Spätphase von Husserls Werk treten solche Überlegungen in den Vordergrund, die darauf abzielen, die transzendental aufgedeckte Teleologie in Zusammenhang und Einklang mit der von der Ethik behandelten mundanen Teleologie zu bringen (vgl. unten IV.1.).

---

169 Die Ethik als Wesenswissenschaft ist damit - wie alle Ontologien - noch keine genuin philosophische Disziplin. „Die formale Ethik nicht minder als die sie ergänzende materiale gehören nach meiner Auffassung noch nicht in die Linie des eigentlich Philosophischen: genau so <wenig> wie auf der anderen Seite die formale Logik und die sie ergänzende materiale und vor allem die Logik der Erfahrungswissenschaft." (Ethik-Vorlesung 1908/1909, Hua XXVIII, 244 f.)

1.3. Ethik als Regionalontologie

Bevor dargelegt wird, wie Husserl Ethik als wesenswissenschaftliche Disziplin entwarf, sei die Stelle, die ihr Husserl in seiner Konzeption der Wissenschaft zuordnet, kurz bestimmt. Ethik als Wesenswissenschaft ist zwar Welt-, aber nicht Tatsachenwissenschaft. Tatsachenwissenschaft hat Husserl zufolge die beiden großen Bereiche des Weltlich-Empirischen, Natur und Geist, zu ihrem Thema, bestimmt sich somit als Natur- und Geisteswissenschaft. Geisteswissenschaft unterteilt sich für Husserl in rein theoretische und in normativ-praktische Disziplinen, die normativen Wissenschaften als Tatsachenwissenschaften (vgl. A V 19, 70). Normative Wissenschaft als Tatsachenwissenschaft (‚Technologie' im Sinne der Vorlesung von 1920/1924) untersucht „die tatsächlichen Gültigkeitsansprüche" einer personalen Kultur, „hinsichtlich ihrer Wahrheit, ihrer absoluten Normgerechtigkeit: das personal Geltende in seiner historischen Geltung unter der Idee der wahren und wirklichen Gültigkeit" (ebd. 71). Den Tatsachenwissenschaften, „den Wissenschaften von der tatsächlichen Welt und den ihr zugehörigen ‚realen' Möglichkeiten", stellt Husserl die Wesenswissenschaften, die „Wissenschaften von den idealen oder Wesensmöglichkeiten", gegenüber (ebd). Diese Wissenschaften sollen das Invariante, die „Wesensform" (ebd.) der Tatsachenwelt nach ihren Regionen Natur und Geist und innerhalb der Region des Geistigen auch nach dem Normativ-Praktischen, herausstellen. Die Wesensform der Tatsachenwelt als solcher ist das Thema der reinen Logik; diese leitet „die Ausbildung der universalen Erkenntnis der besonderen und faktischen Welt-Tatsachen" (ebd. 72), sprich die Ausbildung der regionalen Ontologien. Die Ontologien rationalisieren das Faktische, bilden damit als eine Grundwissenschaft für den jeweiligen Bereich der Tatsachenwelt einen Parameter aus, demzufolge die betreffenden Tatsachen theoretisch eindeutig bestimmt und in der Praxis zu Objekten der Umgestaltung werden können. In der Entwicklung der neuzeitlichen Wissenschaften wuchs, wie Husserl vor allem in seinem Spätwerk hinsichtlich der transzendentalen Grundlagen dieses Geschehens zeigte, der Geometrie und der Mathematik die Funktion einer Rationalisierung der Natur und als

Grundwissenschaften die Leitung aller auf Natur bezüglichen empirischen Wissenschaften zu. Es war eines von Husserls Hauptanliegen, eine Übernahme des mathematischen Rationalisierungsmusters auch auf das Seelisch-Geistige zurückzuweisen; für diesen Bereich könne nicht eine naturalistische Psychologie die Grundwissenschaft abgeben. Im Gegenzug dazu galt Husserls Bestreben der Konzeption einer reinen eidetischen Psychologie.

Wie aber verhält es sich nun mit der reinen Ethik als universaler Vernunftlehre? Ethik und Psychologie als wesenswissenschaftliche Disziplinen sind nach Husserl der intentionalen Anthropologie zuzuordnen, die in Analogie zu den geometrisch-mathematischen Disziplinen die entsprechende Grundwissenschaft für die Erforschung des Seelisch-Geistigen darstellt. Innerhalb der intentionalen Anthropologie ist es insbesondere die intentionale Psychologie, die die Funktion einer solchen Grundwissenschaft übernimmt, zumal sie, als Wissenschaft vom universalen Bewußtseinsleben, die Brücke zur transzendentalen Phänomenologie schlägt. Psychologie ist auf das ganze Bewußtseinsleben, auf das theoretische wie praktische, bezogen, jedoch nicht eigens hinsichtlich der normativen Bestimmungen. Insofern tritt sie nicht in Konkurrenz zur reinen Ethik, die als universale Vernunftlehre erklärtermaßen das gesamte praktische (auch theoretisch-praktische) Bewußtseinsleben hinsichtlich seiner normativen Bestimmtheit umspannt. Damit wird Ethik insbesondere zu einer wesenswissenschaftlichen Grundwissenschaft für die normative Tatsachenwissenschaft, zu einer Art Logik, einer „Gefühlslogik", wie sie Husserl vor allem in seinen frühen Texten zur Ethik bezeichnet, zu einer „Logik der Normen", zur „Theorie der reinen Normen" (ebd. 73). Ethik bezieht sich auf die Welt und die Menschen, „aber als Idee und in der Frage, nicht welche Ziele sie sich faktisch gestellt hat und stellt, welche Meinungen sie faktisch über ihr Erzielen und Verfehlen hat usw." (ebd.).

Die Ethik wäre somit eine eidetische Disziplin, der innerhalb einer Grundwissenschaft für die wissenschaftliche Erforschung alles geistigen Seins der Weltwirklichkeit ein besonderer Platz zukäme. Im ersten Artikel der *Kaizo*-Serie stellt Husserl fest, daß es eine der reinen Mathematik parallele apriorische Wissenschaft, eine „mathesis des Geistes und der Humanität" (Hua XXVII, 7), nicht gibt: „Es fehlt das wissenschaftlich entfaltete System der rein rationalen, der im ‚Wesen' des Menschen wurzelnden ‚apriorischen' Wahrheiten, die als der reine Logos der Methode in die geisteswissenschaftliche Empirie in einem ähnlichen Sinne theoretische Rationalität hineinbrächten und in einem ähnlichen Sinne rationale Erklärung empirischer Tatsachen möglich machten, wie die reine Mathematik der Natur empirische Naturwissenschaft als mathematisch theoretisierende und somit rational erklärende möglich gemacht hat." (Ebd.) Gab die reine Mathematik der Natur durch ihre Entfaltung der Idee der Natur Prinzipien der Rationalisierung des Empirischen, insofern es Naturhaftes ist, vor, so fehlt eine apriorische Disziplin, die dies hinsichtlich der Idee des Menschen und der menschlichen Gemeinschaft unternommen (ebd. 6) und eine der Seinsverfassung des Geistigen entsprechende rationale Leitung der Geisteswissenschaften ermöglicht hätte. Doch im Falle des Geistigen gibt es, wie Husserl hinzufügt, noch eine besondere Weise der Rationalisierung des Empirischen, nämlich „die normative *Beurteilung nach allgemeinen Normen*, die zum apriorischen Wesen der ‚vernünftigen' Humanität gehören" (ebd. 7), die Beurteilung „nach normativen apriorischen Disziplinen der Vernunft, der logischen, wertenden und praktischen Vernunft" (ebd. 9) sowie „die *Leitung* der tatsächlichen Praxis selbst nach ebensolchen Normen, zu denen die Vernunftnormen praktischer Leitung selbst mitgehören" (ebd. 7, vgl. 9). Mit diesem Satz ist Ort und Aufgabenstellung der Ethik in einer apriorischen Grundwissenschaft vom geistigen Sein umrissen. Gegenstände der ethischen Untersuchung sind alle Normen und normativen Bestimmungen, so daß die Ethik als universale Vernunftlehre alle Disziplinen hinsichtlich ihrer Normhaftigkeit umspannt. Ferner gehört zur Aufgabe der reinen Ethik, die Bedingungen der Möglichkeit aufzuzeigen, die vernunfthaft ausgewiesenen Normen zu realisieren. Damit wird sie zu einer die Praxis regelnden apriorischen Disziplin.

Wenn Ethik ein wesentlicher Bestandteil einer apriorischen Grundwissenschaft sein soll, unterliegt sie dann nicht auch dem Verdikt des späten Husserl, den dieser gegenüber der neuzeitlichen Mathematik der Natur ausspricht, nämlich dem Vorwurf der Idealisierung und des Vergessens der Lebenswelt? Wenn dies nicht so ist, müßte es für Husserl zumindest zwei prinzipiell unterschiedliche Weisen einer Rationalisierung des Empirischen geben. Dies ist in der Tat der Fall. Den wichtigsten Unterschied zwischen der Idealisierung seitens der Mathematisierung der Natur und der von Husserl geforderten Rationalisierung des Geistigen bezeichnet die Verankerung in universaler Wissenschaft. Im ersten Fall, bei der Mathematisierung der Natur, fehlt, so lautet Husserls Vorwurf, gerade solche Einbindung, während im zweiten Fall resp. bei der Ethik von vornherein die Verankerung dieser geforderten Idealwissenschaft in der universalen Wissenschaft im Blick ist: Die Rationalisierungsaufgabe der gesuchten Grundwissenschaft des Geistigen wird eidetisch-phänomenologisch reflektiert, sie ist somit in das Gesamt der ontologischen Disziplinen eingebunden; hierzu gehört auch die Diskussion der Rolle der reinen Ethik als universaler Vernunftlehre. Da die Ontologien im Aufriß der phänomenologischen Wissenschaft von der transzendentalphänomenologischen Befragung der Genesis der lebensweltlichen Sinnbestimmungen, die diesem Rationalisierungsprozeß zugrunde liegen, nicht abgekoppelt werden, tritt hier auch kein Vergessen dieser Sinngrundlagen ein. Der Idealisierungsvorgang im Fall der neuzeitlichen Mathematisierung der Natur hingegen setzte eine eidetische Kenntnis operativ ein. Daraus wird zweierlei ersichtlich: Zum einen zielt Husserls Kritik der Mathematisierung der Natur nicht auf den Idealisierungsprozeß als solchen, sondern auf die Art und Weise, wie dieser durchgeführt wird, und zum zweiten belegt das Verhältnis dieser beiden Idealisierungsarten Husserls These, daß eine ungenügende Reinigung des Theoretischen von Voraussetzungen der Praxis der eigentliche Grund für das Scheitern eines theoretischen Konzepts darstellt. Als Momente, an denen die ungenügende theoretische Selbstvergewisserung, die zur Krise der europäischen Wissenschaften führte, abgelesen werden kann, nennt Husserl bekanntlich Weisen der unkontrollierten Idealisierung, die zu einer Metábasis führten, wie die Mathematisierung der sinnlichen Füllen, und Weisen zunehmender Sinnentleerung im technisierten Umgang mit dem ‚Formel-Sinn' (vgl. Hua VI, 32 ff., 42 ff.).[170]

---

[170] Husserls in Zusammenhang mit der mathematischen Naturwissenschaft ge-

Diese Gefahr droht Husserl zufolge jedem Idealisierungsvorgang, ja jedem theoretischen wie praktischen Vollzug, der an Ideen, Idealen oder Normen ausgerichtet ist. So kann auch die ethische Verantwortung zu einer „Dressur“ werden (E III 4, 35); die Herkunft der ethischen Normen ist dann vergessen, die Notwendigkeit ihrer Begründung nicht mehr im Blick, die Rationalität fällt „als eigentlich individuell zu verantwortende unter den Tisch“ (ebd. 36). Zur verantwortlichen Haltung gehört zumindest, so Husserl, die „Begründungsbereitschaft“ des ‚ich-kann‘: Ich kann jederzeit den Nachweis der rationalen Begründung meines Tuns und Verhaltens geben. Husserl bezeichnet dies als „Evidenz zweiter Stufe“ (ebd.) gegenüber derjenigen Evidenz, die aus dem urstiftenden Begründungsvollzug resultiert. Das „rationale Verhalten“ hinsichtlich eines bestimmten Zweckfeldes ist Husserl zufolge dann das, „wo die Zweckmäßigkeit in allen Schritten der Verwirklichung den Charakter der einsichtigen oder einsichtig zu machenden Normgerechtigkeit hat, also der ganze ausführende Weg begangen und schon vorher entworfen ist als ein durchaus normgerechter, mag auch die Normgerechtigkeit horizonthaft verweisen auf Begründungen, die revidiert, aber nicht aktuell gegenwärtig sind“ (ebd. 38).

Doch gerade in Hinblick auf Husserls spätere Kritik am Idealisierungsprozeß der neuzeitlichen Wissenschaft ist Zweifel angebracht

brauchter Begriff der „Technisierung“ (Hua VI, 45 f.) ist mit seinem oben diskutierten „Technologie“-Begriff im Rahmen des Ethischen insofern verwandt, als sich beide auf ‚Kunstfertigkeit‘ beziehen; sofern jedoch Husserl bei der Technisierung der mathematischen Naturwissenschaft den fehlenden Rückgang auf die originären Anschauungen, die der Mathematisierung zugrunde liegen, herausstreicht, erhält der Begriff des Technischen eine überwiegend negative Bestimmung. In E III 4 spricht Husserl vom „notwendigen Prozeß der Technisierung der Vernunft“; ‚notwendig‘ besagt hier das zwangsläufige Versinken der Anschauungsgehalte in die Tiefen von Retention, Sedimentation und Vergessen, die „innere Umwandlung der Aktivität in sekundäre Passivität“ (23). Nicht also gegen diesen passiv-synthetischen Prozeß als solchen soll sich ethische Besinnung zur Wehr setzen, sondern gegen das passive Ichverhalten, die anschauungsferne, „faule Vernunft“ (Hua XXVII, 238 f.), die sich mit den Ergebnissen dieses Prozesses abfindet und mit ihnen hantiert und nicht die Anstrengung der Wiederveranschaulichung auf sich nimmt. Hier wird erneut deutlich (vgl. oben I.1.2. und 1.3.), daß für Husserl der Widerpart des freien Ich nicht der Untergrund der Passivität ist, sondern das Ich selbst, sofern es diesem Untergrund gegenüber gebunden ist.

bezüglich Husserls Parallelisierung von reiner Mathematik der Natur und der gesuchten apriorischen Geisteswissenschaft im ersten *Kaizo*-Artikel. Denn offensichtlich handelt es sich hier nicht um zwei parallele, sondern allenfalls im Formalen analoge Idealisierungsvorgänge. Die Rationalisierung des Empirischen seitens der Mathematik der Natur wird von einer Vorentscheidung geleitet, die Husserl später in einer Vorannahme im Verhältnis von Ansichsein und Phänomenalität erblickt (vgl. Hua VI, 54). Die Ursache hierfür liegt in einer bestimmten Realitätssetzung, die Husserl früher bereits als Naturalisierung beschrieb. Diese Realitätssetzung bewirkt, daß das Idealisierungsgeschehen in der Mathematisierung der Natur, die Mathematisierung der Füllen, keine eidetische Bestimmung gibt, sondern eine Art der Anwendung des Eidetischen auf das Konkret-Faktische darstellt. Eine derartige Vermischung von eidetischer und empirischer Methode ist Resultat der unreflektierten Vorgehensweise in der Mathematisierung der Natur und gerade unterschieden von einer Rationalisierung des Empirischen, wie sie im Fall des Geistigen von der Ontologie im phänomenologisch fundierten Gefüge der Wissenschaft betrieben werden soll. Der Unterschied liegt jedoch nicht allein in der Qualität der geleisteten Reflexion; durch diese bedingt, ist auch der Stil der Idealisierung beide Male ein vollkommen anderer. Rationalisierung des Geistigen im Sinne der Phänomenologie besagt das eidetische Bestimmen entsprechender Begriffe in formaler Allgemeinheit (Husserl nennt den „Begriff des Menschen überhaupt als Vernunftwesen, den Begriff des Gemeinschaftsgliedes und der Gemeinschaft selbst und nicht minder alle besonderen Gemeinschaftsbegriffe wie Familie, Volk, Staat usw. Ebenso die Begriffe der Kultur und der besonderen Kultursysteme Wissenschaft, Kunst, Religion usw.“ [Hua. XXVII, 11]). An diesen Begriffsüberprüfungen und -bestimmungen soll sich empirische Geisteswissenschaft orientieren. Hier liegt, prinzipiell gesehen, kein Verwischen der Grenzen vor, kein Hineinziehen der eidetischen Methode ins Faktische wie im Fall der neuzeitlichen exakten Wissenschaft von der Natur. Deutet diese im Empirischen das Empirische ideell, so besagt die Rationalisierung im Geistigen die Erforschung des Empirischen anhand von ideellen Bestimmungen. Im ersten Fall wird das Ideelle zu einer Bestimmtheit der

Realität und diese zur wahren Realität an sich, in diesem Sinn platonisch gedacht (Galilei war bekanntlich Platoniker). Im zweiten Fall soll die Seinsdifferenz zwischen dem Ideellen und dem Empirischen gewahrt werden. In dieser Hinsicht ist Husserl - im Gegensatz zum neuzeitlichen Naturwissenschaftler - kein Platoniker.[171]

Welches sind nun die in formaler Allgemeinheit zu gewinnenden eidetischen Bestimmungen der reinen Ethik? Es geht ihr nicht um die Bestimmungen des Menschen, der Gemeinschaft, der Kultur, Wissenschaft, Kunst, Religion als solchen; diesbezüglich setzt die Ethik die übrigen eidetischen Wissenschaften vom Geistigen voraus. Ihr geht es vielmehr um „die normativen Gestalten: ‚wahre', ‚echte' Wissenschaft, Kunst, Religion" (Hua XXVII, 11) etc. Damit ist ein Koordinatenkreuz der ethischen Forschung aufgespannt: Eine Koordinate betrifft das individuelle sowie das gemeinschaftliche Sein, die andere die Möglichkeit eines ‚wahren', ‚echten' („seligen") Lebens im Gegensatz zu einem unwahren, unechten und den Abstufungen dazwischen. Ersteres ist eine methodische Einteilung, letzteres kennzeichnet das eigentliche Anliegen und Ziel von Husserls ethischen Analysen (vgl. B I 37, 31b). Für Husserl liegt die Aufgabe der Ethik in erster Linie in der Beantwortung der Frage nach der Wesensform eines authentischen Lebens und nicht in einer Hierarchie von Werten und Wertordnungen. Husserls spätere Ethik macht dies zunehmend deutlich, was in engem Zusammenhang mit der Aufwertung der teleologischen Betrachtungsweise und der Betonung der Praktik steht. Das teleologische Geschehen ist zwar stets auf eine Zielidee, in Husserls Vernunftphilosophie auf evident aufdeckbares, wahres, vernünftiges Sein, bezogen, doch es ist unabtrennbar von seinem Korrelat, dem subjektiven Prozeß, der selbst wesenhaft teleologischen, auf wahres Sein zielenden Bewußtseinsintentionalität. So beinhaltet die Konzeption der Normidee eines ‚seligen' Lebens für ein faktisches Leben zugleich die Aufforderung, sich auf dieses Ideal zuzubewegen.

---

[171] Husserls Stellung zu Platons Ideenlehre und zum Platonismus ist seiner Selbstinterpretation nach nicht eindeutig; oft betont er die Nähe, dann wieder die Differenz zu Platon (vgl. Hua III, § 22; vgl. auch Jan Patocka, *Die natürliche Welt als philosophisches Problem*, Stuttgart 1990, 85 f.).

Die Ethik als universale Vernunftlehre soll dieses Ideal als „eine im Unendlichen liegende Idee“, die „dem echt humanen Leben die Form rationaler Selbstregierung und Selbstgestaltung geben muß“, (B I 37, 32a) aufzeigen. Das heißt, zugleich zu zeigen, „daß hier zwei Ideen notwendig aufeinander bezogen sind: einerseits die absolute Idee absolut vollkommener Subjektivität und eines absolut vollkommenen, absolut seligen Lebens; andererseits die Idee einer werdenden Subjektivität und eines werdenden Lebens, das die Form eines rechten Hinwerdens auf die absolute Idee hat, das ist die Form einer echten aufsteigenden Entwicklung“ (ebd., vgl. Hua XXVII, 36). Diese untrennbare Einheit von Weg und leitendem Ziel bezeichnet Husserl vor allem in den *Kaizo*-Artikeln mit dem Terminus *Erneuerung*, und da Erneuerung die Spannung zwischen dem im Unendlichen liegenden absoluten Ideal und der Notwendigkeit der konsequenten Hinwendung zu ihm besagt, kann Husserl sie „das oberste Thema aller Ethik“ nennen. Dieses Telos umschreibt das letzte Umwillen des menschlichen Lebens im Horizont der Mundanität; in seiner Übernahme erblickt Husserl die größte Selbstoffenbarung des Menschen, Ziel und Zweck seiner mundanen Strebensverläufe. ‚Erneuerung‘ verweist folglich nicht nur auf eine durch mehrere Stufen hindurch sich erstreckende Entwicklung,[172] sondern besagt auch die Arbeit des Sisyphos - das stete Sichhalten in der Offenbarkeit des Telos, die permanente Revolte gegen ein In-Gewohnheit-Erstarren. ‚Erneuerung‘ ist somit auch ein Gegenbegriff zu Technisierung und Tradition, und er korreliert mit dem Authentischsein in der Aufnahme der Evidenz des Telos.

Hier zeichnet sich nun mit Blick auf die Rolle der Ethik der Zusammenhang des universalen Strebens nach Glück in der „Einstellung der Lebenssorge“ (A V 22, 19) und des theoretischen Ausgriffs auf das Vernunfttelos genauer ab (vgl. oben S. 91 ff.). Husserl betont, daß dic das Leben bewegende Frage nach einem „befriedigten Dasein“ eine praktische ist, aber eine solche, die „alle meine Praxis überhaupt“ betrifft (ebd.). Sie „entwirft die Idee einer universalen Form praktischen Lebens überhaupt und als Totalität

[172] „So weit Geist und geistige Leistung reicht, so weit reicht, mit der Bannsphäre der Motivation, auch die *Idee der Entwicklung*.“ (Hua XXV, 322)

künftigen Lebens, das selbst in dieser Totalität zu einem von mir zu erwirkenden werden soll, also selbst Ziel einer totalen Praxis wäre" (ebd.). Diesem schlechthinnigen Umwillen des Daseins entspricht eine universale Besinnung praktischer Vernunft, die in theoretischer Einstellung zu einer universalen Besinnung theoretischer Vernunft (ebd. 20), zur „ethischen universalen Besinnung" (ebd. 21), werden kann. Gegenstand und Ziel der Ethik als universaler Vernunftlehre ist für Husserl somit die theoretische Erforschung des Universalinteresses des Weltlebens, sein universales Streben nach Glück in der alles umfassenden Lebenssorge - aufgedeckt als universales teleologisches Problem, als Vernunftproblem.

Weiter heißt es weiter, daß die Frage nach „meiner Lebensbefriedigung", nach „meinem echten Dasein" „die mein gesamtes Wohl und Wehe betreffende Lebensfrage" ist (ebd. 21. f.). Obgleich jeder sein Leben zu verantworten habe, sei diese Verantwortung nicht auf den einzelnen beschränkt: Meine Selbstverantwortung bezieht auch den anderen mit ein, da „sein Dasein auch Dasein für mich ist und als dieses Fürmichsein in Kommunikation, in Lebensgemeinschaft auch eine personale Wirkungseinheit ist, die als praktische für mich wie für ihn meinerseits von mir her mitzuverantworten ist und seinerseits von ihm her" (ebd. 22). Personales Wirken könne, so Husserl weiter, die ausgezeichnete Weise der Willensvereinheitlichung als einer Art der Willensdurchdringung annehmen; zunächst von einzelnen Personen unternommen, könne dies zu einer „willentlichen Vergesellschaftung" führen (ebd. 22), die einzelnen werden zu „Trägern der höherstufigen Selbstverantwortung der jeweiligen gesellschaftlichen Personalitäten höherer Stufe" (ebd. 23). Letztlich umgreift so die universale Frage der Selbstverantwortung „die gesamte Menschheit, das ist das Universum möglicher Kommunikation durch unmittelbare und mittelbare Erfahrung (Einfühlung) des Mitdaseins" (ebd.). Demzufolge könne es keine „bloße Privatethik" geben, „sondern Individualethik und Sozialethik, universale Menschheitsethik sind eine Ethik" (ebd.).[173] Die ethische Besinnung habe zwar von dem jeweiligen Ich auszugehen,

173 Die „untrennbar einige wissenschaftliche Ethik" umspanne „untrennbar Individualethik und Sozialethik" (Hua XXVII, 50).

das zu verantwortende Leben des einzelnen, einschließlich das sozial fungierende, sei eben das seine, wie auch der Augenblick der Entscheidung der seine ist, und doch gebe es keine Abkapselung eines ethischen Ich und seiner Verantwortung (ebd.): „Eine Ethik umspannt also von vornherein die gesamte Menschheit.“ (Ebd. 23 f.) In diesem noch präziseren Sinn umfaßt Ethik für Husserl die „gesamte Welt“ als Feld der Praxis, sofern nämlich in ihr „Bedingungen der Möglichkeit einer überhaupt praktisch zu gestaltenden Welt liegen und vielleicht auch solche einer Natur aus praktischer Vernunft, die ja letztlich die einer kultivierten Natur ist, soll Unterlage sein können“ (ebd. 24). Auch Welt sei also aus praktischer Vernunft zu rechtfertigen (ebd.).

Vermöge der Vergemeinschaftungspraxis, der Stiftung eines Gemeinschaftswillens in einer Willensgemeinschaft, handelt eine Sozialität als solche: Sie ist mehr als die Summe ihrer Einzelglieder. Daher ist für Husserl Sozialethik nicht damit bezeichnet, daß sie das Verhalten des einzelnen zu Gemeinschaften zum Thema macht; sondern Sozialethik ist für Husserl „eine Ethik der Gemeinschaften *als* Gemeinschaften“ (Hua XXVII, 21).[174]

2. Praktik und Praxis

2.1. Praktik der individuellen Praxis

Einen Leitfaden für Husserls Konzeption einer Individualethik gibt die kurze systematische Darstellung des dritten *Kaizo*-Artikels von 1923. Die Ausführungen dieses Aufsatzes belegen und verdeutlichen, inwiefern Husserls ethische Untersuchungen einem teleologischen Denkansatz verpflichtet sind. Damit erinnert Husserls ethisches Konzept von fern nicht nur an Sokrates,[175] auf den

[174] Vgl. auch F I 28, 20 f.; B I 21 I, 30: das sozialethische Problem sei das Problem „einer prinzipiellen Möglichkeit sozialen Lebens, sozialen Handelns, verstanden als Handeln der Sozialität selbst“.

[175] Zu Sokrates vgl. z. B. den Aufsatz „Die Idee einer philosophischen Kultur“ (1922/1923) (Hua VII, 203 ff.) sowie die aus der gleichen Zeit stammenden

Husserl sich immer wieder berufen hat, sondern auch an den von ihm ebenfalls geschätzten Kierkegaard.[176]

Im Manuskript A V 22 heißt es: „Die Fragen einer universalen Ethik, die Fragen nach einer Menschheit oder einer Welt rein aus praktischer Vernunft gestaltet und zu gestalten, sind Fragen der Möglichkeit einer universalen Teleologie, deren Willensquelle im Menschen selbst liegt." (25) Bezüglich dieses teleologischen Rahmens muß auch Husserls Rede von ‚Erneuerung', von „Welt- und Selbstreform" (ebd.), verstanden werden. Das prozessuale Moment, das den Sinn von Erneuerung kennzeichnet, drückt für Husserl die Weise aus, wie der Mensch seinem teleologischen Wesen entspricht: Das Telos willentlich übernehmen bedeutet, sich ihm konsequent anzunähern; da es im Unendlichen liegt, ist schon der Weg dahin Ziel. Die universale Teleologie, von der die universale Ethik handelt, weist sich wie diese als mundane aus, als universale Wissenschaft von den Zielen und Zwecken im Weltzusammenhang: Ihre „Willensquelle" liege demnach im Menschen, in der mundanen, menschlichen Subjektivität, nicht in der transzendentalen. Wille, Wollen ist wie Praxis überhaupt für Husserl stets auf mundanes Sein bezogen. Dies schließt jedoch nicht aus, daß für den späten Husserl gerade die Frage nach dem Zusammenhang dieser mundanen Teleologie mit der transzendental-metaphysischen zum Problem wird (s. IV.1.). Zu den wichtigsten Merkmalen von Husserls Praktik zählt, daß Husserl nicht die Übernahme vorethischer und genuin ethischer Formen der Selbstregelung als Appell an die Einsichtsfähigkeit des einzelnen vorträgt, sondern die phänomenologische Analyse eines teleologischen Gesamtprozesses gibt, in dem die Ziele der Selbstregelung in gestufter Motivation auseinander hervortreten. Diese Analyse stellt apriorische Sachverhalte heraus, beschreibt also weder tatsächliche Verläufe noch fordert sie die tatsächliche Umsetzung ihrer Aufweisungen.

Reflexionen zu „Sokrates - Buddha" (in B I 21, 88-94). J. G. Hart, *The Person and the Common Life*, a.a.O., 29 ff.

[176] 1920 schreibt Husserl an D. Mahnke: „Zur Erholung lese ich jetzt Kierkegaard, der das Thema einer Dissertation machen soll, eines vortrefflichen Schülers, eigentlich ein Theologe <= Martin Thust>" (Brief vom 11.2.1920, zitiert in K. Schuhmann, *Husserl-Chronik*, a.a.O. 237).

Nur weil der Mensch intentionales Wesen und als solches teleologisch bestimmt ist, kann er Husserl zufolge konkrete Zwecke setzen. Das Thema von Husserls ethischen Untersuchungen ist aber nicht die Kartographierung solcher konkreter Zwecke und der auf sie bezogenen teleologischen Intentionalstrukturen, sondern als zum Sein des Menschen gehörig ein Gerichtetsein auf letzte Ziele und ihre prinzipielle Verantwortung. Jeder Mensch besitze demnach eine zweifache letzte Zielbestimmtheit: die seines persönlichen Lebenstelos (vgl. oben I.1.4.) vor dem Hintergrund der Sorgestruktur als solcher (vgl. oben I.3.1). Die letztere teleologische Bestimmtheit ist gegenüber der ersteren die höherwertige, erst ihre Aktivierung bildet Husserl zufolge den Maßstab für die „ethische Persönlichkeit". Schon in der Fichte-Auslegung seiner ‚Kriegsvorlesungen' von 1917/1918 paraphrasiert Husserl die fünf Stufen der menschlichen Entwicklungsfähigkeit in Fichtes Ethik: Die dritte Stufe, repräsentiert durch den „Typus des Hochmoralischen" (Hua XXV, 289), überwindet jedes Verhaftetsein an den sinnlichen Dingen (erste Stufe) wie auch jedes äußerliche pflichtmäßige Sichorientieren an einem kategorischen Imperativ (zweite Stufe) durch inneren Vollzug des Gesollten; absolut Gesolltes wird zum absolut Gewollten. Dieser Typus umfaßt Sondertypen, „besondere Typen des idealen Menschentums, die sämtlich ihr Recht in sich haben und untereinander nicht in eine Wertordnung zu stellen sind" (ebd.). Sie entsprechen den je individuellen Lebensaufgaben, den jeweiligen Lebensbestimmungen als Berufsbestimmungen (ebd. 289 f.). Auf dieser Stufe ist das Subjekt noch an das Erringen des Objektiven, des zu erzielenden Werks, gebunden. Auf der vierten Stufe hingegen wird das Streben selbst zum alleinigen Ziel und Zweck: „Und schließlich wird er sich klar werden können, daß es die Entfaltung eines göttlichen Seins und Lebens in seinem eigenen individuellen Leben und Streben ist, was er eigentlich als das absolut Wertvolle immerfort will und erstrebt." (Ebd. 290) Dieses „religiöse *Gott-Innesein*" (ebd. 291) kann selbst zum Thema einer Wissenschaft werden und sich, auf dem fünften Standpunkt, in *„Gott-Wissen"* (ebd.) wandeln.

Der Schritt vom dritten zum vierten Standpunkt begegnet wieder in Husserls drittem *Kaizo*-Artikel. Husserl unterscheidet da „spezifisch menschliche Lebensformen und vorethische Formen der Selbstregelung“ (Hua XXVII, 26) von der „Lebensform echter Humanität“ (ebd. 33), zu der erstere emporleiten (ebd. 26). Zu den vorethischen Formen der Selbstregelung zählt Husserl das Vorsetzen eines Lebensziels, das zum unbedingt begehrten wird (ebd. 27); auch gehöre dazu „die Entscheidung für ein *Berufsleben in einem prägnanten und höheren Sinn*“ (ebd. 28), nämlich Werten einer bestimmten Wertregion „in einer persönlichen Liebe ausschließlich zugetan“ zu sein (ebd.). Die Lebensform des ethischen Menschen ist demgegenüber „die einzige *absolut* wertvolle“ (ebd. 29). Alle positiv zu bewertenden vorethischen Lebensformen können sich darin einordnen, gewinnen in ihr „Norm und Grenze ihres letzten Rechtes“ (ebd.). Die ethische Lebensform umgreift alle auf bestimmte Wertregionen bezogenen Lebensformen und ist doch mehr als nur deren Summe; ihr qualitativ neuer Schritt, derjenige, der Husserl veranlaßt, sie die *ethische* zu nennen, liegt darin, daß in ihr das Sein des Menschen als solches zum Austrag kommen soll, nicht nur diese oder jene Ausprägungen menschlichen Seins und Verhaltens. Der Titel ‚Lebensform echter Humanität‘ ist also wörtlich zu nehmen: In dieser Lebensform soll das Wesen menschlicher Praxis seine evidente Form erlangen. Darum geht es bei ihr nicht mehr um diese oder jene Regelungen menschlichen Lebens, sondern um dieses selbst und als solches; nicht um die Übernahme bestimmter individueller teleologischer Ziele und Zwecke, sondern um das Telos des dem Menschen offenbar gewordenen eigenen Seins als des Seins des Vernunftmenschen. Nach den Ausführungen des dritten *Kaizo*-Artikels heißt ‚ethisch sein‘ die Verwirklichung des Menschseins im Rahmen eines ‚Vernunftmenschentums‘, Ethos und Telos des Menschseins kommen zur Deckung. Im Spätwerk Husserls kennzeichnet dies zugleich den Weg zu einer auf phänomenologischer Basis zu errichtenden metaphysischen Teleologie (schon im dritten *Kaizo*-Artikel ist dies vorgezeichnet),[177] so daß die beiden Stufen, die Husserl in diesem *Kaizo*-Artikel behandelt, in der Tat der dritten und vierten Stufe seiner Fichte-Auslegung entsprechen.

---

[177] Siehe Hua XXVII, 33 f.

Sowohl die vorethischen Lebensformen wie auch die ethische Lebensform gründen in Dispositionen, die für Husserl wesentliche Züge des Menschen darstellen und als solche Thema einer phänomenologischen Anthropologie sind (vgl. die Ausführungen im ersten Abschnitt des ersten Teils). Dazu gehört, daß sich das Leben „beständig in der Form des Strebens abspielt" (ebd. 25), des Strebens letztlich hin zu positiven Werten (ebd.). Der praktisch-weltliche Sinn dieses Strebens liegt darin, daß das Leben für sich standhaltende Befriedigung erstrebt. Dazu kommt für Husserl auch die Fähigkeit, in freier Spontaneität das Streben nach Befriedigung zu reflektieren, zu beurteilen und in andere Bahnen zu leiten, das Leben „zu einem befriedigenden, einem ‚glückseligen'" zu gestalten (ebd.). Dies gründet in der Fähigkeit, das eigene Leben zu überschauen, es als ganzes zu beurteilen und dementsprechend Ziele zu setzen, die Lebensziele sind (ebd.): Der Mensch als „volle freie Person" (A V 22, 60)[178] kann sich „ein *allgemeines Lebensziel* vorsetzen, sich und sein gesamtes Leben in seiner offenen Zukunftsunendlichkeit einer aus eigenem freien Wollen entsprungenen Regelforderung unterwerfen" (ebd. Hua XXVII, 26 f.). Die Setzung eines solchen Lebensziels, die damit eine einheitliche Willenshabitualität stiftet, besagt eine „über die grenzenlose Unendlichkeit des Lebens bewußt erstreckte Regelung",[179] das individuelle universale Lebensziel besitzt demzufolge den Charakter eines „unbedingt begehrten" (ebd. 27): „Eine Gesinnung unbedingter Hingabe an gewertete Ziele, entsprungen aus der Unbedingtheit ihres Begehrens" wird „zum Prinzip einer Lebensregelung" (ebd. 28).

Als einen „besonderen Fall" (ebd.) hierfür nennt Husserl das Berufsleben in „prägnantem" Sinn: als „bezogen auf eine Gattung von Werten, die für den betreffenden Menschen in ‚reiner' Liebe geliebte sind, ihm also in der Erzielung ‚reine' Befriedigung ge-

---

[178] „Gehen wir nun schließlich zur Universalität über, so haben wir den Grenzfall der vollen freien Person, die sich als das Ich *aller* seiner praktischen Zukunftsmöglichkeiten eine Regel auferlegt, die ihr gesamtes praktisches Leben gemäß einem totalen Lebensideal formen will." (A V 22, 60)

[179] In B I 21 II spricht Husserl von einer „universalen Lebenspflicht", einem „universalen Lebensberuf" (31).

währen würden“ (ebd.). Ein Berufsleben dieser Art stellt schon eine Brücke in die ethische Lebenshaltung dar, insofern in ihm etwas rein um seiner selbst willen erstrebt wird - im Gegensatz zur Realisierung von Gütern, die der „sinnlichen Selbsterhaltung“, der „Macht“ oder dem „Ruhm“ (ebd. 27) gelten, die also sämtlich im eigenen Ego terminieren. Doch auch das Berufsleben, das sein letztes Ziel im objektiven Tun, im Hervorbringen von objektiven Werken, sieht, tendiert auf Selbsterhaltung: auf das konsequente Festhalten des Handelnden an seinen von ihm selbst gesetzten universalen Zielen. In der Orientierung an einem universalen Lebensziel und einer dementsprechenden Ausgestaltung eines allgemeinen Lebenstypus stimmen alle Weisen der vorethischen Selbstregelung überein. Das Berufsleben ‚im prägnanten Sinn‘ befreit sich jedoch relativ von der Letztbezogenheit seiner Ziele auf das eigene Ego. Durch diese Freiheit gewinnt es erst Raum für seine Selbstverwirklichung; da es eine aktive Selbstbezüglichkeit begründet, schafft es eine intensivere Weise der Selbsterhaltung als jede Weise der im Ego terminierenden Lebensziele, die das Ego von seinem geistigen Selbst entfremden (es von dem zu Erreichenden, den Objekten, her entwerfen). Auch in diesem Sinn ist das Berufsleben ein Übergang zu den ethischen Formen der Selbstregelung, stellt bereits eine relative Verwirklichung des Selbst dar. Sein universaler Lebenszweck wird zu einer „Lebenspflicht“ (B I 21 II, 31), die das Ich bindet, von ihm Selbigkeit, Konsequenz fordert: „Ich, als der ich bin, soll und muß dieser Forderung genugtun; mich ihr entziehen, das ist, mir selbst untreu werden, meine Seligkeit preisgeben.“ (Ebd. 30) Der Zielsinn des Berufslebens ordnet sich in den übergreifenden individuellen Lebenssinn ein, sein Ich ist gerichtet „auf eine Norm seiner selbst, die korrelativ eine Norm seines ganzen Lebens in sich schließt“ (A V 22, 60). In „identischer personaler Existenz lebend“ verwirklicht das Ich diese Norm seines Lebenswillens (ebd. 58),[180] es kann im Modus der „‚Selbst‘-Verges-

[180] „Solange ich im Willen, der mein ‚Lebenswille‘ ist, lebe, bin ich mir selbst getreu, ich bin diese freie Person, identisch dieselbe, die sich ihren Daseinssinn zugestiftet hat, solange ich diesen Sinn frei tätig innehalte, mein Leben ihm gemäß konsequent gestaltend. Also treu bin ich mir selbst, sofern ich treu bin demjenigen

senheit" von ihm abweichen, doch die Einstimmigkeit dieses Willenslebens durch „Selbstkorrektur" wiederherstellen (ebd.). Nicht nur einzelne Wollungen unterstehen der Verantwortbarkeit durch den übergreifenden Lebenswillen (vgl. ebd. 61), auch dieser selbst kann Gegenstand radikaler Beurteilung und Verwerfung werden (vgl. ebd. 59).

Die ethische Selbstregelung ist von der vorethischen Husserl zufolge dadurch unterschieden, daß sie die „einzig *absolut* wertvolle" (Hua XXVII 29) - nur die ethische Lebensform zeichne für alle Sonderformen „Norm und Grenze ihres letzten Rechtes" vor (ebd.) - und gegenüber den Sonderregelungen wie z.B. des Berufslebens eine das Leben ganz umfassende, jede seiner Handlungen bestimmende ist (ebd. 32). Im dritten *Kaizo*-Artikel charakterisiert Husserl die ethische Lebensform über die Darlegung der Motivationen, durch die sie gefordert ist (vgl. ebd. II.A.). Diese Motivationen führen dazu, daß die Ausbildung der ethischen Lebensform nicht die Übernahme eines das individuelle Telos gleichsam ergänzenden und überwölbenden überindividuellen Telos, sondern die letztkonsequente Aneignung der teleologischen Struktur des Menschseins selbst bedeutet: seines universalen Strebens nach Glück.

Das entscheidende Motiv zur Kritik von Sonderzielen und des Lebensziels selbst liegt für Husserl, wie ausgeführt (in I.3.2.), in der Erfahrung des Zunichtewerdens vermeintlich angesetzter Ziele, aber auch in der evidenten Einsicht in den Gutwert von realisierten Zielen (vgl. ebd. 26). Dadurch werde ein „Vernunftstreben" motiviert,[181] das sich immer reiner ausbilden kann und das „dem persönlichen Leben hinsichtlich seiner jeweiligen urteilenden, wertenden und praktischen Stellungnahmen die Form der Einsichtigkeit bzw., in anmessender Beziehung auf sie, die der *Rechtmäßigkeit oder Vernünftigkeit*" gibt (ebd.). ‚Vernunft' und ‚Vernünftigkeit' treten hier nicht als Postulate auf, sondern erweisen sich als

---

Selbst, das ich mir zugewollt, für das ich mich entschieden habe, und zwar ‚ein für allemal' - für mein ganzes Leben." (A V 22, 57 f.)

[181] „Einzelne Unbefriedigung motiviert zur Rückschau auf die Gründe des Mißlingens. Allgemeine Unbefriedigung zur Rückschau über das ganze Leben [...]." (E III 8, 2)

Resultate eines Gerichtetseins auf Selbstgebung, auf Evidenz, sofern für Husserl Vernunft mit Evidenz korreliert. Alles selbstgegebene, in diesem Sinn vernunftmäßige Sein ist von sich selbst her nicht von individuell-subjektiver Willkür determiniert. Zwar können egoistische Interessen das Gegebene abdrängen, es mit subjektiven Auslegungen überdecken, verfälschen und nicht zum Zug kommen lassen, aber das Selbstgegebene als solches läßt sich nicht unter Beibehaltung seiner Evidenz subjektiven Interessen anverwandeln. Und umgekehrt, je mehr sich Lebensvorhaben von vermeintlichen Ansetzungen, von sie bestimmenden affektiven, gewohnheitsmäßigen Neigungen freimachen (vgl. ebd. 26 und 30), je mehr sie also nicht von subjektiven Dispositionen, sondern von evident Erschautem bestimmt werden, eine desto gesichertere Norm stellen sie dar und damit die Vorbedingung für ein gesicherteres Glück, eine gesichertere Gesamtbefriedigung des Lebens. Hier wird ersichtlich, daß zum einen derjenige, der größtmögliches Glück erstrebt, Husserl zufolge möglichst von seinen Affekten und Vorstellungen absehen muß: Die ethische Verwirklichung des Selbstseins ist nur über eine radikale Entsubjektivierung zu erkaufen. Zum anderen zeigt sich auch hier wieder, wie das existenzielle Streben nach Sicherung des Glücks selbst in das Vernunftstreben einmündet, da gesicherteres Glück solches aufgrund von ausgewiesener Evidenz ist.

Husserl ist freilich nicht der Ansicht, daß bestimmte Evidenz, einmal errungen, schon genüge, eine bleibende Norm abzugeben. Bedeutend an seiner Auffassung ist, daß eine möglichst gesicherte Gesamtbefriedigung des Lebens nicht von bestimmten Einsichten und Normen allein garantiert wird, sondern allein von der generellen Tendenz des Strebens selbst: einer Habitualität des Ich, der Haltung der Kritik („habituelle Intention auf eine Kritik der Ziele und ausführenden Wege" [ebd. 30]): „Eine solche Kritik soll das Handeln im voraus vor Enttäuschungen des sachlichen und wertlichen Verfehlens sichern, aber auch hinterher der Erzielungsfreude ihre standhaltende und sich immerfort bewährende Kraft geben, sie vor nachkommenden Entwertungen - vermöge der Preisgabe ihrer sachlichen oder axiologischen Triftigkeit - behüten." (Ebd.) Die ethische Lebensform besagt also in erster Linie die

Ausbildung einer solchen habituellen Form ständiger Kritikbereitschaft, die als Habitus alles künftige Leben ‚im voraus' umgreift; dasselbe umschreiben Husserl zufolge die Titel des *„Verantwortlichkeitsbewußtseins der Vernunft* oder des *ethischen Gewissens"* (ebd. 32).[182] Hier zeigt sich, wie Husserl ‚Besinnung' und ‚Überschau' über Lebensganzheiten vom ethischen Ansatz her in einen Zusammenhang bringt: Überschau ist es, die nachfolgende Kritik ermöglicht, indem sie des Telos gewahr wird und die faktische Situation an ihm messen kann. Die Möglichkeit zur Überschau wird erst dann voll ergriffen, wenn sie zur Basis des universalen Verantwortlichkeitsbewußtseins wird. Da aber für Husserl der Mensch, solange er lebt, ‚im Schicksal' steht, mit Unabwägbarkeiten des Lebens konfrontiert wird, kann die ethische Lebensform nicht nur in der einmal erfolgten Stiftung des Verantwortlichkeitsbewußtseins als solchen, dem bloßen wissenden Zugeständnis seiner Notwendigkeit, bestehen, sondern in seiner permanenten Aktivierung: Gerade die stets drohenden Möglichkeiten von Enttäuschung und Entwertung fordern als einzig angemessene ethische Haltung zur sicheren Abwehr von Unzufriedenheit die permanente Kritik. Dies erst besagt: „[...] das *gesamte* eigene Leben, hinsichtlich *aller* seiner personalen Tätigkeiten im Sinne der Vernunft neu zu gestalten: zu einem Leben aus einem vollkommen guten Gewissen oder einem Leben, das sein Subjekt vor sich selbst jederzeit und vollkommen zu rechtfertigen vermöchte. Wieder dasselbe besagt: zu einem Leben, das reine und standhaltende Zufriedenheit mit sich führte." (Ebd.)

Der in diesem Sinn das ganze Leben einheitlich bestimmende Wille, der die „Lebensform ‚echter Humanität'", die „Idee des ‚echten und wahren Menschen'", des „Vernunftmenschen" (ebd. 33) begründet, enthält die imperative Forderung, nach jeweils *„bestem* Wissen und Gewissen" (ebd.) zu handeln. Dieser Kant entlehnte kategorische Imperativ ist die einzige verbindliche ‚inhaltliche' Bestimmung, die Husserl für die ethische Lebensform gibt. Darin liegt

[182] ‚Gewissen' ist ein Name für „reflektive Zurückbezogenheiten als Gemütsstellungnahmen des Ich in Bezug auf sich selbst, die dann oft in ein Urteilen über sich selbst, ein Urteilen über den eigenen Wert übergehen" (Hua VIII, 105).

kein Formalismus, denn Form und Inhalt kommen hier zusammen, wo es um die einzig adäquate Weise geht, die Notwendigkeit des in die Unendlichkeit zielenden Strebens des Weltlebens mit seinen stets drohenden Entwertungen in ethischer Verantwortlichkeit zu übernehmen. Die Verbindlichkeit des kategorisch Geforderten denkt Husserl nicht als Ausrichtung an einem wie immer bestimmten, inhaltlich vorgegebenen Maßstab, sondern das ethisch zu nennende Leben liegt für ihn in der das individuelle Leben universal regelnden Entscheidung, die Konsequenz aus dem universalen Streben nach Glück zwischen den Polen von Entwertung und Wertgewinn zu übernehmen - eine Konsequenz, die auf ein zu realisierendes Maximum an Kritik- und Verantwortungsfähigkeit der selbstgesetzten Ziele und beschrittenen Wege tendiert. Das Gute ist nur solches aus Rechtfertigung der Vernunft (ebd. 35).

Den kategorische Imperativ, der nach jeweils bestem Wissen und Gewissen zu handeln auffordert, bezeichnet Husserl als relatives Vollkommenheitsideal (ebd. 33), das mit der Fülle des jeweils patent gewordenen und verantwortbaren Vernunftlebens korrespondiert. Schon dieses relative Ideal des „vollkommen menschlichen Menschen“ (ebd. 34) weist ins Unendliche: Das Vernunftstreben kann an kein Ende gelangen; solange das Weltleben in unendliche Horizonte hineinlebt, also in eine unendliche Erfahrungswelt, so ist auch die Möglichkeit und Notwendigkeit, Evidenz zu gewinnen, unendlich, mit keiner Einzelerfahrung abschließbar. Zugleich ist jedes relative Ideal nur denkbar auf dem Grund einer absoluten Vorzeichnung, einer Limes-Vorzeichnung (ebd. 33), die für Husserl als absolutes Vollkommenheitsideal in der Gottesidee beschlossen ist (ebd. 34; vgl. Hua VIII, 200). Der kategorische Imperativ fordert nicht nur, das in der momentanen Situation Beste zu tun, sondern schließt zugleich die Forderung mit ein, immer besser zu werden (Hua XXVII, 36): Das Ideal des vollkommenen Seins begreift das Ideal vollkommenen Werdens „in Form einer humanen Entwicklung“ ein (ebd.). Mit diesem Gedanken entspricht Husserl der Fichteschen Maxime: Was der Mensch „seyn soll, muß er werden“.[183]

---

183 *Grundlagen des Naturrechts*, I. H. Fichte (Hg.), *Fichtes Werke*, a.a.O., Bd. III, 80. Schon in seinen Vorlesungen über „Fichtes Menschheitsideal“ hebt Husserl

Die Entscheidung zur ethischen Person besagt für Husserl mithin zweierlei: einmal die habituelle Entscheidung zum bestmöglichen Tun und zum anderen die ebenfalls habituelle Entscheidung, dieses Ideal nicht als ein endlich erreichbares anzusetzen, sondern ein unendliches „Vernunftwerden" (ebd.) mitzukonstituieren.[184] Die Stiftung dieses Ideals und seine Leitung der Lebenspraxis, aber auch die fortschreitende Entwicklung zu ihm hin, mit ihrer „Stufenreihe" der „*positiv*wertigen Lebensformen", ist Stiftung des „neuen Menschen", „Erneuerung" (ebd. 25) und verdient Husserl zufolge allein die Bezeichnung eines ethischen Lebens als Korrelat einer ethischen Persönlichkeit (ebd. 39), eines Lebens „in nie endender Selbsterziehung", das Husserl auch ein „Leben *der ‚Methode*'" (ebd. 38) nennt. Die „kontinuierliche Erneuerung" aufgrund dieser „methodischen Selbstentwicklung" bringt die in freiem Entschluß

---

dieses Moment besonders hervor: „Vor dem Handeln liegt, wenn wir an den Ursprung gehen, nichts, der Anfang ist, wenn wir uns sozusagen die Geschichte des Subjekts denken, nicht eine Tatsache, sondern eine ‚Tathandlung', und eine ‚Geschichte' müssen wir uns hier denken. Subjekt sein ist eo ipso eine Geschichte, eine Entwicklung haben" (Hua XXV, 275). - Die Verpflichtung zu dieser Entwicklung, die aus der Freiheit eines vorgängigen Nichtfestgelegtseins folgt, kontrastiert Fichte mit der Seinsweise des Tiers: „Jedes Thier *ist*, was es ist: der Mensch allein ist ursprünglich gar nichts." (Ebd.) Auch dieser Gedanke der Kontrastierung findet sich bei Husserl (vgl. Hua XXV, S. 34; vgl. auch die Rede vom „paradiesischen Menschen", der in der „reflexionslosen Naivität" seiner „blinden, zufälligen Unfehlbarkeit" „nur ein durch blinde Instinkte an zufällig stabile Verhältnisse ideal angepaßtes Tier" sei [ebd.]) - und bei Max Scheler („Lernet die Tiere kennen, auf daß ihr merket, wie *schwer* es ist, ein Mensch zu sein", „Die Formen des Wissens und die Bildung", in: M. S. Frings [Hg.] *Späte Schriften* [*Gesammelte Werke* Bd. 9], Bern/München 1976, 98); auch Scheler weist der Entwicklung der ‚Humanitas' in seiner Bildungslehre einen entscheidenden Platz zu (vgl. ebd. 98 ff.). Vgl. ferner M. Heidegger, *Die Grundbegriffe der Metaphysik. Welt - Endlichkeit - Einsamkeit* (GA Bd. 29/30), Frankfurt am Main 1983, §§ 45-63 („Das Tier ist weltarm" - „Der Mensch ist weltbildend") sowie Eugen Fink, *Grundfragen der systematischen Pädagogik*, Freiburg 1978, 36-58 („Perfektheit des Tieres" - „der imperfekte Mensch"). - K. Schuhmann weist auf den Zusammenhang des „so prominenten Gedankens einer Teleologie alles Seins", wie ihn auch Husserl vertritt, mit dem „zeitgenössischen Hintergrund der Evolutionsphilosophien und des Prozeßdenkens" hin (*Husserls Staatsphilosophie*, a.a.O. 35).

[184] „Das kategorisch Geforderte, das beste praktische Gut, ist hier also der vermutliche praktische Progressus - der Progreß vermutlich willensmöglicher Realisierungen als ein praktisches Gut!" (Hua VIII, 350)

gefaßte „Urstiftung“ in Gang, die den das ganze Leben bindenden Willen zum ethischen Menschen setzt (ebd. 43).

Die das Leben einheitlich regelnde Verpflichtung des kategorischen Imperativs schließt auch das jeweilige konkrete individuelle Lebenstelos mit ein (den „individuellen und jeweils konkret bestimmten kategorischen Imperativ“ [ebd. 41]). Von der unbedingten Forderung des ethischen Imperativs her werden nun auch das konkrete Lebensziel und alle Berufs- und Sonderziele einer letzten Kritik unterzogen - einer Kritik, die selbst entsprechend dem Werdensziel des ethischen Menschen stets sich erneuern muß. Diese letztmaßgebende Kritik vermag nun auch darüber zu entscheiden, ob das Lebensziel und die Sonderziele unberechtigte „Willensvorurteile“ (vgl. A V 22, 8) waren,[185] d. h., das konsequent festgehaltene ethische Ziel vermag auch bezüglich des konsequent verfolgten individuellen Lebenstelos in letzter Instanz Recht zu sprechen: „Nur ethisches Recht ist letztes Recht.“ (Hua XXVII 42).

Auffallend an Husserls individualethischem Entwurf ist die Tatsache, daß er keine Vorgaben, ja streng genommen nicht einmal Rahmenvorgaben für ethische Entscheidungen gibt. Er präsentiert vielmehr eine *phänomenologische Morphologie*, d. h., er analysiert a priori mögliche Motivationsschritte in der Entwicklung des Individuums zum „Vernunftmenschen“. Das Bemerkenswerte in dieser Motivationsabfolge ist, daß gerade der Sinn der je individuellen Suche nach Glück in immanenter Konsequenz die Überschreitung der Gebundenheit an egoistische Interessen fordert. Dies ist der Fall, weil, wie Husserl zeigt, schon mit der Verfaßtheit des Bewußtseins als eines intentionalen die Einheit eines universalen Strebens eröffnet wird, das zwar auf größtmögliche Sicherung des Daseins abzielt, in dem aber das besondere Streben aufgrund egoistischer Motive nicht nur Episode ist, sondern in eine Sackgasse führt, in der alle Strebensintentionalität letztlich verkümmert.

---

[185] In E III 4 bezeichnet Husserl die Haltung des ethischen Ich auch als die Haltung des „Lebensberufs, der als absoluter und universaler alle Berufe als untergeordnete befaßt, die die meinen sollen sein können und jeweils zu sein haben“ (39).

Das im Unendlichen liegende Telos des ethischen Lebens fordert Husserl zufolge nicht nur die Gestaltung des individuellen Lebens nach bestem Wissen und Gewissen, sondern impliziert eine ihrem Ideal entsprechend ideal zu formende Umwelt (vgl. A V 19, 40) einschließlich einer „ethischen Gemeinwelt", da „mein ganzes menschliches Leben der Intention, mein Weltleben überhaupt, auf das Sein in der Welt *durch die anderen* hindurch bezogen ist" (E III 4, 42).[186] Mit der Entscheidung für das ethische Lebensziel, in der Stiftung des neuen habituellen Willens erfährt also auch das mir Fremde durch mich und für mich eine Verwandlung: hervorgerufen von der prinzipiellen Bindung meiner weltlichen Apperzeptionsweise durch den neu gestifteten habituellen Willen zur offenen Zukunftstotalität meiner Erfahrung („einheitliche praktische Zukunftswelt für mich", ebd.): Es verwandelt sich „für mich die ganze Umwelt in ihrer Seinsweise für mich, in ihrer Weise des zeitlichen Ablaufs für mich und aus mir bzw. für uns und aus uns"; es ist „jetzt so, daß ich für alle künftigen Situationen eine absolute Entscheidung, eine sie alle formende im voraus getroffen habe" (ebd. 41).

2.2. Praktik und theoretische Praxis

Wie der Individualethik fällt für Husserl auch der Sozialethik, die, wie betont, das ethische Verhalten von Gemeinschaften untersuchen soll, die Aufgabe zu, den idealen Typus der ‚echten Humanität' als des höchsten ethischen Entwicklungsziels herauszustellen. Im vierten *Kaizo*-Artikel stellt Husserl die Frage nach den Bedingungen einer ‚wahren' Kultur, eines ‚wahren' Gemeinschaftslebens, und nach den möglichen Wegen der Realisierung dieses Ziels (vgl. Hua XXVII, 43 f.). Auch hier steht die teleologische Betrachtungsweise unter dem Stichwort der ‚Erneuerung' im Vordergrund. Es geht um die Frage, „wie die Gemeinschaft von der Stufe einer

[186] „Die im unendlichen liegende Idee ist die einer Allmenschheit, in der jeder dem Ziele des vollkommen vernünftigen Menschentums bewußt entgegenlebt und korrelativ der Idee einer bestmöglichen Menschheit in einer absolut guten Welt, das ist einer in vollkommen erarbeiteten Normgestalten verlaufenden, in denen sie absolut gut verlaufen würde." (A V 19, 40)

bloßen Lebensgemeinschaft auf die Stufe einer personalen und dann einer ethisch personalen komme", welche sich selbst unter den „kategorischen sozialen Imperativ" stellt (ebd. 50). Husserl behandelt in diesem Artikel sogleich die zweite Stufe, die Bedingung einer echten Humanität, und er sieht diese Bedingung mit der Realisierung der universalen Wissenschaft erfüllt (so lautet auch der Titel dieses Artikels „Erneuerung und Wissenschaft"). Denn Verwirklichung echter Humanität besagt für ihn Verwirklichung einer „echten Vernunftgemeinschaft" (ebd. 54), und dies sei wiederum nur in einem „Kultursystem Philosophie" möglich, in einer „philosophischen Kultur" (vgl. Husserls Aufsatz „Die Idee einer philosophischen Kultur" aus dem Jahr 1924, Hua VII), da die Philosophen „die berufenen Repräsentanten des Geistes der Vernunft" seien, „das geistige Organ, in dem die Gemeinschaft ursprünglich und fortdauernd zum Bewußtsein ihrer wahren Bestimmung (ihres wahren Selbst) kommt" (Hua XXVII, 54).

Theorie besitzt Husserl zufolge eine zentrale Funktion für die Gemeinschaftspraxis, weil sie wie Einzelperson und Gemeinschaft auf Vernunft hin angelegt ist und ausdrücklich die Aufgabe übernimmt, dieses Vernunfttelos patent zu machen. Zum anderen wird deutlich, warum Husserl stets betont, daß Philosophie nicht geniale Weisheit eines einzelnen bleiben dürfe, sondern als universale Wissenschaft das Korrelat einer Forschergemeinschaft erfordere: Denn nur als Gemeinschaftsform kann sie auf die Gemeinschaft so einwirken, daß sie das gemeinsame Telos von latentem und explizit philosophischem gemeinschaftlichen Streben, das Patentwerden der universalen Vernunft im Weltleben, faktisch an den Anfang der Verwirklichung bringt. Als Gemeinschaftsform wird universale Theorie für Husserl als *Organ* zum *Zug* (ebd.) der Höherentwicklung der Gemeinschaft überhaupt und als solche Thema der Sozialethik.[187] Hinsichtlich dieser Gemeinschaftsfunk-

[187] Vgl. B I 21 V, 122: „Ist nicht die ‚Wissenschaft' die erste Gestalt eines ‚zweckrationalen' Gemeinschaftszieles, das universalen Charakter hat, über die Zeiten sich erstreckend, ist nicht die freie Gemeinschaft der Gelehrten einer Wissenschaft die erste Gestalt einer Menschheit, die in zweckrationaler Weise lebt, und die Gemeinschaft der Philosophen in höchster Gestalt, nämlich so wie sie in bewußter Beziehung auf ihre Zweckidee, an deren enthüllter normativer Gestaltung als reines Eidos

tion wird die Rolle, die das Telos der Vernunft als wesentliches Bindeglied zwischen Praxis und Theorie spielt, im Kontext von Husserls sozialethischen Überlegungen deutlich: Vernünftige Praxis setze vernünftige Gewißheit voraus, wie Husserl im Manuskript A V 19 betont; „also Wissenschaft ist Fundament praktisch vernünftiger Menschheit und Welt“, und: „praktisch vernünftiges Handeln in absoluter Idealität in der Universalität menschlicher Kommunikation, in der es allein absolut vernünftig sein kann, setzt universale vollkommene Wissenschaft voraus“ (40). Die Begründung universaler Wissenschaft selbst wird auf diese Weise zum Gegenstand ethischer Forderung, zu einem „universalen kategorischen Imperativ“ (B I 21 II, 20).[188] Wissenschaft werde von der ethischen Frage gefordert, „die in der Tat in ihrer praktischen Universalität auch die Begründung des praktischen Rechtes, berufsmäßig in theoretischem Interesse zu leben, in sich faßt“, die sich nicht auf „die ethische Wahrheit als Situationswahrheit“ richtet, sondern auf „die rein ethische Wahrheit, die apodiktisch für jede erdenkliche Menschheit und Welt gültige, als absolute Wahrheit“, korrelativ zur „Idee einer philosophischen Menschheit in einem philosophischen Leben“ (A V 22, 33). Da jede universal-ethische Frage für Husserl wiederum nur von universaler Wissenschaft gestellt und beantwortet werden kann, kommt zur Selbstbegründung der Wissenschaft im Theoretischen im Fall ihrer von ihr selbst als wissenschaftlicher Ethik zu verantwortenden Praxisfunktion implizit die Forderung nach Selbstbegründung hinzu.

Schon hier wird deutlich, daß in Husserls Konzeption der Sozialethik die Kulturform ‚Wissenschaft‘ nicht eine neben anderen ist. Husserl nimmt, anders als etwa Max Scheler,[189] keinen Quer-

---

sie als aporiorische Philosophie beständig arbeitet, demgemäß diesem Leben die Gestalt einer Entwicklung (im echten Sinne) zueignet?“

[188] „Darin liegt, eine echte Kulturmenschheit und eine echte Kultur haben die notwendige, in Form eines ihnen [im Ms. ihr] auferlegten kategorischen Imperativs geforderte Gestalt einer sich durch reine Wissenschaft normierenden und bewußt normierenden Menschheit bzw. eine echte Kultur muß die Form einer rein wissenschaftlichen Kultur haben.“

[189] Vgl. Max Scheler, *Die Wissensformen und die Gesellschaft* (*Gesammelte Werke* Bd. 8), 3. Aufl., Bern/München 1980. Das wesentliche gemeinsame Moment des Husserlschen und Schelerschen Ansatzes liegt in dem Bestreben, den Status der

schnitt durch die „Wissensformen der Gesellschaft" vor. Der Grund hierfür liegt wieder in Husserls teleologischer Betrachtungsweise: Es kommt Husserl darauf an, die ethische Funktion derjenigen Kulturform zu bestimmen, die in der Lage ist, das universale Daseinsinteresse *wie* auch das universale Vernunfttelos an den Beginn ihrer Erfüllung zu bringen. Es wurde bereits angedeutet, wie Husserl den Bezug von Daseinsinteresse und Vernunfttelos denkt: Das Daseinsinteresse könne zu wahrer Befriedigung nur auf dem Wege der Realisierung des Vernunfttelos kommen. Damit ist zugleich ausgedrückt, daß alles mundane Streben zumindest *auch* in der universalen Wissenschaft kulminiert.[190] Auch das individuell verantwortete Leben muß in die Übernahme universaler Wissenschaft münden, wenn die Übernahme des Vernunfttelos und damit die Stufe ‚echter Humanität' letztlich nur durch universale Wissenschaft zu gewährleisten ist. Schon in der individualethischen Betrachtung wurde dem je eigenen Lebenstelos das Telos echter Humanität nicht lediglich zur Seite gestellt, sondern als das höherwertige erklärt. Das heißt, die Bildung zum ethischen Menschen im Sinn Husserls impliziert mit einer gewissen inneren Notwendigkeit die Forderung zur Übernahme und Ausgestaltung einer universalen Wissenschaft, wenn anders das Ziel eines ethischen individuellen Lebens in der Übernahme des Telos echter Humanität besteht und dieses Telos für die Wissenschaft nicht nur ebenfalls als letzter maßgebender Imperativ gilt, sondern von ihr in seiner Struktur und den Bedingungen seiner Realisierung aufgeklärt werden soll.[191] Dies aber hat zur Folge, daß Individual- und So-

---

natürlichen Weltanschauung (der natürlichen Einstellung) durch Phänomenologie zu übersteigen; dabei kommt der (von Husserl und Scheler jeweils materialiter anders bestimmten) phänomenologischen Reduktion die entscheidende Rolle zu. Zu Schelers Auffassung der Reduktion vgl. Eberhard Avé-Lallemant, „Die phänomenologische Reduktion in der Philosophie Max Schelers", in: Paul Good (Hg.), *Max Scheler im Gegenwartsgeschehen der Philosophie*, Bern/München 1975, 159-178.

[190] Wir lassen hier die Frage offen, inwiefern Husserl auch im Kunstschaffen eine solche Möglichkeit angelegt sieht (vgl. B I 21 II, 5, 8, 11); für Husserl konkurriert Kunst aber nicht mit Wissenschaft, Kunst könne niemals den Auftrag zur Erfüllung des Vernunftstrebens übernehmen, wie er an die Wissenschaft mit deren Urstiftung ergangen ist.

[191] Es sei daran erinnert, daß schon für Fichte die höchste Stufe menschlichen Lebens in einem Wissen („Gott-Wissen") besteht, das von einer genuinen Wissen-

zialethik bei Husserl nicht nur zwei nebeneinanderbestehende Disziplinen des Ethischen sind, die zwei einander ergänzende Themenbereiche behandeln, sondern daß die Sozialethik in immanenter, erst transzendentalphänomenologisch befriedigend aufzuklärender[192] Konsequenz die notwendige Fortsetzung der individualethischen Betrachtungsweise darstellt.[193]

Etwas weiteres fällt auf. Dadurch, daß die Verwirklichung des Vernunfttelos von der Verwirklichung einer bestimmten Kulturform (Wissenschaft) abhängt, die in einer bestimmten historischen Kultur ihre Sinnesgenesis besitzt, verfährt die sozialethische Betrachtungsweise gegenüber der individualethischen konkreter: Sie nimmt ein wesentliches historisches Moment in sich auf. Darin spiegelt sich die generelle Tendenz von Husserls Philosophieren in den Jahren nach dem Ersten Weltkrieg: seine Hinwendung zur Geschichte. Allerdings hatte dieses Thematischwerden von Geschichte deren Transzendentalisierung zur Folge - wenn auch nicht in Husserls ethischen Betrachtungen -, insofern Wissenschaft die Bedingung der Erfüllbarkeit des teleologischen Prozesses zugesprochen wurde, der ebenso in der Aufdeckung der transzendentalen Subjektivität kulminiert, wie die Voraussetzung zu dieser Aufdeckung in der Radikalisierung der Wissenschaft zur transzendentalen Philosophie liegt. Bedeutet für Husserl die Kritikbereitschaft individueller ethischer Lebenshaltung die Prüfung von Zielen im Rückgang auf die Motivationswege, die zu ihnen geführt haben, und im Herausstellen der im Grund der Motivation beschlossenen evidenten Gehalte, so impliziert eine Maximierung dieser Kritikbereitschaft die Maximierung der Überprüfung von Evidenz. Daher kann Husserl sagen: „Jeder Versuch, zur vollkommenen Evidenz durchzudringen, führt in die transzendentale Phänomenologie." (Hua VIII, 225) Damit aber wird Sozialethik derart zur Fortsetzung der

schaft aufgewiesen werden soll (vgl. „Fichtes Menschheitsideal", Hua XXV, 291 f.).

[192] Hierzu am ausführlichsten die Arbeit von James G. Hart, *The Person and the Common Life*, a.a.O.

[193] Dies ist der tiefere Sinn von Husserls bereits zitierter Äußerung, daß Ethik „untrennbar einig" sei, insofern sie „untrennbar Individualethik und Sozialethik" umspanne (Hua XXVII, 50).

individualethischen Betrachtung, daß das Ethos des individuellen Lebens teleologisch-immanent die Gründung in der zum Austrag gebrachten universalen Wissenschaft als der transzendentalen Phänomenologie fordert.

Bedeutet dies aber letztlich nicht eine totalitäre Verwissenschaftlichung aller Lebensbereiche? Trifft darauf nicht mit Recht der Vorwurf des Szientismus zu? Bezeichnenderweise sprach Husserl, wie wir sahen, bereits in Hinblick auf die ethische Gestaltung des Einzellebens von einem „Leben der Methode“ (vgl. B I 21 IV, 114; A V 10, 130); in A V 19 gilt ihm die „Methode des Menschheitslebens“ als korrelativer Erwerb praktischer Vernunft und als Pendant zur wissenschaftlichen Methode theoretischer Vernunft (39). Da aber die Ausbildung universaler Wissenschaft letztes mundanpraktisches Entwicklungsziel darstellt, ist die ‚Methode‘ praktischer Vernunft in wissenschaftlicher Methode fundiert. Das Leben also als ein Panmethodismus?

Der Vorwurf des Szientismus mag in einem formalen Sinn berechtigt erscheinen: Zumindest das ethisch zu verantwortende Leben ist von der Konstitution universaler Wissenschaft abhängig. Aber was soll der Vorwurf *inhaltlich* besagen? Genügt es, ihn zu erheben, ohne darauf zu achten, um welche Art von Wissenschaftlichkeit es sich hierbei handelt? Ist in ihm nicht selbstverständlich die Auffassung von Wissenschaft vorausgesetzt, die wir als faktische kennen? Gerade aber um diese, die Husserl als verkrüppelte Gestalt echter Wissenschaft gilt, geht es ihm nicht. Es gilt zu beachten, daß für Husserl Leben und Wissenschaft in ihrer teleologischen Sinngestalt nicht voneinander zu trennen sind, daß die Trennung erst die faktisch zur Ausbildung gelangte Wissenschaft vollzog. Nicht nur gehört für Husserl die Theorie in die Praxis, sondern Theorie und Praxis sind auf ein Drittes zu beziehen, das die Tiefendimension praktischen Lebens darstellt: das Leben der transzendentalen Subjektivität. Wissenschaft kann sich für Husserl nur insoweit legitimieren, als sie in der Aufdeckung der transzendentalen Subjektivität letztes Ziel und letzte Norm erblickt. Von diesem Ziel und dieser Norm ist in den ethischen Untersuchungen Husserls der frühen und mittleren Periode jedoch fast nie die Rede, da sich die Ethik als Regionalontologie auf mundanes und nicht transzendentales Sein bezieht. Dieser Umstand mag den Vorwurf des Szientismus berechtigt erscheinen lassen, doch ist dabei stets zu berücksichtigen, daß die Normgestalt der Wissenschaft auch hier ihre volle Gestalt als universale transzendentale Wissenschaft meint.[194] Die Ethik macht als universale Vernunftlehre wie gezeigt nur die Praxisseite von Theorie zu ihrem Thema, die theorieimmanente Ausbildung zur Transzendentalphilosophie fällt nicht in ihren Themenbereich.

In der *Formalen und transzendentalen Logik* sowie in der *Krisis*-Schrift suchte Husserl deutlich zu machen, daß die von der Praxis selbst verschuldete (indem sie von der Ausbildung des ursprünglichen Sinns von Wissenschaft abdrängte, s. unten III.1.), im Schwinden des Glaubens an die „absolute Bedeutung" (Hua XVII, 9) von Wissenschaft gründende Krisis nicht von der Praxis selbst, auch nicht von theoretischer Praxis schlechthin und somit auch nicht von Ethik, die sich im Horizont der Praxis hält, korrigiert werden kann, sondern nur von einem Standpunkt aus, der die Praxis in bestimmter Hinsicht zu übersteigen vermag. Diese Korrektur tritt bei Husserl oftmals im Gewand einer Letztbegründung auf. ‚Letztbegründung' besagt hier nicht ein spekulatives Denken, das nach transzendentalen Begründungsstrategien sucht, sie ist für Husserl nur auf dem Weg „radikaler Besinnung" herzustellen, gleichbedeutend mit „radikaler Kritik", „ursprünglicher Klärung" (vgl. Hua XVII, 13 f.), und zwar der in den Wissenschaften als „Leistungsgebilden" einer Subjektivität beschlossenen Sinngestalten. Diese Klärung ist wie Besinnung überhaupt (vgl. oben I.1.4) ‚rückwärts' gerichtet, verfährt rekonstruktiv, indem sie teleologi-

194 Ein Beleg hierfür ist z.B. Husserls Entwurf für den Anfang der *Kaizo*-Aufsatzreihe (Beilage I in Hua XXVII, 94-96): Die „Transzendentalphänomenologie" sei „nichts minderes als ein Heilsquell" für die Erneuerung der Kultur, ihre Aufgabe eine zweifache: „fürs erste eine Aufklärung über den Sinn der Phänomenologie selbst in bezug auf die astreinen Ideen Philosophie und Wissenschaft und zweitens über den Sinn unserer europäischen Kultur, soweit er von diesen Ideen betroffen wird" (95). Husserl formuliert hier also den theoretischen und praktischen Aufgabensinn von universaler Theorie; Forderung wie Bedingung der Erfüllbarkeit dieser Aufgaben sind als praktische selbst Themen der Ethik als universaler Vernunftlehre, wobei zudem die Explikation des praktischen Aufgabensinnes in die Domäne der Ethik gehört.

sche Stiftungsprozesse genealogisch zurückverfolgt; sie sucht patent zu machen, was jeweils schon als Telos antizipiert ist und in solcher Antizipation dunkel-unbestimmt der faktischen Entwicklung Spielräume eröffnet. Dabei verfährt sie gleichzeitig konstruktiv, weil sie nicht etwas aufgreift, was schon daliegt, sondern das Aufzufindende erst sichtbar machen muß: Die teleologischen Zusammenhänge waren so, wie sie nun entdeckt werden, nie erschlossen.[195] Rekonstruktiv-konstruktiv verfahrend ist die Klärung zugleich prospektiv gerichtet, d. h., die patent gewordenen teleologischen Strukturen (beispielsweise die europäische ‚Idee einer philosophischen Kultur') werden zugleich als regulative Ideen faßbar, die die theoretische und außertheoretische Praxis bestimmen können. Der klärende Aufweis teleologischer Zusammenhänge gehört dabei selbst noch in die teleologische Gesamtentwicklung, und dies bedeutet, daß jeder Aufweis dieser Art in einer eigentümlichen, im Sachlichen selbst gründenden Konsequenz steht: einer inneren Tendenz zur Evidenz, die den gesamten teleologischen Prozeß bestimmt. Diese Tendenz, die letztlich ins Transzendentale weist, ist für Husserl in sich selbst auf Vernunft angelegt, sofern sie stets auf herzustellende Evidenz abzielt, und zwar in der Weise, daß sie sich selbst immer mehr offenbar wird.[196] Diesen Prozeß ausdrücklich zu ergreifen, d. h. seine teleologischen Implikate sichtbar zu machen, ist die Aufgabe der Klärung und bedeutet in Husserls Sinn ‚Letztbegründung'.

Husserls Differenzierung zwischen der faktischen, gemessen an der ursprünglichen Stiftungsidee ungenügenden Wissenschaft und einer sich an dieser Idee orientierenden, neu zu schaffenden Konzeption einer universalen Wissenschaft hat zur Folge, daß er nicht die Alternative ‚Rationalität faktischer Wissenschaft vs. Ver-

---

[195] Husserl unterscheidet zwischen „ursprünglicher Klärung", die den „Charakter einer neuen Sinngestaltung" hat und einer „Restitution als Wiederholung der Evidenz", die eine „bloße Ausfüllung einer vorweg schon bestimmten und gegliederten Vorzeichnung" als „sekundäre Folge einer schon gewonnenen Klarheit" ist (Hua XVII, 14).

[196] „So ist *Evidenz eine universale, auf das gesamte Bewußtseinsleben bezogene Weise der Intentionalität*, durch sie hat es eine *universale teleologische Struktur*, ein Angelegtsein auf ‚Vernunft' und sogar eine durchgehende Tendenz dahin" (Hua XVII, 168 f.).

neinung von Rationalität' gelten läßt. Indem er zwischen zwei grundsätzlichen, qualitativ verschiedenen Wissenschaftskonzeptionen unterscheidet, differenziert er auch zwischen zumindest zwei Weisen der Rationalität: nämlich der faktischen Rationalität instrumenteller Vernunft auf der einen und einem allseitigen Vernunftbegriff auf der anderen Seite, in dem jegliche Verengungen zurückgenommen sein sollen und der sich nur der Vernunftteleologie, die in universaler Wissenschaft kulminiert, verpflichtet weiß.

Husserl geht es in der transzendentalen Phänomenologie ebensowenig um eine Letztbegründung im Rahmen eines universalistischen (monistischen) Vernunftkonzepts wie in der mundanen Phänomenologie (universale Ethik) um die Erstellung eines Vorschriftenkatalogs für ein vernunftgemäßes Leben mit der Prätention einer Realisierung dieses Katalogs. Die rekonstruierend-konstruierend vorgehende phänomenologisch-teleologische Analyse fragt in aufdeckender Wiederholung früherer Evidenz auf das zurück, was schon konstituiert ist. Somit konfrontiert sie faktische Systeme mit ihrem explizit oder implizit die Faktizität transzendierenden Anspruch, indem sie letzteren offenlegt und prüft. Damit gibt sie nicht nur die Möglichkeit an die Hand, zwischen einem weiteren Vernunftbegriff und seinen Verengungen zu unterscheiden, sondern liefert auch das Rüstzeug, um die Genealogie dieser privativen Formen verständlich zu machen und ihre Einseitigkeit zurückzunehmen. So kann Vernunft einsichtig machen, warum Rationalität, nämlich als „relative, einseitige", eine „völlige Irrationalität" einschließt, sofern sie keine evidente, kritisch geklärte Gewißheit ihrer Grenze, d. h. des Zweckentwurfs zur Erfassung ihres Gebietes wie von Wissenschaft überhaupt, besitzt (vgl. Hua XVII, 21), und warum Rationalität zur Irrationalität wird, wenn sie meint, aus ihrer Relation der Wirklichkeitserfassung heraus dem Ganzen des Wirklichen entsprechen zu können. Diese Aufgabenidee transzendentaler Phänomenologie praktisch zu verwalten ist Husserl zufolge noch Aufgabe der universalen Ethik.

Der Umfang ethischer Reflexion über Wissenschaft macht deutlich, daß die ethische Besinnung den Auftrag der Wissenschaft, das universale Vernunftgeschehen patent zu machen, radikalisiert: Wenn für Husserl die Vernunft mittels Wissenschaft zu sich selbst kommt, so bedeutet die Reflexion, die die Ethik hinsichtlich der praktischen Bestimmung von Wissenschaft durchführt, eine weitere wesentliche Stufe in der Selbstbezüglichkeit des Vernunftstrebens, insofern sich nun die universale Reflexion nach einer wesentliche Seite hin selbst reflektiert. Diese neue Stufe des Selbstbezugs der Vernunft besteht in einer Dialektik, die die sozialethische Betrachtung heraufführt: „Wissenschaftliche Ethik" (Hua XXVII, 50) spaltet sich von Wissenschaft überhaupt ab und wendet sich, sie zum Thema machend, wieder auf sie zurück, und zwar auf sie als Ganzes, sofern praktische und axiologische Gesichtspunkte betroffen sind. Dies ist also eine nähere Erläuterung der Feststellung, daß universale Ethik als Vernunftlehre alle Theorie (und alle Praxis) umspanne.

Wissenschaft wird damit zu jenem Organ und zugleich Zug der ethischen Entwicklung einer Gemeinschaft (ebd. 56). In ihrer Bezeichnung als eines ‚Organs' ist ihre Praxisfunktion genannt; sie ist insofern Organ, als sie als Wissenschaftstheorie die theoretischen Bedingungen ihrer Möglichkeit reflektiert und als ethische Vernunftlehre sowohl die praktischen Bedingungen dieser Möglichkeit (resp. in ihrer vollendeten Gestalt als transzendentale Wissenschaft) als auch ihre praktische Funktion (eben ihre Bestimmung als Organ) selbst noch einmal zu ihrem Thema hat (vgl. ebd. 56). Wissenschaft ist hier Subjekt, das sich selbst umgreift, objektiviert hinsichtlich ihres theoretischen Auftrags und ihrer praktischen Bestimmung. Die Radikalität, in der sie sich selbst zum Thema macht, prägt wiederum ihren Status als Subjekt, als ‚Zug', in der Entwicklung einer Kultur. In der Dialektik von Organ und Zug und nochmaliger Reflexion, die beides zum Thema macht, liegt eine Dynamis, die Wissenschaft nicht nur auf unendliche Ziele bezieht, sondern eine Intensivierung ihres ebenfalls auf Unendlichkeit ausgerichteten Selbstbezugs darstellt, eine Intensivierung, die Husserl als Potenzierung der Wissenschaft in dem Sinne begreift, daß diese so in die Lage versetzt wird, sich aus ihrer *geraden*, objektivistischen Position zu befreien.

Es sind also hinsichtlich der Wissenschaft deren Ziele in gerade gerichteter Einstellung von den Zielen zu unterscheiden, die sie in Einstellungen der Selbstreflexion sich setzt. Ferner sind in beiden

Fällen, wie Husserl wiederholt betont, die Theorie der Ziele und die Theorie der ausführenden Wege (in Anerkenntnis unendlicher Werdensgestalten) zu differenzieren; im Rahmen einer ethischen Reflexion über die soziale Funktion von Wissenschaften entsprechen diesen beiden Aspekten die beiden Grundfragen des vierten *Kaizo*-Artikels (vgl. ebd. 43). Davon ist die Reflexion über faktisch beschrittene Wege und die Weise ihrer Übereinstimmung mit den vorgezeichneten Zielen bzw. auf eine in ihnen evtl. zum Ausdruck kommende, in der Vorzeichnung noch nicht explizite Teleologie abzuheben. Dies behandelt beispielsweise der fünfte *Kaizo*-Artikel („Formale Typen der Kultur in der Menschheitsentwicklung"), der die Frage nach den historischen Ausprägungen einer ideal begriffenen Dualität aufwirft: des Gegensatzes von Leben in traditionaler Gebundenheit[197] und eines „autonomen Vernunftlebens" (A V 22, 64). Schließlich sind die mundanen Mechanismen dieser Selbstreflexion von den transzendentalen zu unterscheiden. Gerade die *Kaizo*-Artikel belegen, daß Husserl nicht nur einfach gelten ließ, daß es vorwissenschaftliche und tatsachenwissenschaftliche Weisen der Reflexion gibt,[198] sondern darauf bestand, daß bestimmte Weisen mundan-eidetischer Reflexion wie die der Ethik, indem sie sich auf die gesamte praktische Seite der Theorie bezieht, auch im Gesamtrahmen einer universalen transzendentalen Philosophie nötig sind. Erst im letzten Werkabschnitt Husserls wandelte sich diese Auffassung, indem dort Ethik in einer universalen Teleologie der transzendentalen Subjektivität als Intersubjektivität aufgehoben wurde (vgl. unten IV.2.).

In dieser universalen Teleologie stellt transzendentale Phänomenologie selbst eine wenngleich für Husserl die entscheidende Episode dar. Auch hier ist die Phänomenologie Organ dieser Teleologie wie auch Zug in ihr. Sie ist Organ, insofern sie, ausgehend von den endkonstituierten Objekten, diese Teleologie im Rückgang in die genetischen Konstitutionsprozesse enthüllt; sie ist

---

197 „Kampf gegen die Tradition" als Kampf „gegen die vermeinten Selbstverständlichkeiten der ‚Lebenserfahrung', die in Wahrheit keine Selbstgebung ist", ist „Kampf gegen die ‚Situation', gegen die sedimentierten Erwerbe von höchst mittelbaren Seinsgeltungen" (A V 10, 2).

198 Vgl. z. B. „Zum Begriff der Reflexion" (1917), Hua XXV, Beilage II, 208 f.

Zug, indem sie selbst endkonstituiertes Produkt einer Genesis ist, die sich mundan als Geschichte der abendländischen Philosophie gibt. Sie umgreift sich selbst, indem sie diesen Konstitutionsprozeß klärt und den ihm immanenten Aufgabensinn, der mit dem teleologisch aufgewiesenenen Zug der transzendentalen Intersubjektivität selbst zusammenstimmt, übernimmt. Daß der Phänomenologe am Anfang steht, besagt, daß erstmals transzendentale Phänomenologie diesen Zug der Transzendentalität selbst patent macht und ein teleologisches Streben entwirft, das diesem Zug verpflichtet ist. Daß Husserl in dieser Folge die „unendliche universale Wissenschaft“ (A V 22, 41) fordert, an der in Forschergenerationen zu bauen ist, weiß sich noch an die Einsicht gebunden, daß ein „Leben der ‚Vollkommenheit‘“ „im Endlichen nicht erreichbar“ ist (ebd.).

2.3. Theorie und individuelle Praxis

Im Gegensatz zu seinen ethischen Untersuchungen der Einzelperson, die nicht spezifisch Theoretiker ist, und zu seinen ethischen Reflexionen der Theorie, die sozialethisch orieniert sind und nicht auf das Individuum Bezug nehmen, das Theorie betreibt, verspürte Husserl offenbar keine Notwendigkeit, sich eigens dem Problem einer Ethik des Phänomenologen zu widmen. Seine marginalen Betrachtungen zu diesem Thema belegen, daß es für ihn nicht ein Problem darstellte, das eine besondere Behandlung erfordert hätte. Mit am ausführlichsten reflektierte Husserl die ethisch relevante Haltung des Phänomenologen bezeichnenderweise außerhalb der Ethik - genau zu der Zeit, da er an den ethischen Themen der *Kaizo*-Aufsätze arbeitete: Sie finden sich im Zusammenhang von Überlegungen, wie der rechte Anfang des Philosophierens gewonnen werden könne, in den Reflexionen zu einer Ersten Philosophie.

Ein kurzer Abschnitt in Husserls Londoner Vorlesungen vom Sommer 1922[199] charakterisiert den „erkennenden Menschen“ als

[199] Diese Vorlesungsreihe, bestehend aus vier Einzelvorträgen, bildete den Grundstock für Husserls Freiburger Vorlesung des Wintersemesters 1922/1923, die

eine Sonderform des „ethischen Menschen“ überhaupt (M II 3a, 8). Auch für den erkennenden Menschen gebe es eine „spezifisch erkenntnisethische“ regulative Idee: Damit seinem Leben „ethisches Recht“ zukomme, müsse es „ein in der Idee der echten und wahren Erkenntnis zentriertes Leben“ sein (ebd. 9). Die Voraussetzung dafür seien eine „radikale Besinnung“ und ein „das ganze Erkenntnisleben bindender Entschluß“, ein Leben aus „theoretischem Gewissen“ (ebd.). Dies bezeichne jenen „universellen Umsturz“ (ebd.), der, „einmal im Leben“ (ebd. 10) vollzogen, den Philosophen zum „anfangenden, allererst werdenden“ mache in der Anfangssituation der „meditationes de prima philosophia“ (ebd. 11).

Diese kurze Passage, die Husserl wörtlich in seine Freiburger Vorlesung „Einleitung in die Philosophie“ vom Wintersemester 1922/1923 übernahm, baute er in der Vorlesung über *Erste Philosophie* von 1923/1924 wesentlich aus. Sie bildet dort den Einstieg in den zweiten Teil der Vorlesung, der der Problematik der Reduktion gewidmet ist (vgl. Hua VIII, 3-19). Die Husserl zufolge vom Erkennenden zu fordernden Leistungen beständiger „Selbstbesinnung, Selbstverständigung, Selbstverantwortung“ (ebd. 3) besagen im ersten Schritt des anfangenden Philosophen - „da er zunächst nichts außer *sich* hat“ -, „auf sich selbst als den Philosophie, universale absolute Erkenntnis Wollenden zu reflektieren und sich in dieser Hinsicht Klarheit zu verschaffen“ (ebd. 6). Der anfangende Philosoph findet sich darin, wie Husserl schon in den Londoner Vorlesungen bemerkte, selbst als einen solchen, der „einen auf sein gesamtes künftiges Erkenntnisleben gerichteten Willensentschluß“ faßt (ebd. 6 f.), der seinerseits eine habituelle Lebensform stiftet (ebd. 7).[200]

Den freien Willensentschluß und seine Habitualisierung hatte Husserl bereits im Zusammenhang des Vollzugs der Epoché betont (vgl. oben I.4.2.; Hua III, 54, Hua VI, 153). Die Ausführungen in den Londoner Vorlesungen und in der „Ersten Philosophie“ machen

---

Vorlesung „Einleitung in die Philosophie“, deren Vorhaben einer apodiktischen Begründung der Philosophie die Vorlesung über „Erste Philosophie“ vom Wintersemester 1923/1924 mit einer veränderten Vorgehensweise wiederaufgriff.

[200] Als eine „bleibende“ (Hua VIII, 10), „radikale Lebensentscheidung“ (ebd. 11) zu einem „Leben aus absoluter Berufung“ (ebd.).

deutlich, daß er die normative Problematik der praktisch-personalen Seite des Epoché-Geschehens nach dem Muster der allgemeinen individualethischen Betrachtung behandelt: Die in freier Selbstbestimmung gestiftete und im Vollzug absolut zu verantwortende Lebensform stellt einen Wert dar, mit dem sich das Subjekt dieses Lebens „absolut identifiziert" (Hua VIII, 11). Dieser Wert zeichnet einen Endzweck vor und erschließt den Raum einer teleologischen Werdensgestalt, die jener Lebensform inhärent wird und das Subjekt verpflichtet, so daß ein Abirren von dieser teleologischen Bahn mit ihrem vorgezeichneten Zweck einer „Abirrung von sich selbst", einem „Sich-selbst-untreu-werden", gleichkommt (ebd. 12).

Diese Überlegungen bieten gegenüber Husserls Ausführungen zur Individalethik strukturell nichts Neues; vielleicht hat Husserl sie aus diesem Grund nicht in seine ethischen Untersuchungen miteinbezogen. Der interessante Aspekt liegt allenfalls darin, daß es hier um die individuelle Lebensform derjenigen Person geht, die nicht nur ihr individuelles Leben zu verantworten hat, sondern darin diejenige Praxis, die, Husserl zufolge, insofern am radikalsten die Funktion für die Gemeinschaft übernimmt, als sie mit der Konstitution und Durchführung von Theorie die Individualität und Sozialität umgreifende Bedingung für Verantwortung selbst noch verantwortet.[201] Husserl diskutiert diesen Aspekt nicht weiter, der sich in die Frage fassen ließe, in welchem Verhältnis das individuelle Ich des Philosophen zu seinem sozialethisch relevanten Ich des Erkenntnislebens steht, das wegen der Besonderheit seiner Berufssituation (vgl. Hua VIII, 11, 13, Hua VI, 140) zeitweilig neben das andere Ich tritt und doch nicht nur in dieser Zeitspanne seine Bestimmung hat, sondern dieses zweite Ich, in der Einheit der Person, durchwirkt und modifiziert. Hier zeigt sich, daß für Husserl

[201] „Die Gemeinschaft kann sich aber nur verantworten im einzelnen personalen Subjekt. Die Selbstverantwortung des Einzelnen, der sich als Glied und Funktionär der Gemeinschaft weiß, umschließt auch die Verantwortung für diese Art praktischen Lebens und beschließt somit die Verantwortung für die Gemeinschaft selbst." (Hua VIII, 197 f.) - „Die Besinnung soll offenbar den *Charakter der radikalen Verantwortung* haben, und zwar als einer in seiner Person [der des Philosophen] sich abspielenden, die doch den Charakter einer gemeinschaftlichen Verantwortung der gesamten philosophischen Gemeinschaft der Gegenwart annimmt." (Hua VI, 489)

gerade das Ureigenste, der letzte Grund für die Einheit der Einzelperson, in Korrelation mit dem Allgemeinsamen steht. Wie schon das Einzelsubjekt die anderen ‚in sich trägt' und sich im Bezogensein auf das universale Lebensinteresse mit ihnen einig weiß,[202] so radikalisiert der Philosoph als Transzendentalphänomenologe im Aufweisen ihrer Teleologie diese wechselweise Implikation der Monaden, wobei der Aufweis die Eröffnung einer weiteren Intensivierung ihres Zusammenstimmens sein soll, wie er selbst schon das Grundstück dieser ‚Harmonisierung' verkörpert. Den sich aus dieser Konzeption ergebenden ethischen und sozialpolitischen Fragestellungen ist insbesondere James G. Hart[203] ausführlich nachgegangen.

Vor allem aber behandelt Husserl nicht die Frage, auf welche Weise das individuelle Leben des Philosophierenden durch die Epoché verändert wird, die doch eine „völlige personale Wandlung" bewirken soll (Hua VI, 140). Stattdessen begnügt er sich mit sibyllinischen Wendungen: Der „Berufspflicht" des Philosophen folgend, „was tue ich anderes, als mich, mich als endliches, als sinnliches, unechtes, unwahres Ich verlieren, um mich selbst, mein echtes und wahres, mein unendliches, vom Irdischen gereinigtes Ich zu gewinnen?" (Hua VIII, 16). Dieser Satz besagt in Hinblick auf die Theorie, daß Egologie nicht Egozentrik ist. Doch was sagt er über den konkreten Verlauf dieser dialektischen Modifikation des personalen Erlebens aus?

---

[202] „Setzt mein ‚Tod' als nur von den Anderen her für mich Denkbares das schon Fürmichsein Anderer voraus, die leben, setzt Leben überhaupt nicht voraus intersubjektive Einstimmigkeit des Lebens, die in sich trägt die naive und dann bewußte Überwindung aller Verzweiflung und in sich trägt die Entwicklung zur Echtheit als eine apodiktisch notwendige? Liegt darin nicht die Quelle der absoluten Teleologie, deren notwendige Entelechie Gott ist?" (B I 21 IV, 9; vgl. Hua XV, 370, 383, 390 f., 456). - Vgl. auch das Buch von Julia Iribarne, *Husserls Theorie der Intersubjektivität*, Freiburg/München 1994.

[203] *The Person and The Common Life*, a.a.O.

III. Transzendentale Theorie und Praxis

Husserl bezieht den praktischen Zielsinn der Theorie auf das in ihr sich konstituierende Vernunftideal *und* auf das grundlegende praktische Interesse der Daseinssorge. Bezüglich beider Momente tritt Theorie in universale Funktion für die Praxis, und zwar, wie gezeigt, derart, daß die teleologische Konzeption einer ‚Vernunftmenschheit' die spezifische Weise ist, wie Theorie das Grundinteresse des Lebens nach Sicherung des Daseins erfüllt. Wenn die durch universale Theorie sich verwirklichende Vernunft das praktische Streben nach Sicherung am nachhaltigsten zu erfüllen verspricht, dann ist ein solches Leben aus Vernunft das letztleitende Ziel nicht nur der Theorie, sondern der Praxis selbst. Praxis vermag dieses Ziel aber nicht aus eigener Kraft zu erreichen, es bedarf hierzu der Theorie. Dies setzt aber wiederum voraus, daß die Theorie selbst auf festem Boden steht, daß ihre Praxis ihrer eigenen, der theoretischen Zweckidee entspricht. Daß die Theorie aber gerade ihren Zwecksinn als universale Wissenschaft nicht verwirklicht hat, ist Husserls grundlegende These von Anfang an, und später lautet sie, daß sich die Idee universaler Wissenschaft erst in der transzendentalen Phänomenologie erfülle. Hierin liegt die schon genannte Aporie: Wenn transzendentale Theorie die Praxis in der Durchführung einer universalen Epoché des Weltlebens übersteigt, wie kann sie dann für die Praxis noch eine Funktion übernehmen?

Dieser Aporie sowie Vorschlägen zu ihrer Auflösung wollen wir uns nun zuwenden. Es sollen die wesentlichen Schritte Husserls, die dieser zur Realisierung der Idee universaler Wissenschaft unternahm, daraufhin befragt werden, inwiefern diese Versuche zur Konsolidierung des rein Theoretischen ein stufenweises Zurückdrängen von Positionen außertheoretischer Praxis darstellen. Es enthüllt sich damit vollends das dialektische Verhältnis von Praxis und Theorie bei Husserls. Zum einen: Praxis behindert auf spezifische Weise das, was aus ihr selbst kam, zu ihr gehört und für sie tätig sein soll, tendiert gegen die Etablierung universaler Theorie: Praxis versus theoretische Praxis. Dies hat wiederum zur Folge, daß die Praxis als Theorie sich gegen sich selbst wendet, um Theorie und dadurch sich selbst im ganzen ‚wahr' zu machen: theoretische Praxis versus Praxis (1.). Gibt es aber für die selbständig gewordene Theorie noch die Möglichkeit der Gegenwendung, erreicht sie die Praxis überhaupt noch? Transzendentale Theorie versus Praxis? (2.)

1. Praxis versus Theorie versus Praxis

Husserls zahlreiche Anläufe in der Konzeption einer Philosophie als universaler Wissenschaft war begleitet von einer Kritik an faktischen Gebilden von Wissenschaft und Philosophie. Unsere These lautet, daß diese Kritik in engem Zusammenhang mit der Problematik von Theorie und Praxis steht. Den Beleg dafür soll eine Interpretation von einigen der wichtigsten Etappen der Husserlschen Denkentwicklung erbringen.

Eine Philosophie als strenge Wissenschaft zu begründen war das Ziel, das Husserl lebenslang verfolgte. Daß der Philosophie eine analoge Strenge wie den faktisch zur Ausbildung gelangten ‚exakten' Wissenschaften zukommen müsse, daß sie aber eine solche in ihrer langen Geschichte nicht habe entwickeln können, war schon die Ansicht des jungen Husserl.[204] Doch zum einen beschränkte

[204] Über dieses frühe Unbehagen spricht Husserl in einem Brief an Arnold Metzger vom 4.9.1919: „Aber nun fand ich [...], daß die zeitgenössische Philosophie, die mit ihrer Wissenschaftlichkeit so groß that, völlig versagte [...]. Und nicht nur die damalige, auch alle historisch überkommene Philosophie versagte [...]" (HuaDok III,4, 408 f.). Dieser Brief ist im übrigen ein Zeugnis dafür, daß Husserl im Rückblick seine frühe Kritik an der Philosophie in den Rahmen des Praxisbezugs der Philosophie stellt. Nicht nur aus rein theoretischen Erwägungen, sondern aus „unsäglicher seelischer Not" (ebd. 408) sei seine Kritik an der Philosophie erwachsen. Damals habe er aber noch nicht bemerkt, daß die Unvollkommenheit der Philosophie („überall Unklarheit, unausgereifte Vagheit, Halbheit, wo nicht gar intellektuelle Unredlichkeit" [ebd. 409]) die „innere Hohlheit der die gesamte

Husserl hier seine Kritik auf die Philosophie, sprach noch nicht von einem Versagen der Wissenschaften und damit der faktisch realisierten Weisen der Rationalität. Zum anderen stellte er noch kaum die Frage nach der praktischen Bedeutsamkeit der Theorie, ja behandelte überhaupt kaum das Verhältnis von Theorie und Praxis.[205] Es soll zunächst untersucht werden, ob es im Frühwerk Husserls nicht doch Perspektiven in Richtung auf die spätere Fassung des Verhältnisses von Theorie und Praxis gibt, d. h. Anzeichen für die Dialektik, daß Theorie eine Sonderform der Praxis und funktional auf diese bezogen ist. Sowohl in den *Prolegomena* zu den *Logischen Untersuchungen* wie im Ansatz zur transzendentalen Wende um 1905-1907 sind solche Anzeichen in der Tat nachzuweisen. Damit wird deutlich, daß schon Husserls frühe Philosophie latent von der Problematik des gegenseitigen Abhängigkeitsverhältnisses von Theorie und Praxis durchzogen ist. Zugleich kann so belegt werden, daß Husserls Versuch, Philosophie als strenge Wissenschaft zu begründen, dem Bestreben gleichkommen, reine Theorie frei von praktischen Einmengungen zu etablieren.

1.1. Die *Logischen Untersuchungen*

Husserls Kritik, die er in den *Prolegomena* an der psychologistischen Deutung der Logik übt, impliziert eine Konfrontation von Theorie und Praxis. Der Psychologismus ist eine Weise der Theorie, der in den *Logischen Untersuchungen* kritisierte entstammt der Philosophie - im Gegensatz zu dem im *Logos*-Artikel behandelten (s.u.). Er ist aber an Voraussetzungen geknüpft, die ihn in die Praxis zurückbinden. Dies zeigt Husserl in den *Prolegomena* implizit auf - implizit, weil sein thematisches Interesse der Begründung der Möglichkeit einer reinen Logik gilt. Der Ansatz des Psycholo-

europäische Kultur beherrschenden Willensrichtungen“ widerspiegelte (ebd. 408). Somit trage die Theorie generell Verantwortung für die gemeinschaftliche Praxis („Der Intellect ist Diener des Willens“, ebd. 409).

[205] „Noch hatte ich kein Auge für praktische und kulturelle *Realitäten*, noch keine Menschen- und Völkerkenntnis, noch lebte ich in einem fast ausschließlich theoretischen Arbeitswillen [...].“ (Brief an A. Metzger, HuaDok III,4, 408)

gismus wäre demnach für die Begründung der reinen Logik insofern untauglich, als er an Voraussetzungen gebunden ist, die sich als außertheoretische erweisen. Husserl macht diese praktischen Voraussetzungen nicht eigens zum Thema. Ziel seiner Kritik sind die von den psychologistischen Auffassungen formulierten Sätze zur Begründung der Logik auf psychologischer Basis.

In den *Prolegomena* wirft Husserl „zumal der psychologisch fundierten Logik der Gegenwart" eine „Mißdeutung der theoretischen Grundlagen" vor (Hua XVIII, 22), die zu einer Metábasis, dem Übergriff psychologischer Methodik auf das Feld der Logik, führte (ebd.). Dieses Vorgehen erfolgt aus praktischer Motivation: Ausschlaggebend ist nicht „eine objektiv geschlossene Einheit" des jeweiligen Wissensgebiets, sondern „Willkür" (ebd. 21). Jede Grenzüberschreitung besitzt ihr Fundament in der Tendenz zu willkürlicher Verabsolutierung erkannter Evidenz. Diese Tendenz ist a-theoretisch und verweist auf außertheoretische Praxis, indem sie nicht auf den Aufweis wahren Seins, sondern auf die Bildung einer Weltanschauung zielt. (Für den späteren Husserl korrespondiert Weltanschauung mit endlicher Praxis und nicht mit der auf Unendlichkeit bezogenen universalen Theorie.)

Zu dieser praktischen Tendenz der psychologistischen Deutung stimmt, daß sie die Logik von ihrer praktischen Seite her, als ‚Kunstlehre', zu fassen sucht. Die *Prolegomena* wollen die Frage diskutieren, „ob es *nur* der praktische Gesichtspunkt sei, welcher das Recht der Logik als einer eigenen wissenschaftlichen Disziplin begründe" (ebd. 46). Husserl will nicht generell die logische Kunstlehre zurückweisen, sondern zeigen, daß das normative und praktische Absehen der Logik diese nicht nur nicht erschöpft, sondern ihr eigentliches, theoretisches Wesen nicht trifft. Ihm geht es somit auch nicht um die Alternative reiner Logik im traditionellen Sinn vs. Logik als Kunstlehre. Ersterer wirft er vor, die Logik als eine a priori normative Wissenschaft zwar zu postulieren, den Beweis ihrer Begründbarkeit aber schuldig zu bleiben; letzterer eine Verfälschung des rein Logischen, indem sie dieses nur als ein empirisch Allgemeines auffaßt.[206] Demgegenüber bedürfe es „einer

---

206 Vgl. Husserls Brief an P. Natorp vom 14./15.3.1897 (Hua XVIII, S. XXXII f.).

Klärung der wesentlichen Ziele einer reinen Logik“ (ebd. 23) - ein Vorhaben, das in die Forderung nach einer reinen apriorischen Wissenschaftstheorie mündet (vgl. ebd. 244).

Damit wird eine „Wissenschaftslehre“ als normativ-praktische Disziplin (ebd. 27) nicht überflüssig, sondern in ihrem Geltungsbereich lediglich begrenzt, und zwar im wesentlich dadurch, daß erkannt wird, daß sie rein theoretische Disziplinen voraussetzt (ebd. 53, 59).[207] Gesetze darüber zu formulieren, was sein soll, setzt die Einsicht in das voraus, was ist (ebd. 53). Die Ausbildung gesicherter normativer und praktischer Disziplinen hängt somit von der Sicherung der entsprechenden rein theoretischen Disziplinen und damit von der begründeten Bedingung der Möglichkeit von Theorie überhaupt ab. Die wissenschaftstheoretischen Überlegungen Husserls in den *Prolegomena* dienen somit nicht nur der Rückführung der normativ-praktischen Disziplin der Logik auf die ihr zugrundeliegenden rein theoretischen Fundamente, sondern in eins damit der Absicherung der formalen Logik selbst.

Wie Husserl bereits zu Beginn der *Prolegomena* ausführt, gehört zum Wesen von Wissenschaft Einheit eines systematischen Begründungszusammenhangs (ebd. 30). Jede Begründung führt auf „Grundgesetze“ (ebd. 234), und die Einheit der aus einer Grundgesetzlichkeit deduktiv zu erhaltenen Gesetze bildet die „Einheit der systematisch vollendeten Theorie“ (ebd.). Dergestalt ist formale Logik schon übergeordnete Wissenschaft im Sinn der mathesis universalis, da sie die (objektiven) Bedingungen der Möglichkeit von Theoriebildung gemäß dem Prinzip der Einheit eines systematischen Begründungszusammenhangs zum Thema macht. Und doch ist sie selbst noch unbegründet, insofern sie die subjektiven

[207] Dies bleibt Husserls Auffassung. Vgl. z.B. die Ausführungen in „Phänomenologie und Erkenntnistheorie“ (1917), worin er die formale Ontologie (formale Logik, formale Mathematik, formale Mannigfaltigkeitslehre etc. miteinbegreifend) als die eigentlich „theoretische“ Disziplin, als „formale Wissenschaftstheorie“, von den praktisch-normativen Disziplinen unterscheidet. Das Verhältnis der ersteren zu letzteren bestimmt er als ein „dienendes“: Die Theorie bietet mit ihren „radikalsten Prinzipien der Normierung“ einen „Schatz der *Methode*“, der in den normativ-praktischen Disziplinen Anwendung finden kann (Hua XXV, 131). Bemerkenswert ist hier auch, daß Husserl auf eine Praxisfunktion der reinen Theorie für das ins Praktische gewendete Theoretische hinweist.

Bedingungen der Möglichkeit von reiner Theorie, als Bedingungen der Möglichkeit theoretischen Erkennens überhaupt (ebd. 239), nicht behandelt. Dies wird die Aufgabe einer in phänomenologischer Forschung[208] verankerten Erkenntnistheorie.

Die *Prolegomena* lassen sich somit auch als der umfassende Versuch lesen, die Bedingung der Möglichkeit reiner Theorie zu erweisen, einer Theorie frei von praktischen Vereinnahmungen (wofür der Psychologismus nur ein Beispiel ist). In Hinblick auf die in den *Logischen Untersuchungen* unternommenen Bemühungen zur Begründung einer reinen Theorie des Logischen erscheinen die Bemühungen der traditionellen Logik wie auch der auf Psychologie gegründeten Logik als ungenügend, um Theorie konsequent zu verwirklichen wie auch gleichzeitig sie vom Zugriff des Praktischen freizuhalten. In diesem Sinn implizieren bereits die *Prolegomena* eine Auseinandersetzung der Theorie mit der Praxis.

1.2. Die Vorlesungen von 1906-1907

Mit Blick auf Husserls weiteren Denkweg ist zu fragen, welche Begrenzungen seitens der Praxis es sind, die die Radikalisierung der Theorie zu phänomenologischer Immanenzpsychologie und Transzendentalphänomenologie vorbereiten. Für die Fundierung der formalen Logik und ihre Begründung als reiner Theorie eröffneten die *Prolegomena* zwar schon eine Perspektive für die erforderlichen erkenntnisheoretischen Forschungen, aber die Etablierung der Erkenntnistheorie in Absetzung von psychologistischen Deutungen wurde dort noch nicht Thema; Gegenstand bildete die Zurückweisung der psychologistischen Interpretation der Logik als einer nur praktischen Kunstlehre. In der Sechsten Logischen Untersuchung, die sich die phänomenologische Aufklärung der Erkenntnis zum Ziel setzt, findet eine Diskussion der psychologistischen Standpunkte nicht statt. In der Konzeption der phänome-

[208] „Phänomenologisch" bezeichnet in den *Logischen Untersuchungen* bekanntlich noch noetische Forschung im Sinn deskriptiver Psychologie, als ‚Phänomenologie' der Erlebnisse und Erlebnisklassen; der intentionale Gegenstand ist in eine korrelative Analyse noch nicht einbezogen (vgl. Anm. 227).

nologischen Reduktion hingegen spielt von Anbeginn an die Abwendung psychologistischer Deutungsmuster eine zentrale Rolle. Bei seiner Vorstellung der Reduktionsthematik in der Wintervorlesung 1906/1907 bezeichnete Husserl die Differenz zwischen der erkenntnistheoretischen und phänomenologischen Forschungsrichtung einerseits und der psychologischen und empirisch-naturwissenschaftlichen andererseits als den „wahrhaft archimedischen Punkt der Philosophie" (Hua XXIV, 211); diese Differenz sei eine „Nuance", aber eine solche, die „entscheidend ist für die Konstitution einer möglichen und der einzig möglichen Erkenntnistheorie und damit einer wahren Philosophie" (ebd.).

Husserl führt die phänomenologische Reduktion im Zusammenhang mit der Problematik von Transzendenz und Immanenz ein. Um das in direkter Anschauung aufweisbare absolut Gegebene freizulegen, sollen durch die Reduktion alle transzendenten Setzungen ausgeschaltet werden. Die hierfür relevante Bedeutung von Transzendenz bestimmt Husserl in der Kontrastierung zu Evidenz: Transzendent ist alles, was nicht absolut selbstgegeben ist (Hua II, 35). Die solcherart gekennzeichnete Immanenz erweist sich für ihn als „der notwendige Charakter aller erkenntnistheoretischen Erkenntnis", wohingegen „jede Anleihe aus der Sphäre der Transzendenz, m.a.W. jede Gründung der Erkenntnistheorie auf Psychologie und welche natürliche Wissenschaft immer, ein nonsens ist" (ebd. 33).

Die empirische Psychologie taugt Husserl zufolge zur Aufklärung der erkenntnistheoretischen Probleme nicht, weil sie selbst transzendente Erkenntnis ist und als solche die Beziehung auf Transzendentes nicht thematisch machen kann. Das psychologische Phänomen ist nicht selbstgegeben im Sinn der Evidenz in der absoluten Immanenz, sondern lediglich „quasigegeben" (ebd. 45); als Resultat transzendierender Apperzeption verweist es auf transzendente Sinngehalte. Demgegenüber sei das reine Phänomen der Phänomenologie in phänomenologisch gereinigter Immanenz, die nicht Immanenz im Sinn innerer Wahrnehmung ist, absolut gegeben. Zum „inneren Charakter" des reinen Phänomens gehört auch der Bezug auf Transzendentes als solcher, der in eins mit der evidenten Erfassung des reinen Phänomens anschaulich faßbar wird (ebd. 37). Auch der erkenntnistheoretische Psychologismus (Husserl nennt hier auch den Anthropologismus und Biologismus) macht sich einer Metábasis schuldig (ebd. 39). Diese Grenzüberschreitung besteht darin, daß die transzendierende Apperzeptionsweise der empirischen Psychologie (wie überhaupt aller natürlichen Wissenschaft) zur Grundlage genommen wird, Wesen und Struktur der Erkenntnis zu klären, wohingegen es für Husserl erforderlich ist, die Bedingung der Möglichkeit für jeden transzendierenden Aktvollzug selbst einsichtig zu machen. Diese Art der Metábasis bedeutet nicht nur den Übergriff eines methodischen Prinzips auf ein fremdes Gebiet (wie im Fall der psychologistischen Interpretation der Logik), der eine Vermengung der Gebiete - hier der Psychologie und der Erkenntnistheorie - zur Folge hat; sie betrifft nicht nur die psychologische Methode, sondern das Vorgehen aller natürlichen Wissenschaft: Metábasis meint hier vor allem den Übergriff seitens einer Grundhaltung, einer solchen, in der sich alle Wissenschaft, sofern sie natürliche, nicht-transzendentale ist, hält. Der Fehler, den die Psychologie als psychologische Erkenntnistheorie begeht, ist nicht, daß sie als Psychologie transzendierende Wissenschaft ist, sondern daß sie der Ansicht ist, sie sei legitimiert, die Probleme der Erkenntniskritik zu lösen. Husserl entdeckt hier einen generellen Zug des (positiv)wissenschaftlichen, aber auch des vorwissenschaftlichen Lebens überhaupt: Die Metábasis, die sich in der erkenntnistheoretischen Position der empirischen Psychologie ausspricht, ist letztlich eine Metábasis des gesamten welterfahrenden Lebens, das in seiner Geradehin-Einstellung, sich selbst in Richtung Welt übersteigend bei Innerweltlichem zu sein, die Form einer Metábasis aufweist.[209]

---

[209] Vgl. Husserls knappe Kennzeichnung des „natürlichen Bewußtseins" in der Vorlesung von 1906/1907: „Der naturgemäße methodische Ausgangspunkt, von dem aus der Standpunkt der phänomenologischen Apperzeption zu gewinnen ist, ist die Psychologie oder, was auf dasselbe hinauskommt, die empirisch-natürliche Apperzeption. Das *próteron pròs hemas* ist das natürliche Bewußtsein. Vom natürlichem Bewußtsein muß uns die Erkenntnistheorie, und das ist ihr erstes, zum philosophischen Bewußtsein, vom empirischen zum phänomenologischen erheben." (Hua XXIV, 212)

Die Metábasis, die der Psychologismus in der Logik vollzog und die sich als eine einzelwissenschaftliche Grenzüberschreitung gab und darin auf das Motivierende praktischer Weltsicht nur indirekt verwies, wird jetzt, im Fall der am Leitfaden der erkenntniskritischen Problematik erkannten Hypostasierung, von einer Metábasis abgelöst, die nicht allein auf die Verabsolutierung eines einzelwissenschaftlichen Methodenprinzips, sondern allen Weltlebens selbst zielt, ja dieses in seiner Grundstruktur selbst ausmacht. Diese Metábasis des Weltlebens bezeichnet Husserl als *natürliche*: Der Stil des derart apperzipierenden Bewußtseins ist die für den Menschen aufgrund der Ich-Mensch-Apperzeption erste Weise der Auffassung. Dies zeigt noch einen weiteren Unterschied in beiden Weisen der Metábasis: Die Metábasis des natürlichen Weltlebens ist gegenüber den einzelnen Verabsolutierungen des praktischen Lebens, ja gegenüber der Tendenz dieses Lebens zur Verabsolutierung, vorgängig. Damit aber wird das Verhältnis von natürlicher Grundapperzeption und Praxis rätselhaft: Weltleben als natürliches ist mit praktischem Weltleben nicht identisch. Denn die natürliche Apperzeption fundiert alle Praxis in ihrem Sinnverstehen. Andererseits ist aber nicht alle Praxis natürlich, wenn anders eine aufgrund der transzendentalphänomenologischen Aufdeckung der natürlichen Apperzeption fundamental modifizierte, neue Praxis möglich sein soll. Daß dies letztlich die Perspektive aller phänomenologischen Betätigung ist, lautet Husserls grundlegende These, wie er sie seit seines programmatischen *Logos*-Artikels immer expliziter formulierte.

1.3. Der *Logos*-Artikel

Wie erwähnt spricht Husserl schon zu Beginn seines *Logos*-Artikels von der „ethisch-religiösen“ Aufgabe, die Wissenschaft für das Leben zu übernehmen habe. Diese Funktion der Theorie für die Praxis wird dort nicht ausdrücklich behandelt, es wird auch nicht bestimmt, worin genau sie bestehen soll, sie wird aber, auch hier indirekt, in Husserls Kritik am Psychologismus und Historizismus thematisch. Diese Kritik dehnt sich auf die Wissenschaften aus und unterscheidet sich darin von Husserls bis dahin geübter Kritik am Psychologismus. Wie schon der Titel der Schrift zum Ausdruck bringt, geht es in erster Linie darum, den Wissenschaftscharakter von Philosophie zu bestimmen, und des weiteren um die Frage, wo die Grenze einzelwissenschaftlichen Handelns verläuft und wo Einzelwissenschaft in Grenzüberschreitung sich genuin philosophische Zielsetzungen aneignet, die sie aufgrund ihrer Forschungsgrundlage nie erfüllen kann. Dazu stimmt, daß der im *Logos*-Artikel verhandelte Psychologismus anders als der in den *Logischen Untersuchungen* oder in der *Idee der Phänomenologie* kritisierte nicht eine philosophische These verabsolutiert, sondern aus den Wissenschaften resp. den Naturwissenschaften erwächst. Mit seiner eine universale und absolute Deutung der Gesamtwirklichkeit anstrebenden Absicht gibt er sich nichtsdestotrotz philosophisch, pseudophilosophisch (Husserls Kritik richtet sich nicht gegen die ihm zugrundeliegende Wissenschaft und ihre Erkenntnisse).

Der Psychologismus, gegen den sich Husserl im *Logos*-Artikel wendet, fügt sich in den Naturalismus ein, für den alles Seiende von psychophysischer Natur ist. Husserl will hier nicht nachweisen, daß Psychologie die Grundlegung für die reinen Normwissenschaften wie Logik, Axiologie und Praktik nicht zu bewerkstelligen vermag; dies in Hinblick auf die reine Logik gezeigt zu haben, war das Verdienst der *Logischen Untersuchungen*. Es geht Husserl darum, „gegen den erkenntnistheoretischen Psychologismus und Physizismus" Stellung zu nehmen (Hua XXV, 13). Die Argumentation auf erkenntnistheoretischem Gebiet erfolgt hier aber nicht in einer Diskussion des Transzendenzproblems wie in den Vorlesungen der Jahre 1906/1907 und 1907; überhaupt werden weder die phänomenologische noch die transzendentale Epoché und Reduktion behandelt. Stattdessen will Husserl den naturalistischen Ansatz, der ihm zufolge zu einer Naturalisierung des Bewußtseins, der Ideen und der Vernunft führt (vgl. ebd. 9 f.), dadurch widerlegen, daß er zeigt, daß die empirische Methode naturwissenschaftlicher Forschung die Strukturen des Bewußtseins, seine Akte und das in ihnen Gegebene, nicht aufzuklären vermag: Das Bewußtsein kann nur mit der apriorischen wesenswissenschaftlichen Methode der Phänomenologie erforscht werden. Daß für Husserl im *Logos*-Aufsatz die

Spielart des Psychologismus als Sonderform des Naturalismus aus der Verabsolutierung naturwissenschaftlicher Standpunkte und Methodenprinzipien erwächst, macht begreiflich, warum sich hier seine Kritik nicht wie im Fall der Vorlesungen von 1906/1907 und 1907 am Leitfaden des Immanenz-Transzendenz-Problems orientiert, sondern an dem für sein Wissenschaftskonzept kardinalen Unterschied zwischen den (Natur- und Geistes-) Wissenschaften als auf Tatsachen bezogenen einerseits und der Phänomenologie als Wesenswissenschaft andererseits - an demjenigen Aspekt also, mit dem Husserl auch den ersten Band der *Ideen* einleitete (vgl. §§ 1-8). In einem Punkt freilich kreuzen sich die frühe Bestimmung der phänomenologischen Reduktion und die hier erwähnte Reduktion auf das Wesen (Ideation): Beide verstehen sich als Ausschaltungen existenzialer Setzungen. Doch während die phänomenologische Reduktion jede auf Transzendenz bezogene Glaubenssetzung einklammern soll, sucht die eidetische Reduktion Setzungen, die sich auf faktisches Sein („Tatsachen“) beziehen, zu inhibieren (vgl. z.B. Hua XXV, 36).

Im Zusammenhang mit der Zurückweisung von Historizismus und Weltanschauungsphilosophie übt Husserl auch Kritik an den Wissenschaften. Den Anlaß dazu gibt bemerkenswerterweise die Frage nach der Praxisfunktion der Theorie. Dabei macht Husserl deutlich, daß weder positive Wissenschaft noch Weltanschauungsphilosophie diese Funktion wirklich übernehmen können: die Weltanschauungsphilosophie nicht, da sie, wie erwähnt, auf Endliches bezogen bleibt, und Wissenschaft nicht, da sie nicht letzte, einsichtige Aufklärung geben kann. Die Naturwissenschaft habe die „aktuelle Wirklichkeit, die Wirklichkeit, in der wir leben“ „an keinem einzigen Punkte“ enträtselt (ebd. 55); auch die Geisteswissenschaft könne mit ihrer Weise des Verstehens die „Welt- und Lebensrätsel“ nicht lösen (ebd. 56). Die solcherart von Husserl konstatierte „geistige Not unserer Zeit” (ebd.) stamme somit von der Wissenschaft (ebd. 57), „aber nur Wissenschaft kann die Not, die von Wissenschaft stammt, endgültig überwinden“ (ebd.). Diese Aussage verliert ihre tautologische Bedeutung, wenn zwischen zumindest zwei prinzipiellen Weisen, Wissenschaft zu treiben, unterschieden wird. Nicht nur wird damit den positiven Wissenschaften Philosophie (als Phänomenologie) als eine andere Wissenschaftsart gegenübergestellt, zugleich ist unausdrücklich positiver Wissenschaft das Recht abgesprochen, Wissenschaft überhaupt zu repräsentieren, ja den eigentlichen Sinn von Wissenschaft für sich zu reklamieren, der nur als universale Wissenschaft zu realisieren sei. Husserls Kritik an positiver Wissenschaft macht deutlich, daß für ihn die verantwortete Übernahme der Praxisfunktion in einem ersten Schritt die Realisierung der vollen Idee der Wissenschaft voraussetzt.

1.4. Die *Ideen*

In den *Ideen I* unterscheidet Husserl zwischen den „dogmatischen“ Wissenschaften, d.i. den Tatsachenwissenschaften und den eidetischen Wissenschaften wie etwa der Mathematik, und der „philosophischen“, „kritizistischen“ Wissenschaft (vgl. § 26, auch § 62). Wissenschaften der dogmatischen Einstellung sind Husserl zufolge „den Sachen zugewendet“, “um alle erkenntnistheoretische oder skeptische Problematik unbekümmert“ (ebd. 46 f.). In den *Ideen III* vertieft Husserl seine Kritik an den Wissenschaften der dogmatischen Einstellung. Sein grundlegender Vorwurf lautet, daß alle bisher ausgebildeten Wissenschaften „von einer ausreichenden, vollkommen einsichtigen Begründung“ „weit entfernt“ seien (Hua V, 94). Begründung ist für Husserl gleichbedeutend mit Aufklärung der in den verschiedenen Wissenschaften fungierenden Grundbegriffe[210] durch Rückgang auf ihre nachprüfbare Selbstgegebenheit in anschaulicher Evidenz. Das Programm für die Aufklärung von Grundbegriffen nicht nur im Rahmen der reinen Logik, sondern für die Theorie überhaupt formulierten bereits die *Prolegomena*. Eine Aufklärung der Grundbegriffe habe die Wissenschaft, so

---

[210] „Das Unzureichende solcher Begriffe und Grundsätze: sie sind angepaßt an praktische Bedürfnisse des Lebens; sie werden unzureichend, sowie sie in Anspruch genommen werden für die ins Unendliche erweiterte Weltbetrachtung und ihre Probleme.“ (Hua VII, 315)

Husserls genereller Vorwurf, nicht geleistet.[211] Mehr noch: Wie er schon in den *Ideen III* betont, faßte Wissenschaft, statt sich ihrer Sinnquellen zu vergewissern, gewonnene Einsichten in symbolische Begrifflichkeit und machte sie so praktikabel (ebd. 95). Auf diese Weise wurden die Wissenschaften „zu Fabriken sehr wertvoller und praktisch nützlicher Sätze, in denen man als Arbeiter und erfindender Techniker arbeiten, aus denen man als Praktiker schöpfen kann ohne inneres Verständnis, bestenfalls die technische Rationalität erfassend“ (ebd.). Der Verkürzung im theoretischen Bereich entspricht Husserl zufolge eine Verkürzung der Praxisfunktion dogmatischer Wissenschaft. Diese zeigt sich reduziert auf die von der Technik ermöglichte „praktische Beherrschung der Wirklichkeit“ (ebd.). Jede Ausbildung von Wissenschaft bleibt auf Praxis verwiesen, und die Qualität ihrer Praxisfunktion ist von der Qualität ihrer Realisierung als Theorie abhängig. Die neuzeitliche Wissenschaft kann sich nach Husserl nur zugute halten, den praktischen Nutzen gefördert zu haben: „Die Fortschritte der Wissenschaft haben uns an Schätzen der Einsicht nicht bereichert. Die Welt ist durch sie nicht im mindesten verständlicher, sie ist für uns nur nützlicher geworden.“ (Ebd. 96)[212]

Husserl stellt die evidente Anschaubarkeit aller wissenschaftlichen Grundlagen in Akten der „Einsicht“ den symbolischen Verfahrensweisen neuzeitlicher Wissenschaft gegenüber; nur ersteres vermöge wirkliches Verstehen zu gewährleisten. Dies erinnert an Diltheys Unterscheidung zwischen naturwissenschaftlichem Erklären und geisteswissenschaftlichem Verstehen. Doch Husserls Begriff des Verstehens ist radikaler: Er umgreift alle dogmatische Wissenschaft (also auch die herkömmlichen eidetischen Disziplinen) und ist in seinem Sinngehalt vom Sinn phänomenologischer Ursprungsforschung bestimmt, d.h. zum einen von der generellen Möglichkeit, daß alle Sinngehalte in einem nicht-symbolischen, rein

---

[211] Vgl. auch *Formale und transzendentale Logik*, Hua XVII, § 71; Hua XXVII, Beilage XV.

[212] Die „Unverständlichkeit der Wissenschaft, die Unverständlichkeit der ‚Wahrheiten‘ für die Welt, der Welt selbst aus der Wissenschaft und des Zwecklebens, das eine unverständliche Technik schafft“, gründet für Husserl in der Ungeklärtheit der zugrundeliegenden Evidenzen (Text von 1934, Hua XXVII, 234).

anschaulichen Bewußtsein zu geben sind, und zum anderen, daß jede symbolische Begrifflichkeit in einer Bewußtseinsgenese auf ein ursprünglich schöpfendes anschauliches Bewußtsein zurückverweist, in dem sein Sinngehalt gestiftet wurde. Bereits an der zitierten Stelle der *Ideen III* bestimmt Husserl die Bedeutung des Terminus ‚Einsicht' mit dem Hinweis auf „einsichtige Urstiftung": Nur so erworbene und „von nun ab mit dem Bewußtsein dieses Erwerbes fortgeltende, jederzeit in den Urstand der aktuellen Einsicht zu restituierende Wahrheiten haben Weisheitswert, das ist echten personalen Wert" (ebd. 96, Anm.).

Damit ist ein Rahmen vorgezeichnet, in dem Husserl von da an seine Kritik an faktischer Philosophie und Wissenschaft situierte: im Zusammenhang eines teleologischen Konzepts, das die bewußtseinsintentionale Problematik von ursprünglicher Sinnstiftung, Entleerung und Formalisierung des ursprünglichen Sinngehalts als Verlust evidenter Anschaulichkeit und schließlich der möglichen Wiedergewinnung des vollen Sinnes durch Rekonstruktion der ursprünglichen Stiftung mit Bausteinen zu einer „kritischen Ideengeschichte" europäischer Philosophie- und Wissenschaftsentwicklung konfrontiert (vgl. Hua VII).[213] Die von Husserl nach 1920 zunehmend schärfer geäußerte Kritik an faktischer Philosophie und Wissenschaft („Scheitern") enthüllt deren Versagen als ein teleologisches Problem.

1.5. Die *Kaizo*-Artikel und die Texte zur Prima Philosophia

Bereits in den von Husserl nicht veröffentlichten Entwürfen aus dem Umkreis der *Kaizo*-Artikel vom Winter 1922/1923 bildet dieser Zusammenhang den Hintergrund für die dort vorgebrachte Kritik an den Wissenschaften. Schon hier, vierzehn Jahre vor Erscheinen der ersten beiden Teile der *Krisis*, formuliert Husserl, allerdings noch ohne Bezug auf die Lebensweltproblematik, diese Kritik in aller Schärfe. Bezeichnend für diese Texte ist, daß Husserl

[213] Vgl. hierzu die Arbeit von G. Hoyos Vásquez, *Intentionalität als Verantwortung*, a.a.O.

in ihnen den theoretischen (den praktisch-theoretischen und den rein theoretischen) und den praktischen Zielsinn der Theorie unterscheidet. In einem kurzen Text (Hua XXVII, 115) stellt er die Frage nach den Gründen, warum seit dem Ende des 19. Jahrhunderts trotz der Erfolge, die die Wissenschaften verzeichnen konnten, ein Ungenügen an ihren Leistungen empfunden wurde, und er nennt deren drei.

1. Als erstes führt Husserl die Aufsplitterung in Einzelwissenschaften an (ebd.). „Niemand ist da, der ein Ganzes der Einsicht hat", wie es in einem anderen Text heißt (ebd. 112). Diese Aussage kann zweierlei meinen: einmal die Tatsache, daß die Wissensfülle von keinem einzelnen Forscher mehr bewältigt werden kann, und zum anderen die von Husserl hier nicht erwähnte Tatsache, daß Wissenschaft ein verbindendes Ganzes, in dessen Relation einzelne Disziplinen und Einzelaspekte erst in ihrem Zusammenhang verständlich würden, nicht mehr vermißt. Letzteres ist für den authentischen Sinn universaler Wissenschaft gewiß relevanter; daß auch die einheitsstiftende Wissenschaft der phänomenologischen Philosophie arbeitsteilig verfahren solle, war ja Husserls eigene Überzeugung. Warum aber spricht er hier nicht davon?

Husserl fügt dem ersten Kritikpunkt den Satz hinzu: „Niemand wird noch durch Wissenschaft theoretisch weise" (ebd. 115). Dies erinnert an die Kritik in den *Ideen III* (und überdies an die Kritik im *Logos*-Artikel); dort wurde das Fehlen von Verstehen und Einsicht mit einem Verzicht auf „Weisheit" in Verbindung gebracht, und dort sprach Husserl vom „personalen Wert" (Hua V, 96 Anm.). Die Gegenüberstellung von Spezialistentum und theoretischer Weisheit ist somit in personaler Hinsicht zu verstehen, sie bezieht sich nicht auf die Theorie, auf ihr System wahrer Urteile, sondern auf den, der Wissenschaft treibt. Dem Spezialistentum wird eine Wissensform gegenübergestellt, die denjenigen, der an ihr partizipiert, in seiner Person betrifft. Dies paßt auch zur ethischen und axiologischen Thematik der *Kaizo*-Aufsätze, da für Husserl alles personale Sein nach Gesichtspunkten wertender und praktischer Vernunft befragbar ist. Mit dem Hinweis auf die „theoretische Weisheit" steht also die Praxis der Theorie in ihrem personalen Träger in Frage, aber auch insofern sie die Gestalt angenommen hat, in der sie theoretische Weisheit zu stiften vermag.

2. Als zweiten Grund für das Ungenügen der Wissenschaft führt Husserl an, daß die wissenschaftliche Technik der Spezialwissenschaften „nützliche Zwecke" erreichen ließ, „Lebensannehmlichkeiten" schuf, die Menschen aber nicht „zufriedener" machte (Hua XXVII, 115). Wissen sei Macht über Welt und Schicksal zum Zweck der Realisierung von Glück. Husserl bemerkt: „Aber die Wissenschaften sind unendlich, wie die zu erkennende Welt unendlich" ist und folgert: „Also ist Wissenschaft als Mittel praktischer Weisheit unnütz" (ebd.). Wird hier die Unendlichkeit theoretischen Zugriffs als wesentliches Merkmal des Theoretischen generell in Abrede gestellt, oder soll dies besagen, daß Theorie letztlich doch nie das universale Daseinsinteresse zu befriedigen vermag? Beides paßt nicht zum Kontext der Stelle, wo es Husserl um die Kritik an faktischer Wissenschaft und implizit um die Möglichkeit universaler Wissenschaft geht. Ist diese nicht aber ebenfalls ‚unendlich', da schon das vorwissenschaftliche Leben in seiner von Horizont zu Horizont verwiesenen unabschließbaren Welterfahrung für Husserl „induktiv" ist (vgl. EU 28) und universale Wissenschaft als universale transzendentale Lebensweltwissenschaft gerade diesem Umstand Rechnung tragen will?

Dies markiert den entscheidenden Punkt: Faktische Wissenschaft ist auf Unendlichkeit verwiesen, ohne die Gründe dafür aufdecken zu können. In dieser Hinsicht verfährt sie wie das außerwissenschaftliche natürliche Weltbewußtsein. So kann sie in Unendlichkeit Gegenständliches lediglich in der Weise objektivistischer Geradehin-Einstellung aufdecken.[214] Wenn diese Interpretation zutrifft, müßte sich ein Bezug zwischen der Einsicht in die Struktur des Verwiesenseins auf Unendlichkeit und dem universalen Daseinsinteresse aufzeigen lassen, und zwar so, daß dieses durch jenes Erfüllung fände. Einsicht in das Verwiesensein auf Unendlichkeit ist für Husserl gleichbedeutend mit dem Erfassen der

[214] „Universale Tatsachenwissenschaft" bewirkt „Verengung" (Text von 1934, Hua XXVII, 222).

teleologischen Struktur, in der der Mensch als Vernunftwesen steht. Die Wissenschaft, die diese Teleologie sichtbar machen könnte, wäre zugleich diejenige Wissenschaft, die das universale Daseinsinteresse zu befriedigen vermöchte. In einem anderen Text aus dem *Kaizo*-Umkreis heißt es, daß es darum geht, jene Geistigkeit zu enthüllen, „die eine notwendige Funktion aus tiefsten Geistesgründen hat, eine Notwendigkeit der Teleologie, die sich zurückleitet auf das Letzte, für das der Mensch als Mensch allein endgültiges Interesse haben kann: kurzweg gesprochen für seine ewige Seligkeit“ (Hua XXVII, 112).

‚Unendlichkeit‘ ist für Husserl ein so grundlegendes intentionales Korrelat, daß es zum Wesen intentionaler Bezüglichkeit überhaupt gehört. Faktische Wissenschaft steht in einer bestimmten Auslegung dieser Unendlichkeit, die ihren teleologischen Zielsinn bestimmt, ohne daß Wissenschaft in der Lage wäre, mit ihren Erkenntnismitteln diesen Zielsinn oder gar die Verweisung auf Unendlichkeit aufzuzeigen. Dies aber, Einsicht in die Unendlichkeitsstruktur weltlichen Erfahrens und in das damit gegebene teleologische Bezugssystem zu gewinnen sowie Einsicht in das Telos der Urstiftung universaler Wissenschaft, umreißt Husserl zufolge Sinn und Aufgabe der Philosophie als Prima Philosophia. Gelingt es, dies und den damit vorgezeichneten vollen Begriff von Wissenschaft zu realisieren, dann kann die Wissenschaft auch ihre volle Funktion für die Praxis ausüben: In der Einsicht der Theorie versteht sich die Praxis selbst, da es ja ihre eigene, vor der Stiftung der Wissenschaft für sie verdeckte Struktur ausmacht, auf Unendlichkeit verwiesen zu sein. Während die faktische Natur- und Geisteswissenschaft gleichsam in der Unendlichkeit verharrt, von Mal zu Mal ins Unendliche kumulative Erkenntnis anhäuft, soll universale Wissenschaft das Telos dieses Verwiesenseins auf Unendlichkeit selbst verstehbar werden lassen.[215] Dieses Telos ist aber das Telos des Weltlebens,

---

[215] Dieses Telos faßt selbst den Sinn des wahren unendlichen Wissenserwerbs („Allwissenheit”); es zeichnet Husserl zufolge nicht nur das Ziel vor, sondern auch die Idee der zielgemäßen Realisierung. Vgl.: „So ist die *Allwissenheit* ein *im Unendlichen* liegendes Ziel, umd wir haben demgemäß zweierlei zu unterscheiden: einerseits die absolute Idee des Philosophen bzw. der Philosophengemeinschaft als einer allwissenden, und korrelativ die *absolute Idee der Philosophie*, universale

und so würde Erfüllung des Glückstrebens als des universalen Daseinsinteresses („Seligkeit“) bedeuten: stufenweises Einswerden mit der eigenen (individuellen und überindividuellen) Teleologie. Dieser Faden der Interpretation wird in Teil IV nochmals aufzunehmen sein.

3. Der dritte Vorwurf Husserls an die Wissenschaft lautet, daß sie „auch nicht das rein theoretische Interesse“ beförderte (Hua XXVII, 115). Dieser Vorwurf zielt auf den Zwecksinn der Theorie selbst. Alle Wissenschaften leiden „empfindlich an der Unklarheit ihrer Grundlegung, also der prinzipiellen Methodik, die den Sinn ihrer Erkenntnisarbeit vorzeichnet und letztlich die Rationalität ihrer in besonderen Einzelmethoden sich vollziehenden und fortschreitenden Erkenntnisarbeit bestimmt“ (ebd.). Wissenschaft vermochte nicht das Telos des theoretischen Interesses, der universalen Wissenschaft, zu übernehmen, und somit machte sie „auch nicht theoretisch selig“ (ebd.). Eine Aufklärung darüber, warum Wissenschaft ihren theoretischen Zielsinn verfehlte, geben die *Kaizo*-Texte nicht. Weil sie die ethische Problematik der Erneuerung von Individuum und Gemeinschaft behandeln, ist ihr phänomenologischer Standpunkt regionalontologisch-mundan. Die Aufhellung des Versagens der neuzeitlichen Wissenschaft ist für Husserl nur transzendentalphänomenologisch möglich. Auch die Wissenschaftskritik im *Logos*-Artikel, die ebenfalls den transzendentalen Blickpunkt nicht miteinbezog, gab keine Auskunft über die Gründe der von faktischer Wissenschaft hervorgerufenen ‚Lebensnot‘. Allerdings deuten die *Kaizo*-Artikel auf den von Husserls etwa seit dieser Zeit eingenommenen geschichtsteleologischen Standpunkt hin.

Aus dem weiteren Zeitraum der Abfassung der *Kaizo*-Artikel liegen mit den beiden Teilen der Vorlesung zur Prima Philosophia

Einheit alles Wissens, als das *télos*, als die absolute Endidee [...]; andererseits, dem entsprechend, die *Idee des Progressus*, und zwar als in seiner Art *absoluten* Progressus, des absoluten und reinen Progressus, oder vielmehr wieder eine Korrelation von Progressen: einerseits der der aufsteigenden Entwicklung in der immer vollkommeneren, immer weiter reichenden Verwirklichung einer absoluten und universalen Wissenschaft, und andererseits der der parallelen Entwicklung der philosophischen Subjektivität [...].“ (Hua VIII, 196) von 1923/1924 (und davor schon mit den Londoner Vorlesungen vom Sommer 1922) jedoch Ansätze Husserls vor, in denen er bei der Frage nach den Gründen für das Scheitern der faktischen Philosophie- und Wissenschaftsentwicklung im Verfehlen der Idee einer universalen Wissenschaft den ethisch-mundanen mit dem transzendentalphänomenologischen Standpunkt konfrontierte. Dies weist auf die *Krisis*-Arbeit vor, für die die Problematik des Bezugs der ethischen Aufgabe universaler Wissenschaft zur Wissenschaftskritik grundlegend ist, wenngleich dort die Diskussion der ethischen Problematik stark eingeschränkt ist (sie blieb auf die Einleitung beschränkt), da die transzendentalphänomenologische Perspektive dominierte.

Die Texte zur Prima Philosophia aus den zwanziger Jahren erörtern im Zusammenhang mit Husserls Anläufen, seiner Philosophie eine umfassende Systematik zu geben,[216] vordringlich die Bedingungen der Möglichkeit einer phänomenologischen Transzendentalphilosophie. In ihnen erprobte Husserl neben der bis dahin propagierten Zugangsmethode zur transzendentalen Subjektivität in Anlehnung an den Zweifelsversuch von Descartes andere Wegmöglichkeiten. Eine dieser neuen Wegreflexionen bezieht sich auf den Zugang zur transzendentalen Sphäre über eine Kritik an der Philosophie und den Wissenschaften. Hierzu gehören z.B. der erste Teil der Wintervorlesung von 1923/1924, die „Kritische Ideengeschichte", in gewissem Sinn auch die Ausführungen zum Sonderweg über die Psychologie,[217] der zugleich eine Verbindung zwischen den Wegreflexionen der Wissenschaftskritik und der Kritik der Erfahrungswelt herstellt. Dem zweiten Teil der *Ersten Philosophie* ist ein Text Husserls aus der zweiten Hälfte der zwanziger Jahre beigegeben, der den Weg von der Wissenschaftskritik über die Aufgabe einer universalen Kritik der Erfahrung zur Begründung der Transzendentalphänomenologie aufzeigt.[218] Husserl verweist darin nicht mehr auf einzelne Grundla-

---

[216] Vgl. die Einleitung des Herausgebers von Hua XIV, S. XVIII ff.

[217] Vgl. *Erste Philosophie*, zweiter Teil, vierter Abschnitt (Hua VIII, 132 ff.).

[218] „Der Weg durch die Kritik der positiven Wissenschaften zur transzendentalen Phänomenologie, der cartesianische Weg der *Ideen* und das Problem der vorgegebenen Lebenswelt." (Hua VIII, 259 ff.)

genfragen, welche zu lösen Wissenschaft und Philosophie verabsäumt hätten. Die These ist vielmehr, daß in der faktischen Philosophie- und Wissenschaftsentwicklung die verantwortliche Übernahme des Telos einer Universalwissenschaft verfehlt werden mußte, weil Wissenschaft als Weltwissenschaft das Fundamentalproblem des vorgegebenen Erfahrungsbodens übersprungen habe. Will somit Weltwissenschaft „nicht bodenlos sein", müsse die Welt „in ihrem ganzen Objektivität beanspruchenden Erfahrungssinn" fragwürdig werden (Hua VIII, 261 f.). Die Kritik aller positiven Wissenschaft führe über die Problematisierung der erfahrenden Subjektivität als transzendentaler „zur notwendigen Begründung einer Transzendentalwissenschaft"; diese sei, voll ausgeführt, „allein die echte", „die einzig mögliche Universalwissenschaft" - „Wissenschaft vom All des Seienden" (ebd. 263).

1.6. Die *Krisis*-Schrift

Die *Krisis*-Schrift verbindet schließlich die Restitution des theoretischen Zielsinns in Form der Begründung der transzendentalen Phänomenologie als transzendentaler Lebensweltwissenschaft mit dem praktischen Zielsinn der Theorie. Bereits der Titel des ersten Teils der *Krisis*, „Die Krisis der Wissenschaften als Ausdruck der radikalen Lebenskrisis des europäischen Menschentums" weist auf diese Verflechtung hin. Vieles von dem, was Husserl in den ersten Paragraphen ausführt, erinnert an den *Logos*-Aufsatz.

Die Wissenschaftlichkeit faktischer Wissenschaft, die der Kritik unterworfen werden soll, müsse von dem „in der Rechtmäßigkeit methodischer Leistungen unangreifbaren Sinn von Wissenschaftlichkeit" (Hua VI, 3) unterschieden werden, der positivistische Begriff der Wissenschaft sei ein „Restbegriff" (ebd. 6).[219] Erschöpft sich Wissenschaftlichkeit in Tatsachenwissenschaft, so

[219] Vgl. auch folgende Stelle in Husserls Wiener Vortrag vom April 1935: „Der Grund des Versagens einer rationalen Kultur liegt aber [...] nicht im Wesen des Rationalismus selbst, sondern allein in seiner *Veräußerlichung*, in seiner Versponnenheit in ‚Naturalismus' und ‚Objektivismus'." (Hua VI, 347)

könne Wissenschaft zur Aufhebung der „Lebensnot" nicht beitragen (ebd. 4). Wissenschaft wurde aber auch sich selbst unverständlich, was sich insbesondere in der Krisis der Psychologie ausdrücke: Wissenschaft vermochte weder die „*Rätsel der Subjektivität*", die „mit dem *Rätsel der psychologischen Thematik und Methode* untrennbar" zusammenhängen (ebd. 3) noch das korrelative Problem der Welt, das „*Rätsel aller Rätsel*" (ebd. 12), zu lösen.

Doch die Kritik, die Husserl an Psychologie und Psychologismus hier übt, unterscheidet sich wesentlich von seiner Psychologismus-Kritik im *Logos*-Artikel. Dort handelte es sich darum, gegenüber der empirischen Psychologie und ihrer Absolutsetzung als der zuständigen Wissenschaft für alles Subjektive das Eigenrecht der reinen Phänomenologie als Wesenswissenschaft des Bewußtseins zu begründen. In der *Krisis* hingegen soll das Versagen der neuzeitlichen Psychologie und ihr Verfall in den Psychologismus als symptomatisches Scheitern der im Objektivismus steckengebliebenen neuzeitlichen Wissenschaft überhaupt und des Verfehlens einer radikalen Grundwissenschaft des Subjektiven, die für Husserl nur transzendentale Wissenschaft sein kann, deutlich werden. Somit setzt die Diskussion des Weges über die Psychologie, die Husserl in Abschnitt B des dritten Teils der *Krisis* führt, die Wegreflexionen über die phänomenologische Psychologie voraus, denen sich Husserl in der zweiten Hälfte der zwanziger Jahre intensiv gewidmet hatte. Diesen Reflexionen zufolge ist die intentionale Psychologie nicht nur eigenständige eidetische Disziplin, die das Eigenwesentliche der Seele aufzudecken vermag, sondern Vorstufe der transzendentalen Phänomenologie (vgl. ebd. 259); ihre phänomenologische Epoché und Reduktion fordern, wie Husserl schreibt, „notwendig" den Umschlag in die transzendentale (vgl. unten 2.2.).

Nur von der transzendentalen Phänomenologie her und nur durch sie bestimmt sich für Husserl, was der ursprüngliche und eigentliche Sinn universaler Wissenschaft sei, sie ist Telos der Idee aller Universalwissenschaft - ein Telos, dessen Erreichbarkeit im Unendlichen liegt. Sie ist universale Wissenschaft, weil nur sie das Grundproblem der Vorgegebenheit der Welt im Rekurs auf die transzendentalen Strukturen der Subjektivität aufzudecken und so alle objektiv gerichtete, und das ist alle mundane Philosophie und Wissenschaft, die als solche „nicht universale Wissenschaft" sein kann (ebd. 179), übersteigt. Sie übersteigt sie, sofern sie alles objektiv Gegebene als Leistungsprodukt transzendentaler Sinnstiftung verständlich zu machen sucht. Husserls Philosophie- und Wissenschaftskritik bündelt sich hier in dem Vorwurf, „daß keine noch so exakte objektive Wissenschaft irgendetwas ernstlich erklärt oder je erklären kann" (ebd. 193), das „einzig wirkliche Erklären" sei „transzendental verständlich machen" (ebd.). Husserl unterscheidet hier nicht mehr zwischen Erklären und Verstehen wie noch im *Logos*-Aufsatz oder den *Ideen III*, wo er der Wissenschaft nur die Befähigung zu ersterem zuerkannte und letzteres der phänomenologischen Aufklärung der von den Wissenschaften übersprungenen Grundbegriffe zuwies. Wie sich in der *Krisis* die Mannigfaltigkeit der Grundprobleme im Grundproblem der transzendentalen Aufklärung der Vorgegebenheit der Welt konzentriert, so ist auch die Wissenschaftskritik dahingehend radikalisiert, daß der (Natur-)Wissenschaft nur mehr das sinn-lose Bereitstellen von Objektivität zugestanden wird, dem auf der anderen Seite die Aufhellung dieses Prozesses durch transzendentale Klärung gegenübersteht.

Es sei noch darauf verwiesen, daß Husserl seinen Vorwurf des Objektivismus zumindest in zweierlei Hinsicht erhebt: Einmal wendet er sich gegen die von der empirischen Psychologie betriebene Naturalisierung des Geistigen; neben der exakten Naturwissenschaft könne es keine in gleichem Sinn exakte Geisteswissenschaft geben, wie er immer erneut am Beispiel der Psychologie dartut. Die dem Geistigen eigene Weise exakter Wissenschaft soll zwar auch in einer Wesenswissenschaft gründen, nicht aber in der Mathematik, die die Grundlegung neuzeitlicher Naturwissenschaft leistete. Dem widerspricht daher nicht, daß Husserl bis in die dreißiger Jahre hinein versuchte, auch für das Geistige eine solche Prinzipienwissenschaft, eine mathesis universalis, zu entwickeln, wie seine Bemühungen um eine Idealwissenschaft des Psychischen einerseits, um eine reine Ethik als „universale Vernunftlehre" andererseits (vgl. oben II.1.) belegen. Zum zweiten verwendet Husserl vor allem im Spätwerk den Begriff ‚Objektivismus' bei seiner Analyse der

Konfrontation neuzeitlicher Wissenschaft mit der Lebenswelt. Die Naturalisierung bedroht hier nicht mehr nur das Gebiet einer Art von Wissenschaftlichkeit, sondern das Leben selbst. Die Kritik an der Naturwissenschaft wird so ausgeweitet, daß der Vorwurf des Objektivismus jetzt besagt, in der Vorgegebenheit der Welt befangen zu sein, eine Befangenheit, die erst die transzendentale Phänomenologie auflösen kann. Damit erfährt die Rede von ‚Objektivismus' eine Ausweitung dergestalt, daß Husserl mit ihr nun jede vortranszendentale Wissenschaft, die als Philosophie auftreten will, benennt.

Die Theorie in Gestalt der transzendentalen Phänomenologie bietet nicht mehr nur (wie in den *Logischen Untersuchungen*) die Gewähr vor jeweiligen Verabsolutierungen als unaufgeklärten Relikten praktischer Einstellung auf dem Terrain der Theorie. Sie will die Sinngenesis aller Einstellungen und Gebilde transzendental verständlich machen und ihnen so eine Klärung ihrer letzten Sinngrundlagen verschaffen. Auf diese Weise versucht sie die umfassendste Behinderung, die die Praxis der Verwirklichung reiner Theorie als universaler Wissenschaft in den Weg stellt, zu überwinden, diejenige Voraussetzung, die mit dem weitesten Begriff von Praxis selbst identisch ist: die Apperzeption des Ich-Mensch.

Der Preis hierfür ist die Übersteigung des Weltlebens. Die transzendentale Phänomenologie kommt so in die paradoxe Situation, daß ihr gerade in dem Moment, da sie mit ihrer eigenen Begründung die Möglichkeit erhält, ihre Funktion für die Praxis im umfassenden Sinn wahrzunehmen, diese ihr entgleitet: Der transzendentale Standpunkt hat das Weltleben nicht mehr als solches sich gegenüber, sondern nur als Schichten der Konstitution im Aufbau der transzendentalen Subjektivität. Kann aber - wir wiederholen unsere Ausgangsfrage - dort, wo der Unterschied zwischen Theorie und Praxis keine aktuelle, nur mehr eine konstitutive Rolle spielt, von einem praktischen Zwecksinn noch die Rede sein? Husserl sah diese Möglichkeit gleichwohl; er glaubte daran, daß erst transzendentale Wissenschaft auch die Vorbedingung für eine wahre Praxis zu verschaffen vermöchte. Erst transzendentale Phänomenologie könne die im Menschsein verborgene Entelechie zur „bewußt leitenden“ erheben und „Philosophie, Wissenschaft“ als „die historische Bewegung der Offenbarung der universalen, dem Menschentum als solchen ‚eingeborenen‘ Vernunft“ (Hua VI, 13 f.) sichtbar machen.

2. Transzendentale Theorie versus Praxis?

Die Untersuchungen des letzten Kapitels haben gezeigt, daß Husserls Versuche der Begründung reiner Theorie mit der Ausbildung von Strategien einhergehen, die die außertheoretische praktische Einflußnahme zurückdrängen wollen, und der Topos dieser Abwehr ist Husserls Kritik an Philosophie und Wissenschaft. Es wurde anhand einiger zentraler Beispiele gezeigt, wie diese Kritik letztlich auf Praxis zielt, sofern sich Theorie als praxisgebunden erweist. Gerade in dieser Abwehr praktischer Einflußnahme auf Theorie liegt aber zugleich eine funktionale Haltung, die Theorie für die Praxis wahrnimmt: eine kritizistisch-klärende Haltung, die für den Phänomenologen Husserl die Aufdeckung fungierender Subjektivität in Korrelation zu ihrem Vermeinten besagt. Die von Husserl anvisierte Funktion der Theorie aktualisiert sich dann, wenn Theorie eine bestimmte Subjektivität in ihrer Funktion aufhebt. Aufhebung von Funktion ist Epoché, die für die Phänomenologie somit zum grundlegenden Instrumentarium ihrer spezifischen Funktion als Theorie wird. Doch um einsichtig zu machen, daß auch Theorie als transzendentale Phänomenologie trotz ihrer Epoché von allem Weltleben ihre Funktion für die Praxis übernehmen kann, ist es erforderlich, *Schnittpunkte* zwischen Transzendentalität und Mundanität aufzudecken, zu zeigen, daß es Bereiche gibt, in denen nicht nur entweder der mundane Standpunkt vorherscht oder alles nur auf Transzendentales bezogen werden kann. Anknüpfend an das im vorigen Kapitel Erarbeitete sollen drei Aspekte untersucht werden, die ein solches Aufeinanderverwiesensein von transzendentalem und mundanem Sein belegen. Der erste Aspekt beinhaltet die These, daß die phänomenologische Lehre von differenten Einstellungen ein entsprechend mehrschichtiges Vernunftbewußtsein und korrelativ verschiedene irreduzible Seinssphären impliziert

(2.1.). Zweitens soll das Verhältnis von transzendentaler und mundaner Phänomenologie bezüglich der phänomenologischen Eidetik geklärt (2.2.) und drittens nach dem Motiv für die transzendentale Phänomenologie gefragt werden (2.3.).

2.1. Die Einstellungen und die Pluralität der Vernunft

In welchem Verhältnis steht der Begriff der Einstellung[220] zum phänomenologischen Sinn der Praxis? Sind Einstellungen etwas der Praxis Zugehöriges - aber Praxis ist für Husserl doch selbst Korrelat einer, der praktischen Einstellung? Husserls Lehre von den Einstellungen bildet zudem ein zentrales Mittel der Theorie, mit dem diese grenzüberschreitenden Tendenzen der Praxis entgegentritt. Der phänomenologische Sinn der Einstellung ist eng mit Husserls Lehre des Korrelationsverhältnisses von vermeinendem Akt und darin vermeinter Gegenständlichkeit sowie mit der Möglichkeit zu wesenswissenschaftlicher Forschung verknüpft. Allgemein besagt ‚Einstellung' das subjektive Korrelat, das nicht einem individuellen Gegenstand entspricht, sondern einem ontologisch bestimmbaren Bereich, einer ‚Region'.

Vom Standpunkt der transzendentalen Phänomenologie aus ist die oberste Einteilung der Einstellungen die Scheidung in die mundane und die transzendentalphänomenologische Einstellung. Auf den ersten Blick scheint die mundane Einstellung gleichbedeutend der natürlichen zu sein, doch gibt es gute Gründe, sie als übergreifender aufzufassen. Was die Systematik einer phänomenologischen Einstellungslehre erschwert, ist vor allem der Umstand, daß Einstellungsweisen sich nicht einer Hierarchie fügen. Einstellungen überlagern sich, durchdringen einander. Die Scheidung zwischen transzendentaler und mundaner Einstellung bildet

[220] Zum Begriff der Einstellung und seiner Rolle in Husserls Vernunftphänomenologie vgl. die Arbeit von M. Fischer, *Differente Wissensfelder - einheitlicher Vernunftraum. Über Husserls Begriff der Einstellung*, München 1985, besonders Teil I.

jedoch ein grundlegendes Raster, in das sich fast alle weiteren Einstellungen einordnen lassen.[221]

Die mundan-natürliche Einstellung ist die Basis für eine Reihe sowohl vortheoretischer wie theoretischer Einstellungen. Diese Einstellungen sind nicht einfach ihre Sonderformen, Untergruppen; ihnen allen gemeinsam ist lediglich, daß sie zusätzlich zu ihrem Einstellungssinn die Bestimmtheit mundan-natürlicher Einstellung aufweisen. Solche Einstellungen sind für Husserl die naturale/naturalistische, die personale/personalistische, die wesenswissenschaftliche (eidetische), die tatsachenwissenschaftliche, aber auch die lebensweltlich-praktische (als vor- und außertheoretische, aber auch als die theoretische Einstellung mitbefassend).

Die naturale/naturalistische Einstellung ist diejenige Erfahrungseinstellung, die die naturwissenschaftliche Einstellung als theoretische ermöglicht, sie gründet in der vorgängigen Mundanisierung des Transzendentalen hinsichtlich der zweifachen transzendierenden Apperzeption einer materiellen Natur und einer in sie eingebundenen seelischen Subjektivität. Sie partizipiert insofern auch am universalen Weltglauben, an der natürlichen Einstellung. Gegenüber der personalen/personalistischen Einstellung, der Einstellung des tätigen Lebens, ist sie eine „künstliche", eine „Abstraktion" (Hua IV, 183), die Husserl zufolge der Naturwissenschaftler an ersterer vollzieht (vgl. oben I.2.2.). Insofern die naturale/naturalistische Einstellung durch Abstraktion aus der personalen/personalistischen Einstellung erwachsen soll, ist sie in gewissem Sinn dieser eingeordnet, was aber nicht so zu verstehen ist, als läge sie in dieser offen und bräuchte dem Zusammenhang personaler Welterfahrung nur entnommen zu werden. Die Abstraktion erfolgt im Wegstreichen der Bedeutungsprädikate der geistig-personalen Welt in Rückführung auf Natur in ihrer untersten Schicht bloßer Materia-

---

[221] Für M. Fischer (a.a.O. 19) bildet „das Koordinatensystem der gesamten Architektonik der Einstellungen" die Scheidung von theoretischer und personalistischer Einstellung. Es wäre aber zu fragen, ob sich die personalistische Einstellung in der Tat „in scharfem Kontrast von der theoretischen Einstellung abhebt" (ebd. 18), wenn für Husserl Theorie (als universale Wissenschaft) ‚Weisheit' ermöglichen soll. Im Aufeinanderbezogensein von Theorie und Praxis löst sich eine scharfe Trennlinie von Theorie und Personalität auf.

lität (Hua XXV, 325 ff.). Dies unternahm die Naturwissenschaft, so Husserl, ohne diesen Schritt methodisch zu reflektieren. Diese mangelnde methodische Kontrolle ihres Tuns führte sie, die zudem wie alles Weltleben in der vorgängigen Verräumlichung und Verzeitlichung des Bewußtseins steht, zu einer Naturalisierung von Seele und Geist, indem sie in Gestalt der empirischen Psychologie die Anknüpfung an den Leib als Faktum und nicht als Erscheinung nahm und als naturales Vorkommnis interpretierte. Husserls Kritik am Vorgehen der Naturwissenschaft kann sich nur auf deren ungeklärte Herkunft beziehen; die in der Ungeklärtheit gründende Verabsolutierung der Erfahrungs- und Erkenntnisgrundlagen und die nachfolgende Installierung einer naturalistischen Weltanschauung betrifft nicht mehr die Naturwissenschaft sui generis, sondern ist Pseudometaphysik. Zum anderen besitzt für Husserl auch eine naturale psychophysische Betrachtung ihr Recht, sofern sie sich auf die Explikation der faktischen Seite jener seelisch-geistigen Anknüpfung beschränkt, also nicht den Anspruch erhebt, das seelisch-geistige Sein miterfassen zu wollen.

Auch die in der personalistischen Einstellung fundierte Geisteswissenschaft nimmt, wie Husserl im *Logos*-Artikel am Beispiel von Historizismus und Weltanschauungsphilosophie demonstrierte, die verabsolutierte Form einer Pseudometaphysik an, wenn sie ihre Erfahrungsgrundlage absolut setzt. Terminologisch gesehen würde es sich anbieten, mit den Begriffen ‚naturalistisch' und ‚personalistisch' die hypertrophen Formen naturaler und personaler Einstellung zu kennzeichnen, was Husserl, die Begriffe jeweils synonym verwendend, nicht tut. Die Geisteswissenschaft steht allein in dem Sinn der Phänomenologie als phänomenologischer Psychologie näher (und auch dem Weltleben selbst), als sie - im Gegensatz zur objektiv gerichteten Naturwissenschaft - subjektiv gerichtet,[222] aber mit ihrer auf je einzelne Fakta bezogenen Erfahrungsgrundlage der personalen Einstellung von aller in wesenswissenschaftlicher oder in transzendentaler Einstellung stehenden Theorie prinzipiell unterschieden ist.

---

[222] Setzt Naturwissenschaft Natur an sich absolut, so die Geisteswissenschaft die Subjektivität an sich (Hua IV, 363).

Naturwissenschaftliche wie geisteswissenschaftliche Einstellung als auf Fakta („Tatsachen") gerichtete Einstellungen konfrontiert Husserl mit der auf "Wesen" bezogenen wesenswissenschaftlichen („eidetischen") Einstellung. Wie die natur- und geisteswissenschaftliche Einstellung besitzt auch sie mit dem Verfahren der Ideation ihre genuine Weise der Erkenntnisgewinnung. Wie schon die naturale Einstellung der Naturwissenschaft ist auch die Ideation eine bewußte theoretische Leistung, sie wird im alltäglichen Leben nicht thematisch vollzogen, wenngleich sie im Gegensatz zur naturalen Einstellung in jedem vortheoretischen und theoretischen Leben präsent ist.

Tatsachen- wie wesenswissenschaftliche Einstellung wie auch die personale Haltung des alltäglichen Lebens stehen im Rahmen der natürlichen Einstellung. Sie sind selbst natürliche Einstellungen, indem sie das grundlegende Charakteristikum dieser, den unausdrücklichen Vollzug der Generalthesis, teilen. In diesem Sinn sind für Husserl Tatsachen- wie Wesenswissenschaften noch positive Wissenschaften, die die Vorgegebenheit des Weltbodens hinsichtlich der Regionen von Natur und Geist voraussetzen.[223]

Husserl spricht selten vom (relativen) Gegensatzpaar der theoretischen und praktischen Einstellung. Die praktische Einstellung (vgl. Hua XIII, 450; Hua XXVII, 233) als Einstellung des Weltlebens steht, wie gezeigt, im Horizont der Mundanität. Sie ist ‚natürlich', sofern in ihr der Weltglaube fungiert, sie ist aber auch nur so lange praktisch, soweit in ihr der Weltglaube fungiert. Sie ist die natürliche Einstellung in Besonderung auf das sie bestimmende

---

[223] In einer Fußnote der Beilage XII zu den *Ideen II* findet sich eine kurze und klare Beschreibung des Verhältnisses von tatsachenwissenschaftlicher, wesenswissenschaftlicher und transzendentalphänomenologischer Forschung: „Die Geisteswissenschaft, die historisch deskriptive und die Wesenswissenschaft haben die faktische Geisteswelt immer vorgegeben (bzw. die mögliche), ganz so wie in der ‚naturalen' Einstellung die Natur vorausgesetzt ist. Natürliche Einstellung überhaupt ist: die natürliche Geisteswelt vorgegeben haben, und ihr ordnet sich die naturale Einstellung und die Natur selbst ein als Erkenntnisthema." Nach Vollzug der transzendentalen Epoché „komme ich auf das Neue, auf die absolute, transzendentale Subjektivität und das Universum ihrer Phänomene. Wenn ich aber keine Epoché vollziehe, so gewinne ich nur eine Geisteswissenschaft und geisteswissenschaftliche Psychologie auf dem natürlichen Boden der Geisteswelt, eine Paralele zur naturalen Psychologie" (Hua IV, 369 f.).

korrelative Verhältnis von Willenssubjektivität - Handlung - Handlungsziel. Wie aber verhalten sich mundane und natürliche Einstellung zueinander? Husserl gebraucht die Begriffe synonym. Sachlich gesehen gibt es aber diesen wesentlichen Unterschied: Der Weltbezug des Phänomenologen, der die natürliche Einstellung mit der transzendentalen vertauschte, dann aber wieder in die natürliche ‚zurückkehrt', ist nach diesem Durchschreiten modifiziert (vgl. unten IV.2.). In Hinblick darauf wäre es terminologisch zweckmäßig, mit *natürlich* lediglich den universalen Stil der Weltapperzeption vor dem erstmaligen Vollzug von transzendentaler Epoché und Reduktion zu bezeichnen, während der Phänomenologe im Rückgang in den Horizont des Weltglaubens zwar wieder in eine *mundane*, doch nicht in die natürliche Einstellung, wie sie vor der Durchführung der Epoché bestand, eintritt. Damit wäre terminologisch dem Sachverhalt Rechnung getragen, daß in dieselbe Einstellungsweise eine Rückkehr nicht möglich ist.[224]

Gehört das Sicheinstellen als solches zur Mundanität, oder steht es auch in einem transzendentalen Bezug? Husserls Hinweis in den *Ideen II* auf das „Erzieherische" der phänomenologischen Reduktion, die „überhaupt für die Erfassung von Einstellungsänderungen empfänglich" machen soll (Hua IV, 179), weist zunächst auf eine mundan-praktische Aufgabe phänomenologischer Einstellungslehre hin: Wenn sie im theoretischen Bereich von pädagogischem Nutzen ist, dann liegt hierin eine von Husserl nicht weiter erörterte praktische Relevanz phänomenologischer Theorie (und eine Möglichkeit ihrer Praxisfunktion). Husserl selbst ordnet die Einstellung als solche dem Weltleben zu, sofern sie „einen habituell festen Stil des Willenslebens in damit vorgezeichneten Willensrichtungen oder Interessen" besagt (Hua VI, 326). Wir sahen schon, daß für Husserl die transzendentale Epoché eine mundan-praktische Seite besitzt, die sich im freien Willensentschluß des Epoché Übenden, in seinem spezifischen Interesse, in der Habitualisierung seiner Leistung ausdrückt. Die transzendentale Epoché erweist sich somit auch als Einstellung betrachtet als Extremum: Sie ist der

[224] Husserl bezeichnet zwar mitunter die ursprüngliche Situation vor der Epoché mit dem Zusatz ‚naiv' („naiv-natürliche Einstellung", vgl. Hua VI, 154).

Willensentschluß zur Aufhebung aller Willenssetzungen. Doch während ihr Wille, ihr Interesse und ihre Habitualisierung gleichsam der transzendentalen Seite zugekehrt sind, indem sie sich auf die Durchführung der Epoché selbst beziehen, verhält es sich bei jenem pädagogischen Effekt, der sich aufgrund der transzendentalen Methode ergeben soll, umgekehrt: Er ist der Praxis zugewandt. Somit verweist er mehr noch als die Epoché selbst auf einen möglichen Schnittpunkt, in dem Mundanes und Transzendentales aufeinandertreffen. Das Erzieherische von Epoché und Reduktion, die mit dem Aufweis von irreduziblen Setzungsarten Einstellungsmannigfaltigkeiten eröffnen, liegt für Husserl offensichtlich in der Stiftung einer besonderen Erkenntnishabitualität, die der bestehenden Vielfalt des Wirklichen durch Rückgang auf die entsprechenden Evidenzquellen zu entsprechen versucht, d. h. zugleich, sich von praktischen Tendenzen zu Verabsolutierungen löst.

Die phänomenologische Einstellungslehre impliziert den Gedanken eines pluralisierbaren, nicht-monistischen Vernunftfeldes.[225] Denn jede Einstellung korreliert mit einem in evidenter Anschaulichkeit aufweisbaren Seinsbereich, und Evidenz verweist für Husserl auf patent gewordene Vernunft. Die Phänomenologie der Einstellungen vermißt sozusagen die Höhen und Tiefen des „Vernunftraums" (M. Fischer). Wie Husserl eine Pluralität von Vernunftformen denkt, zeigte sich uns bereits am Fall mundaner Ontologie, bei Ethik und Logik. Doch wie sieht dies in der transzendentalen Phänomenologie aus? Ebnet nicht der transzendentalphänomenologische Ansatz jene Höhen und Tiefen ein, wenn von seinem Standpunkt aus alles nur transzendental ist, wird damit die gerade gewonnene Mannigfaltigkeit nicht sofort wieder in eine Einheitsform gepreßt? Um diese Frage zu beantworten, ist das Verhältnis von mundaner und transzendentaler Einstellung näher zu untersuchen.

---

225 Vgl. Severin Müller, „Das Apriori der Lebenswelt und die Vielfalt der Vernunft", in: H. Kojima (Hg.), *Phänomenologie der Praxis*, a.a.O. 187 ff.

2.2. Transzendentale Phänomenologie und Eidetik

In diesem Kapitel soll das Verhältnis von transzendentaler und eidetischer Einstellung befragt werden. Der Nachweis der gegenüber der transzendentalen Einstellung prinzipiellen Eigenständigkeit der eidetischen Einstellung liefert ein Indiz für das Aufeinanderverwiesensein beider Einstellungen im Korpus der transzendentalen Phänomenologie. Die eidetische Einstellung stellt eine eigenständige Methode dar, die von der transzendentalen Einstellung nicht ersetzt werden kann, zum anderen korreliert diese mit der transzendentalen Subjektivität, die konstitutiv-genetischer Grund für alle Sinnhaftigkeit ist, somit auch für die eidetische Einstellung und der in ihr zu gewinnenden sinnhaften Bestände, der Wesen. Auf den ersten Blick scheint beides einander auszuschließen.

2.2.1. Phänomenologische Psychologie und transzendentale Phänomenologie

Der erste Band der *Ideen* von 1913 führt die eidetische Reduktion vor der „phänomenologischen Fundamentalbetrachtung", der Freilegung der transzendentalen Subjektivität und somit unabhängig von ihr, ein (vgl. Hua III,1, § 3). Die Selbständigkeit der eidetischen Methode zeigte sich vor allem in Husserls wiederholten Anläufen, eine Idealwissenschaft des Psychischen, eine „eidetische", „phänomenologische", „intentionale" oder „ontologische" Psychologie, auszubilden. Diese Bestrebungen kulminierten in der Vorlesung über „Phänomenologische Psychologie" vom Sommersemester 1925 sowie in den Amsterdamer Vorlesungen von 1928 zum selben Thema, denen die Ausführungen des *Encyclopaedia Britannica*-Artikels (1927) über das Verhältnis von phänomenologischer Psychologie und transzendentaler Phänomenologie vorausgingen (Texte in Hua IX). Schon 1917, in seinem Aufsatz „Phänomenologie und Psychologie", betont Husserl die Eigenständigkeit einer eidetischen Psychologie gegenüber der (transzendentalen) Phänomenologie: Es sei „grundfalsch", „Phänomenologie und *rationale Psychologie* (Wesenswissenschaft vom Psychischen) zu identifizieren" (Hua XXV, 119). Bemerkenswerterweise führt hier Husserl als Argument für die Verschiedenheit von transzendentaler Phänomenologie und eidetischer Psychologie die phänomenologische Auffassung von der jeweiligen Perspektive auf die thematischen Gegenstände an: Hat es Eidetik mit Ideen überhaupt zu tun, so im Gegensatz dazu die transzendentale Phänomenologie „mit dem ideellen Gesamtinbegriff möglicher Phänomene, in denen diese Idee sich gibt, ausweist, bestimmt" (ebd. 120). Diese Phänomene umspannen in Wesensallgemeinheit alle singulären Phänomene, in denen eine bestimmte mögliche Tatsache sich im Bewußtsein konstituiert (ebd.). Die Rede ist hier also noch nicht von einer möglichen Konstitution der Ideen, Wesen selbst. Auch die Vorlesung über „Phänomenologische Psychologie" vertritt den Standpunkt einer eigenständigen apriorischen intentionalen Psychologie: Die Wissenschaft von der universalen Strukturform der Erfahrungswelt soll eine apriorische Wissenschaft sein (Hua IX, 69). Sie hat die Typik, das „invariante Wesen der vorgegebenen wie jeder möglichen erfahrbaren Welt", zum Thema (ebd. 93). Als solche entspricht sie der ersten Lebensweltwissenschaft, die Husserl in der *Krisis* entwirft.

Verträglich mit der Eigenständigkeit einer apriorischen Psychologie ist der von Husserl ebenfalls schon früh geäußerte Hinweis auf die enge Verwandtschaft von Phänomenologie und Psychologie. War die Phänomenologie, selbst aus der Psychologie erwachsen,[226] in ihrer frühen Phase bestrebt, sich von der (deskriptiven) Psychologie abzugrenzen,[227] so erblickte Husserl in den

226 Vgl. z.B. den Untertitel von Husserls *Philosophie der Arithmetik* von 1891: „Logische und psychologische Untersuchungen" (Text in Hua XII) und Husserls darauffolgende Auseinandersetzung mit Frege (Freges Rezension des Buches in: *Zeitschrift für Philosophie und philosophische Kritik* 103 [1894] 313-332).

227 In den *Logischen Untersuchungen* betrieb Husserl de facto deskriptive Psychologie, insofern er zwar den intentionalen Gegenstand als prinzipielles Thema ins Auge faßte (vgl. V. Untersuchung, §§ 16 und 17), ihn aber in den durchgeführten Analysen nicht im Sinn einer Korrelationsforschung miteinbezog, sondern sich auf die Explikation der reellen, nicht- intentionalen Gehalte der Akterlebnisse beschränkte. In seiner späteren Selbstkritik im Vorwort zur zweiten Auflage der *Logischen Untersuchungen* spricht er von seiner „irreführenden Bezeichnung der Phänomenologie als deskriptiver Psychologie" (Hua XVIII, 12 f.) und verweist auf seinen Aufsatz „Bericht über deutsche Schriften zur Logik in den Jahren 1895-99.

zwanziger Jahren in der apriorischen intentionalen Psychologie die Möglichkeit eines wesentlichen Zugangs zur transzendentalen Phänomenologie. Das entscheidende Moment hierfür liegt in dem Umstand, daß intentionale Phänomenologie eine Grund- oder Vorform der Reduktion mit der transzendentalen Phänomenologie gemeinsam hat: das Absehen von allen objektiven Strukturen resp. objektiven Wissenschaften und die Zurückführung auf das rein Subjektive, den subjektiven Erlebnisstrom - für die Psychologie den menschlich-subjektiven Erlebnisstrom im Raum-Zeit-Zusammenhang der universalen Weltsetzung, für die Phänomenologie den Erlebnisstrom der transzendentalen Subjektivität. Vor allem in zwei Punkten rückt dabei die intentionale Psychologie, wie sie Husserl in den zwanziger Jahren konzipierte, in die Nähe der transzendentalen Phänomenologie: Einmal überwindet sie jede deskriptiv-psychologische Sichtweise, indem sie sich nicht nur als phänomenologisch-psychologische Korrelationsforschung etabliert, sondern schon eine phänomenologische Reduktion auf die Immanenzsphäre des Bewußtseinsstroms der weltlichen Seele durchführt (vgl. Hua

---

Dritter Artikel“ aus dem Jahr 1903 (in Hua XXII, 201-215). Doch Husserls Selbstkritik zielt darauf, nicht die Analyse intentionaler Gehalte derjenigen der reellen Gehalte gegenüberzustellen, sondern die ‚reine‘, eidetische und als solche phänomenologische Forschung der empirischen Forschung seitens der deskriptiven Psychologie: „Behält das Wort Psychologie seinen alten Sinn, so ist Phänomenologie eben *nicht* deskriptive Psychologie, die ihr eigentümliche *‚reine‘* Deskription - d.i. die auf Grund exemplarischer Einzelanschauung von Erlebnissen [...] vollzogene Wesenserschauung und die deskriptive Fixierung der erschauten Wesen in reinen Begriffen - ist keine empirische (naturwissenschaftliche) Deskription, sie schließt vielmehr den natürlichen Vollzug aller empirischen (naturalistischen) Apperzeptionen und Setzungen aus“ (Hua XIX,1, 23). Dies wird auch schon im Aufsatz von 1903 deutlich, wo Husserl schreibt: Die „Phänomenologie der Erkenntnis“ habe „die Erkenntniserlebnisse, in welchen der Ursprung der logischen Ideen liegt, unter Fernhaltung aller über ihren reellen Inhalt hinausliegenden Deutung zu fixieren, zu analysieren und nun die ‚eigentliche‘ Meinung der logischen Ideen, ihre allgemeinen Wesen, zur Evidenz zu bringen“ (Hua XXII, 206). Der intentionale Gegenstand, das Gegebensein der Wesen, erscheint hier wie ein Moment der Reellität. Um deutlich zu machen, daß schon die Analysen der *Logischen Untersuchungen* in phänomenologischer, d. h. wesensallgemeiner Einstellung durchgeführt worden seien und nicht in empirisch-psychologischer, stellt Husserl den verdeckt deskriptiv-psychologischen Charakter der Analysen lediglich als eine terminologische Unzulänglichkeit (als „irreführende Bezeichnung“) hin.

IX, 282)[228]. Zum zweiten befreit sie sich durch eben diese Reduktion von jenem Objektivismus, der Husserl zufolge nicht nur den empirischen, sondern auch den ontologischen Wissenschaften anhaftet. Damit nimmt sie aber eine zwitterhafte Stellung zwischen transzendentaler Phänomenologie und regionalontologischer Wissenschaft ein. Diese Zwitterhaftigkeit diente anfänglich als Basis, die intentionale Psychologie als einen geeigneten Weg in die transzendentale Phänomenologie anzusehen.

Im *Encyclopaedia Britannica*-Artikel betont Husserl die propädeutische Funktion, welche die intentionale Psychologie für die Hinführung zur transzendentalen Phänomenologie besitzen soll. Mit ihr als Zwischenstation verteilen sich die Schwierigkeiten eines Vordringens in die Sphäre des Transzendentalen auf zwei Etappen: auf „die des Verständnisses der echten Methode ‚innerer Erfahrung', die schon zu Ermöglichung einer ‚exakten' Psychologie als rationaler Tatsachenwissenschaft gehört, und die des Verständnisses der Eigentümlichkeit transzendentaler Fragestellung und Methode" (ebd. 296). Wie Husserl in den Amsterdamer Vorlesungen feststellt, zeigt sich in der Freilegung des Seelisch-Subjektiven und des Transzendental-Subjektiven eine eigentümliche Parallelität zwischen phänomenologischer Psychologie und transzendentaler Phänomenologie: „Das transzendentale Seinsfeld ist, so wie seine Zugangsmethode transzendentaler Reduktion, *eine Parallele* zum phänomenologisch-psychologischen Feld, mit der Zugangsmethode der psychologischen Reduktion." (Ebd. 342) Im Übergang von der psychologischen Selbstapperzeption als Ich-Mensch, als Seele, in die transzendentale Selbsterfahrung erfolgt eine Identifizierung, das psychologische Selbst erkennt sich als das eigentlich transzen-

---

[228] Husserl bezeichnet an dieser Stelle der *Phänomenologischen Psychologie* diese „*Methode der ‚phänomenologischen Reduktion'*" als „Grundmethode der reinen Psychologie"; die fast kongruente Beschreibung dieser Reduktion - „im Vollzug der phänomenologischen Reflexion" hat der Phänomenologe „jeden Mitvollzug der im unreflektierten Bewußtsein betätigten objektiven Setzungen" zu inhibieren und „damit jedes urteilsmäßige Hereinziehen der für ihn geradehin ‚daseienden' Welt" (Hua IX, 282) - mit derjenigen der transzendentalen darf nicht vergessen lassen, daß erstere stets nur auf den Bewußtseinsstrom eines mundanen Ego zurückführt, also auch *Welt* nicht in der radikalen Weise inhibiert wie im Fall der transzendentalen Epoché und Reduktion (vgl. oben I.4.2.).

dentale. Dies führt Husserl zu der Feststellung, daß die Parallele von Psychologie und Phänomenologie „gewissermaßen“ eine „Deckung“ besage: „Die eine steckt sozusagen implizit in der anderen“, und er fügt hinzu: „beide als eidetische Disziplinen verstanden“ (ebd. 343).

Auch in den Amsterdamer Vorlesungen wird der phänomenologischen Psychologie - trotz ihrer Deckung mit der transzendentalen Phänomenologie auf dem Boden dieser - für sich selbst ein Recht zugestanden. Dieses Recht nimmt sie vor allem dann in Anspruch, wenn sie sich nicht nur als propädeutische Vorstufe zur Phänomenologie verwirklicht, sondern, im Akt erneuter Verweltlichung, nach dem Erschließen der transzendentalen Sphäre und der Begründung der transzendentalen Phänomenologie, in die natürliche Einstellung zurückversetzt, „allem transzendental Festgestellten an Strukturgestalten einer möglichen transzendentalen Subjektivität die eidetische Bedeutung phänomenologisch-psychologischer Strukturen gibt“ (ebd.). Sie bildet sich dann als eidetische intentionale Psychologie, als Regelwissenschaft für alle empirische Wissenschaft vom Seelenleben, mit einem transzendentalen Vorzeichen, einem transzendentalen Wissensmodus, aus: „Bleibender Erwerb der transzendentalen Forschung“ ist „das Wissen, das dem naiv positiven Psychologen fremd bleibt, daß die gesamte und speziell die psychologische Positivität noematisches Gebilde transzendentaler Leistungen ist“ (ebd.).[229]

Ähnlich heißt es im Paragraphen 35 der *Cartesianischen Meditationen*. Die Ausführungen dieses kurzen Abschnitts verdeutlichen, daß Husserl jenes Wissen als ein im Vollzug des psychologischen Interesses unthematisches Wissen, als ein Hintergrundwissen auffaßt: Bei der Rückkehr in die intentionale Psychologie trete an die Stelle der eidetischen transzendentalen Phänomenologie „eine eidetische reine Seelenlehre, bezogen auf das Eidos Seele, deren eidetischer Horizont freilich [transzendentalphänomenologisch] unbefragt bleibt“ (Hua I, 107). Wie jenes unthematische transzendentale Wissen in der Positivität

[229] Denselben Standpunkt vertritt Husserl auch im „Nachwort“ zu den *Ideen I* von 1930 (vgl. Hua V, 146 f.).

bewußtseinsanalytisch gesehen genau wirkt, darüber spricht sich Husserl weder in den Texten zur *Phänomenologischen Psychologie* noch in den *Cartesianischen Meditationen* aus. Wie kann das eröffnete Transzendentale wirksam sein, wenn in der Mundanität der „transzendentale Sinn" (ebd.) aller transzendentalen Reflexionen wieder aufgehoben wird? (Vgl. unten, IV. 2.)

In der *Krisis* zieht Husserl die Konsequenz dessen, was er bezüglich der Deckung von transzendentaler Phänomenologie und phänomenologischer Psychologie in den Amsterdamer Vorlesungen schon angedeutet hatte: „[...] reine Psychologie in sich selbst ist identisch mit Transzendentalphilosophie als Wissenschaft von der transzendentalen Subjektivität." (Hua VI, 261) Denn die radikale Frage nach dem „rein Eigenwesentlichen des seelischen Seins" (ebd.), der „echten und reinen Selbsterkenntnis" (ebd. 264), führe zwingenderweise zur Freilegung der transzendentalen Subjektivität, auf deren Boden mit letztem Recht diese Fragen beantwortet werden können. Auch in der *Krisis* spricht Husserl zwar von der prinzipiellen Möglichkeit, nach der Rückkehr in die Mundanität eine mundane Psychologie zu begründen (ebd. 261, 267), entgegen seinen Ausführungen in den *Cartesianischen Meditationen* erblickt er hier jedoch offenbar keinen Ort mehr für eine eidetische Psychologie.[230] Ist damit der Gedanke einer apriorischen Psychologie ganz aufgegeben, und ist dies ein Anzeichen dafür, daß Husserl in seinem letzten Werk der eidetischen Forschung überhaupt keinen Raum mehr zuweist?

Dies ist nicht der Fall. Husserl merkt zwar an, daß „die Idee einer Ontologie der Welt, die Idee einer objektiven universalen Wissenschaft von der Welt, die hinter sich ein universales Apriori hätte, welchem gemäß jede mögliche faktische Welt more geometrico erkennbar wäre", ein „nonsens" sei (ebd. 268), doch nimmt er davon offenbar den Gedanken einer regionalen Ontologie

---

230 Vgl. auch den Artikel von Elisabeth Ströker, „Husserls letzter Weg zur Transzendentalphilosophie im *Krisis*-Werk" (*Zeitschrift für philosophische Forschung*, wiederabgedruckt in: dies., *Phänomenologische Studien*, Frankfurt am Main 1987, 115-138). Während Ströker das Verhältnis von transzendentaler Phänomenologie und phänomenologischer Psychologie zu bestimmen sucht, geht es uns hier um die Frage nach der Möglichkeit einer eidetischen Psychologie.

der Natur aus. Gerade eine solche Ontologie aber sei auf das psychische Sein nicht übertragbar, da dieses die radikale Freilegung des rein Subjektiven fordere; eine obzwar reine, aber zugleich objektive Wissenschaft vom Seelischen, eine Ontologie, widerspräche somit seinem Wesen. Wenn aber das seelisch-geistige Sein nicht in einer Ontologie faßbar ist, scheidet auch der Gedanke einer universalen Ontologie als universaler Weltwissenschaft aus.

Husserl erkennt aber eine apriorische Wissenschaft vom rein Subjektiven weiterhin an: die transzendentale Phänomenologie selbst (seelisches Sein sei „in transzendentaler Universalität“ und „in prinzipieller Wesensallgemeinheit in Form einer apriorischen Wissenschaft“ erforschbar [ebd.]). Diese apriorische Wissenschaft ist nicht identisch mit reiner Psychologie, die damit zur „transzendentalen Psychologie“ wird (ebd. 261), wenn sie auch deren wissenschaftstheoretische Funktion in der Begründung einer mundanen Psychologie als Tatsachenwissenschaft, „die Rolle der apriorischen Wissenschaft” (ebd. 263), übernimmt. Mit der Aufhebung der Möglichkeit einer eidetischen Psychologie in Husserls Spätphilosophie ist somit die prinzipielle Forderung nach eidetischer Forschung nicht mitdurchstrichen. Die Auflösung der mundanen eidetischen Psychologie entzieht ihr allerdings den mundanen Boden, denn von der Zurückweisung einer mundan-apriorischen Wissenschaft vom rein Subjektiven ist die gesamte intentionale Anthropologie als eine der mathematischen Idealwissenschaft parallele Idealwissenschaft von allem menschlich-geistigen Sein betroffen. Dieser Zug kündigt sich schon in Husserls Vortrag „Phänomenologie und Anthropologie“ aus dem Jahr 1931 an, in dem jeder Art von Anthropologie als Weltwissenschaft, als universale Lehre vom Menschen, das Recht abgesprochen wird, als Philosophie auftreten zu können (Hua XXVII, 179); allerdings ist darin nicht die Rede von der Möglichkeit einer Anthropologie als einer universalen Mathesis des Geistigen. Wenn nun aber in der *Krisis* die Möglichkeit einer mundan-eidetischen Psychologie aufgehoben und die eidetische Wissenschaft vom Geistigen in die transzendentale Philosophie verlagert wird, dann stellt sich die Frage, welche Funktion die ontologische Lebensweltwissenschaft, die erste Wissenschaft von der Lebenswelt, noch besitzen kann.

Diese erste Lebensweltwissenschaft entspricht, wie wir sahen, gerade der Idealwissenschaft vom Weltlich-Psychischen; fällt diese weg, wird auch einer Ontologie der Lebenswelt der Boden entzogen. Ein Widerspruch innerhalb der *Krisis*-Schrift?[231]

Husserl spricht sich in der *Krisis* nicht näher darüber aus, ob der ontologischen Lebensweltwissenschaft Selbständigkeit zukommen soll oder ob sie nur die Funktion hat, zur transzendentalen Phänomenologie hinzuleiten. Husserl bemerkt, daß die Aufgabenstellung der zweiten, der nichtontologischen, transzendentalen Wissenschaft von der Lebenswelt die der ersten, ontologischen Lebensweltwissenschaft „mitumspanne" (Hua VI, 145), was eher darauf hinweist, daß die erste Wissenschaft von der Lebenswelt, wie dann im letzten Teil der *Krisis* die intentionale Psychologie, nur den Charakter einer Durchgangsstation besitzt.

Eugen Fink betont in seinem Entwurf zur Fortsetzung der *Krisis* jedoch (vgl. ebd. 514-516), daß ein Unterschied zwischen Psychologie und Phänomenologie „auch nach dem Durchlaufen des Weges von der Psychologie zur Transzendentalphilosophie" bestehe: „Psychologie ist nicht ein ‚bloßes Vorstadium' der Phänomenologie, durch eine Reflexion auf ihren Einsatz befangen: das ist sie einmal als *Stadium des Weges* in die Phänomenologie. Aber wenn sie diesen Weg durchlaufen, wenn sie ‚gemündet' ist, auch dann besteht noch ein Unterschied zwischen beiden." (Ebd. 515)[232] Den Grund für diesen Unterschied erblickt Fink in der Tatsache, daß, kehrt der Transzendentalphänomenologe in die mundane Weltstellung zurück, sich seine transzendentalen Erkenntnisse mundanisieren, verweltlichen: In der mundanen Selbstapperzeption als Ich-Mensch werden sie zu Korrelaten der psychischen Selbstauffassung (vgl. ebd. 516). Bedeutet dies, daß zwar Psy-

---

[231] Vgl. die Bemerkung von L. Landgrebe, „daß der Teil über die Lebenswelt erst nachträglich eingefügt und daher nur höchst mangelhaft mit dem ganzen Text verbunden ist" (ders., „Lebenswelt und Geschichtlichkeit des menschlichen Daseins", in: B. Waldenfels, J. M. Broekman und A. Pazanin [Hg.], *Phänomenologie und Marxismus*, Bd. 2, a.a.O. 26).

[232] Husserl selbst spricht in Entwürfen zum Schlußteil der *Krisis* (von 1936) von „einer Psychologie, die selbst schon transzendental ist und doch ein Recht haben soll, für die vorgegebene Welt objektive Wahrheiten auszusprechen" (Hua XXIX, 169).

chologie als Tatsachenforschung weiterhin möglich und nötig (vgl. ebd. 266), eine mundan-eidetische psychologische Forschung dabei jedoch nicht mitinbegriffen sei, da, wie Husserl konstatiert, die transzendentale Philosophie eben die eidetische Disziplin für alle mundan-empirische Psychologie abgebe?

Werfen wir einen Blick auf die grundlegende Aufgabenstellung der *Krisis*. Es geht in ihr um die Frage nach der Ermöglichung einer universalen strengen Wissenschaft, also um Husserls altes Anliegen.[233] Der Untertitel der *Krisis* lautet: „Eine Einleitung in die phänomenologische Philosophie". Die *Krisis*-Schrift kann zu Recht als eine Zusammenfassung (und ein Weiterdenken) der verschiedenen Reflexionen Husserls über die möglichen Wege in die

---

[233] In der *Krisis* schwört Husserl keineswegs seinem Ideal einer strengen Wissenschaft ab, wie immer wieder verlautet. Als Beleg wird vor allem der Satz aus Beilage XXVIII zur *Krisis* (Hua VI, 508-513) zitiert: „*Philosophie als Wissenschaft*, als ernstliche, strenge, ja apodiktisch strenge Wissenschaft - *der Traum ist ausgeträumt*" (508). Dabei wird der rhetorische Charakter dieses Satzes übersehen. Wie schon im ersten Satz dieses Textes („Bestreitung der wissenschaftlichen Philosophie") und dann im weiteren Textverlauf deutlich wird, geht es Husserl darum, nach den Weisen der zeitgenössischen Ablehnung der Idee strenger Wissenschaft zu fragen, und nicht um ein Selbstbekenntnis. - R. N. Smid weist darauf hin, daß dieser Text nicht, wie vom Herausgeber von Hua VI datiert, im Sommer 1935 entstanden ist, sondern im Jahr davor (Hua XXIX, S. XVIII). Dieser Text steht in der Tat in engem thematischen Zusammenhang zu Husserls sogenannter „Prager Abhandlung", die er auf Einladung des Komitees zur Vorbereitung des Achten Philosophen-Kongresses in Prag 1934 als Antwort auf die gestellte Frage nach der „gegenwärtigen Aufgabe der Philosophie" verfaßte (vgl. Hua XXVII, 184-221, und die Einleitung der Herausgeber, S. XXV-XXIX) und die die Keimzelle für den *Krisis*-Text darstellt (s. unten Anm. 31). So zeigt ein Textvergleich von Prager Abhandlung und Beilage XXVIII der *Krisis* in der Tat nicht nur eine Parallele in der rhetorischen Formulierung des Anfangsteils, sondern die Beilage nimmt auf das Thema der Abhandlung Bezug („Philosophie ist in Gefahr, d. i., ihre Zukunft ist gefährdet - sollte das nicht der Frage nach der gegenwärtigen Aufgabe der Philosophie als Frage in einer solchen Zeit einen ausgezeichneten Sinn geben?" [Hua VI, 509]). Zudem charakterisiert sich der Text der Beilage als eine geschichtsphilosophische Besinnung; so heißt es schon im zweiten Teil des ersten Satzes: „Notwendigkeit der Besinnung - die Besinnung historisch - *wie* bedarf es der Geschichte?" (Ebd. 508) Bei der Umarbeitung der Prager Abhandlung zum Wiener Vortrag wollte Husserl den Text „als einen *historischen Eingang* in die Phänomenologie" ausarbeiten.

transzendentale Phänomenologie angesehen werden.[234] Bei diesen Überlegungen steht die Psychologie im Mittelpunkt eines umfassenden geschichtsphilosophischen Aufrisses[235], dient mithin nicht mehr nur dem Zweck - wie noch in den Vorlesungen zur phänomenologischen Psychologie -, einen Zugang zur transzendentalen Subjektivität zu bahnen. Husserls bekannte These in der *Krisis* lautet, daß die neuzeitliche europäische Philosophie teleologisch auf die Ausbildung einer Transzendentalphilosophie ausgerichtet war, daß sie dieser teleologisch vorgezeichneten Idee jedoch nicht entsprach, weil ihr Verhältnis zur Psychologie nie eindeutig erhellt wurde: Es gelang nicht, das Verhältnis von empirischer und transzendentaler Selbstapperzeption zu klären (vgl. ebd. 205). Die Ursache hierfür lag für Husserl wiederum darin, daß sich die Psychologie an der objektivistischen Konzeption der neuzeitlichen Wissenschaft more geometrico und an ihrem psychophysischen Dualismus orientierte. Demzufolge trug sie „die Hauptschuld daran", „daß die Transzendentalphilosophie aus ihrer peinlichen Situation keinen Ausweg fand" (ebd. 206), da sie nicht die „notwendig vermittelnde Arbeit" leistete für „eine konkret-handanlegende, von allen Paradoxien befreite Transzendentalphilosophie" (ebd. 206 f.).

---

[234] Zum Weg über die Psychologie treten noch die Wege über die Lebenswelt-Problematik (dritter Teil, Abschnitt A) und über eine geschichtsphilosophische Analyse (zweiter Teil). Kennzeichnend für die *Krisis*-Schrift ist, daß sich alle diese Wege durchdringen.

[235] Die geschichtsphilosophische Hinleitung zur transzendentalen Phänomenologie darf somit als grundlegend für die ganze *Krisis*-Schrift angesehen werden. Darauf verweist schon die Vorgeschichte der Schrift: Im Sommer 1934 bat E. Rádl, der Organisator des Achten Internationalen Philosophen-Kongresses in Prag Husserl um eine Stellungnahme zur Frage nach der Aufgabe der Philosophie in der Gegenwart. Husserl verfaßte daraufhin nicht nur einen kürzeren Beitrag, der in den Kongreßakten abgedruckt wurde (Hua XXVII, 240-244), sondern eine längere Abhandlung zum selben Thema (ebd. 184-221). Der Text wurde zur Grundlage für Husserls Wiener Vortrag vom Mai 1935 („Die Philosophie in der Krisis der europäischen Menschheit", Hua VI, 314-348), und dieser Vortrag bildete seinerseits die Vorstufe für Husserls Prager Vorträge vom November desselben Jahres („Die Krisis der europäischen Wissenschaften und die Psychologie"), die mit wenigen Änderungen die Grundlage für den zu Husserls Lebzeiten erfolgten Teildruck (erster und zweiter Teil) der *Krisis*-Arbeit bildeten.

An dieser geschichtsphilosophischen Perspektive der *Krisis*-Schrift ist in unserem Zusammenhang zweierlei bedeutsam. Zum einen fällt auf, daß Husserl durchweg *Transzendentalphilosophie* und *Psychologie* gegenüberstellt, daß er also nicht von *transzendentaler Phänomenologie* und von *empirisch* oder *apriorisch* näher bestimmter Psychologie spricht. Die Rede von ‚Transzendentalphilosophie' könnte sich zwar dem geschichtsphilosophischen Absehen der Schrift entsprechend auf den teleologischen Sinn der wahren universalen Wissenschaft beziehen, wie er in der Neuzeit für Husserl in den transzendentalen Systemen seit Descartes durchbricht und sich in der transzendentalen Phänomenologie erfüllt, insofern diese die den eigentlichen Sinn aller Transzendentalwissenschaft zum Austrag bringende Wissenschaft vom Transzendentalen wäre; doch die Rede von ‚Philosophie' weist bei Husserl in erster Linie auf die von der Phänomenologie als Erster Philosophie unterschiedene Stufe der Zweiten Philosophie oder Metaphysik hin.[236] Auch der Untertitel der *Krisis* ist ein Hinweis darauf, daß es in ihr - im Gegensatz zu früheren ‚Einleitungsschriften' Husserls - nicht mehr allein um die Hinführung zur Phänomenologie als Vorstufe zur phänomenologischen Philosophie geht, sondern um die Freilegung des vollen neuzeitlichen geschichtsphilosophischen Sinnes einer Transzendentalphilosophie, dessen entscheidendes, ihn offenbar machendes Moment die Phänomenologie ist. Diese geschichtsphilosophische, das Transzendentale enthüllende Perspektive und nicht das Ziel einer didaktischen Hinführung in die transzendentale Phänomenologie, wie etwa noch in den Amsterdamer Vorlesungen, ist für das Vorgehen Husserls in der *Krisis*-Schrift symptomatisch. Die geschichtsphilosophische Betrachtung ist zugleich eigentümlich dialektisch: Sie synthetisiert heterogene phänomenologische Vorgehensweisen (intentionale Psychologie - transzendentale Phänomenologie) in einer vorgängig leitenden transzendentalphilosophischen Perspektive. Die ontologische Lebensweltanalyse steht somit, wie nun deutlicher wird, nicht auf einer eigenen Stufe, auf der sie *zudem*

---

[236] Zu Husserls Begriff der Philosophie vgl. die Arbeit von K. Schuhmann, „Husserls Idee der Philosophie", in: *Husserl Studies* 5 (1988) 235-256.

didaktisch vorwiese auf das eigentlich und letztlich zu Enthüllende, die transzendentale Subjektivität, sondern sie ist schon vorgängig umfangen, ‚aufgehoben' in die geschichtsphilosophische transzendentale Betrachtung; sie ist ihrer mundanen Ausrichtung zum Trotz selbst schon (unvollständige) Analyse in transzendentaler Absicht. Daher lautet bereits die Überschrift des Paragraphen 35, der nur die erste, die mundane Epoché von den objektiven Wissenschaften behandelt: „Analytik der transzendentalen Epoché", was widersinnig wäre, würde es sich um die Fassung einer eigenständigen Lebensweltwissenschaft handeln.

Zum zweiten entspricht der geschichtsphilosophischen Intention und der ihr eingeordneten Funktion einer ontologischen Lebensweltwissenschaft die Stoßrichtung der in der *Krisis* vorgetragenen Wissenschaftskritik. Husserl wiederholt in der *Krisis* seinen Vorwurf, die neuzeitliche Wissenschaft habe es zu keiner wissenschaftlichen Disziplin vom Eigenwesentlichen der Seele gebracht, doch die alternative Forderung heißt jetzt nicht Ausbildung einer apriorischen mundanen Psychologie wie etwa im *Logos*-Artikel. Das Scheitern in der Begründung einer wahren Psychologie gilt in der *Krisis* als Indiz für den verhinderten Durchbruch einer echten Transzendentalphilosophie. So lautet, wie wir sahen, Husserls Vorwurf an die neuzeitliche Wissenschaft, daß sie im Objektivismus steckengeblieben sei. Objektiv gerichtet ist aber noch jede mundan-apriorische Forschung, und überwunden werden kann der Objektivismus für Husserl nur mit der Aufdeckung des Weltverhältnisses der transzendentalen Subjektivität. Die Alternative zu der in der *Krisis* vorgetragenen Wissenschaftskritik besteht für Husserl mithin allein in der Ausbildung einer transzendentalen Philosophie, die die Stufen mundan-apriorischer und transzendentalphänomenologischer Forschung in sich aufgehoben hat. Somit ist auch die in der *Krisis* geäußerte Wissenschaftskritik ein Beleg dafür, daß es für Husserl offenbar eine selbständige ontologische Phänomenologie nicht mehr geben kann und daß dem Gedanken einer ontologischen Lebensweltwissenschaft eine eigenständige Bedeutung nicht mehr zukommt. In diesem Sinn stünde die von Husserl eingeschlagene Wegrichtung zur transzendentalen Lebensweltwissenschaft über die ontologische in keinem

Widerspruch zu seinem Verdikt einer mundan-apriorischen Psychologie.

Diese Position Husserls, die er in der *Krisis* bezüglich der Zurückweisung einer apriorischen mundanen Psychologie offenbar einnimmt, hätte für seine Auffassung vom Ganzen der Wissenschaften eine wesentliche Konsequenz. Denn die Aufhebung der Möglichkeit einer mundan-apriorischen Psychologie besagt nicht weniger als eine Störung des Gleichgewichts in Husserls Bauplan der Wissenschaften. Hatte Husserl früher den Gedanken einer Mathesis des geistigen Seins verfochten, die wie erwähnt in Analogie zur Mathesis des naturhaften Seins, wie sie mit der neuzeitlichen Mathematik für die Ausbildung der exakten naturwissenschaftlichen Disziplinen maßgebend wurde, entwickelt werden sollte, so bleibt nach den Ausführungen der *Krisis* diese Stelle leer. Die transzendentale Philosophie übernimmt zwar die Aufgaben der apriorischen Psychologie, doch nicht im Horizont der Mundanität. Der von Husserl früher vertretene Anspruch einer Mathesis des Geistigen wird nicht mehr diskutiert. Die implizite Zurückweisung dieses Anspruchs erfolgt mit dem Hinweis darauf, daß es eine Mathesis vom Subjektiven nicht in der Gestalt einer objektiven Wissenschaft geben könne. Eigenartigerweise behält jedoch die apriorische Mathematik der Natur, deren Sinngeschichte im zweiten Teil der *Krisis* einer umfassenden Kritik unterzogen wird, ein prinzipielles Recht. Allerdings wird nicht recht deutlich, wieweit Husserls Kritik an der Mathesis der Natur und den neuzeitlichen Naturwissenschaften wirklich reicht. Es scheint Husserls Ansicht zu sein, daß nicht nur die objektive (freilich letztlich auch transzendental aufzuklärende) Haltung der Naturwissenschaft berechtigt sei, sondern daß wahre Naturwissenschaft sich in Form der objektiven, mathematisierenden neuzeitlichen Naturwissenschaften zu vollziehen habe. Husserl beanstandet daher nicht die Idealisierung seitens der exakten Naturwissenschaften als solche, sondern die Unaufgeklärtheit ihrer transzendentalen Grundlagen. Damit ist ein Unternehmen gefordert, das ohnehin nicht in die Domäne der mundanen Wissenschaft fällt.

Husserl forderte, wie er bereits im *Encyclopaedia Britannica*-Artikel schreibt, die Aufklärung eines „jeden Apriori" als

„transzendentaler Leistung“ (Hua IX, 297). Wird mit der Feststellung des Apriori auch deren subjektive Methode durchsichtig, würden Paradoxie und Grundlagenkrisen der Wissenschaften aufgelöst (ebd.), und weiter: „Hinsichtlich der historisch gewordenen apriorischen Wissenschaften, geworden in transzendentaler Naivität, ergibt sich als Konsequenz, daß nur eine radikale phänomenologische Begründung sie in echte, methodisch sich völlig rechtfertigende Wissenschaften verwandeln kann.“ Husserl fügt noch hinzu: „Eben damit aber hören sie auf, positive (dogmatische) Wissenschaften zu sein und werden zu unselbständigen Zweigen der einen Phänomenologie als universaler eidetischer Ontologie.“ (Ebd.) Schon hier sind alle regionalen Ontologien auf die apriorische transzendentale Phänomenologie bezogen. Doch die Unselbständigkeit der apriorischen Wissenschaften besagt nicht, daß nun die transzendentale Phänomenologie deren Geschäft übernehmen würde. Denn diese klärt die transzendentale Sinngenesis etwa mathematischer Ideengehalte auf und operiert nicht selbst mit ihnen. Die apriorischen Wissenschaften erhalten einen transzendentalen Index, der besagt, daß sie sich selbst letztlich im Transzendentalen durchsichtig und dort im Umfang ihres wissenschaftlichen Zugriffs abgesteckt werden.

Selbst eine solche relative Selbständigkeit soll es für eine Mathesis des Geistigen den Ausführungen der *Krisis* zufolge nicht mehr geben, auch der Operationsbereich dieser Mathesis wird ins Transzendentale verlegt. Das hätte zur Folge, daß das Wissenschaftsgefüge im Husserlschen Sinn nicht mehr zwischen den Polen der mundan-apriorischen Erforschung von Natur und Geist, denen ihre Grundlegung im Transzendentalen gegenüberstünde, aufgespannt würde. Vielmehr würde nun die Transzendentalphilosophie, die zugleich die Mathesis des Geistigen ist, nur mehr mit der mundan-apriorischen Mathesis der Natur kontrastieren und für ihre Begründung aufkommen. Dies wiederum würde bewirken, daß es nur mehr eine einzige Weise apriorischer Objektivität gäbe, eben die der mathematischen Wissenschaften. Abgesehen von der generellen Fragwürdigkeit, nur diese Objektivität der Mathesis des Naturhaften und nur als mathematische gelten zu lassen, könnte dieses Ergebnis allerdings paradoxerweise auch als ein Ausdruck von Husserls spezifischer Kritik an den neuzeitlichen Naturwissenschaften genommen werden: Deren Zugriff wird die Psychologie radikal entzogen, sie selbst in ihrer Grundlegungsbedürftigkeit auf die Transzendentalphilosophie verwiesen.

Diese Lesart der Tilgung einer eidetischen (ontologischen) Psychologie in Husserls Spätwerk scheinen Bemerkungen Husserls, die er 1936 zum geplanten Schlußteil der *Krisis* niederschrieb, zu relativieren. Hier nämlich spricht Husserl von der Möglichkeit einer „Psychologie als objektiver Wissenschaft" im Sinn einer „absoluten, universalen Ontologie" (Hua XXIX, 170) nach dem Rückgang von der transzendentalen in die mundane Einstellung. Doch diese ontologische Psychologie erweist sich als Hilfswissenschaft der Transzendentalphilosophie, indem sie in bezug auf diese lediglich didaktischen Zwecken Genüge leisten soll. Sie soll zum einen „für den in der Welt seienden und auf den Boden der Welt sich stellenden Menschen" weiterhin ‚Wegfunktion' für den Übergang in die transzendentale Einstellung übernehmen, indem sie die zwingende Notwendigkeit dieses Übergangs einsichtig macht. Zum zweiten soll sie „Methode für eine Art von transzendentalen Aussagen" sein, „die für die konstituierte Welt zu machen sind, auf die das menschliche Lebensinteresse normalerweise geht" (ebd.). Solcherart wird sie zur Vermittlungsinstanz zwischen natürlicher und transzendentaler Einstellung, und zwar einmal im Übergang in die transzendentale und zum anderen bei der Rückkehr in die natürliche Einstellung. Dies aber bedeutet, daß ihr in der Tat keine Eigenständigkeit in dem Sinn zukommt, daß sie ihre apriorischen Gehalte selbst zu verantworten hätte. Die zitierte Stelle verdeutlicht, daß Husserl im Zusammenhang seines geschichtsphilosophischen Konzepts der apriorischen Psychologie zwar noch eine Position einräumt, daß diese aber ganz auf die Transzendentalphilosophie bezogen ist: sei es in der Funktion einer Hinleitung in die transzendentale Einstellung, sei es in der Funktion, mit (verweltlichter) transzendental-apriorischer Erkenntnis im Mundanen zu operieren. In dem einen Fall erhält sie als Brücke in die Transzendentalphilosophie ihre Berechtigung nur von dieser, im anderen Fall werden ihr die apriorischen Gehalte von der Transzendentalphilosophie vorgegeben. Diese Deutung vermag das

Aufgehen der phänomenologischen Psychologie in Transzendentalphilosophie *und* gleichzeitig die weiterhin bestehende relative Differenz beider plausibel zu machen, die eine relative ist, weil die phänomenologische Psychologie nicht mehr die volle Eigenständigkeit wie in Husserls früheren Konzeptionen besitzt.[237]

Wie die Überlegungen zum Verhältnis von transzendentaler Einstellung einerseits und Eidetik am Beispiel der Psychologie andererseits zeigen, bedarf selbst ein Standpunkt, wie er in der *Krisis* eingenommen wird, in der die Möglichkeit einer apriorischen Psychologie ins Transzendentale aufgehoben ist, prinzipiell noch der eidetischen Einstellung: nicht nur zum Zweck der (mundanen) Fixierung und Klärung der noch verbliebenen Mathesis der Natur, sondern vor allem zum Zweck der Durchführung der Transzendentalphilosophie selbst und der Transzendentalphilosophie als apriorischer Mathesis des Geistigen sowie der ontologischen ‚Hilfswissenschaft' der Psychologie. Denn der Vollzug der transzendentalen Einstellung allein ergibt noch keine Wissenschaft; damit Transzendentalphilosophie als apriorische Wissenschaft möglich wird, bedarf sie, wie Husserl stets betont, zusätzlich der eidetischen Einstellung.[238] Doch hier taucht eine Schwierigkeit auf: Die Aufklärung der Sinngenesis von Ideen durch die transzendentalkonstitutive Phänomenologie in der universalen Einklammerung der Weltsetzung erfolgt in apriorischer Allgemeinheit, welche jedoch nur sinnvoll erscheint in bezug auf eine mögliche Welt. Wird damit die Transzendentalphilosophie in ihrem Vollzug von transzendentaler und eidetischer Einstellung nicht zu einem Zwitterwesen, steht sie nicht selbst zwischen Transzendentalität und

---

[237] Dieses Ergebnis stimmt mit dem Aufweis von Ströker („Husserls letzter Weg zur Transzendentalphilosophie im *Krisis*-Werk", a.a.O.) überein. Ströker hebt das Zusammengehen von transzendentaler Phänomenologie und phänomenologischer Psychologie im Fall des Reduktionsgeschehens von der Differenz der unterschiedlichen Interessen ab, die für die Einstellungen von Transzendentalphilosophie einerseits und ontologischer Psychologie andererseits leitend sind.

[238] Vgl. die Stelle in den *Cartesianischen Meditationen*: „So erheben wir uns zur methodischen Einsicht, daß *neben der phänomenologischen Reduktion die eidetische Intuition die Grundform aller besonderen transzendentalen Methoden ist,* daß beide den rechtmäßigen Sinn einer transzendentalen Phänomenologie durchaus bestimmen." (Hua I, 106)

Mundanität, wenn eidetische Einstellung stets *Welt*, und sei es auch nur *mögliche* Welt, setzt, also an die Mundanität gebunden ist? Ist dies nicht ein widerspruchsvolles, ja absurdes Unternehmen? Oder ist es Ausdruck eines Verhältnisses, das nicht mit formallogischen Argumenten beurteilt werden darf, das de facto besteht, weil ihre Bestandteile nicht weiter rückführbare Prinzipien bilden? Ist aber Eidetik überhaupt auf Mundanität festzumachen? Um diese Fragen zu beantworten, soll Husserls Auffassung von der transzendentalen Konstitution ideal-allgemeiner Gegenstände darzulegen.

2.2.2. Eidetik und Transzendentalität

Husserl unterscheidet zunächst zwei Arten von allgemeinen Gegenständen: einmal die Allgemeinheiten, die unthematisch das Alltagsleben bestimmen und in der wissenschaftlichen Begriffsbildung zu Objekten des theoretischen Interesses werden können, und zum anderen die in der Ideation spontan erzeugten Aprioritäten. Husserl betont, daß die Konstitution der letzteren, der reinen Allgemeinheiten, von der Konstitution der ersteren, der empirischen Allgemeinheiten, grundsätzlich verschieden, von diesen völlig unabhängig ist (vgl. EU 385). Die empirischen Allgemeinheiten erwachsen aus den Horizontantizipationen des welterfahrenden Lebens: Welterfahrung zeichnet in ihrem Verlauf einen Bekanntheitshorizont, eine Typik der erfahrenen Dinge, vor. Diese Typik läßt ihrer Vorzeichnung entsprechend jeden neu erfahrenen Gegenstand begegnen, dieser fügt sich in die Typik ein oder erweitert sie entsprechend (vgl. ebd. 381 f., 398 f.). Das Prinzip dieser passiven Vorkonstitution solcher Typisierungen ist für Husserl die Assoziation: „Das als individuell Neues Erfahrene ist zunächst nach dem eigentlich Wahrgenommenen bekannt; es erinnert an Gleiches (bzw. Ähnliches).“ (Ebd. 399) Das empirisch Allgemeine ist ein präsumtives Allgemeines, ein solches, zu dem „ein unbestimmt offener Horizont unbekannter Merkmale“ (ebd. 401) gehört, demzufolge sein Geltungsumfang ergänzt, Teile von ihm durchstrichen, es selbst begrenzt werden können. Nicht der bloße Umstand, daß empirische Allgemeinheiten Horizontantizipationen entstammen, markiert ihren wesentlichen Unterschied zu den reinen Allgemeinheiten, sondern die Art und Weise, wie sie solchen Antizipationen erwachsen: indem sie den Horizont präsumtiv ansetzen, d. h. mit einer Seinsgeltung ausstatten (vgl. Hua IX, 84), die prinzipiell modalisierbar ist.

Beide Klassen von Allgemeinheiten, die empirischen wie die wesensmäßig reinen, verweisen für Husserl auf ein korrelatives Konstituiertsein in „zugehörigen *Prozessen erzeugender Spontaneität*", in denen sie zu ursprünglicher Gegebenheit kommen (EU 397; vgl. Hua III, 43). Doch nur die empirischen Allgemeinheiten der Tatsachenwissenschaften sind, als fundiert in den Bekanntheitsvorzeichnungen des welterfahrenden Lebens (vgl. EU 401), auf faktische Wirklichkeit bezogen. Der spontane Akt der Wesensschau, der die reinen Allgemeinheiten gibt, löst sich hingegen durch seine willentliche Einklammerung aller Existenzsetzung bezüglich der Faktizität von aller Bindung an Wirklichkeit und hat es nur mit reinen Möglichkeiten zu tun (EU 423 f.):[239] Die eidetische Methode (vgl. Hua IX, § 9, EU § 87) ist nicht an die jeweilig-zufällige Horizontantizipation der Erfahrung von Wirklichkeit geknüpft, sondern hat, indem sie sich von der Daseinsthesis des Faktums löst, den Horizont einer prinzipiell unendlichen Reihe von Möglichkeiten vor sich (EU 412 f.), für die jenes Faktum allenfalls den Ausgangspunkt bildet. Dieser Horizont der eidetischen Anschauung ist kein Wirklichkeitshorizont, da das auf ihn bezogene Erleben nicht in der Erfassung eines Wirklichen steht, dessen Seinsthesis seine Horizontantizipation bestimmt. Daher ist die Geltung der reinen Allgemeinheiten nicht präsumtiv. Reine Allgemeinheiten werden in einer Unendlichkeit des freien variierenden Durchlaufens gebildet und sind independent gegenüber Modifikationen des Gewußten aufgrund faktischer Erfahrung: Sie sind durch Erfahrung prinzipiell nicht zu durchstreichen und nicht zu begrenzen und können daher der Erfahrung Regeln vorgeben (vgl. ebd. 410). Der Vergleich mit der phänomenologischen Reduktion zeigt: Klammere ich das Tendieren eines Aktes (seine Seinssetzung) ein, führe ich

---

[239] „*Setzung* und zunächst anschauende Erfassung *von Wesen impliziert nicht das mindeste von Setzung irgendeines individuellen Daseins* [...]." (Hua III, 13)

also eine phänomenologische Reduktion durch, so wird das betreffende Aktgefüge in seinem Tendieren thematisch; klammere ich in eidetischer Reduktion die Seinssthesis eines (individuell) Gegenständlichen ein, so erhalte ich eine Mannigfaltigkeit von Möglichkeiten dieses Gegenständlichen. Phänomenologische wie eidetische Reduktion führen in ein Bodenloses, das bodenlos ist gemessen an den Ausgangsfaktoren von Geltungsboden und Faktum: Führt die phänomenologische Reduktion in einen Bereich *über* der Geltungsvorgegebenheit des Eingeklammerten, so „schwebt" das herausgeschaute Allgemeine „in der Luft absolut reiner Erdenklichkeiten" (Hua I, 104).

Daß die Wesen nicht in den vorkonstitutiven Prozessen gründen, die für die Konstitution empirischer Allgemeinheiten Grundlage sind, bedeutet nicht, daß sie für Husserl in gar keinem Bezug zu konstitutiven Leistungen stehen. Als Einheitsgeltungen sind sie hinsichtlich desjenigen konstitutiven Aufbaus befragbar, der diese Einheit hervorbildet. Damit werden sie zu Leitfäden für die betreffende konstitutive Aufklärung der jeweiligen Regionen des Seienden (vgl. ebd. 21). In unserem Zusammenhang ist nun wichtig, daß Wesen durch solche transzendentalkonstitutive Aufklärungsarbeit keineswegs in ihrem Geltungsbestand relativiert (vgl. Hua III, 43) bzw. eidetische Einstellung und Forschung selbst in die transzendentale Einstellung aufgelöst werden. Damit Wesen gegeben sein können, bedarf es des Vollzugs der eidetischen Einstellung, die - wie noch zu zeigen sein wird - von der transzendentalen Einstellung als solche nicht übernommen werden kann. Die transzendentale Aufklärung von Wesen bedeutet das Verlassen der rein eidetischen Einstellung, nicht ihre Auflösung ins Transzendentale; die Wesen erhalten durch die konstitutive Forschung zudem die transzendentale Begründung ihrer Geltung.[240]

Wenn zur transzendentalen Aufklärung der Wesen die eidetische Einstellung, in der diese Wesen anschaubar wurden, verlassen

---

[240] Vgl. Fink, *VI. Cartesianische Meditation*: „Die apodiktische Evidenz des Eidos, welches uns in der natürlichen Einstellung entgegentritt, erfährt durch die konstitutive Rückfrage eine Klärung, die nicht nur die unbedingte Geltung des Wesens legitimiert, sondern auch die letzten Gründe für die Notwendigkeit dieses Wesens: sein Warum, entschleiert." (HuaDok II,1, 87)

werden muß, wie verhält es sich dann bei der apriorischen Fassung aller transzendentalen Erkenntnisse? Belegt nicht schon der Umstand, daß die transzendentale Reduktion, um sich zur Wissenschaft ausbilden zu können, der zusätzlichen apriorischen Einstellung bedarf, die prinzipielle Independenz letzterer? Wie aber ist das Zusammengehen von transzendentaler und eidetischer Einstellung zu verstehen, muß hierfür die eidetische Einstellung nicht von aller Mundanität ablösbar sein? In der Tat unterscheidet Husserl nicht nur die empirischen von den mundan-reinen Allgemeinheiten, sondern hebt von beiden die transzendentalen Wesensbestimmungen, die apriorischen Bestimmungen des Transzendentalen, ab. Für Husserl bedarf die transzendentale Phänomenologie schon aus dem Grund der apriorischen Forschung, da in Anbetracht des heraklitischen Flusses des Bewußtseins induktiv-empirische Feststellungen grundsätzlich ausgeschlossen sind: „Das Faktum ist hier als das seines Wesens und nur *durch* sein Wesen bestimmbar." (Hua VI, 182) Überdies sucht sich Phänomenologie von Anfang an als apriorische Wissenschaft zu begründen. Auf welche Weise kann sie aber von eidetischer Forschung Gebrauch machen, ist diese eben nicht stets wenn auch nicht an die Setzung von Wirklichkeit, so doch an die mundane Setzung von Welt gebunden,[241] bzw. an eine „Wesensthesis" (Hua V, 42), die „*eidetische* Existentialurteile" (ebd. 83) fällt?

Husserl geht von der Möglichkeit aus, daß eine Wesenserfassung, die sich auf das transzendentalphänomenologisch Reduzierte richtet, dank der Reduktion wie diese nicht mehr auf dem Boden der Weltthesis steht (vgl. Hua IX, 74). Das aber heißt, daß der Setzungsmodus des Verweisungssystems der Außenhorizonte bestimmt, welche Art von Allgemeinheit jeweils vorliegt. Wie mit der mundan-eidetischen Wesensschau das Horizontumfeld eines Faktums aus dessen doxischem Verweisungssystem herausgenommen wird, um es in den Horizont reiner Möglichkeiten zu verwandeln, so kann das transzendentalphänomenologisch Reduzierte, das faktische

[241] „Mit der Intention auf eine Ideenschau ist die Welt mitgesetzt, jedes Faktum und jedes Eidos bleibt auf tatsächliche Welt bezogen, irgendwie weltzugehörig [...]." (Hua IX, 74; vgl. EU 424)

transzendentale Erleben selbst und seine enthüllbaren intentionalen Horizonte, vom Faktischen gelöst und in einen Horizont reiner Möglichkeiten überführt werden (vgl. Hua I, 105). Es zeigt sich jetzt genauer: Die mundan-eidetische Methode hat bezüglich des Gegenständlichen Daseinsenthaltung geübt; an Gegenständlichem die Daseinsthesis einklammern heißt aber (für Husserl), von der raumzeitlichen Individuiertheit des Gegenstandes abzusehen: Der Gegenstand ‚löst sich' von seiner faktischen Stelle und wird in unendlichen Exemplaren multiplizierbar. Dabei bleibt jedoch die Weltthesis insofern in Kraft, als das subjektive Leben selbst nicht ebenfalls der Ausschaltung verfällt: Der von der Daseinsthesis entbundene Gegenstand ist nicht ein solcher eines seinerseits reduzierten Subjekts. Im Fall der transzendentalphänomenologischen Reduktion hingegen wird der subjektive Bezug auf Welt selbst inhibiert, so daß hier der Gegenstand der Wesensschau, das gesamte eingeklammerte Aktgefüge von ego - cogito - cogitatum, in keiner Weltthesis mehr steht. Diesen Bereich der Bewußtseinsimmanenz hat Husserl im ersten Buch der *Ideen* im Blick, wo es darum geht, daß neben aller Ausschaltung von Transzendenz auch die Transzendenz des Eidetischen inhibiert werden soll (§§ 59 und 60), wobei von den materialen eidetischen Sphären einzig „die Wesenssphäre des phänomenologisch gereinigten Bewußtseins selbst" (Hua III, 113) ausgenommen bleiben soll. Damit dies möglich ist, konstatiert Husserl einen Unterschied innerhalb der reinen Allgemeinheiten, welcher analog zur Unterscheidung zwischen immanenten und transzendenten individuellen Gegenständen verläuft: den Unterschied zwischen „immanenten" und „transzendenten Wesen" (ebd. 114). Die immanenten Wesen sind gegenüber den transzendenten solche, „die sich ausschließlich in den individuellen Vorkommnissen eines Bewußtseinsstromes vereinzeln in irgendwelchen dahinfließenden singulären Erlebnissen" (ebd.). Auf diese immanenten Singularitäten richtet sich die Wesenserfassung des transzendentalen Bewußtseins (vgl. ebd. 140), indem diese Singularitäten einen Hof „singulärer Bewußtseins*möglichkeiten*" (Hua XXV, 171)[242] aufweisen, die das ‚Material' für den

[242] „Wir stehen dann sozusagen in einer puren Phantasiewelt, einer *Welt absolut*

Durchlauf der eidetischen Variation bereitstellen.[243] Das Eidos konstituiert sich als identischer Gegenstand in der Mannigfaltigkeit solcher Singularitäten; es selbst und sein Horizont für mögliche Abwandlungen stehen korrelativ dem Umfang dieser Abwandlungen, der Vielheit rein möglicher Vereinzelungen, gegenüber (vgl. Hua XI, 403), ganz analog wie im mundanen Bereich, nur daß die Singularitäten hier im zweifachen Sinn pure Möglichkeiten sind: reine Phantasiemöglichkeiten und von der Weltthesis entbundene Möglichkeiten.

Die prinzipielle Möglichkeit eidetischer Forschung im Horizont des transzendental gereinigten Bewußtseins belegt, daß die eidetische Einstellung nicht ausschließlich mit Mundanität korreliert und die eidetische Variation von transzendentalen Phänomenen zu solchen Wesen führt, die nicht in der Weltthesis stehen. Bedeutet dies, daß die im Verbund mit der transzendentalphänomenologischen Reduktion aufgewiesenen Wesen mit der Aufhebung der Weltthesis auch ihre Wesensthesis verlieren? Wären sie dann noch reine Allgemeinheiten? Kann aber die Weltthesis aufgegeben und gleichzeitig eine Wesensthesis behauptet werden, die doch die Setzung einer *möglichen* Welt einschließt?

Eine bedenkenswerte Variante zu dieser Problemdiskussion legt Eugen Fink in der *VI. Cartesianischen Meditation* vor (HuaDok II,1). Daß auch das transzendental reflektierende Leben seinssetzend ist, weist Fink zurück und radikalisiert damit Husserls Auffassung. Fink unterscheidet zwischen dem phänomenologisierenden und dem konstituierenden Ich: Im Gegensatz zu letzterem stehe das erstere in keiner Seinstendenz, bilde kein Sein aus. Dasjenige Ich, das das Vorsein des seinkonstituierenden Ich zum Thema macht, könne gerade deshalb, weil es das Vorsein zum Thema hat, an keiner Seinssetzung teilhaben - was eben durch die phänomenologische Reduktion gewährleistet sei. Bei Fink ist also Seinssetzung identisch mit Weltsetzung, in der sich das transzen-

reiner Möglichkeit.“ (EU 424)

[243] Von diesem Stil der Ideation bewußtseinsimmanenter Vorkommnisse ist eine andere ideelle Erfassung des Erlebnisstroms zu unterscheiden, die als regulative Idee im Kantischen Sinn den Strom in seiner Einheit zu fassen sucht (vgl. Hua III, 166).

dentale Ich zum mundanen verweltlicht. Dies entspricht aber durchaus Husserls Aufassung, wenn dieser den Akt der Einklammerung (Neutralisierung) und korrelativ sein Thema, die inhibierte Welt, von einer Seinsthesis ausnimmt. Freilich ist für Husserl (vgl. oben I.4.3. und unten IV.2.) der unmittelbare, rein neutralisierende Akt der Epoché eingebettet in ein Gefüge theoretisierender Vollzüge, die Existentialurteile aussprechen, doch auf der Grundlage der inhibierten Weltthesis. Es begegnet hier also die eigentümliche Sachlage, daß Seinssetzungen auf dem Boden eines universalen Entzugs der Seinssetzung getätigt werden.[244] Entsprechend wird man sagen können, daß die Ideation transzendentaler Befunde vermöge der zugrundeliegenden transzendentalphänomenologischen Reduktion ebenfalls nicht in einer Weltthesis steht, aber eben doch, was ihren *theoretischen Zusammenhang* betrifft, in einer ‚Wesensthesis'.[245]

Fink sieht deutlich das Problem, wie in einer *meontischen* Ansetzung des Phänomenologisierenden noch eine Eidetik möglich ist von etwas, das nicht ist, von den transzendentalkonstitutiven Strukturen, die die Seinstendenz ausbilden (ebd. § 9): Weder könne diese Eidetik vom selben Typus wie die in der mundanen Einstellung betriebene Eidetik sein, die als mundane eine Eidetik hinsichtlich des Seienden ist, noch verwandt sein mit der transzendentalkonstitutiven Aufklärung ebendieser Eidetik, welche Aufklärung ja nicht zugleich Klärung der von ihr selbst gebrauchten eidetischen Vorgehensweise besagt (ebd. 88 f.). Wenn das Transzendentale als das Vorseiende eidetisch gefaßt werden soll, so könne dies zwar nur im Ausgang von der uns allein bekannten (mundanen) Eidetik geschehen, aber per analogiam, im Bewußtsein, daß diese Eidetik dafür eine unangemessene ist (ebd. 90). Finks meontische These führt zu der Annahme einer Produktivität des

[244] Vgl.: „Als Phänomenologen vollziehen wir auch Setzungen, aktuelle theoretische Stellungnahmen, aber sie sind ausschließlich auf Erlebnisse und Erlebniskorrelate gerichtet." (Hua V, 88)

[245] Auch transzendental-eidetische Einstellung ist ein *Setzen*: nicht ein Setzen von „möglicher Welt schlechthin" (vortranszendental), aber von Welt „als Phänomen im Möglichkeitsbewußtsein", „als Welt möglicher Erfahrung, als ihr Intentionales" (Hua VIII, 499).

phänomenologisierenden Zuschauers, der die „‚reinen Möglichkeiten‘ des Vorseienden zu den Geltungsgebilden einer transzendentalen Eidetik“ „ontifiziert“ (ebd. 93). Wie verträgt sich diese Ontifizierung mit der meontischen Position des Phänomenologen? Die meontische These Finks bezieht sich offensichtlich nur auf den Akt des Inhibierens und des Inhibierten, entspricht damit also Husserls eigener Auffassung. Im Ausbilden einer Eidetik aber verfährt der Phänomenologe setzend, indem er das ‚meontische Material‘, die transzendentalphänomenologischen Befunde, dadurch ontifiziert, daß er sie auf dem Boden der Wesensthesis ins Allgemeine hebt.

Doch bei Fink wird deutlich, daß der Befund eines setzenden phänomenologischen Vorgehens, setzend in der theoretischen Formulierung der erschauten Phänomene, darauf verweist, daß es für den Menschen offenbar gar nicht anders möglich ist, als mit einer prinzipiellen Begrenzung ins Transzendentale einzutreten.[246] Diese Begrenzung wird darin sichtbar, daß für den Menschen die Setzung von Sein schlechterdings unübersteigbar ist. Fink verdeutlicht dies mit seiner Rede der Ontifizierung im Vorgehen der Eidetik. Diese Schranke der mundanen Erfahrung kommt zudem darin zum Ausdruck, daß auch die „transzendentale Erfahrung“ (Husserl) eben *Erfahrung* ist und als solche in Horizonten steht (vgl. unten IV.2.). Bezüglich der Eidetik gesprochen: daß der Stil der Gewinnung reiner Allgemeinheiten im Bereich des Transzendentalen strukturell der gleiche ist wie in der Mundanität. Mundaner wie transzendentaler Eidetik ist gemeinsam, daß jeweils ein Horizont von Möglichkeiten befragt wird. In Horizonten zu Stehen ist aber Merkmal des mundanen, umweltlich orientierten Lebens. Mit dieser Rückkoppelung des Phänomenologen an die Mundanität ist ein weiteres Moment eng verknüpft, das ebenfalls in der *VI. Meditation* diskutiert wird: die Einsicht in die Begrenztheit der sprachlichen Darstellbarkeit transzendentaler Verhältnisse durch notwendiges Angewiesensein auf die allein vorhandene mundane Sprache. Dies

[246] Das Erschließen der transzendentalen Subjektivität könne, wie Fink in der *VI. Cartesianischen Meditation* feststellt, nur „am analogischen Leitfaden der Seinsidee“ vorgenommen werden. „Das gründet letzten Endes darin, daß wir zur transzendentalen Subjektivität nur im *Ausgang von der natürlichen Einstellung* und im Ausbruch aus ihr gelangen können.“ (HuaDok II,1, 83)

darf nicht zu dem Trugschluß verleiten, jemals eine angemessene transzendentale Sprache ausbilden zu können (vgl. HuaDok II,1, 83, 94). Die prinzipielle Unmöglichkeit hierzu gründet in der prinzipiellen Unmöglichkeit einer originären, dem Transzendentalen angepaßten Erkenntnis: Auch transzendentale Erkenntnis ist immer von den Erfahrungs- und Erkenntnisschemata der mundanen Einstellung determiniert.

Husserl wie Fink gehen von der Notwendigkeit eidetischer Analysen im prinzipiellen aus. Es fanden sich keine Hinweise dafür, daß transzendentale Einstellung die eidetische aufheben könne. Es zeigte sich nicht nur, daß transzendentale Phänomenologie der Eidetik bedarf, die Problematik ihrer Stellung zum Transzendentalen wies insbesondere auf eine eigentümliche nicht zu übersteigende mundane Gebundenheit aller Theorie, auch der transzendentalen, hin. Damit aber indiziert das Problem der Eidetik einen Schnittpunkt zwischen Transzendentalem und Mundanem.

2.3. Motiv der transzendentalen Theorie

Die Frage nach dem Motiv der transzendentalen Theorie führt nicht nur zur Diskussion eines weiteren Schnittpunktes zwischen Transzendentalität und Mundanität; insofern sie den Bezug von transzendentaler Theorie und Praxis in einem zentralen Punkt trifft, faßt sie die bisherigen diesbezüglichen Untersuchungen zusammen. In der Frage nach dem Motiv ist die Frage nach dem Subjekt der transzendentalen Theorie impliziert, indem erstere die Aufdeckung der Bedingungen der Möglichkeit für die subjektive Disposition, die Einstellung, fordert, die dem betreffenden ‚Gebiet', dem Transzendentalen, korrelativ ist. Im Unterschied zu der im ersten Teil behandelten Frage nach dem Motiv für die Theorie als solcher spitzt sich die Fragestellung jetzt somit nicht nur hinsichtlich der Theorie als transzendentaler zu, sondern zudem in Hinblick auf das Wer der transzendentalen Theorie.

Bei der Frage nach dem Motiv für die transzendentale Theorie geht es darum, ob es für den theoretisch Eingestellten in der Mundanität eine Motivation dafür gibt, in den Status transzendentaler Besinnung einzutreten. Schon das Thema des Übertritts aus der natürlich-praktischen Einstellung in die theoretische der Philosophie ließ deutlich werden, daß Husserl hierfür ein (vortheoretisches) Motiv zurückwies. Es zeigte sich aber, daß er eine Art von Mittelstufe zwischen praktischem und theoretischem Interesse ansetzte, einen Bereich ursprünglicher Theorie, den Bereich des thaumázein, des Staunens und der Neugier, und es zeigte sich, daß ein verborgenes Motiv in der Selbsterhaltung des Lebens lag. Ist die Sachlage im Fall der Motivation der transzendentalen Theorie ähnlich?

Schon in der Vorlesung „Grundprobleme der Phänomenologie" von 1910/1911 heißt es: „Der Phänomenologie *braucht man gar keine Motive zu unterschieben*, warum sie Erfahrungssetzung ausschaltet. Als Phänomenologie hat sie keine solchen Motive" (Hua XIII, 156 f.), und Husserl fügt an: „Sie kann mit der Epoché beginnen und braucht nach weiteren Motiven nicht zu fragen." (Ebd. 157, Anm. 1) Husserl hat, wie gezeigt, stets betont, daß Epoché und Reduktion einem freien Willensentschluß entspringen - doch was motiviert einen solchen Entschluß? In einem späten Text vom Sommer 1936 formuliert Husserl: „Das transzendentale Interesse also entspringt aus einer Motivation." (Hua XXIX, 268) Es ist eine Motivation, „die mich als Ich meiner jeweiligen Interessen voraussetzt" (ebd.). Damit ist jedoch nur das Paradox der extremen Situation der Epoché ausgedrückt: Wie der Wille zur Epoché die Ausschaltung des Willenslebens besagt, so übersteigt das „transzendentale Interesse" (ebd.) alle Interessen auf dem Boden der Welt. Wie aber transzendentale Epoché von der Vorgegebenheit dieser Interessen motiviert wird, bleibt unklar. „Die Anweisungen der Phänomenologie haben in der gesamten Lebenserfahrung des Einzelnen und der Geschichte keine Vorlage", schreibt Husserl im zweiten Teil der *Ersten Philosophie*, sie „rekurrieren auf keine elementaren und typischen Vertrautheiten" (Hua VIII, 122). Das aber heißt, daß sich für den Eintritt in die transzendentale Einstellung aus dem Grund keine Motivation ausfindig machen läßt, weil dieses Geschehnis prinzipiell den Horizont aller bis dahin gekannten Motivationen, *die Welt*, übersteigt. Steht man auf dem Weltboden „immerfort in Motivationen" (ebd.), so verfallen diese samt und sonders der Ausschaltung. Es bedarf eines vollkommenen Entzugs der Welt als des Erfahrungsbodens: „Erst wenn für mich im strengsten Sinn nichts mehr ‚da', seiende Wirklichkeit ist, kann ich mich selbst als transzendentales Subjekt erfassen" (ebd. 79). Was aber ist es, das die Ausschaltung, den Entzug, in Gang zu bringen und die „habituell fortwirkende Motivationskraft", den „Motivationszwang des natürlichen Lebens" (ebd. 77, 79) außer Aktion zu setzen vermag?

Ausführlicher als Husserl erörtert Fink die Frage nach der Motivation für die transzendentale Phänomenologie zu Beginn des Paragraphen 5 der *VI. Cartesianischen Meditation* („Das Phänomenologisieren als Reduzieren"); auch diese Passage ist von Husserl kommentiert (vgl. HuaDok II,1, 33-40)[247]. Fink betont ebenfalls, daß es „eine ‚zwingende' Motivation für die phänomenologische Reduktion" „in der natürlichen Einstellung" nicht gebe (ebd. 35), „Wege in die Phänomenologie, im Sinne einer *kontinuierlichen Motivation*, in der natürlichen Einstellung beginnend und folgerichtig zwingend überleitend in die transzendentale Einstellung, *gibt es nicht*" (ebd. 37), denn: „Solange wir in der natürlichen Einstellung stehen, ist das phänomenologisierende Tun nicht einmal seiner ganz *leeren Möglichkeit* nach vorgegeben" (ebd. 31).[248]

Bezeichnenderweise sieht auch Fink eine Zwischenstation, die zwischen den scheinbar unüberbrückbaren Gegensätzen von mundan-natürlicher und transzendentaler Einstellung vermittelt. Diese Zwischenstation versucht er in Anlehnung an Husserls Reflexionen über die möglichen Wege in die transzendentale Phänomenologie zu fassen: Nicht diese Wege selbst bilden jedoch

---

[247] Husserls Anmerkungen zum Text Finks zitieren wir nach Seite und Nummer.

[248] Vgl. Husserl, HuaDok II,1, 131/408: Im „äußersten Horizont menschlicher Möglichkeiten als Erdenklichkeiten menschlichen Daseins, menschlicher Leistungsgebilde etc." „kann keine Phänomenologie vorkommen". - Mit Recht bemerkt J. G. Hart: „The radicalization of the transcendental reduction does not lie in the same direction in which the human, in the natural attitude, can come to the deeper understanding of personal life, no matter how ‚radical' or ‚deep' an understanding that might be." (*The Person and the Common Life*, a.a.O., 34)

Zugänge zum Transzendentalen von der Mundanität aus, denn eben Übergänge solcher Art gibt es nicht; vielmehr fungieren „*extreme Situationen* der natürlichen Einstellung“, in denen „die transzendentale Erkenntnis aufblitzen“ könne (ebd. 38), als Sprungbretter. In eine solche extreme Situation gelange man z.B. auf dem Weg über die intentionale Psychologie (die ursprüngliche Ansicht Husserls),[249] wenn diese in ihrer vollen Konsequenz ergriffen und die Einsicht, daß Welt allein die in meinen Meinungen korrelativ gesetzte sei, als Ausgangspunkt genommen werde, das meinende weltliche Leben und seine in ihm nicht aufklärbaren Paradoxien der Weltsetzung zu transzendieren (vgl. ebd. 38 f.).

Diese Möglichkeit der Überschreitung erwächst aus der Abgründigkeit des Weltlebens, aus der prinzipiellen Diskontinuität, in der es zu seiner transzendentalen Erhellung steht. Die Motivation zu dieser Überschreitung ist also so wenig mundan vorgegeben, wie sie kontinuierlich oder gar notwendig ist, sie entspringt als ‚transzendentale‘ (vgl. ebd. 39) vielmehr gerade der Un-Möglichkeit mundaner Hinleitung. Das vermittelte-unvermittelte „Vorerschauen des transzendentalen Horizontes“ (Husserl, ebd. 37/88) im diskontinuierlichen Aufspringen der transzendentalen Erhellung (ebd. 37) ist der einzig mögliche Weg, der von der naiv-mundanen Einstellung in die transzendentale führt. In dieser Auffassung zeichnet sich schon die immanente Konsequenz vor, mit der die phänomenologisch-psychologische Einstellung in die transzendentale umschlägt. Doch diese Konsequenz ist nur eine solche von der transzendentalen Blickweise selbst her, sie besagt nicht eine kontinuierlich verlaufende oder gar zwingend zu verlaufende Schrittfolge aus der mundanen Situation.

Diese Struktur des vermittelt-unvermittelten Wegs in die transzendentale Subjektivität ist die des Ausbrechens aus einem Zirkel.[250] Aus ihm führt kein kontinuierliches Beschreiten eines Wegs, sondern nur ein plötzliches Aufspringen. Diese Situation des

---

[249] Vgl. Hua V, 147; Hua VIII, 139, 416; Hua XV, 554; Hua XXVII, 181.

[250] Schon Fink verweist darauf, daß es sich hierbei nicht um ein hermeneutisches Problem handelt; der in Rede stehende Zirkel sei kein „Zirkel des Verstehens“ als „die *formale Grundstruktur des Verstehens* überhaupt, solange man in der *natürlichen Einstellung* verbleibt“ (HuaDok II,1, 42).

Ausbrechens aus einem Zirkel wird noch dadurch verschärft, daß es bei der Problematik des Eintritts in die transzendentale Einstellung nicht um objektives und objektivierbares Sein geht, sondern um den radikalisierten Selbstbezug des Fragenden. Um das eigene Selbst schon in psychologischer Einstellung vor den Blick zu bekommen, bedarf es einer willentlichen Umstellung des auf Gegenständliches fixierten naiven Bewußtseins. Wurde das Selbst aber schon in psychologischer oder phänomenologisch-psychologischer Einstellung Thema der Reflexion, dann ist eine Wegrichtung eingeschlagen, die verdeckterweise auf die Eröffnung des transzendentalen Forschungsfeldes zielt: Es ist, wie Fink schreibt, darin „die Besinnung auf das tiefste ‚Selbst': die eigene, von meinem Menschsein verdeckte Lebenstiefe als konstituierende Subjektivität" „involviert" (ebd. 34 f.). Die Aufdeckung dieses Involviertseins durch die phänomenologische Selbstbesinnung liegt aber nicht im Horizont der menschlichen Möglichkeiten (vgl. ebd. 36), sie bedarf jenes Sprunges aus dem Zirkel.

Der von Husserl zitierte Akt der Freiheit im Vollzug von Epoché und Reduktion besagt also genau dieses Vorspringen in einen Möglichkeitshorizont, der nicht eröffnet ist, im Sprung sich aber auftut. Zum Zweck der Freilegung der tiefsten Schicht des Selbst muß sich die phänomenologische Reduktion selbst voraussetzen (ebd. 40), das heißt, der von der mundanen Situation aus anfangende Phänomenologe muß sich selbst als Phänomenologisierender in Anschlag bringen. Das Frappierende an dieser Voraussetzung ist, daß sie schon in dem Moment eingelöst wird, in dem sie angesetzt ist. Damit unterscheidet sie sich völlig von der universalen Voraussetzung der Welt in der Einstellung des mundan-natürlichen Lebens, ja mehr noch: In der Einlösung der Voraussetzung des Phänomenologisierenden und mit ihm der Erschließung des transzendentalen Feldes erfolgt zugleich die Möglichkeit, auch die universale Setzung von Welt einzulösen. Es scheint, als sei der Grundzug, Voraussetzungen machen zu müssen, ein notwendiger Grundzug des endlichen mundanen Lebens, und nur mit Hilfe einer Voraussetzung gelangt dieses in die transzendentale Einstellung, in der es sich relativ übersteigen kann: Auch das Transzendentale wird für es zu jenem schon erwähnten neuen Erfahrungsboden, der jedoch vor allem nach der neuerlichen Reflexion auf das phänomenologisierende Tun nicht mehr die naive Vorgegebenheit der Welt meint. Als Fazit der Frage nach der Motivation der transzendentalen Einstellung kann somit dieser Satz Finks gelten: „Die Motivation des Reduzierens ist das Erwachen einer Fragwürdigkeit, die zwar in der natürlichen Einstellung auftritt, aber prinzipiell den Horizont aller in der natürlichen Einstellung möglichen Fragen ‚transzendiert'." (ebd. 40 f.)[251]

Jene extremen Situationen als Brücke von der Mundanität in die transzendentale Einstellung können theoretischer Art sein (wie der Weg über die intentionale Psychologie), aber auch praktischer. Von einer solchen praktischen Situation als Träger für eine Motivation zum Durchbruch der transzendentalen Einstellung spricht Husserl in der kurzen Beilage VIII zur Sechsten Meditation. Die universale Tendenz der Weltkonstitution, die „immerfort auf Mundanisierung", auf Endkonstituiertsein, gehe (HuaDok II,1, 195), könne zu einem Bruch im Weltleben führen. „Dann erst, nachdem Weltleben im Fortgang Einheit einer Interessenbefriedigung ständig verspricht und zeitweise zu erfüllen scheint, die wachsende Gefühlsstimmung der Unzulänglichkeit der so nie zu gewinnenden wirklichen Befriedigung und Motivation zum Durchbruch einer neuen Tendenz, einer Abkehr von der Weltlichkeit, schließlich einer entschiedenen Epoché und nun dazu in Beziehung gesetzt: die Wissenschaft und ihre Funktion - universale Weltwissenschaft, universale Wissenschaft in der Epoché." (Ebd.) Diese Stelle ist deshalb von besonderer Bedeutung, weil in ihr auf den Zusammenhang einer Möglichkeit der Motivation für den Durchbruch der transzendentalen Einstellung mit dem universalen Lebensinteresse einerseits sowie der Wissenschaft und ihrer Praxisfunktion andererseits hingewiesen wird. Husserl macht deutlich, daß eine praktische Situation nicht den Übertritt ins Transzendentale

[251] Allerdings: „Diese *‚Einbrüche in die transzendentale Dimension'* geben nicht vor die transzendentale Subjektivität als im allgemeinsten vertraute und geformte Dimension, *als* ‚Welt', erschauen nicht, gewissermaßen apriori, die Universalstrukturen des transzendentalen Lebens, übernehmen nicht die Funktion einer vorgängigen Führung aller weiteren individualisierenden Erkenntnisse als vorbekannten Horizont aller Unbekanntheiten." (HuaDok II,1, 42/110)

motiviert, gleichwohl aber in eine extreme Situation führen kann, in der eine solche Motivation aufspringt. Die praktische Situation resultiert ihrerseits aus der Diskrepanz zwischen der Induktivität des welterfahrenden Lebens und dem universalen Daseinsinteresse: Die unabschließbare Induktivität der Welterfahrung, die Husserl zufolge für das vor- und außerwissenschaftliche Leben ebenso gilt wie für die empirische Wissenschaft und die das endlose Hineinschreitenkönnen in den universalen Welthorizont besagt, bezeichnet zugleich für das Weltleben eine absolute, für es unüberwindliche Grenze: nämlich den Welthorizont selbst nie ‚einholen', das permanente Verwiesensein auf ihn, d. h. die Tendenziösität der Weltkonstitution nicht übersteigen zu können. Solange Welt immer nur als Horizont antizipiert ist, ist eine Erfüllung des erfahrenden (praktischen wie theoretischen) Interessenlebens nie zu erlangen, mit jeder gewonnenen Evidenz sind neue Horizonte der Erfahrungsmöglichkeiten vorgezeichnet. Diese nie vollständig zu erreichende Interessenbe-friedigung des welterfahrenden Lebens läßt jene Stimmung einer „nie zu gewinnenden wirklichen Befriedigung" entstehen. Bei dieser intendierten Befriedigung kann es sich nur um das Telos des Weltlebens selbst handeln: um sein Daseinsinterese, sein Interesse an seiner selbst um seiner selbst willen, um seiner standhaltenden Sicherung willen. So steht ja auch alles welterfahrende Leben, das theoretische wie praktische, im Dienst dieses umgreifenden Daseinsinteresses.

Alle Tätigkeit im Welthorizont vermag das Lebensinteresse nicht wirklich zu befriedigen. Auch alle objektiv gerichtete und das ist alle vortranszendentale Wissenschaft kann diese Befriedigung nicht verschaffen noch vermag sie (der extreme Fall der reinen Innenpsychologie ausgenommen), die Bedingungen der Möglichkeit für dieses Unvermögen aufzudecken. Objektive Wissenschaft und objektive Wahrheit unterstehen, wie alles Tun, dem universalen Lebensinteresse als letztem Zweck.[252] Das aber heißt, daß das Telos

[252] Objektive Wahrheit „erwächst ursprünglich aus dem Bedürfnis der menschlichen Praxis, als Absicht, das schlicht als seiend Gegebene (den in der Seinsgewißheit als verharrend antizipierten Gegenstandspol) gegen die möglichen Modalisierungen der Gewißheit zu sichern" und gehört somit „ausschließlich in die Einstellung des natürlich-menschlichen Weltlebens" (Hua VI, 179).

des universalen Lebensinteresses seinen Zielsinn nicht im nur mundan Gegebenem und in mundaner Wissenschaft besitzen kann. Das Lebensinteresse muß eine *aktivierbare Affinität zum Transzendentalen* aufweisen. Es kann somit, zunächst scheinbar paradox, als Weltleben seine Grenze nicht in diesem selbst besitzen, das immerfort auf Gegenstandspole im Welthorizont bezogen ist. Um aber, als Weltleben, gegenüber dem, was dieses Leben prinzipiell transzendiert, eröffnet werden zu können, muß es in sich selbst mehr sein als nur Weltleben.

Die Bedingung der Möglichkeit zur Überschreitung des Weltlebens und die Richtung, die jene Überschreitung einschlagen muß, sind somit eins: Sie liegen im Selbstbezug des Weltlebens, und zwar so, daß dieses sich in seinem Selbstbezug radikal, nämlich als anderes als nur dieses, erfährt;[253] es muß sich selbst als das erfahren, was es an sich ist: transzendentale Subjektivität. Die transzendentale Umstellung besitzt keine Motivation im Weltleben, gerade weil sie dieses selbst betrifft, und doch nur aus dem Grund, weil sie es betrifft, gibt es für dieses eine Möglichkeit des Aus- und Übergangs. Denn alle Motivation innerhalb des Weltlebens würde immer wieder nur zu Mundanem führen. Nur weil das Weltleben an sich schon anderes ist, als was es für sich ist, ist für es die Möglichkeit eröffnet, auch dieses Ansich in ein Fürsich zu verwandeln. Der Zirkel des mundanen Verstehens besagt in der Geradehin-Einstellung das Verwiesensein auf den Welthorizont und die Gegenstände in ihm. Dieser Zirkel wird erst durchbrochen, wenn im radikalen Selbstbezug des Weltlebens anstelle des Welthorizonts der transzendentale Horizont aufgetan wird.

Da das Weltleben an sich transzendentales Leben ist, lebt es im Stande der „Weltkindschaft" in einer Zerrissenheit mit sich selbst, ohne diese Zerrissenheit als solche zu bemerken: Es ist als an sich transzendentales mundan sich auslegende Subjektivität. Da Befriedigung in Husserls Intentionalitätskonzept die Erfüllung einer Intention besagt und da jedes Interesse auf möglichst vollständige und standhaltende Befriedigung zielt, besteht für das Weltleben die

[253] Der Anfang der Transzendentalphänomenologie „müßte also nichts sein - nichts Weltliches" (Hua VIII, 473).

prinzipielle Unerfüllbarkeit seines Lebensinteresses nicht nur deshalb, weil es auf die Unendlichkeit der Horizontvorzeichnungen verwiesen ist, sondern - und nur daher ist es dieser Unendlichkeit überantwortet - weil es sich selbst nie einzuholen vermag: Das Lebensinteresse ist ja deswegen das universale, weil es in ihm einzig und allein um das Leben selbst und als solchen geht, seine Intention nach Befriedigung zielt somit in der Tat nur scheinbar auf Gegenständliches in der Welt, sein Telos, der Grund des eigenen Selbst, weist ins Transzendentale. Doch diese Teleologie ist in der Mundanität verdeckt, statt dessen steht die durch die Weltkonstitution vorgezeichnete teleologische Struktur im Lichtkegel des mundanen Interessenlebens. Wenn diese Struktur jedoch permanent enttäuscht wird, kann das Vertrauen in das spendende Licht so geschwächt werden, daß die Bahn selbst, in der bislang Erfüllung gesucht wurde, fragwürdig und diese Fragwürdigkeit in der Tat zu einem Movens wird, in die andere Bahn einzuschwenken: von der Gegenstandsfixiertheit zur Infragestellung des Selbst überzugehen.

Diese Abkehr kann offenbar auf mannigfache Weise erfolgen, nicht nur in der Gestalt der Theorie.[254] Im europäischen Kulturkreis wurde sie aber in erster Linie in der Theorie intendiert und Husserl zufolge nur mit der transzendentalen Phänomenologie an den wirklichen Anfang ihrer Realisierung gebracht. Man könnte sagen, daß die *Struktur* dieser Abkehr nur phänomenologisch sichtbar werde. Verweist die vortranszendentale Theorie mit einer gewissen inneren Notwendigkeit auf die Selbstenthüllung der transzendentalen Subjektivität durch die Phänomenologie, gibt es also dieses immanente Telos schon mit der Urstiftung der Theoria - oder ist der Sprung von der vortranszendentalen zur transzendentalen Theorie Zufall? Bekanntlich verficht Husserl das Erstgenannte: Wenn bereits die ursprüngliche Theorie wirkliche universale Wissenschaft sein wollte, so implizierte sie damit eine subjektives wie objektives Sein umspannende Wissenschaft auf dem Boden einer radikalen Selbstvergewisserung des Lebens. Theorie gelangt

[254] Es sei hier nur auf die Mystik, den Zen-Buddhismus und das Kunstschaffen verwiesen. Vgl. James G. Hart, „Transcendental Phenomenology and Zen Buddhism. A Start of a Conversation“, in: *Zen Buddhism Today (Annual Report of the Kyoto Zen Symposium)* 5 (1987) 145-160.

Husserls Ansicht nach erst dann in den Gang ihrer wahren Verwirklichung, wenn, wie gezeigt, in ihrer *Grundlegung* alle praktischen Abzweckungen ausgeschaltet sind, und dies führt mit innerer Konsequenz zur Ausschaltung desjenigen Rahmens, der aller Praxis vorgezeichnet ist: zur Inhibierung des Welthorizonts. Der Umstand, dem Theorie ihren Anstoß verdankt, das universale praktische Interesse, verflüchtigt sich in dem Moment, wo Theorie ihr Ziel erreicht. Doch dies ist nicht korrekt: Das universale Daseinsinteresse ‚tendiert' ja selbst, wie wir jetzt sahen, zur Aufhebung des Welthorizonts. Wird die Sachlage dadurch aber nicht noch paradoxer? Die Praxis als ihr eigener Totengräber?

IV. Transzendentalität und Praxis

Husserls Auffassungen von der Pluralität der Einstellungen, der unaufhebbaren Eigenständigkeit der eidetischen Reduktion auch innerhalb der transzendentalen Phänomenologie und schließlich der nicht vorgezeichneten Möglichkeit eines Übergangs von der mundanen in die transzendentale Einstellung verwiesen auf Schnittstellen von Transzendentalität und Mundanität. Ferner deutete sich an, daß auch beim Übertritt in die transzendentalphänomenologische Einstellung eidetisch-transzendentale Theorie auf spezifische Weise an die Mundanität geknüpft ist. Die nähere Bestimmung dieser ‚verharrenden Praxis' soll deutlich machen, daß Praxis dem Transzendentalen nicht ausgeliefert wird und der Phänomenologe auch im ‚Überschreiten' der Praxis an sie gebunden bleibt. Ist dies in der Tat zu belegen, dann erweisen sich die Schnittflächen von Mundanität und Transzendentalität nicht lediglich als Überschneidungen von transzendentalem und mundanem Sein, als Ort der Verschmelzung beider Seinsbereiche, sondern bestätigen vor allem, daß das transzendentale Sein nur in einer eigentümlichen Bindung an die Mundanität erschlossen werden kann: daß der phänomenologische Zuschauer nicht auf solche Weise Eintritt in die Transzendentalität erlangt, daß er ganz in ihr aufginge. Damit aber wird die Phänomenologie selbst zum Schnittpunkt zwischen transzendentalem und mundanem Sein in dem Sinn, daß sie beides miteinander vermittelt. Zugleich ist ein Vorschlag zur Auflösung jener Paradoxie formuliert, wie es vorstellbar sei, daß transzendentale Theorie eine Funktion für die Praxis ausübt, wenn sie sich von aller Praxis absetzen muß, um sich selbst zu gründen: Denn nun ist deutlich geworden, daß dieses Absetzen ein *relationales* ist; der Phänomenologe stößt sich zwar in der Tat von *aller* Praxis ab, indem er die Generalthesis der Welt einklammert, doch erfolgt diese Abstoßung nicht toto coelo: Sie wird nur bezüglich dieser Thesis und eines bestimmten reflexiven Verhaltens des phänomenologisierenden Ego unternommen. Nur so vermag Phänomenologie als *vermittelnde Instanz* zwischen Transzendentalität und Mundanität zu fungieren.

Auf dieser Basis kann die Praxisfunktion der transzendentalen Theorie im Sinn Husserls bestimmt und die eingangs formulierte These bekräftigt werden. Zunächst gilt es jedoch nach derjenigen Disziplin zu fragen, die die Möglichkeit zur Realisierung dieser Praxisfunktion zum Thema macht. Kann dies noch Aufgabe der Praktik im Husserlschen Sinn sein? Verfährt nicht die Praktik als regionale Ontologie, ja selbst in ihrer extremen Form als universale Vernunftlehre, noch vortranszendental? Zur Gewinnung eines Leitfadens sei die folgende These formuliert: In seiner Spätphilosophie hebt Husserl den früher von ihm definierten Aufgabenbereich von Ethik und Praktik auf und läßt die ethische Fragestellung in ein teleologisch-metaphysisches Gesamtkonzept einmünden. Das Problem von Endlichkeit und Unendlichkeit erweist sich dabei als das Problemfeld, in dem sich die Aufhebung von Ethik in Teleologie vollzieht. Sodann ist der Sinn jener ‚verharrenden Praxis', die den Phänomenologen an die Mundanität bindet, deutlicher herauszustellen. Dies soll dadurch geleistet werden, daß das Geschehen von Entweltlichung und Wiederverweltlichung einer gegenüber den bisherigen Ausführungen vertieften Prüfung unterzogen wird. Schließlich wird klarzulegen sein, wie einerseits der Sachverhalt einer derart sich durchhaltenden Praxis mit der Differenz von Transzendentalität und Mundanität sowie andererseits die Relationalität des phänomenologischen Zugriffs mit der absoluten, universalen transzendentalen Teleologie, in die die Praktik aufhoben wurde, vereinbar sind; d. h., es wird um die Problematik von Einheit und Vielheit vor dem Hintergrund des Husserlschen Differenzdenkens gehen müssen.

Dieser Teil diskutiert drei Problembereiche: 1. Der erste Abschnitt behandelt die Mundanität in Relation auf die Transzendentalität: Als erstes soll in Husserls Werk die fortschreitende Aufhebung der Ethik in transzendentale Teleologie aufgewiesen werden. Als zweites rückt, am Leitfaden der Problematik von Endlichkeit und Unendlichkeit, die Blickrichtung der transzendentalen Phänomenologie auf die transzendentale Subjektivität nach zwei wesentlichen

Seiten hin ins Thema: einmal bezüglich des Idealisierungsprozesses neuzeitlicher Wissenschaft und zum anderen bezüglich der teleologischen Geschichte der transzendentalen Subjektivität als solcher. 2. Im zweiten Abschnitt wird die Transzendentalität in Relation auf die Mundanität in den Blick zu nehmen sein. Der genauere Nachweis, wie sich die Praxisgebundenheit des Phänomenologen auch bei seinem Übertritt in die transzendentale Einstellung durchhält, verschafft die Basis, die vermittelnde Stellung der Phänomenologie zwischen Transzendentalität und Mundanität zu kennzeichnen. In einem zweiten Schritt soll dargelegt werden, wie diese Position der Phänomenologie mit Husserls Auffassung des Verhältnisses von Universalität und Pluralität zusammenstimmt und eines das andere zu erhellen vermag. Schließlich gilt es, die Praxisfunktion der transzendentalen Theorie abschließend zu bestimmen und nach den Grundstrukturen der solcherart durch Phänomenologie verwandelten Praxis zu fragen. 3. Wird auf diese Weise die Verwandlung der Praxis über die Instanz der Phänomenologie als vermittelt gedacht, so gehen wir zum Schluß der Frage nach, ob ein derartiges Verwandlungsgeschehen auch als Resultat einer direkten Modifikation der Praxis nachzuweisen ist, fragen also nach der Weise, wie Transzendentalität in Praxis unvermittelt einbrechen kann.

1. Transzendentale Theorie und Praktik

1.1. Teleologie und Praktik

Fragt man nach dem Ort der Ethik in Husserls Werk der dreißiger Jahre, gerät man in Verlegenheit. Man konstatiert das Paradox, daß Husserl in dieser Zeit zwar Themen von ethischer Relevanz behandelte, aber kaum mehr von ‚Ethik' sprach. Im folgenden soll dieses Paradox expliziert und ein Vorschlag zu seiner Auflösung formuliert werden. Die These lautet, daß Husserl im Spätwerk die Ethik bis an ihre Aufhebung führte und daß der Grund hierfür in der von ihm vorgenommenen engen Verknüpfung der ethischen mit der teleologischen Fragestellung und in der gesteigerten Dominanz seines teleologischen Konzepts zu suchen ist. Ethik als philosophische

Disziplin wurde auf diese Weise selbst implizit problematisiert und in eine neue Gestalt übergeführt. Wir versuchen einen Problemkomplex zu erörtern, der, obgleich er für Husserls spätes Philosophieren den Rahmen abgab, nur bruchstückhaft seine literarische Fassung fand und anhand dieser Bruchstücke zusammengefügt werden muß. Da aber Husserl Teleologie und Ethik nicht erst im Spätwerk miteinander konfrontierte, ist jene Zusammenfügung nur durchzuführen, wenn deutlich wird, inwiefern die späte Konzeption aus den Vorstufen resultierte. Daher sollen zuerst die Hauptentwicklungsphasen umrissen werden, in denen Husserl zum Verhältnis von Teleologie und Ethik Stellung bezog. Hierbei wird mehrfach an die Ergebnisse des zweiten Teils anzuknüpfen sein. Wir heben in der Entwicklung des Verhältnisses von Ethik und Teleologie bei Husserl vier Abschnitte heraus: Symptomatisch für Husserls frühe Auffassung von Teleologie und Ethik können die Ausführungen gelten, die in Zusammenhang mit seinen Ethikvorlesungen von 1911 stehen. Wesentliche Relaisstellen für sein späteres Ethik-Verständnis bilden einerseits die *Kaizo*-Aufsätze von 1922/1923 und der Anfangsteil der Vorlesung „Einleitung in die Philosophie" aus derselben Zeit sowie andererseits das Manuskript über „Universale Ethik" von 1931 (A V 22); dieser Text leitet über zu Husserls später Auffassung von Teleologie und Ethik, wie sie ansatzweise vor allem in den Manuskripten der E III-Gruppe (aus den Jahren 1931 bis 1934) dargelegt ist.

1. Der die Vorlesung über Grundprobleme der Ethik und Wertlehre vom Sommersemester 1911 (Hua XXVIII, 163 ff.) einleitende Abschnitt expliziert die Idee der Philosophie. Das Ergebnis dieser Bestimmung sei hier zusammengefaßt. Husserl bestimmt Philosophie als Wissenschaft von der Idee vollkommener, absoluter Erkenntnis (ebd. 164), und zwar denkt er diese Idee als ein im Unendlichen liegendes Regulativ, auf das die Philosophie sich in einem bewußten Streben zubewegt.[255] Dreierlei ist an dieser Bestimmung

[255] „Philosophie ist die Wissenschaft, in der die im Wesen aller Erkenntnis gründende Tendenz auf absolute, auf denkbar vollkommenste Erkenntnis zum bewußt leitenden Ziel geworden ist." (Hua XXVIII, 171)

hervorzuheben: zum einen, daß Husserl schon hier konstatiert, daß das rein theoretische Interesse vor und außerhalb von Philosophie von einer Teleologie, einem „philosophischen Zug“ (ebd. 170), beherrscht wird, wenngleich diese Teleologie nur als „verborgene Tendenz“ (ebd. 165) waltet; des weiteren, daß diese Tendenz, die den Zwecksinn von Philosophie dunkel antizipiert, immanent danach ‚verlangt‘, in Stufen der Entwicklung theoretischer Erkenntnis (ebd. 170) zum willentlich ergriffenen Ziel zu werden; und schließlich, daß die Abzielung auf die im Unendlichen liegende Idee allumspannender Erkenntnis zugleich eine zunehmende systematisierende Vereinheitlichung der Theorie unter der leitenden „Idee der obersten Einheit der Erkenntnis“ (ebd. 171) intendiert, d. h., Husserl legt die Idee der Vollkommenheit von Erkenntnis so aus, daß sie zugleich deren Einheit impliziert. Diese Leitidee der Einheit von Erkenntnis besagt für ihn nicht, daß letztlich eine einzige Wissensart dominieren soll, sondern daß es eine teleologisch auszuweisende Kohärenz zwischen den Wissensarten gibt, die es in fortschreitender Evidenz aufzudecken gilt. Auf diese Kohärenz beziehen sich die Fragen nach der Idee einheitlicher, vollkommenster Erkenntnis und ihrer Korrelatidee eines einheitlichen vollkommensten Seins, die für Husserl die Gottesidee ist (vgl. ebd. 176, 225). Die philosophische Frage nach dem Ganzen des Seienden spaltet Husserl auf in die Fragerichtungen der philosophischen Wissensarten, die korrelativ die nicht aufeinander rückführbaren, obersten Dimensionen von Bewußtsein und Sein erfassen sollen. In zwei kürzeren Texten, die vermutlich in Zusammenhang mit der Ethikvorlesung von 1911 verfaßt wurden, konzipiert Husserl die Architektonik der philosophischen Grunddisziplinen. Die Grundunterscheidung - die etwa der späteren Unterscheidung in Erster und Zweiter Philosophie entspricht - ist diejenige zwischen „reiner Philosophie“ und „Metaphysik“ (ebd. 229) bzw. „philosophischer Ideenwissenschaft“ und „philosophischer Tatsachenwissenschaft“ (ebd. 226), korrelativ zur Grundunterscheidung von idealem und faktischem Sein.

Die reine Philosophie gliedert Husserl in zwei Themenbereiche: das Thema der reinen Idee vollkommenen Bewußtseins überhaupt, bei der von aller Faktizität abgesehen ist, sowie korrelativ das Thema der reinen Idee vollkommenen Seins (vgl. ebd. 230). Die Idee des vollkommenen Bewußtseins ist Gegenstand sämtlicher formaler wie materialer Ontologien und der ihnen entsprechenden vernunftkritischen (transzendentalen) Disziplinen;[256] die Idee des vollkommenen Seins bezeichnet das Thema einer „konstruktiven", apriorischen Teleologie (ebd. 172), die in den regionalen Ontologien gründet: Auf deren Grund unternimmt jene eine „apriorische Konstruktion der Idee einer in jeder Hinsicht *allervollkommensten Welt* und der zu dieser Idee gehörigen Korrelate und Normen" (ebd. 172). Die regionalen Ontologien unterteilt Husserl in zwei große Gruppen, die wissenschaftstheoretischen und - hier ist der Ort von Ethik und Axiologie - die axiologisch-praktischen Prinzipienlehren; beide Gruppen umfassen je formale und materiale ontologische Disziplinen. Die wissenschaftstheoretischen Prinzipienlehren (wie etwa Logik, Gegenstandslehre, Apophantik, Ontologie der Natur) sind geleitet von der Idee vollkommener Erkenntnis, ihr Gegenstand ist die theoretische Vernunft, während den Gegenstand der axiologisch-praktischen Prinzipienlehren, die auf die Idee vollkommenen Wertens und Strebens gerichtet sind, die praktische Vernunft bildet. Formale Praktik (Ethik) und Axiologie sind hier die obersten formalen Disziplinen. Dieser symmetrische Aufbau der reinen Philosophie verdeutlicht, warum es Husserl in seinen frühen Vorlesungen zur Ethik vor allem darum ging, Praktik und Axiologie in Analogie zur reinen Logik zu setzen: Diese Analogie gründet in der Auffassung von der Analogie der wissenschaftstheoretischen und der axiologisch-praktischen Prinzipienlehren, die zueinander nicht nur in Analogie stehen, sondern als Regionen *einer* Vernunft miteinander „innigst verflochten sind" (ebd. 183). Was die Metaphysik in diesem Schema betrifft, so sind deren Abschnitte in den ihnen entsprechenden Stufen der reinen Philosophie fundiert: den materialen

[256] Zu dieser Zeit unterteilte Husserl auch die ‚vernunftkritische', die transzendentale Seite der Philosophie noch in ‚regionale' Disziplinen, die mit den entsprechenden ontologischen Disziplinen, deren Seinssetzungen sie konstitutiv aufklären, korrespondieren (vgl. die Ausführungen in der Ethikvorlesung von 1908/1909, besonders die Paragraphen 8 bis 11).

wissenschaftstheoretischen Prinzipienlehren entspricht die absolute Tatsachenwissenschaft von der physischen und psychischen Natur, die normativen Prinzipienlehren ermöglichen die Erkenntnis der Faktizität unter axiologischen und praktischen Gesichtspunkten, und die apriorische Teleologie ist Grundlage für die „höchste philosophische Wissenschaft der faktischen Wirklichkeit“: für die empirische Teleologie und Theologie (ebd. 230).

Für unsere Frage nach dem Verhältnis von Teleologie und Ethik halten wir von dieser Konzeption der Philosophie Folgendes fest: a. Es gibt für Husserl zwei Bereiche teleologischen Denkens, im Aufbau der reinen Philosophie und in der Konzeption der Metaphysik. b. Dabei besteht zwischen beiden Bereichen ein Fundierungsverhältnis derart, daß die apriorische Teleologie für die Teleologie in metaphysischer Hinsicht Grundlage ist. c. Ethik und Axiologie weist Husserl einem anderen Feld als die Teleologie zu, sie bilden aber als ideenwissenschaftliche Prinzipienlehren die Basis für die apriorische Teleologie. Damit wird ersichtlich, daß den normativen Disziplinen eine wesentliche Grundlegungsfunktion für die apriorische Teleologie und damit (über diese) für die Teleologie in metaphysischer Hinsicht zukommt. d. Was hier noch fehlt, ist ein Aufweis des Verhältnisses von transzendentaler Phänomenologie und den normativen und teleologischen Disziplinen. Ferner wird nicht deutlich, in welchen Relationen die Bereiche teleologischen Denkens zueinander stehen (vor allem die Teleologie der Intentionalität in bezug zu den genannten teleologischen Disziplinen); Husserl bezieht hier die teleologischen Disziplinen lediglich auf Sein, noch nicht auf Bewußtsein (allenfalls indirekt, über die Prinzipienlehren). Er nennt hier die ‚verborgene Tendenz‘, die die Entwicklung der theoretischen Erkenntnis (bzw. des Bewußtseinslebens überhaupt) auf das Ideal der Vollkommenheit bezieht, aber er bringt deren Teleologie nicht in Zusammenhang mit den teleologischen Disziplinen; und er erkennt den einheitsstiftenden Sinn jener Tendenz, befragt ihn selbst aber noch nicht teleologisch.

2. Betrachtet man Husserls Ethik in ihrem gut zehn Jahre späteren Stand, so hat sich Wesentliches in ihrem Verhältnis zur Teleologie verändert. Es zeigte sich bereits, wie Husserl in der Vorlesung „Ein-

leitung in die Philosophie“ vom Wintersemester 1922/1923, die in ihrem Anfangsstück (Ms. B I 37) Fragen der Ethik behandelt, Ethik als eine „universale Vernunftlehre“ bestimmte (vgl. oben II.1.2.). Husserls Charakterisierung dieser Vernunftlehre sei kurz rekapituliert: Die universale Vernunftlehre soll die gesamte Subjektivität in all ihren Bezügen möglicher Vernunftnormen sowie die Vernunft selbst und alle ihre Vernunftarten korrelativ nach Akt und Aktgehalt zum Thema zu machen. Bereits in der Bezeichnung der Ethik als einer universalen Vernunftlehre ist schon ein Bezug von Ethik und Bewußtseinsteleologie angedeutet: Da ‚Vernunft‘ für Husserl ein Problemtitel für Synthesen der Erfüllung aufgrund evidenter Selbstgebung ist und da alle Bewußtseinsintentionen auf Evidenz ausgerichtet sind und sich darin der teleologische Charakter des Bewußtseins zeigt,[257] weist Vernunft selbst eine *teleologische* Struktur auf. Die Aufgabe der universalen Vernunftlehre liegt für Husserl genauer darin, daß Ethik die normative Seite von sämtlichen Weisen der Erfüllung als Befriedigung einer Intention zum Thema macht. Sofern alle Erfüllungssysteme normativ befragbar sind, ist Ethik als Vernunftlehre in der Tat ‚universal‘. Ihr gegenüber ist, Husserl zufolge, die reine Logik als „universale Wissenschaftslehre“ eine besondere Vernunftlehre. Ethik umspannt also Logik, aber diese auch die Ethik, sofern Ethik als Theorie selbst unter wissenschaftstheoretischen Normen steht. Husserl formuliert damit wie schon in der Vorlesung von 1911 das Aufeinanderbezogensein der einzelnen Vernunftarten, doch erhält hier die Ethik gegenüber der Logik mehr Gewicht: Zwar ist für die theoretische Gestalt der Ethik als Theorie die Logik zuständig, nicht aber für alle Vernunftarten, sondern eben nur für die theoretische Vernunft. Die Ethik hingegen kann sich auf alle Vernunftarten, auch die der Logik, beziehen, und zwar in normativ-praktischer Hinsicht. Mit der Fassung als universale Vernunftlehre erhält die Ethik als Praktik nicht nur eine Aufwertung gegenüber der Axiologie (die fortan zu einem ihr immanenten Mo-

---

[257] Zu Husserls Auffassung von Teleologie sowie zu seiner Bestimmung der teleologischen Verfaßtheit des Bewußtseins als eines intentionalen vgl. die grundlegende Arbeit von G. Hoyos Vásquez, *Intentionalität als Verantwortung*, a.a.O.

ment wird) wie vor allem gegenüber sämtlichen anderen ontologischen Disziplinen (den früheren ‚Prinzipienlehren'), sondern wird zudem in einen engen Bezug zur Teleologie des Bewußtseins gesetzt.

Diese Aufwertung und Umdeutung der Ethik macht die Gestalt verständlich, in der die Ethik in den Untersuchungen der *Kaizo*-Artikel auftritt. Auch hier sei der wesentliche Gedankengang kurz wiederholt. Die Haltung der Kritik, in der gesetzte Ziele und eingeschlagene Wege der Realisierung stets aufs neue geprüft werden und die sich nicht mehr von egoistischen Motiven im weitesten Sinn bestimmen läßt, sondern auf Sachzusammenhänge und objektive Gründe, also auf herausstellbare Evidenzen, sich bezieht, verwandelt für Husserl das willkürliche Streben nach Glück in ein „Vernunftstreben", das ersteres nicht aufhebt, sondern im Gegenteil mit seinen radikaleren Mitteln zu erfüllen sucht: sofern gesichertere und somit standhaltendere Erzielung solche aufgrund von ausgewiesener Evidenz ist. Dieses Vernunftstreben in Form permanenter Kritik der eigenen Ziele kennzeichnet für Husserl das Ideal des ethischen Lebens, seine Annahme die Entscheidung zur Erneuerung. Indem dieses Ideal die kategorische Forderung besagt, in jeder Situation nach bestem Wissen und Gewissen zu verfahren und von Situation zu Situation „immer besser zu werden", regelt es in universaler Weise alle Zwecksetzung und -verwirklichung, ist damit als das Unbedingte aller teleologischen Prozesse von übergreifender teleologischer Relevanz.

Das aber bedeutet, daß Ethos und Telos in einem ersten Schritt zur Deckung kommen. Das Telos konstituiert das Ethos, und dieses ist nur als teleologische Entität, welche die Aneignung der teleologischen Verfassung des Menschseins in einem teleologischen Prozeß besagt: Die teleologische Grundstruktur menschlicher Praxis, nämlich stets auf Erzielung von Befriedigung gerichtet zu sein, soll im Horizont ihrer teleologischen Tiefendimension des nicht abzuschließenden Vernunftstrebens geregelt und damit in ihrer teleologischen Effizienz radikalisiert werden. Reine Ethik wird so zur Wissenschaft, welche die teleologische Faktizität der Subjektivität in praktischer Hinsicht aufdeckt und die appellativen Implikate, die dieser Faktizität selbst inhärent sind, formuliert.

Es wurde ferner gezeigt, daß das sozialethische Leben der Erneuerung für Husserl konsequent aus dem individualethischen folgt.[258] Das vermittelnde Moment ist das Vernunftstreben selbst, das die Tendenz zu immer breiterer Evidenzgewinnung besitzt und per se eine Begrenzung auf individuelles Sein nicht zuläßt. Die Teleologie der Vernunft denkt Husserl in Stufen, die in praktischer Hinsicht Stufen der Entwicklung ethischer Haltungen sind. Da das ethische Ideal schon des individuellen Lebens in der Intensivierung des Vernunftstrebens und damit in der Maximierung gewonnener Evidenz besteht, wird deutlich, daß diesem Ideal dort am entschiedensten entsprochen werden kann, wo eine größtmögliche Perfektionierung des Vernunftstrebens garantiert wird: für Husserl in der Gemeinschaftsform der Philosophie als universaler Wissenschaft, zumal für ihn Vernunft als überindividuelle in sich auf intersubjektive Zusammenhänge verweist. Damit wird Theorie zu einer selbst ethisch geforderten Funktion für die Erneuerung von Gemeinschaften, ja in Husserls Auffassung für die Erneuerung des korrelativen Sozialgebildes von Vernunft selbst: der „Menschheit". Damit, daß Philosophie und die durch sie zu ermöglichende „philosophische Kultur" zu den entscheidenden Garanten für ein ethisches Leben werden, kulminiert die teleologisch konzipierte Ethik, immanent-teleologisch zwingend, nicht nur in Philosophie, sondern Ethik und ihre Teleologie werden, da Philosophie auch geschichtlich ist, in eine geschichtliche Dimension versetzt, ohne daß Husserl hier diese Historizität mit dem gleichwohl bestehenden ontologischen Status von Ethik und Teleologie ausdiskutiert. Auch sieht Husserl zu dieser Zeit noch keinen Anlaß, die Ethik, die weiterhin als Ontologie konzipiert ist, mit dem Transzendentalen zu konfrontieren: Ihre Teleologie bleibt *mundan*, ihre Geschichtlichkeit ist weltliche Historie. Das bedeutet, daß Husserl seine zur gleichen Zeit in den genetisch-phänomenologischen Analysen zur passiven Synthesis im Rahmen des Großprojekts einer transzendentalen Logik (vgl. Hua XI) gewonnene Einsicht in die Struktur transzendenta-

[258] Somit liegt schon in der teleologischen Verfaßtheit der Vernunft als solcher für Husserl ein wesentliches Argument gegen den Solipsismus.

ler Teleologie, in die teleologische Verfaßtheit transzendentaler Subjektivität, offenbar noch nicht mit seiner Auffassung von der mundanen Teleologie praktischer Vernunft in Beziehung brachte.

3. Den Übergang zu Husserls später Auffassung von Teleologie und Ethik verdeutlichen Ausführungen in dem bereits zitierten Manuskript A V 22 (Januar 1931). In diesem Text mit dem Titel „Universale Ethik" zeichnet sich eine Radikalisierung des Verhältnisses von Ethik und Teleologie dadurch ab, daß Husserl Ethik auf die Totalität von Welt bezieht (vgl. oben II.1.2.). Die Fragen einer universalen Ethik, so hieß es hier, seien Fragen der Möglichkeit einer „universalen Teleologie", deren Willensquelle in der universalen Sorge des Menschen liege, ein Leben in standhaltender Befriedigung zu erzielen und korrelativ eine Welt, die bejaht werden kann. Da für Husserl der fortschreitende Gewinn echter apodiktischer Evidenz Irrationalitäten der Welt aufzulösen vermag, ist es für ihn hier die fundamentale Aufgabe der Ethik, diesen Prozeß des Vernunftstrebens unter Fixierung der Ideen eines ethischen Daseins und der das faktische Dasein umzugestaltenden Möglichkeiten zu regeln (vgl. ebd. 27). Die Frage nach dem Sinn des Telos führt ihn zum Zugeständnis der Notwendigkeit einer universalen ontologischen Besinnung hinsichtlich der *Differenz*, die zwischen dem faktischen und dem ethisch geforderten Dasein und ihren korrelativen Weltformen besteht. Aus diesem Grund ist er jetzt der Ansicht, daß die universale Ethik sämtliche Weltwissenschaften (Ideal- und Tatsachenwissenschaften) voraussetzen muß, um zu wissen, wie Welt faktisch ist und welche Möglichkeiten sie bezüglich der ethischen Idee in sich birgt (ebd.). Sofern Ethik als Wesenswissenschaft sowohl zu einer ideal möglichen Welt als auch zur faktischen Welt und sofern zu den Möglichkeiten der realen Welt auch Ethik gehört, mündet diese in eine „ethisch-teleologische Weltbetrachtung", eine „universale Weltwissenschaft" (ebd. 28).[259]

---

[259] Noch in E III 8 (März 1934) spricht Husserl in diesem Sinn von einer „universalen Weltbesinnung", die „universale Kosmologie" oder „kosmologische Weltbesinnung" (unter Abstraktion von allen axiotisch-praktischen Fragestellungen) und „ethisch-praktische personale Welt- und Selbstbesinnung" umfaßt.

Hier ist der Ort, wo die Verwandlung von Ethik in Teleologie in einem zweiten Schritt vollzogen ist: Ethik ist nicht mehr nur universale Vernunftlehre, die alle besonderen Vernunftlehren umspannt und selbst eine mundanteleologische Gestalt erhält. Dadurch, daß sie sämtliche Weltwissenschaften umfaßt, verwandelt sie sich in eine solche Metadisziplin, die in sich alles Weltwissen in praktischer Hinsicht in Gestalt einer ontologischen Teleologie aufnimmt. Würde eine solche Wissenschaft noch ‚Ethik' heißen, wären Begriff und Sinngehalt von Ethik als philosophischer Disziplin überstrapaziert. Die ethisch-teleologische Weltwissenschaft stellt implizit den überlieferten Disziplinentitel in Frage, insofern sie indirekt seine Abstraktion, seine Abgelöstheit von der Historizität, der Welt-Geschichte, desavouiert.

Doch noch ein weiterer Schritt kündigt sich hier an: In A V 22 nimmt Husserl kurz auf die transzendentale Subjektivität Bezug. Er ist der Ansicht, daß auch diese in der Verwirklichung von Möglichkeiten lebt, in denen sie sich „zur Identität konstituiert" (ebd.), doch so, daß sie nur in diesen Möglichkeiten *ist*. Der transzendentalen Subjektivität eine Freiheit zuzusprechen, sich so oder so verhalten zu können, wäre demnach widersinnig. Freiheit gibt es nur in der Welt für den Menschen. Daher kann Husserl sagen, daß der Mensch, als ethische Person, nur im Willen zum wahren Sein ist (ebd. 31), d. h. die ideale ethische Möglichkeit schlechterdings *nie ist*, aber gleichwohl sich für sie entscheiden kann. Aber gerade dies, daß mundane Subjektivität sich die ethische Möglichkeit nie aneignen kann - ebensowenig, wie sie sich die Totalität der Möglichkeitshorizonte ihres Weltlebens sich je einzuverleiben vermag - und daß, korrelativ, die Welt nie in Identität resp. nie als vollkommene Identität für ihn ist - gerade dies bezeichnet, vom Standpunkt des Transzendentalen aus, eine Weise, wie die transzendentale Subjektivität in der Verwirklichung ihrer Möglichkeiten, und zwar in der Konstitution der Welt, *ist*. Diesen Sachverhalt hat Husserl im Blick, wenn er sagt: „Die Phänomenologie macht evident, daß die Menschheit ein absolutes Wesen hat, das sie rein in sich und für sich seiend enthüllen kann und das sie in ihrem Sein selbst nur ist als horizonthaft seiend bzw. als seiend in seinen Vermöglichkeiten." (Ebd.) Dies soll heißen: Das absolute Wesen des Menschen gründet in der transzendentalen Subjektivität, die in ihrem Sein von der Transzendentalphänomenologie enthüllt werden kann; der Mensch kann aber dieses sein transzendentales Wesen nie *sein*, da er seinem Wesen nach in die Welt eingelassen ist und Welt ihn nicht absolut sein läßt, sondern ihn, im Spielraum der in seinem Wesen gründenden Möglichkeiten, von Horizont zu Horizont verweist.

Damit ist die Perspektive von Husserls später Auffassung des Verhältnisses von Teleologie und Ethik eröffnet: Ist Welt ein Konstitutionsgebilde absoluter Subjektivität und vermag Theorie in ihrer radikalen Form, d. h. für Husserl als transzendentale Phänomenologie, ihre Funktion im Vernunftstreben am zielgerechtesten zu erfüllen, so genügt selbst eine universale Weltwissenschaft, verstanden als mundanontologische Teleologie, nicht mehr, um das ethische Grundproblem der Bedingungen der Möglichkeit eines vollkommenen Lebens und einer vollkommenen Welt zu lösen. Gefordert sind jetzt die transzendentale Phänomenologie und Philosophie selbst.

4. Die Entwicklung, die sich im Manuskript A V 22 andeutete, ist kurze Zeit später abgeschlossen: In Texten ab 1931 macht Husserl die ethische Problematik des Vernunftstrebens im Rahmen einer Teleologie zum Thema, die als Besinnung auf das absolute Faktum der transzendentalen Subjektivität und aufbauend auf phänomenologische Befunde ontologische und metaphysische Gesichtspunkte miteinander verknüpft.

Da für das Weltleben alle Ziele und Zwecke im Totalhorizont der Welt liegen, ist auch jeder Sinn einer mundanen Teleologie, eines mundanen Vollkommenheitsideals an die Grenze des universalen Welthorizonts geknüpft. Wird transzendentalphänomenologisch dieser Horizont selbst ansichtig, wird Welt also zum Phänomen, dann modifiziert sich auch entscheidend der Sinn der Teleologie und des ihr inhärenten Vollkommenheitsideals. Teleologischer Verlauf und Ideal terminieren nicht mehr in der Welt, sondern ‚Welt' selbst wird, als transzendentales Konstitutionsgebilde, in der Teleologie derjenigen Synthesen sichtbar, die korrelativ Einheit und Glaubensgewißheit von Welt konstituieren und damit die transzendentalen Bedingungen der Möglichkeit aller mundanen Teleologie und ihrer Idealitäten ausmachen. Diese Teleologie in der universalen Synthesis der Weltkonstitution ist für Husserl die Art und Weise, wie transzendentale Subjektivität als Intersubjektivität *ist*, d. h., auch die transzendentale Subjektivität steht in einer Teleologie, besitzt eine teleologisch verfaßte transzendentale Geschichtlichkeit (vgl. unten 1.3.).

Die Frage nach der Möglichkeit ethischen Lebens führte Husserl zur Anerkennung eines Vernunftstrebens, dessen immanenter teleologischer Sinn auf die Überschreitung der Welt-Grenze durch die Phänomenologie zielte. Die Welt-Grenze ist sozusagen der Spiegel, der die Ideale mundaner teleologischer Entwürfe reflektiert. Im Überstieg über diese Grenze, in der Lösung vom Gespiegelten hin zum Aufweis dessen, was in der Tiefe mundanen Entwerfens diese ‚Bilder' auf die Oberfläche des Spiegelns projiziert, entdeckt die Phänomenologie die Unendlichkeit des teleologischen Strebens der transzendentalen Subjektivität in ihrer permanenten Verendlichung zur mundanen Subjektivität und darin das letzte ‚Maß' für das ethische Leben: Das Vollkommenheitsideal ist deswegen ein unerreichbares (*daß* es unerreichbar war, wußte bereits die mundane teleologische Betrachtung), weil die transzendentale Intersubjektivität in der Konstitution von Welt selbst an kein Ende kommt. Deswegen genügt es nicht, sich auf das Vollkommenheitsideal im Sinn einer mundanen Ethik, im Horizont des Mundanen, zuzubewegen, es muß *überstiegen* werden - hin auf die Übernahme der Gewißheit, daß die universale Teleologie als „Form aller Formen" (Hua XV, 380) selbst *nie als vollendet* zu denken ist.

Die Krisis der europäischen Wissenschaften ist für Husserl das weltgeschichtliche Exemplum dafür, daß eine bestimmte Apperzeptionsweise im Glauben an ihre End-Gültigkeit festgefahren ist. Der naive Glaube an ein Ansich der Welt, der Objektivismus der Wissenschaft, der vermeintlich sichere Besitz des gewohnheitsmäßig Verfügbaren, das einen Rückgang auf die Sinnquellen scheinbar überflüssig macht und sich im „Formelsinn" der neuzeitlichen mathematisierten Wissenschaft ausdrückt, sind für Husserl Indizien für jene Verfestigung im Endlichen. Die transzendentalphilosophisch aufgehellte Genese wissenschaftlicher Weltapperzeption, die in der natürlichen vorwissenschaftlichen Apperzeption gründet, wird für

Husserl zu einem Stück der Beschreibung dessen, wie transzendentale Subjektivität in Stufen ihrer Weltkonstitution geschichtlich ist und sich mundan vergeschichtlicht.

Als Medium der Aufhebung von ontologischer Ethik in transzendentale Teleologie erweist sich somit das Problem von Endlichkeit und Unendlichkeit. Dies ist nicht beiläufig: Hat es die Husserlsche Ethik als Praktik mit teleologischen Konzepten von ganzheitlichen Lebensentwürfen und individuellen wie sozialen Aufgabenideen, kurzweg mit Vollkommenheitsidealen zu tun, so ist ihr schon als mundaner Theorie die Ausrichtung auf Pole, die im Unendlichen liegen, inhärent. Es deutete sich schon an, daß die Überführung von Ethik in Teleologie im wesentlichen darin ihr Movens besitzt, daß für Husserl die transzendentale Teleologie dem Streben nach Unendlichkeit entschiedener zu entsprechen vermag, sofern sie belegt, daß die schon im natürlichen Weltverhältnis intendierte Unendlichkeit von diesem begrenzt wird. Aller Verendlichung entzogen, zeigt sich nach Aufhebung der Grenze durch Phänomenologie das unendliche Streben der transzendentalen Subjektivität als solches. Dies gilt es im folgenden auszuweisen. Die Problematik von Endlichkeit und Unendlichkeit gibt vor allem Anlaß, das *Raum*-Verhältnis in den Blick zu nehmen, das mit der Setzung von Aufgabenideen und unendlichen Polideen eröffnet wird. Es wird somit konkret zu fragen sein: In welchem genauen Verhältnis steht die auf Unendlichkeit bezogene Aufgabenidee der Philosophie als transzendentaler Phänomenologie zur Radikalisierung der Endlosigkeit natürlicher Weltapperzeption in der auf Unendlichkeit bezogenen neuzeitlichen Mathematisierung der Natur einerseits sowie zur Unendlichkeit transzendentaler Weltkonstitution andererseits? Mit welchen Weisen des Strebens nach ‚Vervollkommnung' korrelieren jeweils die Bezüge von mathematischer Naturwissenschaft, Phänomenologie und transzendentaler Subjektivität auf Unendlichkeit? Im folgenden wird die auf ideale Polideen bezogene transzendentale Phänomenologie dadurch abzuheben sein, daß sie einerseits mit dem von ihr analysierten Idealisierungsprozeß neuzeitlicher Wissenschaft konfrontiert, andererseits in Beziehung zu der ebenfalls von ihr aufgewiesenen Bewegungsrichtung der transzenentalen Subjektivität auf Unendlichkeit gesetzt wird.

1.2. Teleologie und Theorie

Bekanntlich hatte Husserl in der Entdeckung der Unendlichkeit seitens der neuzeitlichen Wissenschaft das Hauptmoment der Mathematisierung der Lebenswelt erblickt. Doch der Begriff der Unendlichkeit ist hierbei mehrdeutig. Denn partizipiert nicht auch das natürliche, außerwissenschaftliche Weltleben in gewissem Sinn an einer Unendlichkeit, sofern es in den offen-endlosen Welthorizont hineinlebt? Steht nicht erst recht die transzendentale Subjektivität in einer Unendlichkeit der Weltkonstitution? Was besagt dann aber im Fall der mathematisierten Wissenschaft die Stiftung von Unendlichkeit?

Gegenüber der Endlichkeit des natürlichen, außerwissenschaftlichen Lebens mit seinen Relativitäten und Situationswahrheiten sucht die neuzeitliche Wissenschaft, so Husserl, ein Irrelatives, ein Wahres an sich, und greift darin auf Konzepte der antiken Geometrie und Mathematik zurück, die schon endliche Erfahrung zu entgrenzen suchten. In Galileis Anwendung der reinen Mathematik auf die anschaulich gegebene Natur erblickt Husserl in zweifacher Hinsicht eine Verunendlichung der endlichen Horizonte natürlichen Lebens: zum einen in der Idealisierung der Gestaltqualitäten des Raums, der Dauer, der Bewegungen, die zugleich, und zum anderen, die „*Mitidealisierung*“ der zugehörigen Sinnesqualitäten, der „sinnlichen Füllen“ (Hua VI, 37), zur Folge haben. Die „*Unendlichkeit*, die mit der Idealisierung der sinnlichen Erscheinungen substruiert war“, bedeute in eins „eine Substruktion von Unendlichkeiten für die *eo ipso* mitsubstituierten *Fülle*qualitäten“ (ebd.). Husserl bezeichnet diese Idealisierung der Sinnesqualitäten, die an sich selbst „keine mathematisierbare Weltform“ besitzen, als „*‚indirekte‘ Mathematisierung*“ (ebd. 33). Diese indirekte Mathematisierung der Sinnesqualitäten sei nur aufgrund einer allgemeinen *Hypothese* möglich geworden, nämlich „daß eine *universale Induktivität* in der anschaulichen Welt herrsche“, eine, die sich in alltäglichen Erfahrungen bekunde, aber „in ihrer Unendlichkeit“ verborgen ist (ebd. 37 f.; vgl. 64 ff.). Diese Induktivität bezeichnet Husserl auch als „universale *idealisierte* Kausalität“, die „alle faktischen Gestalten und Füllen in ihrer idealisierten Unendlichkeit“ umgreift (ebd. 37).

Diese universale Hypothese stellt für Husserl ein Kriterium dar, mit dem die neuzeitliche Idealisierung von den Idealisierungsbestrebungen der Antike zu unterscheiden ist (vgl. ebd. 340 f.). Galileis Mathematisierung beziehe sich im Gegensatz zur antiken Geometrie auf die Natur im ganzen und gestalte sie selbst zu einer „mathematischen Mannigfaltigkeit" um (ebd. 20). Die neuzeitliche Mathematisierung betrifft den *Weltsinn selbst*, indem Welt selbst als mathematische Größe berechenbar wird. Da jedoch wie für alles Weltleben, so auch für die Wissenschaft *Welt* die absolute, unübersteigbare Grenze bedeutet, ist die Mathematisierung der Welt nicht dort zu bestätigen, worauf sie in ihrer Universalisierung zielt: nämlich eben auf Welt als solche. Daher ist die Mathematisierung gerade aufgrund ihrer Universalität, d. h. ihrer Bezogenheit auf Welt selbst, ‚nur' Hypothese, denn sie ist durch Erfahrung und Kenntnis *in* der Welt, die nicht an den ‚Ort' von Welt selbst gelangen, nie einlösbar. Die allgemeine Hypothese einer universalen Induktivität kann sich also vermöge dieser Induktivität selbst nie zur bestätigten These wandeln. Solange die universale Induktivität angesetzt ist, ist sie nur als Hypothese anzusetzen, da ihr Limes, die idealisierte Unendlichkeit, über alle Erfahrungen und Erfahrbarkeit hinausliegt. Husserl stellt daher fest, daß die Hypothese *„trotz der Bewährung auch weiter und für immer Hypothese"* bleiben muß, die Bewährung ist „ein *unendlicher Gang von Bewährungen*": „Es ist das eigene Wesen der Naturwissenschaft, es ist a priori ihre Seinsweise, *ins Unendliche Hypothese und ins Unendliche Bewährung zu sein*." (Ebd. 41) Damit wird „wahre Natur" der mathematisierten Naturwissenschaft zu einer „*Unendlichkeit von Theorien*", ist selbst nur denkbar als Bewährung, bezogen „auf einen *unendlichen historischen Prozeß der Approximation*" (ebd. 41 f.).

Die idealisierte Unendlichkeit hat somit auch hier einen zweiten Sinn von Unendlichkeit zur Folge: nämlich die Unendlichkeit der Annäherungsschritte an den im Unendlichen liegenden Pol. Die erste Unendlichkeit bezeichnet das über allem Faktischen Hinaussein der Polidee als solcher, die zweite verweist auf die Unbegrenztheit der faktischen Annäherung an die Polidee, zeigt mithin an, daß noch so viele zurückgelegte Schritte diese Polidee nie erreichen können. Die Hypothese verklammert nun beide Sinngehalte von Unendlichkeit: Sie bezieht sich inhaltlich auf die idealisierte Unendlichkeit und ist (und bleibt) Hypothese vermöge der zweiten Unendlichkeit. Zugleich wird deutlich, daß beide Bestimmungen von Unendlichkeit eng aufeinander verwiesen sind: Die Ansetzung der im Unendlichen liegenden Polidee *als Polidee* ist nur in Korrelation zu einem ins Unendliche auf sie hinzielenden Approximationsweg möglich. Diese letztere Unendlichkeit des Approximationsweges ist eine Unendlichkeit, die ihrerseits an die Endlichkeit eines bestimmten faktische Natur erfahrenden Lebens gebunden ist. Somit weist auch die Polidee noch einen Schatten von Endlichkeit auf, da sie ja mit ersterem, dem Approximationsweg, untrennbar verbunden ist. Die Hypothese einer idealisierten Unendlichkeit besitzt zudem mit ihrer von Husserl aufgezeigten Genealogie aus der natürlichen, vorwissenschaftlichen Welterfahrung ein weiteres Fundament in endlichen Bezügen. Wie kann einsichtig gemacht werden, daß die Mathematisierung der Natur nicht nur in der Lebenswelt gründet, auf ihr aufbaut, wie Husserl wiederholt betonte, sondern in einer wesentlichen Hinsicht gar nicht aus einer bestimmten grundlegenden Struktur der Lebenswelt herauskommt - ja schließlich diese, in einem noch anderen Sinn, in einer der Lebenswelt fremden Art und Weise *verendlicht*?

Die Fundierung der idealisierten Unendlichkeit in lebensweltlichen Idealisierungen zeigt Husserl mit dem bereits erwähnten Begriff der *Induktion* an. Es geht dabei um die Stiftung einer eigentümlichen Zeitlichkeit, einer solchen, die der aktuellen Gegenwärtigkeit mit ihren okkasionellen Erinnerungs- und Erwartungshorizonten eine größere praktische Verfügbarkeit in Hinblick auf zu Leistendes gestattet. ‚Induktion' bezeichnet hier Erweiterung der ins Künftige gerichteten Sicht, der Voraus-Sicht.[260] Ihre generelle Möglichkeit, ihre Motivation, liegt in einer bestimmten Struktur des welterfahrenden Lebens. Sofern Welterfahrung für Husserl dadurch ausgezeichnet ist, daß sie in ihrer Situiertheit und Relativität in Ho-

[260] „Auf Voraussicht, wir können dafür sagen, auf Induktion, beruht alles Leben. In primitivster Weise induziert schon die Seinsgewißheit einer jeden schlichten Erfahrung." (Hua VI, 51; vgl. Hua XXIX, 390)

rizonten steht, in die sie prinzipiell eindringen kann, lebt sie in einer eigentümlichen Verbindung von Endlichkeit und Unendlichkeit: Trotz ihrer umweltlichen Begrenztheit durch Traditions- und Situationsbindungen und der daraus entspringenden je nur relativen Geltungsbereiche lebensweltlicher Wahrheiten[261] kann sie diese Begrenzungen überschreiten. Die Überschreitung wird dadurch motiviert, daß alle Traditions- und Situationsbindung in Horizonten steht, die prinzipiell die Sinngehalte dieser Festlegungen transzendieren. Diesen Sachverhalt bezeichnet der erste Sinn einer Verhüllung von Unendlichkeit in der Endlichkeit des Weltlebens, den Husserl in einem Text von 1931 mit folgenden Worten benennt: Der Mensch „lebt horizonthaft", das ist, er „lebt im Bewußtsein der Endlichkeit in eine unendliche Welt hinein" (Hua XV, 389; vgl. auch Hua VIII, 341 f.). Damit kommt dem Menschen zugleich, als in Endlichkeiten stehend, auch ein Wissen um Unendlichkeit zu. Das menschliche Sein sei daher, so Husserl, „Sein in der Endlichkeit derart, daß es beständiges Sein im Bewußtsein der Unendlichkeit" ist (ebd.); d. h., das mundane Leben ist endlich bezüglich der absoluten Grenze des Welthorizonts, aber gerade aufgrund dieses Horizontes unendlich: Zum Weltleben gehört wesentlich das Können, in nicht abzuschließende Erfahrungshorizonte hineinzuleben. Weil schon für das natürliche, außerwissenschaftliche Leben in seinem Wissen um seine Endlichkeit zugleich ein Wissen um sein induktives Verwiesensein auf unendliche Horizonte mitschwingt, besitzt die in der Mathematisierung entworfene Unendlichkeit hier, im welterfahrenden Leben, einen Ansatz- und Ausgangspunkt.

Damit erweist sich die idealisierte Unendlichkeit, in Husserls Interpretation, selbst als eine spezifische Verunendlichung der an sich schon unendlichen Horizonte weltlicher Erfahrung. Mathematisierung der Natur ermögliche, so Husserl, „eine ins Unendliche erweiterte *Voraussicht*" (Hua VI, 51; vgl. EU 42). Die Mathemati-

[261] Dem außerwissenschaftlichen Leben ist sein „offen endloser Horizont" noch „nicht erschlossen" (d. h. in und für die Praxis angeeignet): „[...] alles bewegt sich in endlich überschaubarer Umweltlichkeit." (Hua VI, 324) „Die Welt, die endlos offen und doch nicht ‚unendlich' ist im Sinne der neuzeitlich mathematischen Natur." (Hua XXIX, 67 f.; vgl. auch Hua XV, 388 f.)

sierung idealisiert somit die selbst schon auf Künftigkeit bezogene Welterfahrung. Die jede Tatsächlichkeit übersteigende Idealität dieser Mathematisierung ist damit nicht lediglich ein Apriori im Sinn einer vor-tatsächlichen Allzeitlichkeit. Sie gewinnt vielmehr ihren idealen Gehalt aus der entrealisierten Horizontstruktur des Weltlebens, wird damit selbst zu einem idealisierten Horizontbezug, der in Künftigkeit, in einem nach-tatsächlichen Idealen, einem idealen, doch auf Faktizität bezogenen Pol, kulminiert. Noch in der Struktur ihrer ideellen Verfaßtheit ‚spiegelt' somit die Mathematisierung ihre Herkunft aus dem vorwissenschaftlich-mundanen Leben mit seinem Hineinleben in den unendlich-endlosen Welthorizont wider.

Diese Abkünftigkeit der mathematischen Idealisierung der Natur aus der Weltstruktur der Lebenswelt wird dort noch deutlicher, wo Husserl den genealogischen Prozeß dieser Abkünftigkeit zu rekonstruieren sucht. Im Schlußteil der Erstfassung der *Krisis*-Schrift (1935), unterscheidet Husserl diesbezüglich zwei Stufen der Idealisierung. Die erste Stufe ist dadurch bezeichnet, daß im Übergang von einer mythischen zu einer rationalen Weltsicht, wie Husserl schreibt, „das zur endlichen Umwelt gehörige Schema von Nahumwelten und Fernumwelten (die man [beide] erwandern kann) als ins Unendliche fortsetzbar gedacht wurde", obgleich für diese Fortsetzbarkeit in infinitum eine Erfahrbarkeit nicht mehr besteht (Hua XXIX, 141). Im Gegensatz dazu sei in der mythischen Weltsicht vor aller Idealisierung die Allheit der endlichen, sichtbaren und erfaßbaren Dinge mit dem Gestaltlosen verschmolzen: mit der, wie es bei Husserl weiter heißt, „Erde als dem Erdboden, der prinzipiell nicht als ein ‚Ding' erfahrbar ist (Gaia), dem Himmel, dem endlosen Meer, der Luft, der Nacht, dem (konkret erfüllten) alles umspanenden Raum, der allesumspannenden Zeit"; das Umgreifbare (péras) und das Gestaltlose (ápeiron) sei in einem endlichen Weltverständnis somit derart verbunden, daß beides mögliche Erfahrung nicht transzendiert (ebd.). Diesen Weltbegriff sprengt die Idealisierung erster Stufe; sie ist zugleich, wie Husserl hervorhebt, „Idealisierung unserer Vermöglichkeit", uns in der uns gegebenen Welt allseitig bewegen zu können, *und* „Idealisierung unserer Erfahrung", nämlich im Fortgang stets immer wieder auf Dinge zu stoßen (ebd.). Die erste Stufe der Idealisierung erzeugt mithin die verfügbare Beweglichkeit unserer Erfahrungsorgane und diese im voraus als ins Unendliche erstreckt angesetzte Ding-Typik alles Erfahrbaren.[262] Die zweite Stufe der Idealisierung stelle, so Husserl, die Mathematisierung der Natur dar. Bezüglich der Genealogie der beiden Stufen bemerkt Husserl: Die Annahme, sich von jeder Stelle aus fortbewegen und das Erfahrbare transzendieren zu können, läßt sich umkehren und auf die Nahdinge selbst anwenden; und zwar in dem Sinn, daß den Nahdingen selbst eine Unendlichkeit unterlegt wird, die eine unendliche Annäherung an ihr wahres Sein an sich besagt. „Als das wirkliche und wahre Ding gilt nun ein erst in unendlicher Annäherung (und kontinuierlicher Selbstkorrektur) zu gewinnendes Nahding - also ein ‚Limes'." (ebd. 141 f.) Diese Limes-Idealisierung ist vollends universalisierbar dadurch, daß sie sich auf alle Dinge, also auch auf die Ferndinge, beziehen läßt (vgl. ebd. 140).

Dreierlei wird hier deutlich: Zum einen erwächst die Limes-Vorzeichnung der induktiven Horizontstruktur der umweltlich orientierten natürlichen Erfahrung (vgl. auch Hua VI, 499), und zwar nicht nur dadurch, daß das Immer-weiter-Gehen-Können unter mathematische Ideen gestellt wird; sondern in dem noch radikaleren Sinn, daß die Ding-Struktur selbst, das Verweisungssystem ihres Innenhorizontes, Ausgangspunkt einer Idealisierung ist, die auf die gesamte Erfahrungswelt anwendbar wird. Der Limes selbst wird dabei vorgestellt als Ding - und verdinglicht-objektiviert so die gesamte mögliche unendliche Erscheinungsreihe, die in ihm kulminiert. Zugleich konstituiert sich mit dem unendlichen Dingpol ein Maßstab irrelativer Wahrheit, an dem gemessen alle Situations- und Horizontwahrheit, die sich nicht in ihn einfügen läßt, als bloß relative Wahrheit eingestuft wird (vgl. Hua XXIX, 67). Der Wahrheitsbegriff der Idealisierung nimmt damit eine Gültigkeit in Anspruch, die in Widerspruch zu seiner transzendentalphänomenologischen Genese steht, sofern er, als selbst durch Idealisierung lebensweltlicher Wahrheit erwachsen und vom Wahrheits*stil* des prakti-

[262] Vgl. Hua VI, 340 f. „Das Altertum ging voran, und mit seiner Mathematik vollzog sich zugleich die erste Entdeckung unendlicher Ideale und unendlicher Aufgaben." (341)

schen Lebens Gebrauch machend (vgl. Hua XXVII, 233), eben diese Wahrheit in ihrem angestammten Bereich relativiert.

Zum zweiten zeigt sich nun deutlicher, wie in der Idealisierung zwei Wirklichkeitsbereiche miteinander verschmelzen: nämlich mathematisch-ideales und faktisch-reales Sein.[263] Die Idealisierung entwächst somit nicht nur der Erfahrungswelt, sie vermischt sich in einem bestimmten Sinn auch mit ihr, indem sie die endlos induktive Erfahrungsreihe unter mathematische Ideen stellt. Dies ist der noch genauere Sinn der von Husserl herausgestellten ‚Hypothese' der Mathematisierung der Natur: *Daß* Natur ideell mathematisierbar ist, ist nicht durch Erfahrung zu beweisen, denn Tatsachenerfahrung vermag Ideelles nicht auszuweisen; es ist aber andererseits auch nicht mathematisch zu begründen, da bezüglich der Erfahrungswelt das „Ideenkleid" der Mathematik nur Konstruktion ist, ihr im Prozeß der Idealisierung nur supponiert wurde, nicht in ihr als phänomenaler Bestandteil der Induktivität der Welterfahrung liegt.

Schließlich zeigt sich die Differenz von Polidee und Eidos: Eine Limes-Idee ist weder eine Typik im Sinn einer lebensweltlichen Allgemeinheit noch eine Wesensallgemeinheit im Sinn der Phänomenologie. Im Fall von Typik und Wesensallgemeinem liegt die Allgemeinheit nicht in einem als solchem unerreichbaren Pol. Während für eidetische Gehalte der Horizont des möglichen Durchlaufens eine Variabilität darstellt, bezüglich der das Eidos die Konstante bezeichnet, dem Horizont der Möglichkeiten als das konstant Bleibende entnommen werden kann, ist die Polidee nicht etwas, das sich in den Horizonten ‚darstellt', sondern den Fluchtpunkt von Horizontbezügen markiert. Auch bezüglich der Polidee wird man Unterschiede bezüglich der Einstellung feststellen müssen, in der sie ihre Gültigkeit besitzen. Sind empirische Allgemeinheiten mit dem Charakter der Präsumtivität behaftet und weist demzufolge die

---

263 „Konstruierbar ist die Natur als idealisierte, sie ist dadurch faktische Wirklichkeit einer ontologischen, und zwar mathematischen unbedingten Allgemeinheit [...]." (Hua VI, 295, Anm.) „Die Unfähigkeit im Beginn der Neuzeit, die rationale mathematische Erklärung (die rein mathematische und angewandte) zu scheiden von der kausalen Erklärung, die, als rationale, die Natur mathematisierte, unter mathematischen Limes-Ideen betrachtete." (Hua VII, 319)

empirische Typik eine Wirklichkeitsthesis auf, so gilt dies analog für die Polidee des Idealisierungsprozesses: Auch hier wird - anders als im Fall von regulativen Ideen - die Polidee auf ein faktisches Fortschreitenkönnen bezogen und selbst als ein unerreichbares Faktum gesetzt bzw., in der Mathematisierung, wie gezeigt mit dem Faktischen verkoppelt. Demgegenüber erwächst die regulative Idee im Kantischen Sinn weder empirischen Horizontvorzeichnungen noch stellt sie faktisch Seiendes unter Ideen, sondern entwirft in reiner Möglichkeit ein „a priori bestimmtes *Kontinuum von Erscheinungen*" (vgl. Hua III, 297 f.).

Wie ist dieses Nicht-los-kommen-Können des Idealisierungsprozesses von der Welt der Erfahrung auszuweisen? Diese Frage fordert dazu auf, Idealisierung und Vollkommenheitsstreben mit dem Selbsterhaltungs- und Vernunftstreben zu konfrontieren. Wir knüpfen an ein weiteres, noch grundlegenderes, obgleich von Husserl nicht kohärent diskutiertes Moment der Verwurzelung von Idealisierung und Mathematisierung in der natürlichen Welterfahrung an. Dieses Moment ist sozusagen ein ‚Tiefenmoment' des Induktionsstils natürlicher Welterfahrung. Es ist letztlich zurückgebunden an eine Differenz, die zunächst für eine raumzeitlich organisierte, verweltlichte Subjektivität besteht: nämlich an die Differenz von *Intention* und *Erfüllung*. Diese Differenz besagt, daß ich im Welthorizont immer schon auf solches verwiesen bin, von dem ich keine oder noch keine evident ausweisende Erfahrung habe. Schon hier zeigt sich, daß Weltleben bezüglich dessen, worauf es sich bezieht, was es intendiert, in einem nichtwissenschaftlichen Sinn *hypothetisch* verfährt, entsprechend seiner Struktur so verfahren muß. Die Induktivität der Welterfahrung selbst ist also genuin hypothetisch organisiert in dem Sinn, daß sie immer erneut und immer weiter Setzungen vollzieht, die nicht oder je nur zu einem Teil in Evidenz ausgewiesen sind. Den iterativen Prozeß, daß für die Welterfahrung je nur bestimmte Teile des Intendierten evident eingelöst sind, daß aber die Gewinnung von Evidenz immer weiter zu treiben ist, bezeichnet Husserl, wie schon erwähnt (vgl. oben I.4.3.), als „Bewahrheitung". Dies besagt nicht nur, daß die Wahrheiten, die dem Boden der Welterfahrung entstammen, nicht unveränderliche Wahrheiten an sich sind, daß Wahrheit in einem Prozeß der Bewahrheitung errungen wird und wieder verlorengehen kann. Vor allem besagt dies, daß für Husserl der Prozeß der Bewahrheitung vermöge der Intentionalitätsstruktur der Erfahrung auf Wahrheit an sich in einem noch vorwissenschaftlichen Sinn aus ist, daß sich bereits natürliches Erfahren, wie oben ebenfalls schon bemerkt, implizit auf *Grenzbereiche* bezieht, auf Grenzbereiche erfüllter Wahrheit im Künftigen (Wahrnehmung) oder Vergangenen (Erinnerung): den im Unendlichen liegenden *Limes* im Fall der Wahrnehmung und den im Endlichen liegenden Limes im Fall der Erinnerung (vgl. Hua XI, 20, 274 f., 113). Wohlgemerkt ist dieser zweifache Limes das Korrelat der transzendentalphänomenologischen Aufweisung, die damit einen das Weltleben betreffenden Befund feststellt, der jedoch als solcher nicht *für* das Weltleben ist. Welterfahrung ist gemäß diesem Befund organisiert, ohne daß sie diese Struktur selbst schon als *Thema* hat. In dieser transzendental aufgeklärten Verfaßtheit der Welterfahrung, auf Erweis von Wahrheit aus zu sein, wofür letztlich das ‚System' von Intention und Erfüllung bestimmend ist, gründet offenbar die Motivation, eine Maximierung dieses Strebens nach ausgewiesener Wahrheit zu betreiben. Der transzendental aufgewiesene doppelseitige Limes kann aber in anderem Gewand in der natürlichen Erfahrung und für diese thematisch werden. Da das Weltleben Wahrheit nicht schon hat, sondern erringen muß, konstituiert es schon vorwissenschaftlich ideale Orte, an denen Wahrheit als ganz erreicht gedacht werden kann: Ideale der Vollkommenheit und korrelativ ein Streben nach „Vervollkommnung“: Mathematische Idealisierung stellt insofern eine Radikalisierung dieses Vollkommenheitsstrebens dar, als sie, wie Husserl in Beilage II der *Krisis* bemerkt, „ein Vollkommenheitsideal aufgrund einer Konzeption der Unendlichkeit von Unvollkommenheit“ konzipiert. Auf diese Weise werde dem der Welterfahrung eigenen „Gang iterativer Vervollkommnung“ „eine schlechthinnige Unendlichkeit der Iteration substruiert“ (Hua VI, 361). Mathematisierung konstituiert ihr Vollkommenheitsideal demnach so, daß sie die iterative Vervollkommnung der Welterfahrung ihrerseits verunendlicht.

Es wurde gezeigt, daß sich das Streben nach Vervollkommnung für Husserl nicht nur und primär nicht auf zu erringende Wahrheiten bezieht. Damit es diesen Bezug ausbilden kann, muß es vorweg ‚mehr' sein als ein Wahrheitsstreben: Es gründet selbst noch in der Lebenssorge, in der Selbsterhaltung. Das in der mathematisierenden Idealisierung maximierte natürliche Wahrheitsstreben besteht als solches nur aufgrund einer *Urräumlichkeit*, bezüglich der die Differenz von Intention und Erfüllung entfaltet ist, die alle reale und imaginierte Räumlichkeit erst entwerfen und erfahren läßt. In dieser Urräumlichkeit gründet lebensweltlich-existenziell gesprochen eine Erstrecktheit der Welterfahrung, in der diese sich als ungesichert erfährt. Vor diesem Hintergrund erweist sich jedes Wahrheitsstreben als eine Funktion der Lebensvorsorge als einer transzendentalen Struktur, die auf jenen Urraum zurückweist, in dem für die Welterfahrung die unaufhebbare Diskrepanz von Entwurf und Erlangung beschlossen ist. Der Bezug auf ideale Pole verdeutlicht jetzt, wie solche Idealisierungsvorgänge selbst noch eine Funktion der Selbsterhaltung sind, indem sie dem Leben in seiner ‚Ausgesetztheit' in jene Urräumlichkeit ihrerseits Räume eröffnen, in denen für das Leben inmitten der ständigen Gefahr der Modalisierung aller Gewißheit und der Enttäuschung aller Hoffnung sichere Bahnen des Erwarten- und Handelnkönnens vorgezeichnet werden.

Bezüglich der Diskrepanz zwischen Vorzeichnung und Erfüllbarkeit wird alle Welterfahrung trotz ihrer offenen Endlosigkeit vor aller wissenschaftlichen Theorie *endlich* genannt werden müssen, denn diese Diskrepanz markiert für sie eine nicht überwindbare Grenze. Zugleich verweist diese Diskrepanz das Weltleben in die offene Endlosigkeit seines Erlebens und ist so der Grund dafür, daß in der Welt volle Befriedigung nicht zu erlangen ist, da nicht nur Enttäuschung und Scheitern drohen, sondern schon jede Erfüllung nur vereinzelte Erfüllung ist, die in weiterverweisenden Horizonten steht. Mehr noch: Befriedigung selbst ist es, die jene Diskrepanz austrägt. Denn Streben nach Befriedigung besitzt vermöge der im Faktischen nicht möglichen absoluten Erfüllung eine durchgängig intentionale Struktur, die in sich auf die die Endlichkeit übersteigenden absoluten Erfüllungsformen von „Lebenstotalität und personaler Seinstotalität" (Hua XV, 404) bezogen ist und somit dafür aufkommt, daß bereits im Horizont der Mundanität ideale Orte der Vollkommenheit konstruiert werden.

Wie aber verhält sich die in der Welterfahrung so tief verwurzelte und sich doch in der Konstitution einer mathematisierten Unendlichkeit über sie erhebende Idealisierung zu dieser Grenze? Ist sie in der Lage, diese Grenze zu übersteigen? Ihr Überstieg ist ein *scheinbarer*. Sie überwindet die Präsumtivität der Welterfahrung und bereitet so dem Verwiesensein von Erfahrungshorizont zu Erfahrungshorizont ein Ende, da sie die ganze Reihe der Horizontverweisungen mit dem Bezug auf einen idealisierten Pol unter sich läßt. Sie überwindet jedoch die Präsumtivität nicht eigentlich: Da die Präsumtivität an den mit der Konstitution von Welt eröffneten Urraum in der Diskrepanz von Entwurf und Erfüllung zurückgebunden ist, müßte ihre wirkliche Aufhebung über die Konstitution von Welt steigen, was der Überstieg über die Gesamtheit der Erscheinungsreihen nicht leistet. Die maximierte Wahrheitssicherung der mathematisierenden Idealisierung und die durch sie ermöglichte Perfektionierung der Voraussicht können somit die Sorgestruktur des Lebens als solche weder aufheben noch sie überhaupt ‚treffen', da diese in ihrem transzendentalen Ursprung ebenfalls mit jenem Urraum verknüpft ist. Dies hat zur Folge, daß die Idealisierung, die die Präsumtivität der Welterfahrung als Merkmal von deren Endlichkeit aufheben wollte, selbst eine Verendlichung darstellt und die Welterfahrung als solche verkürzt. Denn sie besagt nicht nur, daß das außerwissenschaftliche Vollkommenheitsstreben Vollkommenheit *prinzipiell* nicht erlangen kann, sondern nimmt dem Leben die Chance, seine Endlichkeit und die in ihm gründenden unendlichen Horizonte selbst zu übernehmen. Nichtsdestoweniger ist die Mathematisierung selbst noch vom Streben nach Vollkommenheit motiviert, das in der Welterfahrung seinen Ursprung hat. Die idealisierte Unendlichkeit enthüllt sich dem „*über* der Geltungsvorgegebenheit der Welt" (Hua VI, 153) befindlichen transzendentalen Standpunkt in mehrfacher Hinsicht als Verendlichung: 1. Die idealisierte Unendlichkeit fixiert mit der Ansetzung eines idealisierten Pols eine Grenze. Sie ist Grenze, weil sie selbst nicht mehr auf weiteres verweist, im Gegenteil die Verweisungssysteme weltlicher Erfahrung integriert. Sie kann mithin allenfalls eine Unendlichkeit sozusagen unterhalb oder bezüglich dieser Grenze in Anspruch nehmen. 2. Die Idealisierung verfestigt sich als Grenze, weil sie ihre eigene Intentionalität mit dieser Grenzbestimmung in einer objektiv gedachten Idee als Ansich zum Stillstand bringt. 3. Da sie in ihrem Idealisierungsprozeß die Tiefenschicht der Welterfahrung nicht erreicht, ist ihr Intentionalsystem endlich, da es in dieser Hinsicht ‚unter' der Endlosigkeit der Welterfahrung verbleibt. 4. Die Idealisierung ist endlich, weil sie hypothetisch ist, weil sie mit ideellen Mitteln die *tatsächlich-reale* Überwindung der Präsumtivität der Welterfahrung intendiert.

Die erklärte Absicht der Transzendentalphänomenologie ist es demgegenüber, den in der Diskrepanz von Entwurf und Erfüllung angelegten unendlichen Horizont in seiner Unendlichkeit zu explizieren. Sie unternimmt dies, indem sie zum einen ihre Aufgabenidee nicht aus einer Idealisierung des Faktischen entspringen läßt und zum anderen sich über den Welthorizont stellt. Sie gibt keine Hypothese, weil sie sich nicht auf die natürliche Welt als solche bezieht, sondern im Vorgehen der Epoché von aller Welterfahrung zurücktritt und sich an die Ursprünge des Hypothesen und Thesen bildenden Lebens zurücksetzt. Wenn sie hierzu auch keine Motivation im Weltleben besitzt, so besteht für sie doch jene Grenz‚möglichkeit', sich aus dem Weltleben herauszunehmen. Bezüglich der Problematik von Endlichkeit und Unendlichkeit bedeutet dies: Dem Weltleben ist in seiner Endlichkeit die Unendlichkeit „verhüllt" (Hua XV, 388 f.), d. h. in der unabschließbaren Folge der Horizonte erschlossen. Verhüllt ist ihm die transzendentale Subjektivität zwar auch, doch das Verhülltsein der Transzendentalität ist von anderer Natur. Es ist dem Weltleben „nicht *vorgegeben*" dergestalt, wie Welt in ihrer Endlosigkeit dem Weltleben vorgegeben ist, und im Weltleben doch „‚verhüllt', sofern der Mensch [...] transzendentale Reduktion vollziehen und seine Weltlichkeit durchbrechen kann" (ebd. 389). Das aber bedeutet, daß sich dem Phänomenologen die Unendlichkeit nicht mehr nur als die Unendlichkeit des Welthorizonts zeigt. Indem er ‚Welt' als endkonstituiert erkennt, ‚verlängert' sich gleichsam Unendlichkeit nach ‚rückwärts' in die transzendentale Genese dieses Konstitutionsprozesses: Auch bezüglich dieses Prozesses, im transzendentalen Strömen, ist nicht ein Anfangs- und nicht ein Endpunkt auszumachen.

Da der phänomenologische Zuschauer bezüglich seines Themas, der Universalkorrelation von Subjektivität und Welt, in keiner Seinstendenz steht, präsentieren sich ihm die intentionalen Systeme unverkürzt und in ihrer ganzen Erstreckung; denn sie terminieren nun nicht mehr - wie noch in der natürlichen Einstellung einschließlich aller positiv-wissenschaftlichen Einstellung - in Gegenständlichem. Nur so kann die phänomenologische Analyse die Verläufe der Intentionalsysteme, ihre jeweilige *Teleologie*, in ihrer ganzen Ersteckung zu rekonstruieren versuchen - was nicht möglich wäre, wenn sie bezüglich ihrer Objekte in einer Tendenz stünde, da sie dann ebenfalls nur auf das darin intendierte Gegenständliche bezogen wäre. Sofern sich der phänomenologische Blick auf die Intentionalerstreckungen als solche richtet, gibt es für das Thematische dieses Blickes kein Darüber-Hinaus mehr: Denn alles Hinausmeinen erfolgt nur in Intentionen. In diesem Sinn erhält die phänomenologisch aufgewiesene universale Teleologie den Status einer „absolut totalen Wesensform der transzendentalen Subjektivität" (Hua VIII, 270), jener „Form aller Formen": Es gibt nichts, was ‚hinter' den teleologischen Systemen noch stünde, alle Sinnstiftung vollzieht sich in ihnen. Die ‚Form aller Formen' bezeichnet damit den Grundsinn von Unendlichkeit, der bezüglich der transzendentalen Subjektivität ausgesagt werden kann: Es ist die Form, die transzendentale Subjektivität selbst in der Unendlichkeit ihrer Weltkonstitution ausbildet.

1.3. Teleologie und Transzendentalität

Husserls späte Auffassung tendiert dahin, daß absolute Faktizität und Eidos transzendentaler Subjektivität zu einer universalen transzendentalen Teleologie verschmelzen, die Gegenstand einer phänomenologisch unterbauten Transzendentalphilosophie neuen Stils sein soll. Dies stimmt mit Husserls Standpunkt in der *Krisis* überein, daß die transzendentale Phänomenologie und Philosophie selbst die apriorische Theorie sei, und hat seinen Grund in der Weise, wie Husserl das Sein der transzendentalen Subjektivität auffaßt: Demzufolge ist diese nur in ihren Möglichkeiten, in denen sich ihre Identität verwirklicht. Ihre Möglichkeiten sind jedoch zugleich auf sie als absolutes Faktum zurückgebunden. Damit stellt sie einen Sonderfall im Verhältnis von Wesen (Wesensmöglichkeit) und Faktum dar: Während, wie Husserl betont, das Sein eines Eidos gewöhnlich von Sein oder Nichtsein seiner Verwirklichungen unabhängig ist, verhält es sich bei der transzendentalen Subjektivität gerade umgekehrt: „Das Eidos transzendentales Ich ist undenkbar ohne transzendentales Ich als faktisches" (Hua XV, 385). Transzendentale Subjektivität setzt sich aber nicht nur als Faktum voraus, sondern ist teleologisch, da ihre Teleologie schon in der im Faktum beschlossenen Urkonstitution aufgrund von Triebintentionalität vor der konstituierten Weltlichkeit gründet (vgl. ebd.). Die Teleologie ist damit als „ontologische Form" (ebd. 378) die Weise, wie transzendentale Subjektivität ist, wie sie ihre Identität in der Konstitution von Welt selbst konstituiert. So ist es auch zu verstehen, wenn Husserl die Endlichkeit des Weltbewußtseins als eine „Form der Unendlichkeit" bezeichnet (ebd. 379): Lebt der Mensch „im Bewußtsein der Endlichkeit", so ist dies eine Weise der transzendentalen Subjektivität zu sein, d. h. ein Stil, in dem sie sich verweltlicht, *eine* Form ihrer ‚Allform', eine ontologische Form ihres unendlichen Sichvollziehens. Die hier genannte ‚Unendlichkeit' bezieht sich also auf die Seinsform der transzendentalen Subjektivität selbst.[264]

Die phänomenologisch ausgewiesene Weltkonstitution wird zu einem Indiz für die metaphysisch-teleologische Frage nach der Selbstkonstituition der transzendentalen Subjektivität. Es darf nicht übersehen werden, daß sich hier ein Blickpunktwechsel vollzieht. Der Standpunkt, der den unendlichen Selbstvollzug der transzendentalen Subjektivität in den Blick nimmt, ist weder die regressiv verfahrende Phänomenologie der transzendentalen Rekonstruktion der Weltkonstitution noch der Blick auf diese Rekonstruktion in einer Phänomenologie der Phänomenologie (vgl. *VI. Cartesianische*

---

[264] „Menschliche Natur und Geschichte wird zum transzendentalen Index der Einheit einer transzendentalen Geschichte, in welcher die transzendentale Subjektivität wesensmäßig gewordene ist und wird und in diesem Werdend-gewordensein ihr ständiges Sein hat, in ewiger transzendentaler Genesis ins Unendliche werdend." (Hua XV, 392)

Meditation). Hier versetzt sich der Phänomenologe sozusagen in den Selbstvollzug der transzendentalen Subjektivität. Da dieser Standpunkt jedoch nur fiktiv eingenommen werden kann, handelt es sich hier nicht mehr um Phänomenologie, sondern Metaphysik, allerdings um eine Metaphysik, die auf den phänomenologischen Befunden, wie transzendentale Subjektivität Welt konstituiert, direkt aufbaut.[265] Husserl hat den metaphysischen Standpunkt seiner Philosophie nicht systematisch diskutiert, er hinterließ Fragmente, die man zusammensetzen muß.[266]

Husserl analysiert hier nicht mehr die Tendenziösität der verweltlichten, mundanen Subjektivität durch transzendentale Aufklärung ihres Weltbezugs, sondern zieht von dieser Tendenziösität sozusagen einen Rückschluß auf die Bewegungsform der sich unentwegt verweltlichenden transzendentalen Subjektivität selbst in ihrem fortwährenden Prozeß der Weltkonstitution. So stellt Husserl fest, daß transzendentale Subjektivität von ihrer Weltkonstitution nicht abzukoppeln ist, sie ist nur seiend „in der ihr notwendigen Form der Weltlichkeit“ (ebd. 378); sie lebt selbst in einer „ständigen, ursprünglichen Tendenziösität“ (HuaDok II/1, 194) der Weltkonstitution, ist darin selbst auf ‚Vollkommenheit‘, ‚wahre Selbsterhaltung‘ gerichtet (Hua XV, 378, 388, 404). Husserl setzt diese Begriffe in Anführungszeichen, um anzuzeigen, daß sie nicht im Sinn einer mundanen Teleologie verstanden werden dürfen. Es ist für ihn das nicht zu überwindende Handicap der Transzendentalphilosophie, daß sie mit dem ungenügenden Rüstzeug der mundanen Sprache das alle Mundanität Übersteigende bezeichnen muß.

Auch die Tendenziösität der transzendentalen Subjektivität selbst zielt für Husserl ins Unendliche (vgl. ebd. 378, 388), aber nicht, weil Transzendentalität selbst in Welthorizonten stünde - sie *ist* ja ihre Möglichkeiten -, sondern weil diese in der Konstitution von

---

265 „[...] eröffnet sich auf phänomenologischem Boden eine weiter nicht mehr zu interpretierende Problematik: die der Irrationalität des transzendentalen Faktums, das sich in der Konstitution der faktischen Welt und des faktischen Geisteslebens ausspricht: also Metaphysik in einem neuen Sinn.“ (Hua VII, 188, Anm.)

266 Dieser Aufgabe hatte sich früh schon L. Landgrebe gewidmet. Vgl. *Der Weg der Phänomenologie*, a.a.O., Kap. IV („Phänomenologische Bewußtseinsanalyse und Metaphysik“); *Faktizität und Individuation*, a.a.O.

Welt Unendlichkeit mitkonstituiert: Sie verendlicht sich in der Weltkonstitution und eröffnet damit deren unendliche Fortsetzung. Die teleologische Bewegung dieser Unendlichkeit der Weltkonstitution bildet die offen-unendliche ‚Geschichte' der transzendentalen Subjektivität, in der alle Formen der teleologischen Universalform, auch die entscheidende Form des „Erwachens der transzendentalen Allsubjektivität" (ebd. 380) in der phänomenologischen Reduktion, ‚aufgehoben' sind. Es zeigt sich nun deutlicher: Das Faktische („Irrationale") transzendentaler Subjektivität ist für Husserl eine letzte und als solche eine absolute Konkretion („konkrete Unendlichkeit", Hua VIII, 269), die selbst nicht in Horizonten steht, sondern in der Selbstbewegung weltbildender Subjektivität erstursprünglich ‚Horizonte' der Weltkonstitution aus sich entwirft, die es in ihren Potentialitäten erst gestatten, Wesensstrukturen abzunehmen (vgl. ebd. 269 f.)

Diese universale Teleologie, das ‚Vollkommenheitsstreben' der transzendentalen Subjektivität, verweltlicht sich in der Weltkonstitution zu mundanteleologischen Prozessen. Die transzendentale Subjektivität verendlicht sich in ihrer unendlichen Bewegung, indem sie mit der Konstitution von Welt für das Weltleben Endlichkeit als jene Form ihrer Unendlichkeit konstituiert, und zwar eine zweifache Endlichkeit: die (in der natürlichen Weltsicht nicht vorgegebene) Endlichkeit, daß das Weltleben gerade aufgrund der (ihm zunächst verhüllten) Endlosigkeit seiner Erfahrung die in der Glaubensgewißheit ‚Welt' intendierte Grenze nie erreichen kann, und die Endlichkeit dieser Grenze selbst: den *Anschein* definitiver Vollendbarkeit von Erzieltem und damit einer standhaltenden Befriedigung der Lebenssorge, die das an sich Unerreichbare zu erlangen glaubt. Damit wird die Differenz zwischen dem Glauben des Erlangenkönnens und dem Unerreichbaren mitkonstituiert, was selbst wiederum die Möglichkeit der Enttäuschung begründet, in der für Husserl das (im Mundanen ebenfalls nicht vorgegebene) Motiv liegt, durch die Annahme der Teleologie des Vernunftstrebens jenem Anschein entgegenzuwirken, bis hin zu der Möglichkeit, den Schleier der Maja zu lüften - durch Phänomenologie. Husserls Teleologieverständnis ist gemessen an der philosophischen Tradition revolutionär. ‚Selbsterhaltung' besagt für ihn nicht wie für Spinoza die Klärung der Bedingungen, denenzufolge sich Seiendes maximal selbst erhalten kann. Der Terminus wird für ihn gerade zum Problemtitel, um nach der Grenze dieses natürlichen Selbsterhaltungsstrebens und den Möglichkeiten seiner Überwindung zu fragen. Er denkt die Aufhebung dieser mundanen Tendenz der Selbsterhaltung jedoch auch nicht unter einer metaphysischen Voraussetzung, wie Schopenhauer, der annahm, daß der Selbsterhaltungswille grundlos ist. Wenn Husserl formuliert: „In der erschlossenen Unendlichkeit [des natürlichen Lebenshorizontes] ist Glückseligkeit ein Widersinn" (Hua XV, 406), dann erinnert dies an Schopenhauer. Doch im Gegensatz zu diesem hebt für Husserl die Abstreifung des Scheins des Vollendbaren das Streben nach Vollkommenheit und das Recht dieses Strebens nicht auf; der Schleier der Maja täuscht nicht generell, er verdeckt nur eine tiefere Schicht der Selbsterhaltung, die der Transzendentalphilosoph ans Licht holen kann.

Jeder Versuch, in der Welt vollkommene Erfüllung, ein wahres Ansich zu erlangen, eine die Zufälligkeiten umgreifende Unendlichkeit zu konstruieren, kann vom transzendentalen Standpunkt aus somit nur ein *Anschein* von Erfüllbarkeit sein, da die über allem Mundanen hinausliegende Weltkonstitution selbst zu keinem Ende kommt. Aus diesem Grund sucht Husserl die in der Mathematisierung angesetzte Unendlichkeit, die sich als Verendlichung erwies, in die ganze Länge ihres teleologischen Verlaufs rückzuübersetzen. Es zeigt sich dann, daß die mit der Urstiftung der Philosophie angepeilte Idee einer irrelativen Wahrheit nicht auf das Weltleben, das in Horizonten steht und Situationstypiken entwirft, bezogen werden kann: Hier herrscht unbegrenzte Modalisierbarkeit aller einmal gewonnenen Evidenz. Auch eidetische Allgemeinheiten auf dem Weltboden können diese Vorzeichnung nicht erfüllen: Sie sind zwar independent gegenüber ihren faktischen Vereinzelungen, verbleiben aber diesseits des geltenden Welthorizonts. In ihrer Gültigkeit sind sie wie alle dinglich-objektiven Entitäten an die Generalthesis geknüpft; solcherart sind sie jedoch von den sie konstituierenden subjektiven Strukturen abhängig. Daß die Idee irrelativer Wahrheit im Unendlichen liegt, genügt ebenfalls nicht zur ‚Erfüllung' dieser Vorzeichnung, wie das Beispiel der Idealisierung der Natur belegt, wenn der Sinn von Unendlichkeit auf den Welthorizont aller Termini begrenzt wird oder wie im Fall der Mathematisierung zudem auf das Mundan-Faktische Anwendung findet.

Erst die transzendentale Phänomenologie erfüllt Husserls Auffassung nach diese Vorzeichnung der Urstiftung der Philosophie als universaler Wissenschaft, da sie den eigentlichen ‚Terminus' irrelativer Wahrheit dort festmacht, wo er selbst seinen Ursprung hat: in der Tendenziösität der weltkonstituierenden transzendentalen Subjektivität: Der mundanteleologische Prozeß europäischer Philosophiegeschichte tendiert Husserl zufolge somit gegen eine mundane Geschichtlichkeit eröffnende *Polidee* (der Irrelativität, allgemeiner der Vollkommenheit), die sich transzendental betrachtet als *endkonstituiertes* Produkt einer transzendentalen Teleologie erweist, das seine transzendentale Geschichte ‚hinter' sich hat. Die von Husserl für die Philosophie propagierte, phänomenologisch durchhellte „Aufgabenidee" entspricht nun genau beiden teleologischen Verläufen in der Einheit ihres transzendentalen Ursprungs. Die eigentliche Aufgabenidee der Philosophie kann demnach primär nicht mehr die Gewinnung von seienden Irrelativitäten meinen, sie betrifft die Aufhellung der transzendentalen Bedingung von Polidee als solcher. Zugleich bezieht sie sich selbst auf eine Polidee, verfährt unendlich; und zwar nicht nur aus dem Grund, weil konstituierende Subjektivität selbst unendlich ist und fortwährend Welt konstituiert, deren Leistungsgebilde Phänomenologie nachkommend analysiert, sondern weil universale Wissenschaft in der Ausbildung von theoretischen Systemen wie in ihren Praxisbezügen Aufgaben in und bezüglich der Welt hat. Auch transzendental aufgehelllte universale Wissenschaft ist somit weiterhin mit einer „Unendlichkeit von Aufgaben" (Hua VI, 323) konfrontiert, nur daß der Sinn dieses Bezugs auf Unendlichkeit im Rückbezug auf die Unendlichkeit transzendentaler Konstitution aufgeklärt ist. Dergestalt ist universale Wissenschaft unendlich in dem tieferen Sinn, daß sie von sich her keine Fixierung des Unendlichen innerhalb des Horizontes von Welt mehr zuläßt, sondern ihr Unendlich-sein-Können letztlich aus der Bewegung der transzendentalen Subjektivität versteht. Entsprechend dieses tieferen Sinnes von Unendlichkeit bezeichnet die von der Phänomenologie angeeignete unendliche Aufgabenidee der Philosophie einen *Anfang*, den Anfang einer Entwicklung auf einen Unendlichkeitspol hin, dessen Unendlichkeit mit der unendlichen Bewegung der transzendentalen Subjektivität gewissermaßen zur Deckung gekommen ist (vgl. Hua XXIX, 408; Hua VI, 274).

Hier zeigt sich der von Husserl in Anspruch genommene weltgeschichtliche Einschnitt der Phänomenologie, indem sie - als „Entwicklungsstufe der transzendentalen Subjektivität selbst, die des Durchbruchs der transzendentalen Selbsterkenntnis der transzendentalen Allsubjektivität" (Hua XV, 393) - mundanteleologische Geschichte und ‚Geschichte' der transzendentalen Subjektivität zur Deckung bringt, *ohne sie jedoch faktisch zur Deckung bringen zu können*. Vom Standpunkt des transzendentalen Lebens aus, den der Phänomenologie eben nur fiktiv einzunehmen vermag, kann formuliert werden, daß dadurch die transzendentale Subjektivität zu sich selbst komme, indem Weltleben als transzendentales Leben erwiesen wird. Doch vom Standpunkt des Weltlebens ergibt sich Differenz, wo es zuvor nur einheitliches (mundanes) Verstehen gab: Weltleben weiß nun von seiner transzendentalen Natur, ohne sich doch in Transzendentalität auflösen zu können. Dies wird noch näher zu explizieren sein.

Für die mundane Subjektivität ist diese im neuen Anfang der Phänomenologie von ihr angeeignete Aufgabenidee universaler Wissenschaft von ethisch-praktischer Bedeutung, da durch sie der Maßstab eines ethischen Lebens, der Sinn mundanen Strebens nach Vollkommenheit, mittels der Bestimmung des transzendentalen Sinns von Unendlichkeit neu festgelegt wird. Hier wird deutlich, warum vom Standpunkt der Transzendentalphilosophie eine Ethik als Regionalontologie, selbst als mundanteleologische Disziplin, nicht mehr ausreicht. Die von der Ethik indizierten teleologischen Probleme weisen nicht nur von sich ins Transzendentale, sie sind für Husserl auch nur dort einer Lösung zuzuführen. Doch wie soll in der Transzendentalphilosophie noch eine Ethik möglich sein, wenn erstere der Welt ihren Boden entzieht und letztere doch nur auf diesem Boden ihre praktische Möglichkeit besitzt? Obwohl die teleologische Bewegung der transzendentalen Subjektivität an sich nicht ethisch relevant ist, weil in dieser zwar jeder Raum der Praxis konstituiert wird, sie selbst aber nicht in praktischen Räumen lebt, soll die Teleologie des Transzendentalen doch den Garanten für die Lösung des ethischen Universalproblems Husserls: den Bedingungen eines ethischen Lebens, abgeben.

2. Transzendentale Theorie und transzendental bestimmte Praxis

Aufgrund der Untersuchungen zur Aufhebung der Ethik in eine universale Teleologie im Spätwerk Husserls kann die Praxisfunktion der transzendentalen Theorie in ihren Grundstrukturen expliziert werden. Es wurde bereits in Umrissen deutlich, worin für Husserl die Praxisfunktion von reiner Theorie besteht: darin, daß Theorie mit ihren Mitteln der Vernunftklärung dem universalen Interesse des Lebens, seinem universales Streben nach standhaltender Sicherung, zu entsprechen sucht. Dieser Befund ist im folgenden abschließend zu klären. In der die Ausführungen des dritten Teils leitenden Frage, wiefern die transzendentale Theorie bei ihrer Ausschaltung allen Weltlebens ihre Funktion für die Praxis noch übernehmen könne, wurde ein radikaler Bruch in der mundanen Welthaltung beim Übertritt in die transzendentale Einstellung vorausgesetzt. Ist diese Voraussetzung gerechtfertigt? Sie ist in der Tat nur zum Teil einlösbar, denn im Geschehen der Entweltlichung im Vollzug der Epoché lassen sich zwei einander entgegengesetzte Momente ausmachen: ein entziehendes und ein dagegen verharrendes Moment.

2.1. Praxis in transzendentaler Theorie

Es zeigte sich, daß das universale Lebensinteresse mit der Enttäuschung seines Strebens, im Horizont der Welt Erfüllung zu finden, in die extreme Situation gelangt, ein Sprungbrett für die Erschließung des Transzendentalen zu erhalten, so daß es sich zwar seiner Selbstvergewisserung im Transzendentalen nähern kann, sich damit aber gegen sich selbst als mundane Praxis entscheiden muß. Doch diese Betonung einer sich selbst verschlingenden Praxis ist einseitig. Dabei ist zwar der mögliche Weg, der über das Erfüllungsstreben der Praxis selbst in die transzendentale Theorie führt, offengelegt. Zugleich ist jedoch zu beachten, daß auf diese Weise nicht nur die transzendentale Subjektivität zu sich selbst kommt, daß der Phänomenologe nicht nur erkennt, daß mundane Subjektivität eine Selbstapperzeption der transzendentalen ist und nur in Selbstverhüllung als mundane erschien; und es genügt nicht, lediglich formal festzustellen, daß dadurch auch die Praxis zu sich komme, daß mit der Aufdeckung des Transzendentalen die Struktur ihres Begehrens in gewissem Sinn erfüllt werde - was nützte dies dem Weltleben, wenn es fortan nicht mehr aktualisierbar wäre? Der Gesichtspunkt der hierbei ebenfalls zu sich selbst kommenden Praxis könnte jedoch ein Ausgangspunkt für eine Lösung dieses Problems sein.

Unsere hier zu vertretende These lautet, daß die Praxis auch nach der universalen transzendentalphänomenologischen Epoché auf bestimmte Weise weiterhin Bestand hat. Dies ist nur nachzuweisen, wenn bei der Behandlung der Epoché das Interesse nicht ausschließlich der Freilegung des Mundanen *als des verdeckt Transzendentalen* gilt, sondern sich zugleich darauf richtet, wie im Vollzug der Epoché Mundanität verbleibt. Die Frage danach zu stellen heißt zugleich, nach der Praxis desjenigen zu fragen, der die Epoché vollzieht, dem Phänomenologen. Denn zunächst nur in dieser Praxis ereignet sich der Übertritt in das Transzendentale und stellt sich überhaupt das Problem einer sich durchhaltenden Praxis. Daß der Blick nicht nur darauf gerichtet zu werden vermag, wie vom Ausgang des welterfahrenden Lebens die transzendentale Dimension zu erschließen sei, sondern auch gefragt werden kann, ob hierbei noch ein Weltbezug des Phänomenologen im Spiel ist, gründet in dem Faktum, daß der Phänomenologe, der den Absprung ins Transzendentale unternimmt, immer der Mensch in der Welt ist, der seinen Ort im Weltleben vorübergehend verläßt, dann aber ins Weltleben zurückkehren *muß*. Einen anderen Phänomenologen als diesen kennen wir nicht. Die Frage nach einer auch während der Epoché verharrenden Praxis ist möglich, weil im Geschehen des zeitweiligen Übertritts in die transzendentale Einstellung als Korrelat des Ich des Phänomenologen die *Einheit seines Lebens* verbleibt. Bereits in den Ausführungen zur transzendentalphänomenologischen Epoché wurde deutlich (vgl. oben I.4.2.), daß für Husserl der Akt der transzendentalen Epoché in das einheitliche Erleben der Person als in einer Seinsthesis verbleibender eingebunden ist. Somit ist die Ausschaltung der Welt nur möglich *auf dem Grund* ihres weiterhin Geltens.

Hier geht es darum, die oben getroffenen Feststellungen weiter zu differenzieren. Husserl selbst gibt Hinweise darauf, daß die Insel des Setzungsfreien nicht auf den die Weltthesis neutralisierenden Akt der Epoché begrenzt ist. So konstatiert er einen Habitus des Phänomenologen *als* Phänomenologen (Hua XIII, 208), einen Habitus, in dem die Epoché durchgehalten wird und der somit nicht mit demjenigen Habitus identisch ist, in dem sich im Aufbau einer Persönlichkeit die Möglichkeit zur Einnahme der Epoché habitualisiert. Beides könnte man ‚Habitualisierung der Epoché' nennen, wobei die Sachlage einer zur ‚Habe' gewordenen Epoché einmal mundan, das andere Mal transzendental in den Blick genommen ist. Genau besehen sind jedoch drei Formen einer Habitualisierung der Epoché zu unterscheiden: In der Einheit der Person in ihrem mundanen Weltbezug bleibt das Vermögen zum Vollzug der Epoché als eine immer erneut zu ergreifende Möglichkeit verwahrt (und die Konstitution dieses Vermögens kann Thema einer transzendental-phänomenologischen Analyse sein) (1). Demgegenüber besagt Habitualisierung der Epoché in transzendentaler Hinsicht zum einen die aktuelle Durchführung und Durchführbarkeit der Epoché selbst (2), zum anderen, in einem weiteren Sinn, das Festhalten der Epoché, wobei der Akt der Neutralisierung in der Haltung der Uninteressiertheit dem Neutralisierten gegenüber zwar nicht mehr aktuell vollzogen, aber noch in derselben Gegenwart im Griff behalten ist (3). Bei den Formen 1 und 3 der Habitualisierung wird der Vollzug der Epoché in ein größeres Erlebnis- und damit Zeitfeld des Ich des Phänomenologen hineingestellt. Im dritten, nicht mehr im ersten Fall ist der Erlebende noch transzendental eingestellt, die Epoché noch aktiviert, wenn auch nicht aktuell vollzogen. Indem sie im Gegenwartshorizont festgehalten ist, trifft der Phänomenologe Feststellungen auf dem Grund ihres Vollzogenseins; das Hintergrundwissen ihrer Vollziehbarkeit kann dabei jederzeit in einem erneuten Vollzug bewährt werden. Auf die hier unterschiedenen Formen 2 und 3 des Habitus der Epoché trifft Husserls Kennzeichnung des Habitus der Epoché als eines „thematischen" zu:[267] Im zweiten Fall erfolgt, wie oben gezeigt, die Ausschaltung des Weltglaubens im Thematischen. Im dritten Fall gibt das mittels der Epoché freigelegte thematische Feld dem Phänomenologen weiterhin seine Themen vor, auch wenn er sich nun deren Explikation zuwendet, d. h. die Epoché, obgleich sie festhaltend, nicht mehr als solche aktuell vollzieht.

Das Habituelle der Epoché in dieser (dritten) Form ist, sofern in ihm die Neutralisierung der Seinsthesis wirksam bleibt, per se nicht Signum für eine Bindung an die Mundanität. Zugleich wird aber deutlich, daß der Phänomenologe als theoretisch Aufweisender und Urteilender[268] trotz der von der Epoché erteilten Klammer von Strategien Gebrauch machen muß, die er nur aus seinem mundanen

---

[267] „Der Habitus der phänomenologischen Epoché ist ein thematischer Habitus, um gewisse Themen, Wahrheitserkenntnisse, theoretische und praktische, zu erkennen und ein gewisses rein in sich geschlossenes Erkenntnissystem." (Hua XIII, 208)

[268] Wenngleich man diesbezüglich nicht formulieren könnte, wie dies Husserl in anderem Zusammenhang ausdrückt, daß hier der Phänomenologe „als Aktsubjekt *interessiert* [ist] *am Sein*" (Hua VIII, 96), so müßte es doch analog heißen, daß er *interessiert* ist am ‚Sein', am eingeklammerten Sein. Entsprechend gilt, wieder im Modus der Klammer, folgende Feststellung Husserls: „Es ist selbst eine phänomenologische Einsicht, daß das thematisch Gerichtetsein auf ein Seiendes oder, was dasselbe <ist>, In-einer-tendenziösen Erkenntniseinstellung-sein so viel besagt: Das betreffende urteilende Ich richtet seinen Blick auf das Gesetzte, und zwar so, daß es nicht nur dieses selbe in mannigfaltigen neuen Setzungen als dasselbe setzt und fortgehend neu bestimmt, sondern daß es seinen Satz und die fortgehenden Bestimmungen der betreffenden Substrate durch Bewährung (Identitätssynthesen der Erfüllung) zu Endgültigkeiten zu gestalten sucht." (Hua XIII, 205) Dabei darf nicht übersehen werden, daß die „tendenziöse Einstellung" des Phänomenologen aufgrund festgehaltener Epoché sich auf die Vollzüge des erkennenden, urteilenden etc. phänomenologischen Ich bezieht und nicht auf das darin Erkannte, Geurteilte, das vermöge der thematischen Epoché in keiner Seinstendenz steht. - Hier zeichnet sich eine Möglichkeit ab, die differenten Auffassungen, die in der *Sechsten Cartesianischen Meditation* Husserl und Fink bezüglich des ‚Seins' des phänomenologischen Zuschauers vertreten, im Aufweis ihrer unterschiedlichen Bezugsfelder zu klären: Finks meontische These wäre demnach nur auf den obengenannten zweiten Fall zu beziehen, nur der neutralisierende Aktvollzug der Epoché selbst untersteht - wie korrelativ sein thematischer Gegenstand - nicht einer Seinsthesis. Wird der Phänomenologe auf diesem Grund theoretisch tätig, was nur dadurch möglich ist, daß er die Epoché im Griff behält, aber nicht mehr aktuell vollzieht, so operiert er mit dem mundanen Handwerkszeug der Theorie, nur eben im Modus der durch die weiterhin festgehaltene Epoché erteilten Klammer. Dieser Klammerbezug ist ein strukturell anderer als der selbst die Klammern erteilende Vollzug der Epoché.

Leben kennt. So liefert ihm dieses Leben wenn auch nicht den Boden für seine Explikationen, so doch die ‚Ausstattung'. Husserl bringt dies zum Ausdruck, wenn er von „transzendentaler Erfahrung" spricht:[269] Als *Erfahrung* verfährt die transzendentale Phänomenologie analog wie im Weltleben, auch sie steht wie mundanes Leben in Horizonten, die mit ihren unerfüllten Vorzeichnungen den Gang der weiteren Erfahrungen in Bahnen lenken. Insofern der transzendentale Horizont des Phänomenologen nicht wie im Weltleben vorgegeben ist, sondern aufgrund der vollzogenen Epoché ‚gebildet' wird, spricht Husserl davon, daß hier transzendentale Subjektivität „‚produktiv' einen neuen unendlichen Horizont" schaffe, eine „Unendlichkeit evidenter transzendentaler Auslegung" (Hua XV, 390). Schon Husserls Rede, daß nach der Epoché Welt zum Weltphänomen geworden ist, weist auf die Anschaubarkeit der transzendentalen Strukturen hin, und Anschauung ist solche stets nur in einem Horizont weiterer potentieller Anschauungen. Aus diesem Grund kann der phänomenologischen Analyse das Faktum der transzendentalen Subjektivität als solches nie gegeben sein. Andererseits ist die transzendentale Erfahrung gegenüber der mundanen Erfahrung vollkommen umgewertet, da alle Erfahrungsergebnisse unter der Voraussetzung der Neutralisierung gewonnen werden. Da der Phänomenologe aber gar nicht anders kann, als so zu verfahren, wie wenn er auf dem Boden der Welt stünde, zeigt sich gerade darin eine eigentümliche Bindung an die Mundanität bzw. eine sich im Transzendentalen durchhaltende Praxis. Dies ist eine noch genauere Fassung des oben angedeuteten Sachverhalts, daß der Phänomenologe von der natürlichen Sprache Gebrauch machen muß. Jetzt ist dem noch hinzuzufügen: nicht nur von der Sprache, sondern von der formalen Struktur der Erfahrung, wobei das

[269] „Unendlichkeit wirklicher und möglicher ‚transzendentaler Erfahrung'" (Hua VI, 156); „transzendentaler Erfahrungs- und Erkenntniszusammenhang" (Hua VIII, 479); (transzendentales) „Erfahrungswissen" (Hua I, 73); „*transzendentale Erfahrung*, die den Geltungsboden herstellt für theoretische (und praktische) Mittelbarkeiten" (Hua XV, 70); „transzendentaler Boden" (Hua VIII, 440). „[...] ist mein Ich und sein erfahrendes Leben [...] nichts weniger als außer Geltung gesetzt. Im Gegenteil: es ist so sehr für mich in beständiger wirksamer Geltung, daß Selbsterfahrung mir den ganzen Boden herstellt, auf dem sich meine Betrachtung bewegt." (Ebd., 74 f.)

Verhältnis von Sprache und Erfahrung, wie es sich gerade im Blickwinkel der mundanen Gebundenheit des Phänomenologen zeigt, hier von uns nicht weiter diskutiert werden kann.

Wenn, vom Standpunkt der transzendentalen Subjektivität aus gesprochen, diese dadurch zu sich selbst kommt, daß der phänomenologische Zuschauer die mundane Subjektivität als Selbstapperzeption der transzendentalen erfährt, so müßte sich dieses Verhältnis von transzendentaler und mundaner Subjektivität ähnlich auch für den Standpunkt letzterer zeigen, da der Phänomenologe beiden Einstellungen verpflichtet ist.[270] Erfährt sich das Weltleben mittels des Phänomenologen als transzendentales Leben, so stellt sich auch hier eine Deckung zwischen mundanem und transzendentalem Leben her, aber zugleich dergestalt, daß auf dem Grund dieser Dekkung die Diskrepanz zwischen transzendentaler und mundaner Einstellung für diese sich erst zeigt und für sie bestehen bleibt: Die Selbstfindung geschieht in der Erkenntnis einer wesenhaften Selbstdifferenz, wie diese hinwiederum nur möglich ist auf dem Grund einer Deckung,[271] bezüglich der sie sich entzweit. Lebte das naive Weltleben in einer Einheit, die nur scheinbare Einheit war, da sich darunter die nicht eingeholte Diskrepanz zu seiner transzendentalen Tiefenschicht verbarg, so ist nach Eröffnung des Transzendentalen die Identifizierung von Mundanität und Transzendentalität zwar vollzogen, für das Weltleben aber nicht durchhaltbar, da der Phänomenologe Mensch-in-der-Welt bleibt und sich nicht in Transzendentalität aufheben kann. Zu flüchtig ist der Augenblick, da der Phänomenologe in wirklichem Vollzug der Identifizierung seines mundanen mit seinem transzendentalen Ich lebt. Beim Eintritt in die Transzendentalität lebt er auf Zeit das Leben

---

[270] Mit der Durchführung der transzendentalphänomenologischen Epoché zerspaltet sich das Ich: Der Phänomenologe erblickt die Differenz zwischen transzendentalem Ich und seinem endkonstituierten mundanen Ich (vgl. Hua VIII, 89, 424 f., HuaDok II,1, 12, 25 f.).

[271] „[...] in jeder Reflexion finde ich mich, und dasselbe Ich, in notwendiger Selbstdeckung." (Hua VIII, 411) - „[...] in der Kontrastierung heißt es doch Ich, ich bin derselbe als ego und als menschliche Person. [...] Und doch wieder, ich bin nicht derselbe, weil mein menschliches Ich-bin ein Titel für ein geschlossenes System von Aussagen der Positivität ist, und das transzendentale ego ein Titel für ein ganz anderes System [...]." (Hua XV, 540 f.; vgl. Hua XIII, 206 f.)

des phänomenologisierenden Ich, das das konstituierende Ich zum Thema macht, und er weiß, daß dieses Leben die Tiefenschicht des mundanen ist, das mundane Leben dieses selbst ist. Dieses Wissen verbleibt ihm beim Wiedereintritt in die Mundanität. In der Einheit seines Erlebens durchläuft er die mundane, dann die transzendentale und tritt erneut in die mundane Einstellung ein. Dieser Ablauf des Erlebens ist die Basis für das Zu-sich-selbst-Kommen des mundanen Lebens als des letztlich transzendentalen *im* Horizont der Welt.

2.2. Transzendentalität in Praxis

Vom *Standpunkt der Mundanität* aus stellt sich die Sachlage mithin so dar, daß mit der Epoché die Praxis nicht generell verlassen wird, nicht Praxis und Transzendentalität einander gegenüberstehen, sondern Praxis und Transzendentalität *in* der Praxis (im Ausgang von der Praxis und auf diese hin erschlossene Transzendentalität), und Praxis den Zwiespalt fortan in sich auszutragen hat. Daß das Weltleben für es selbst erhalten bleibt, bedeutet nicht nur, daß nun eine Möglichkeit besteht, transzendentale Theorie und Praxis einander zu vermitteln, sondern daß mit der Erschließung des Transzendentalen das universale Interesse des Weltlebens an den Anfang seiner Erfüllung kommen und die Theorie, die für diese Eröffnung verantwortlich zeichnet, ihre universale Funktion für die Praxis übernehmen kann. Wie aber wird dem Weltleben seine transzendentale Tiefendimension eröffnet? Wie denkt Husserl folglich die Vermittlung von transzendentaler Erkenntnis an die Mundanität?

Diese Vermittlung erfordert jenen bereits erwähnten Vorgang, den Husserl als *Verweltlichung* transzendentaler Erkenntnisse, als „Wiederverweltlichung" der Leistungsgebilde des phänomenologischen Zuschauers, bezeichnet: Weil der Phänomenologe (zeitweilig) transzendental Phänomenologisierender *und* Mensch-in-der-Welt ist und weil Mensch-in-der-Welt-zu-Sein für ihn letzter realer Bezugspunkt bleibt - er wird in der Welt als mundanes Subjekt geboren und stirbt in ihr als solches -, werden alle transzendentalen Erkenntnisse ins Weltleben transponiert: Mit der Rückkehr des Phänomenologen in die mundane Einstellung fließen sie in diese ein, werden so verweltlicht und in der Welt mitteilbar.[272] Wie aber wird das transzendental Erkannte ins Weltleben hinübergerettet, wenn der transzendentale Standpunkt wieder verlassen wird? Das Wiedereintauchen des Phänomenologen in die Welt ist für Husserl als Akt der Verweltlichung selbst ein transzendentalkonstitutiver Vorgang, der wie jedes Aktgeschehen den Fonds konstitutiver Sinngehalte bereichert. Kann das Konstituierte dieser Art aber dem schon in der Welt Konstituierten einfach zugeschlagen werden, wenn ersteres doch Konstituiertes aufgrund des transzendental aufgeklärten Seinssinnes ist? Wie ist dieser konstitutive Vorgang zu verstehen?

In jeder Verweltlichung apperzipiert sich transzendentale Subjektivität in Anbindung an den Leib als mundanes, psychisches Subjekt. Der wesentliche Unterschied zwischen Wiederverweltlichung und ursprünglicher Verweltlichung der transzendentalen Subjektivität liegt darin, daß im Fall der Verweltlichung phänomenologischer Erkenntnis nach „Einströmen" dieser Erkenntnis in den Welthorizont um die transzendentale Herkunft des mundanen Weltbezugs *gewußt* wird (vgl. HuaDok II,1, 125/392; Hua XV, 537). Die mundane Einstellung besitzt jetzt, nach dem Durchgang durch die Epoché, „ihren transzendentalen Horizont" (HuaDok II,1, 126/396; Hua VIII, 450, Hua XXIX, 208): Transzendentalität *erscheint* in Mundanität. Wenn sich das phänomenologisierende Ich und seine Bestände verweltlichen, so besagt diese Rückkehr in die mundane Einstellung für Husserl zweierlei: Es kann einmal die Preisgabe der Epoché bedeuten, die Einnahme einer Haltung, die Welt erneut als den terminierenden Horizont aller Betätigung setzt. Es kann aber auch ein spezifisches Beibehalten der Epoché mit ihrem Korrelat der Welt als Weltphänomen besagen, ein Beibehalten, das nicht mehr im aktuellen Vollzug der Epoché steht, aber „in der relativen Thematik der stets als Phänomen genommenen Welt" (HuaDok II,1,

[272] „Das weltlich Abstrakte ist von der transzendental ihm zugewachsenen psychophysischen Konkretion durch phänomenologische Reduktion zu befreien. Aber indem das transzendentale Ich sich in ihr zur Seinsgeltung bringt, ist ein neues transzendentales Geltungsbewußtsein erwachsen, das sich ohne weiteres wieder objektiviert, wieder ins Weltphänomen einordnet als ein neues psychisches Tun meines menschlichen Ich." (Hua XV, 550; Hua XIII, 206)

120/384). Scheinbar paradox formuliert Husserl: „Wenn ich in die natürliche Einstellung ‚zurückkehre‘, während ich in Reduktion bleibe, wenn ich ‚die Lebens-Welt der natürlichen Einstellung‘ ontisch auslege und darin Menschen und ihr Psychisches, so ist natürliche Einstellung eine transzendentale und als transzendentale eine bewußte Haltung des Ego, das für sich selbst thematisch geworden ist“ (ebd. 189). In der Wiederverweltlichung des Phänomenologen bei thematisch festgehaltener Epoché ist „das Weltkonstituierende verweltlicht als Psychisches und positiv wissenschaftlich in Forschung als Psychologisches“. Als psychologisch gebe sich dann auch das Phänomenologisieren, wenngleich mit dem ausdrücklichen Wissen, daß eine weltliche Psychologie „in Wahrheit unmöglich ist und ihre Universalität sich aufhebt in der Phänomenologie“ (ebd.).[273] Die Wiederverweltlichung liefert auch die Basis für die Einbeziehung der mundanen Psychologie in die transzendentale Wissenschaft und zugleich dafür, daß auch nach der Epoché die Psychologie (relativ) selbständig bleibt.

Das thematische Festhalten der Epoché im Vorgang der Wiederverweltlichung darf nicht mit dem im Ganzen der transzendentalen Einstellung Im-Griff-Behalten der nicht aktuell vollzogenen Epoché (dem oben genannten dritten Punkt) verwechselt werden: Bei der Wiederverweltlichung steht Theorie nicht mehr auf dem Boden der transzendentalen Subjektivität, sondern entwirft im (transzendental durchhellten) Welthorizont das System mundaner Wissenschaft (mundane Ontologien und positive Tatsachenwissenschaften) in Hinblick auf die erschlossene Transzendentalität: „Das ist ja die Art, wie in der Phänomenologie von neuem alle positiven Wissenschaften ihre Stelle finden, nur der naiven Verabsolutierung beraubt“, „nur eben nicht in der Naivität, sondern als transzendentales

---

[273] Fink, Entwurf zur Fortsetzung der *Krisis*: „Der Horizont der *konstituierten Selbstobjektivation* (wenn auch der transzendental ‚durchsichtigen‘) bestimmt das legitime Problemreich der Psychologie *nach* der Selbstauflösung in die Phänomenologie: Sie wird jetzt eine *thematisch beschränkte phänomenologische Problemsphäre*, aber eine solche, in die wiederum doch alles ‚hineingehört‘ (Problem des ‚Einströmens‘). Die Transzendentalphilosophie hat gegenüber dem begrenzten, an die Weite der Selbstobjektivation gebundenen Horizont der Psychologie (nach der Reduktion) den eigentlichen *absoluten Horizont*“ (Hua VI, S. 516).

Thema, als Teilgebiet der konstitutiven Phänomenologie" (ebd.). Damit ist deutlich, daß die Bedingung der Möglichkeit für das Einbezogenwerden aller Wissenschaften in den Aufriß der transzendentalen Phänomenologie im Vollzug der Wiederverweltlichung transzendentaler Erkenntnis liegt. Das heißt: Universale transzendentale Wissenschaft realisiert sich im Mundanen, aber doch nur, insofern in ihr die transzendentale Erkenntnis zur Auswirkung kommt. Eben dies gewährleistet die Wiederverweltlichung.

Für Husserl gilt es als gewiß, daß trotz des Seinsgegensatzes von Transzendentalität und Mundanität transzendentales Sein als gewußtes, als ‚transzendentaler Horizont', in der Welt seinen Ort erhält - vom transzendentalen Standpunkt aus gesehen als umgriffen von der absoluten Einheit des konstituierenden transzendentalen Lebens. Die Rede vom ‚transzendentalen Horizont' bezieht sich zunächst auf die in der neueingenommenen mundanen Einstellung thematisch festgehaltene Reduktion des Phänomenologen, der den Aufriß universaler Wissenschaft im transzendentalen Horizont des Weltlebens unternimmt. Auch im anderen Fall der Wiederverweltlichung, wenn die Epoché nicht mehr beibehalten und Welt wieder als terminierender Universalhorizont gesetzt wird, muß das welterfahrende Leben gegenüber seinem vortranszendentalen Stand wesenhaft modifiziert sein, wenn die einmal vollzogene Epoché eine bleibende Habe im Gesamthabitus derjenigen Person, die zugleich Phänomenologe ist, stiften und selbst jederzeit wieder durchführbar sein soll.

Husserl spricht in Hinblick auf die Wiederverweltlichung auch von einer „notwendigen ‚Lokalisierung'" (HuaDok II,1, 134/428) des Transzendentalen in der Welt. Fink legt in der *VI. Cartesianischen Meditation* diese Notwendigkeit so aus, daß das Thematischwerden der Weltkonstitution in der phänomenologischen Reduktion vom konstituierenden Leben in seinem konstituierten Zeitzusammenhang umgriffen und mitgerissen wird - „in einer sekundären mitgehenden Konstitution", wie Husserl dazu anmerkt (ebd. 142, vgl. 143). Jene scheinbare Paradoxie in Husserls oben zitierter Äußerung verweist somit auf eine Zwiespältigkeit im Konstitutionsprozeß der Verweltlichung transzendentaler Ergebnisse selbst. Zum einen ist diese Verweltlichung dem ständig weltkonstituierenden Leben eingeordnet: Die natürliche Welt erhält durch die Phänomenologie „zuwachsenden Seinssinn“; die iterativ vollziehbare phänomenologische Reflexion führt in der Verweltlichung zu einer entsprechend iterativen Folge von solchen Zuwüchsen (vgl. ebd. 214). In diesem Sinn bedeutet die Psychologisierung der transzendentalen Erkenntnisse eine „Fortkonstitution der Welt“ (ebd. 213), aber eine solche, durch die Welt „im voraus einen neuen Seinssinn“ annimmt, „als unendlicher Horizont der ihr sich einlegenden und einzulegenden Transzendentalität“ (ebd. 214). Zum anderen ist damit die Einordnung der Verweltlichung transzendentaler Erkenntnisse in den Prozeß der Weltkonstitution von der Art, daß jene Erkenntnisse in ihrem Seinssinn ständig gegen den Seinssinn der natürlichen Weltkonstitution revoltieren, ohne sich aber von dem Mitgetragenwerden in diesem Konstitutionsprozeß lösen zu können. So schreibt Husserl in einer Anmerkung zur Sechsten Meditation: „In der Welt [...] hat die konstitutive Erkenntnis, hat auch die Welt als aufgeklärtes Phänomen nichts zu suchen. Die Verweltlichung aller transzendentalen Erkenntnis und transzendental Seienden [...] ist in diesem Sinn uneigentliche Verweltlichung, nämlich sie ergibt nichts weltlich Seiendes.“ (Ebd. 147/488)

Phänomenologie organisiert sich somit, indem sie wieder weltlich wird und universale Theorie entwirft, in einer eigentümlichen, notwendigen Widersprüchlichkeit: Weltlich seiend hebt sie im vorhinein alle Seinsbindung auf. Noch diese Widersprüchlichkeit kündet von ihrer unüberwindbaren Verankerung im Weltleben. Der mit der Wiederverweltlichung bezeichnete Schnittpunkt zwischen Transzendentalität und Mundanität ist die Transzendentalphilosophie selbst, die in ihrem transzendentalen Bezug originäre Erschließung des Transzendentalen besagt, in ihrem mundanen Bezug alle mundanen Wissenschaften zu einem universalen transzendentalen Wissenschaftsganzen umfaßt und alle ihre Erkenntnisse im Gebiet des Psychologischen an das Weltliche zur Erfüllung der Praxisfunktion von Theorie weitergibt.

Mit Blick auf das sich im Ausgang von der Mundanität, im Durchgang durch die Transzendentalität und im Wiedereintritt in die Mundanität durchhaltende Erleben wird nun der strukturelle Charakter der Funktion, die Theorie für die Praxis übernehmen soll, deutlich: Die Theorie, in ihrer vollen Form als transzendentale, ist das einwirkende und verändernde Moment in einem sich durchhaltenden, aber durch ihre Einwirkung sich gerade in seinem Selbst vergewissernden Erlebnisablauf: der Praxis. Funktional einwirkend auf diesen Ablauf gibt Theorie ihm im Vorgang der Verweltlichung eine neue Bestimmung - zunächst im Erfahrungsleben des Phänomenologen selbst.

Sich durchhaltendes Erleben (wie Praxis in Transzendentalität hineinragt) und die Bildung eines transzendentalen Horizontes des Weltlebens aufgrund einer sekundären Konstitution (wie Transzendentalität in Praxis wirksam wird) sind die beiden Bedingungen dafür, daß die Praxis zu sich selbst kommen kann; sie sind zugleich Bedingung für die Möglichkeit, die im Transzendentalen erfolgte Identifikation von mundaner und transzendentaler Subjektivität in Form der von der Praxis auszutragenden Dualität von transzendentaler und mundaner Einstellung in die Mundanität hinüberzuretten sowie für die Verweltlichung transzendentaler Erkenntnisse im Ausbau einer Transzendentalphilosophie als universaler Wissenschaft. Beide Bedingungen zeigen Möglichkeiten auf, wie patent gewordenes Transzendentales in die Mundanität einströmen und universale Wissenschaft als absolute Wissenschaft vom Transzendentalen die Praxisfunktion von Theorie trotz ihrer alle Mundanität übersteigenden Grundlegung übernehmen kann: Sie ist selbst nur im Schnittpunkt von Transzendentalität und Weltleben möglich.

Damit ist die zu Beginn des dritten Teils gestellte Frage, wie transzendentale Theorie, die sich doch von allem Weltleben entfernen muß, dennoch ihre Funktion für die Praxis übernehmen könne, beantwortet. Es wurde deutlich, daß diese Entfernung, unbeschadet ihrer Radikalität, eine nur relative, auf dem Untergrund eines sich im Übergang von Mundanität in Transzendentalität und wieder in Mundanität sich durchhaltenden Erlebens sich vollziehende ist. Dieses sich durchhaltende Erleben bewirkt eine von Husserl nicht beachtete Endlichkeit der Erkenntnisgewinnung in der Unendlichkeit der Erfahrung. Die Endlichkeit besagt, daß der Phänomenologe immer nur von der Mundanität aus ins Transzendentale eintreten kann und daß dieser Eintritt für ihn nur in der Weise möglich ist, daß er sich nie stets oder auch nur in den jeweiligen Abschnitten seines Eintretens völlig im Transzendentalen befände. Ein Anzeichen für dieses Gebundensein an die Praxis erblickten wir bereits in Husserls Bestimmung der Theorieform transzendentaler Forschung, insbesondere hinsichtlich ihres apriorischen Charakters; die Unabgeschlossenheit der transzendentalen Erfahrung mit ihrer Kette der iterativen Verweltlichungen transzendentaler Erkenntnisse wäre ein weiteres Indiz,[274] ebenso der Umstand, daß die wirkliche Erfüllung des universalen Lebensinteresses mit der Freilegung des transzendentalen Zu-sich-selbst-Kommens nur den Anfang eines Wegs markiert, der ebensowenig wie der Erkenntnisweg abzuschließen ist; ein Anzeichen dafür ist schließlich auch die prinzipielle Differenz, die im Weltleben nach der Entdeckung des Transzendentalen (zunächst nur für den Phänomenologen) aufspringt, die Differenz in seinem Ich, die im Weltleben nie mehr aufgehoben werden kann - weder ist die alte Naivität zurückzugewinnen, noch kann eine nur im Transzendentalen zu erlangende Identität im Weltleben als solche verwirklicht werden. Unsere These lautet, daß gerade aus dieser Differenz der spezifische Funktionssinn entspringt, den transzendentale Theorie für die Praxis übernimmt. Diese These gilt es im folgenden zu bekräftigen.

2.3. Transzendentale Theorie für Praxis

Vorab sei der Versuch unternommen, das Verhältnisgefüge von Sorgestruktur einerseits und Vernunftstreben andererseits zu systematisieren. Die Sorgestruktur, als aus der Differenz von Intention und Erfüllung entsprungen, korreliert mit derjenigen Form transzendentaler Subjektivität, in der diese Differenz in der Konstitution von Welt aufbrach: mit Mundanität als endkonstituierter Subjektivität; sofern sie sich zudem auf die handelnde mundane Aktivität be-

---

[274] Ebenso die Unendlichkeit der iterativen Kette möglicher Aufweisungen der jeweils latent bleibenden Aktvollzüge: Daß für Husserl die Epoché nur im Thematischen unternommen wird, hat zur Folge, daß der fungierende Vollzug des Thematisch-Machens latent bleibt, in einer erneuten Blickwendung jedoch ins Thema rükken kann, wobei erneut der leistende Vollzug anonym fungiert, aber ebenso wieder patent gemacht werden kann usw. (vgl. Hua XXIX, 369).

zieht, korreliert sie auch mit Praxis. Entspringt die Sorge aus der Differenz von Intention und Erfüllung, so markiert der Welthorizont die Grenze ihres Ausgriffs, wenn anders das Weltverhältnis mit dem Intention-Erfüllungs-System gestiftet wird: ‚Welt' als das Schlechthin-Darüberhinaus ist Erscheinungsform derjenigen Differenz, die für mundane Subjektivität Erfüllung der Intention stets voraussein läßt. Das Vernunftstreben hingegen ist ‚Ausdruck' des Systems von Intention und Erfüllung selbst, es deckt sich mit der Bewegungsrichtung von Intention zu Erfüllung; es ist Intentionalität, die sich im Aufweis vollkommener Evidenz zu befriedigen sucht. Die Sorge, veranlaßt von der Differenz von Intention und Erfüllung und verwiesen an den Welthorizont, verbleibt innerhalb dieses Verweisungsbezugs. Das Vernunftstreben als solches hingegen kennt diese Grenze nicht. Da seine Voraussetzung nicht jene Differenz, sondern die ‚vor' dieser Differenz liegende Erfülltheit ist, steckt die Welt für es nicht die Grenze ab. Das Vernunftstreben korreliert somit zunächst ebenso wie die Sorge mit dem Weltleben, doch nicht nur als einem endkonstituierten Modus transzendentaler Subjektivität, sondern schon als der (zunächst verdeckten) konstituierenden transzendentalen Subjektivität als solcher. Sofern es auf Erfüllung primär nicht im Modus der Sorge, sondern im Modus der Schau bezogen ist, korreliert es zudem mit Doxa, doxischer Aktivität. Sofern Vernunftstreben zunächst auch im Weltleben operiert, steht es mehr oder minder im Umwillen der Sorge (Gegensatz Doxa und Episteme), wie auch der Subjektivität im Weltverhältnis der Sorge erst dank des Vernunftstrebens ihr Sorgecharakter enthüllt ist, da das Vernunftstreben die Möglichkeit vollkommenen Erfülltwerdenkönnens vorzeichnet, das stets an der Grenze des Welthorizonts zerschellt. Solcherart sind Sorge wie Vernunftstreben auf Vollkommenheit gerichtet: Sorge im Modus der Sicherung, da sie Vollkommenheit als Abwesenheit erfährt, das Vernunftstreben im Modus einer sich intensivierenden Schau. Die Schau vermag sich nur zu intensivieren, weil ihr die Sorge Grenzen zieht, indem sie die Sicherung der Praxis im Horizont der Welt besorgt. Vernunftstreben in Form der Theorie sucht mithin die Grenzen, die ihr die Praxis in Form der Sorge zieht, stufenweise zu überschreiten. Das Telos, das ihm vorgezeichnet ist, liegt dort, wo es zugleich seinen Ursprung hat: in der konstituierenden transzendentalen Subjektivität, doch im ‚Modus' ihrer vollen Patenz. Dies hat zur Folge, daß Sorge Vollkommenheit im Welthorizont auslegt, d. h. mit den Mitteln des auf Binnenweltliches bezogenen Verstehens das eigentlich ‚Vollkommene', Unendliche: die transzendentale Subjektivität in ihrer unaufhörlichen Selbstkonstitution, substantialisiert und verendlicht, während das Vernunftstreben dahin tendiert, diese Unendlichkeit des Transzendentalen patent zu machen.

Das Vernunftstreben vom Weltleben aus vermag jedoch nie, auch nicht im extremen Fall der transzendentalen Phänomenologie, zu einer vollkommenen Deckung mit dem Transzendentalen zu gelangen: Für die Phänomenologie gelingt die Deckung nur im Gegenüber ihres Themas und in der Zeit ihres Vollzugs. M. a. W., Doxa vermag sich nie so zu intensivieren, daß sie Praxis auflöst. Dies wiederum besagt, daß die für das Weltleben bestimmende, mit dem System von Intention und Erfüllung gesetzte Differenz *nicht toto coelo*, sondern nur in bestimmter Hinsicht modifiziert zu werden vermag. Die transzendentale Subjektivität in der Deutung Husserls ist somit nicht so ‚weltlos', wie Heidegger und Fink versichern wollen: Weder ist, wie gezeigt, konstituierende transzendentale Subjektivität von ihrer Weltkonstitution abzukoppeln, noch kann gar Phänomenologie den Welthorizont in jeder Hinsicht überschreiten. Die Phänomenologie besitzt ihren Ort mithin in einer bestimmten Relation zum Welthorizont, indem sie zu jener Differenz tritt, die die Ausbildung der Sorgestruktur veranlaßt, in ein neues Verhältnis tritt. Dieses Verhältnis ist durchaus ein solches allgefährdeter *Labilität*: Bis in die transzendentale Forschung hinein muß der Phänomenologie das Handgepäck der Praxis mit sich schleppen, und auch in der Praxis verschmilzt die transzendentale Erkenntnis mit der für das Weltleben kennzeichnenden intentionalen Struktur des Horizontbewußtseins. Doch gerade dadurch ermöglicht der Phänomenologe die Begegnung von Transzendentalem und Mundanem.

Diese Begegnung spiegelt eine Husserls Werk durchziehende Denkfigur wider, mit der er implizit und explizit das Verhältnis von Einheiten zueinander bzw. von Vielheiten und Einheit zu fassen sucht: Vernunftmanifestationen durchdenkt. Diese Denkfigur belegt, wie sich Phänomenologie im Zwischen von Transzendentalität und Mundanität hält und wirft ihrerseits Licht darauf, wie sich Husserls Vernunftbegriff einer Vereinnahmung durch monistische (universalistische) oder pluralistische Deutungsmuster entzieht. Es gilt daher, das diesbezüglich bereits Ausgeführte (II.1.2. und III.2.1.) in bezug auf die Position der Phänomenologie im Zwischen von Transzendentalität und Mundanität zu vertiefen.

‚Vernunft' korreliert Husserl zufolge mit all dem, was in Evidenz gegeben ist, also vor allem mit den drei großen Bereichen evidenten Seins, die Husserl aufzuweisen suchte: dem natürlich-faktischen, dem natürlich-idealen und dem transzendental-faktischen Bereich, letzterer erfaßt in seiner Idealität. Dies schließt alle Seinsregionen ein, wobei der Pluralität dieser Regionen auf der Bewußtseinsseite eine Pluralität der Weisen einsichtiger Vernunfterkenntnis entspricht. Diese Weisen sind die phänomenologisch aufgewiesenen Einstellungen: Jede Region verlangt zu ihrer Erfassung die korrelative Einstellung, in der und nur in der ihr Vernunftsinn erfahrbar wird. Sofern Husserl einerseits eine Pluralität von Einstellungen konstatiert und andererseits zumindest zwei Arten der Vernunft ein letztes Recht einräumt, indem die eine als universale Vernunftlehre (Ethik) und die andere als universale Wissenschaftslehre (Logik) alle Vernunftarten umspannt, vermag er eine Pluralität von Aktbezügen zu denken, ohne daß diese Pluralität in einen schrankenlosen Pluralismus mündet: Stets sind für Husserl die Bahnen, wie sich Bewußtsein den Sachen zuwendet, von diesen vorgegeben. So machte Husserl schon in seiner Deutung des Verhältnisses von theoretischer und praktischer Vernunft, von Vernunft- und Wissenschaftslehre, deutlich, daß Vernunft nicht in Teilen auseinanderfällt, sondern aus Perspektiven, Relationen besteht, die jeweils einander umfassen.

Ist gegenüber einem solchen Denken in ‚absoluten Relationen' nicht jedoch Skepsis angebracht, wenn Husserl letztlich *eine* Relation, die der transzendentalen Subjektivität, als die im Vergleich zu allen anderen Relationen ‚absolute' dominieren läßt? Denn wird nicht das einander Umgreifende von Vernunft- und Wissenschaftslehre hinfällig, wenn Ethik in transzendentaler Teleologie und Logik in transzendentaler Logik, wenn also Ethik und Logik im Selben: der transzendentalen Subjektivität, kulminieren? Und hebt nicht die transzendentale Einstellung alle anderen Einstellungen in sich auf, so daß alle personale, naturale, natürliche, lebensweltliche, praktische etc. Einstellung in ihrem Grund transzendental, nämlich transzendentale Sinnbestimmtheit, ist? Steuerte Husserl nicht schon in den *Prolegomena* mit dem Hinweis auf die fehlende Einheit von Wissenschaft auf eine monistische Theorie, die ,universale Wissenschaft', hin, die er später der Monas der transzendentalen Subjektivität anzugleichen suchte, so wenn er in der *Formalen und transzendentalen Logik* der phänomenologischen „Ursprungsbegründung" die Aufgabe zuweist, allen Wissenschaften „Einheit als Zweige konstitutiver Leistung aus der einen transzendentalen Subjektivität" (Hua XVII, 278 f.) zu verleihen? Somit wäre alles Seiende relativ auf die transzendentale Subjektivität und diese allein - eben als ,Form aller Formen' - „in sich und für sich" (ebd. 279). Hierzu stimmt auch die Stelle in der *Krisis*-Schrift, wo es heißt, „daß Vernunft keine Unterscheidung in ,theoretische', ,praktische' und ,ästhetische' und was immer zuläßt" (Hua VI, 275).

Andererseits behält gerade für den späteren Husserl alle Weltwahrheit, die relativ-endliche der vor- und außerwissenschaftlichen Lebenswelt wie auch die ideelle Wahrheit der mathematisierten Wissenschaft, ihr Recht (vgl. Hua XVII, 284). Relative Wahrheit und ideale, absolute Wahrheit, sei es die Wahrheit der mathematisierten Naturwissenschaft oder der transzendentalen Phänomenologie, hätten somit alle ihre ihnen jeweils zukommende Befugnis, während die Alternative „skeptischer Relativismus" vs. „logischer Absolutismus" für Husserl unannehmbar ist (ebd.). Absolutismus und Relativismus sind für ihn in ihrer Verabsolutierung Konstrukte, in denen Wahrheit, die für die transzendentale Phänomenologie stets nur in Horizonten ist, auf ein absolutes Ansichsein bezogen wird, wobei der Relativismus solches Ansichsein negiert, während es der Absolutismus behauptet. Vor dem Hintergrund des teleologischen Angelegt- und Ausgerichtetseins transzendentaler Subjektivität erscheinen schrankenlose Verabsolutierungen wie diejenigen seitens des logischen Absolutismus und des skeptischen Relativismus als unzulässige Verkürzungen, Verendlichungen. Dem transzendentalen Standpunkt entspricht zwar nur die eine Vernunft, die in der Tat keine Unterscheidung in theoretische, praktische und was immer kennt. Aber diese Feststellung bedeutet nicht, daß es nur diese Vernunft gäbe. Nur sie gibt es so wenig wie es nur die transzendentale Seinsweise resp. transzendentale Einstellung des Phänomenologen gibt. Denn auf dem Weltboden sieht die Sachlage ganz anders aus. So wird Husserls Aussage, daß alle Wissenschaft Einheit aus der einen transzendentalen Subjektivität gewinne und daß es nur eine transzendentale Vernunft gebe, phänomenologisch selbst als eine Relation anzusehen sein, wenn vielleicht auch als eine besondere Relation, die als solche, aber eben nur als solche: ‚nur' in einer bestimmten Hinsicht, alle anderen Relationen in sich befaßt.

Wenn wir diese Deutung zugrunde legen, ist Husserls Aussage, daß Vernunft eine einheitliche ist, *gerade als Ausdruck von Pluralität* zu nehmen: Denn diese Aussage ist dann selbst eine Relation.[275] In dieser Relation, bezüglich der transzendentalen Subjektivität, gibt es nur *eines*: das Vernunftgeschehen der transzendentalen Intersubjektivität selbst. Doch besteht *nicht nur diese* Relation. Die *Labilität* der Phänomenologie belegt, was es mit der vermuteten Festigkeit, Eindeutigkeit und einheitlichen Gültigkeit dieser Relation auf sich hat. Auch für den Phänomenologen verbleiben somit zwei grundlegende Dimensionen, Transzendentalität und Mundanität, und mit dieser auch die Pluralität aller weiteren Aktbezüge. Nur in *einer bestimmten* Einstellung, der transzendentalen, erweist sich transzendentale Subjektivität als ‚absolute'. Nach der Epoché weiß sich das Weltleben als im Grunde identisch mit der transzendentalen Subjektivität: Es *ist* transzendentale Subjektivität und ist als mundane doch zugleich *das andere* der Transzendentalität. Diese ‚Selbstfindung' des Weltlebens bedeutet in eins allererst die Möglichkeit der Anerkennung einer wesenhaften Selbst-Differenz, die,

---

[275] Vorschnelle Deutungen finden hierin einen Beleg für einen Monismus, der Husserls Vernunftkonzeption unterschoben wird. Vgl. z. B. Wolfgang Welsch, *Unsere postmoderne Moderne*, 3. Aufl. Weinheim 1991, S. 264 f. „Die Weite des Vernunftbegriffs [Husserls] war nur ein vorläufiges Zugeständnis, am Ende geht es um unteilbare Einheit." (Ebd.) - Vgl. hierzu auch die klärenden Ausführungen bei Ivan Blecha, „Kritik der pluralen Vernunft. Phänomenologie versus Postmoderne", in: Ernesto Garzon Valdés und Ruth Zimmerling (Hg.), *Facetten der Wahrheit. Festschrift für Meinolf Wewel*, Freiburg/München 1995, 379-397.

solange es Menschen gibt, die als solche stets Menschen-in-der-Welt sind, unaufhebbar ist. Im Verhältnis des Phänomenologen zum Mundanen, zum Transzendentalen *und wieder* zum Mundanen zeigt sich somit Differenz, letzte Einheit aller Differenz und schließlich wieder Differenz, die diese Einheit noch mitumgreift, ohne sie jedoch aufheben zu können.

Das Verhältnis von Universalität und Pluralität kann - abgesehen von dem Fall, daß Mannigfaltigkeit Einheitlichkeit generell ausschließt - auf zweifache Weise begriffen werden: einmal derart, daß Einheitlichkeit in sich Mannigfaltigkeit ermöglicht und zweitens, daß Mannigfaltigkeit einerseits und Einheitlichkeit mit integrierter Mannigfaltigkeit andererseits wenn auch nicht zugleich, in der Einheit desselben subjektiven Bezugs, bestehen, so doch je wechselnden Einstellungen zugänglich werden.[276] Letzteres trifft auf das Denkmuster zu, mit dem bei Husserl das Verhältnis von Einheit und Vielheit bestimmt wird: daß eines das andere umgreift oder eines das andere in sich trägt, wie die Praxis die Theorie und vice versa, wie praktische Vernunft die theoretische und vice versa, wie Vernunftlehre die Wissenschaftslehre und vice versa, so auch Transzendentalität die Mundanität *und vice versa*: Für den transzendentalen Standpunkt ist Mundanität Transzendentalität, im Weltleben ist Transzendentalität nicht nur das im Sinn des Nichtvorgegebenen Verhüllte, sondern - nach der Wiederverweltlichung - als Horizont impliziert. Diese Differenz ist schlechthin unaufhebbar, oder anders gewendet: Praxis und Doxa bzw. Sorge und Vernunft sind einander nicht aufzurechnen.

Die dem Phänomenologen eröffnete ‚Dialektik' von Transzendentalität und Mundanität ist nicht nur das Urbeispiel für das eigentümliche Verhältnis, in dem Husserl Einheit und Vielheit zusammendenkt. Umgekehrt drückt dieser Standpunkt zum Verhältnis

[276] Diese ‚Dialektik' ist nicht eine solche der „dialektischen Selbstbeziehung des Ganzen, die die Vielheit der Teile impliziert und in Form eines redundanten Prozesses expliziert", welche K. Gloy und E Rudolph als eine Erklärungsmöglichkeit des Verhältnisses von Einheit und Vielheit nennen (K. Gloy und E. Rudolph [Hg.], *Einheit als Grundfrage der Philosophie*, Darmstadt 1985, S. XIII); denn hierbei ist Einheit schon vorausgesetzt, während es in unserem Fall um ein Wechselspiel geht, in dem das Prinzip von Einheit selbst zur Disposition steht.

von Einheit und Vielheit exakt die Weise aus, wie sich Phänomenologie zu der mit dem System von Intention und Erfüllung eröffneten Räumlichkeit verhält: daß sie dieser Grenze ansichtig wird, ohne sie jedoch faktisch überschreiten zu können. Die Labilität der Phänomenologie besagt, daß sie nie ganz in der Mundanität und nie ganz im Transzendentalen aufgehen kann. In ihrer Sicht sind Mundanität und Transzendentalität zwei ‚Systeme', die absolut eins und absolut zwei zugleich sind. Sie besagt zudem, daß Phänomenologie nicht einen Standpunkt einnehmen kann, der neben dem mundanen Weltverhältnis und dem stehend-strömenden ‚Sein' der transzendentalen Subjektivität eine eindeutige dritte Position zukäme. Indem Phänomenologie an Mundanität rückgebunden bleibt und sich zugleich in die Transzendentalität einschreibt, verkörpert sie nicht eine über beidem zu lokalisierende absolute Position. Sofern sie immer nur eines vom anderen aus und eines im anderen zu verstehen versucht, verfährt sie in einem weitesten Sinn *hermeneutisch*.

Zugleich ermöglicht diese Labilität der phänomenologischen Position, daß Phänomenologie eine Funktion für das Weltleben übernehmen kann. Denn die Labilität besagt ja, daß die Verbindung zur Mundanität nie völlig durchschnitten wird. Wie aber kann transzendentale Erkenntnis nach Einströmen in das Weltleben ihre von Husserl postulierte Reformkraft entfalten? Hierzu gibt Husserl nur spärliche, verstreute Hinweise. Allgemein wird man sagen können, daß die Phänomenologie bestrebt ist, ihre Erfahrung bezüglich der Sorgestruktur des Weltlebens, die relative Entschränkung des durch die Sorge gebundenen Weltlebens, an dieses weiterzugeben. Die Weitergabe erfolgt, da Phänomenologie Wissenschaft und nicht Weltanschauung ist, auf dem Weg über Theorie: Für Husserl vermittelt die Phänomenologie in ihrer Doppelgestalt als transzendentales Sein erschließende Philosophie und als praktische Kulturgestalt im Vorgang der Verweltlichung ihrer transzendentalen Erfahrung transzendentales und weltlich-praktisches Sein. In der Verweltlichung transzendentaler Erfahrung erblickt Husserl einen Zuwachs an besonderem Wissen: Der in die natürliche Einstellung Zurückgekehrte weiß fortan um die transzendentale Herkunft seines Seins. Es ist das Eigentümliche, daß jedoch nicht Theorie den Grund für diese Umstellung legte, sondern die Epoché in der Ermöglichung der faktischen Einnahme eines neuen Seinsbodens, wenngleich in der thematischen Schau des theoretisierenden Blicks. Insbesondere bei der Frage nach der praktischen Funktion der Phänomenologie sind daher sowohl praktische Bezüge von dem mit ihnen verwobenen theoretischen Bezug wie auch der Bezug auf eine einzelne Existenz (den Phänomenologen) von dem Bezug auf die Existenz einer Gemeinschaft (die Mitphänomenologisierenden und die Nichtphänomenologen) zu unterscheiden. Transzendentalphänomenologische Theorie übernimmt ihre Funktion für die Praxis auf zweifache Weise in einer *vermittelten, indirekten* Form: Zum einen bewirkt sie eine Modifikation im mundanen Erleben, die mittels der Einstellung der Phänomenologie auf ihr Thema erfolgt (1). Zum zweiten wird diese Wandlung, die zunächst den Phänomenologen betrifft, über die Neuorganisation von Wissenschaft an das gemeinschaftliche Weltleben weitergegeben (2).

1. Obgleich die verweltlichten phänomenologischen Erkenntnisse im Welthorizont keinen angestammten Ort besitzen, ist der Vorgang der Wiederverweltlichung doch die einzige Weise, wie Phänomenologie auf dem Weltboden Fuß fassen und auf Praxis einwirken kann. Sofern der Welthorizont verhindert, daß mundane Subjektivität auf ihren eigenen Grund als transzendentalen hin sich entwirft, lebt mundane Subjektivität in einem Modus der unvollkommenen Selbsthabe: Das ‚Ganze', das sie als transzendentale ist, ist ihr verschlossen. Die Aufgabe, die Husserl dem Phänomenologen überträgt, lautet somit, dieses Ganze im Medium der transzendentalen Theorie zu rekonstruieren und nach Wegen zu suchen, mundane Subjektivität dem theoretischen Aufriß entsprechend faktisch zu rekonstruieren. In einem Zusatztext zur *VI. Cartesianischen Meditation* weist Husserl darauf hin, daß die Rekonstruktion transzendentaler Strukturen in der Theorie eine Rekonstruktion der ‚Weltseelen' in der Praxis impliziere: „Die Seelen sind sozusagen in der naiven Natürlichkeit in Unfertigkeit stecken geblieben." Und er fügt hinzu: „Durch die phänomenologisierende Aktivität, die die natürliche Welt übersteigt, kommen sie in Bewegung, ihr Seinssinn bekommt ständig neue Zuwüchse in Form der neuen Verweltlichungen des Transzendentalen" (HuaDok II,1, 214; vgl. Hua XXIX,

208). Der Adressat dieser Verwandlung ist der Phänomenologe, der „durch Einströmen der transzendentalen Ergebnisse in die früher naiv apperzipierte Subjektivität eine transzendentale ‚Innerlichkeit' erhält" (Hua XXIX, 268). Sein seelisches Sein in der Welt verwandelt sich dadurch, daß es in einem neuen Horizontbezug steht (ebd.). Darin terminiert es zwar wieder in der Welt, doch dieses Terminieren ist insofern modifiziert, als dabei das Hintergrundwissen vorherrscht, daß Welt als Universalhorizont nicht vorgegeben, sondern Produkt einer Konstitutionsleistung ist. Der aufgrund der Wiederverweltlichung ausgebildete „transzendentale Horizont" besagt also des näheren eine Modifikation des Horizonts ‚Welt'. Im Text Nr. 7 des Ergänzungsbandes zur *Krisis* diskutiert Husserl diese Wandlung des Seinssinns von Welt. Dabei umschließe der neue Sinn den früher geltenden, der in ihm fortgilt, und zugleich nehme das Neue „wieder die kategoriale Form des Alten" an (ebd. 77): Der transzendental aufgehellte Sinn von Welt impliziert den in der natürlichen Einstellung apperzipierten Weltsinn und überlagert ihn, indem er ihn als von sich abkünftig erweist. Gleichzeitig korreliert mundane Einstellung notwendigerweise mit Welt als Universalhorizont, d. h., das Wissen um die transzendentale Herkunft dieses Horizonts erscheint in der Mundanität nur in der Weise, daß es in diesen selbst ‚eingeordnet', vom Welthorizont eingenommen wird. Alles in allem führt dies Husserl zufolge zu einer „Umschöpfung der Welt": „Die Welt selbst verwandelt sich." (Ebd., 79). Das, was gegen die Auffassung einer Gültigkeit von Welt-schlechthin spricht, kann in der Mundanität nur so erscheinen, daß es im Ganzen dieser Auffassung, gegen die es sich wendet, selbst auftritt. Für die Mundanität bedeutet dies, daß sie sich als Selbstapperzeption der transzendentalen Subjektivität erkannt und daß sich ihr endliches Terminieren auf Ziele, auch Vollkommenheitsziele im Welthorizont, auf unendliche Erzielungen erweitert hat. Damit soll ein „wahres transzendentalmenschliches Sein" (E III 1, 3) ermöglicht werden, das dem Transzendentalen und seinem Streben nach Vollkommenheit gegenüber eröffnet ist.

Der Auffassung, daß es sich bei Epoché und Wiederverweltlichung nur um thematische Änderungen handelt, scheinen jene Äußerungen Husserls zu widersprechen, in denen nicht nur von einer

Änderung des Stils der Weltapperzeption die Rede ist, sondern auch davon, daß mit dem Phänomenologisieren „die Seinsweise des Ego selbst“ „eine Wendung“ genommen habe, so, „daß nun nicht mehr das natürlich-naive Ego, sondern das für sich selbst thematisch und patent gewordene sich mundanisieren muß als Mensch“. Weiter heißt es: „Der Mensch verwandelt sich damit auch, in seine Seele tritt eo ipso alles transzendental-phänomenologisierende Geschehen ein“ (HuaDok II,1, 136/433). In der *Krisis* heißt es, „daß die totale phänomenologische Einstellung und die ihr zugehörige Epoché zunächst wesensmäßig eine völlige personale Wandlung zu erwirken berufen ist, die zu vergleichen wäre zunächst mit einer religiösen Umkehrung, die aber darüber hinaus die Bedeutung der größten existenziellen Wandlung in sich birgt, die der Menschheit als Menschheit aufgegeben ist“ (Hua VI, 140).

Sind diese Äußerungen so zu interpretieren, daß Husserl im Geschehen von Entweltlichung und Wiederverweltlichung eine Modifikation der Erlebnisse des Ego erblickt, daß es sich hier doch nicht nur eine thematische, sondern um eine Vollzugsmodifikation des phänomenologisierenden Ich der Epoché handelt, um eine Wandlung seines Aktvollzugs, die vor jedem thematischen Wissen liegt, ja dieses erst fundiert? Das Ziel der Ausschaltung des Weltglaubens ist die radikale Begründung universaler Philosophie, und die Rückkehr des phänomenologisierenden Ich in den Weltzusammenhang soll die Ausbildung der transzendentalphänomenologischen Philosophie im Funktionszusammenhang des praktischen Weltlebens ermöglichen. In diesem Sinn ist stets das philosophische Wissen die Grundlage für eine Änderung aller Praxis. Da der Phänomenologe in der thematischen Haltung der Epoché auf die „Umschöpfung der Welt“ bezogen ist, erfolgt diese personale Wandlung seines Weltbezugs über das Medium dieser Thematik, erfolgt im Medium eines thematischen Wissens: Der Phänomenologe weiß, daß die natürliche Welthaltung eine Weise der Selbstapperzeption der transzendentalen Subjektivität ist, und dieses Wissen ist es, das ihn, da es sich auf alles Weltliche bezieht, in einer dergestalt ‚universalen‘ Weise verwandelt.

2. „Zunächst“ ist diese Wandlung, wie es in dem zitierten Text heißt, mithin eine Verwandlung des Phänomenologisierenden allein, der für sich in der ‚Einsamkeit der transzendentalen Reduktion‘ das Sein der transzendentalen Subjektivität erschließt, „darüber hinaus“ impliziere sie eine Verwandlung der „Menschheit“. Dies will offenbar besagen: Die Wandlung des Phänomenologisierenden bleibt nicht auf ihn beschränkt, weil sie, die eben in einem Wissen erfolgt und in diesem Wissen sich mitteilen kann, einen Zuwachs an philosophisch-theoretischer Kenntnis bedeutet und weil Philosophie auch in ihrer praktischen Funktion die Beziehung auf andere intendiert.

Da jedoch diese Funktion zunächst nur in einem einzelnen, dem Phänomenologen selbst, wirksam wird, lautet die Frage, wie jener Maßstab auch denen vermittelt werden kann, die nicht Phänomenologen sind.[277] Diese Frage betrifft die praktische Funktion der Phänomenologie als in der Welt auftretender Wissensform. Husserl hat diese Frage offensichtlich beschäftigt,[278] wenngleich er zu ihr kaum konkret Stellung nahm. Es ist zu vermuten, daß er die praktische und damit auch ethisch relevante Funktion der Transzendentalphilosophie in einer Neukonzeption des gesamten Wissenschaftsgefüges erblickte, die von der Erkenntnis der Notwendigkeit, Verfestigungen im Sinn von Verendlichungen aufzulösen, geleitet wäre. Da der Phänomenologe nur zeitweilig der Epoché Übende, der ins Transzendentale Eintretende ist, der erstlich und letztlich Bürger dieser Welt ist und bleibt,[279] stellt sich die Frage, wie seine transzendentalen Erkenntnisse ins Mundane hinübergerettet werden. Verläßt er

[277] Husserl erwähnt die „fortschreitende Entwicklung einer phänomenologisierenden Gemeinschaft durch Erweckung von Nicht-Phänomenologen zu Phänomenologen“ (HuaDok II,1, 216).

[278] Vgl. die Schlußpassage von Beilage XIII sowie die Beilage XV zur VI. Cartesianischen Meditation (HuaDok II/1, 214 und 216) (1933/1934).

[279] Husserl spricht in Hinblick auf die Wiederverweltlichung von einer „notwendigen ‚Lokalisierung‘“ (HuaDok II,1, 134, Anm. 428) des Transzendentalen in der Welt. Eugen Fink legt in der *VI. Cartesianischen Meditation* diese Notwendigkeit so aus, daß das Thematischwerden der Weltkonstitution in der phänomenologischen Reduktion vom konstituierenden Leben in seinem konstituierten Zeitzusammenhang umgriffen und mitgerissen wird - „in einer sekundären mitgehenden Konstitution“, wie Husserl dazu anmerkt (142, vgl. 143).

die transzendentale Einstellung unter Festhaltung der Epoché (vgl. HuaDok II,1, 120, Anm. 384; 189), setzt er wieder Welt als den universalen letzten Horizont all seiner Abzielungen, ist er in der Lage, alle positiven Wissenschaften, normierend an der transzendentalen Erkenntnis, neu zu konzipieren, d. h. die Verengungen und Verabsolutierungen ihres zufällig-faktischen Entwicklungsverlaufs zu korrigieren. Auf diese Weise würde, da Wissenschaft die Lebenswelt gestaltet, auch diese in eine neue Form der Weltapperzeption übergeleitet werden können. Damit erfüllt er bereits seinen Auftrag für die Praxis, da Theorie für Husserl ja selbst schon eine Weise der Praxis, eine theoretische Praxis, darstellt und somit immer schon, im Guten wie im Schlechten, auf die Praxis wirkt, und weil jetzt eine Theorie möglich geworden ist, die das eigentliche Telos der Praxis erkannt hat und über die Realisierung universaler Wissenschaft auch zum Austrag zu bringen vermag.

Doch genügt diese so verstandene Praxisfunktion universaler Wissenschaft? Wo bleibt in diesem Konzept die Ethik, die noch wesentlich weitergehen und die Bedingungen einer Beurteilung von Praxis nach einsichtig zu rechtfertigenden Normen und insbesondere unter einer „rationalen Leitung der Praxis" aufzeigen müßte, wie Husserl noch in den *Kaizo*-Aufsätzen forderte (Hua XXVII, 7)? Hierzu macht Husserl lediglich Andeutungen.[280] Möglicherweise hätte dies ein letzter Abschnitt der *Krisis*-Schrift behandelt, denn der erste Teil der *Krisis*, der die Praxisfunktion universaler Wissenschaft als deren letzten Zwecksinn zum Thema macht, besitzt keine Entsprechung am Schluß.[281] Husserls zentrale These lautet, daß der Grund für das Abdriften der Wissenschaft von ihrem von ihr selbst gestifteten Telos in einer vorgängigen universalen Selbstapperzeption der Subjektivität liegt, die sich darin selbst als mundane in einer Weltpraxis setzt. Diese 'Naturalisierung' der Subjektivität hat für Husserl zur Folge, daß im Weltleben alle Strebensziele bezüglich dem in der natürlichen Selbstapperzeption ge-

---

[280] Vgl. z.B. einige spärliche Äußerungen Husserls in den Beilagen *zur Sechsten Cartesianischen Meditation* (HuaDok II,1, Beilagen XIII und XV).

[281] Wenn auch editorisch in dieser Form kaum zu vertreten, so hat doch die Anstückung des nicht aus dem eigentlichen *Krisis*-Manuskript stammenden Textes des Schlußparagraphen 73 durch den Herausgeber ein gewisses sachliches Recht.

setzten und in ihr unhintersteigbaren Horizont der Welt verendlicht werden. Aus diesem Grunde kann keine Weltwissenschaft, und darum auch keine Ethik als Regionalontologie, die Gründe für die Krisis der Wissenschaft aufdecken: Denn die in der Mundanität vorfindlichen Strebensziele weisen in sich selbst ins Transzendentale. Obgleich dies deutlich macht, warum die transzendentale Besinnung die ethische Besinnung fortsetzt (vgl. oben 1.1.), kann andererseits Transzendentalphilosophie Ethik nicht ersetzen. Dies hat Husserl gesehen, wenn auch in der Konsequenz nicht mehr konkretisiert. So besitzt die im ersten Teil der *Krisis* geforderte Besinnung eine ethische Relevanz, wenn diese auch von Husserl hier nicht weiter reflektiert wurde. Nach dem Durchgang durch die transzendentale Klärung, nach der Übernahme der unverkürzten Strebensziele durch die universale Wissenschaft, sollte eine Besinnung darüber erfolgen, wie auf dem Boden des gewonnenen vollen theoretischen Zwecksinns von Wissenschaft nun auch ihr praktisches Telos im Horizont des Weltlebens an den Anfang der Realisierung gebracht werden könnte. Auch dies müßte von einer theoretischen Reflexion begleitet sein, die man ‚Ethik' nennen könnte. Da die *Krisis*-Schrift unvollendet ist, könnte allenfalls die in Eugen Finks Plan einer Fortsetzung der *Krisis*-Schrift erwähnte Neugründung einer mundanen Psychologie einen Hinweis auf den Ort dieser Ethik geben (vgl. Hua VI, 515 f.). Denkbar wäre eine materiale Ethik (und Pädagogik), evtl. als Sonderdisziplin der ontologischen Psychologie; wie diese hätte sie ihre apriorische Wissenschaft in der Transzendentalphilosophie (Phänomenologie und Metaphysik) selbst und stünde trotz ihrer mundanen Gebundenheit wie diese im ‚transzendentalen Horizont'.

Das Weltleben ist aufgrund dieses Wissens dem transzendentalen Leben ein Stück nähergerückt. Das aber heißt, daß für Husserl die Vermittlung zwischen Transzendentalität und Praxis nur über ein Drittes, das phänomenologisierende Ich und die Verweltlichung seiner Erfahrung im Ausbau und in der Mitteilung einer transzendentalen Wissenschaft als universaler Philosophie, denkbar ist. Infolge dieses vermittelnden Moments treten Transzendentalität und Praxis wieder auseinander: Für Husserl bleibt dieser Gegensatz zwischen dem transzendentalen und dem mundan-prakischen Sein nach Ent- und Wiederverweltlichung bestehen. Der neue Stil des Lebens ist ein „weltlicher“ (HuaDok II,1, 143/469), und als solcher ist er dem Transzendentalen nach wie vor entgegengesetzt, auch wenn das Transzendentale als neuer Horizont in der Welt erscheint.

3. Transzendentale Praxis?

Die Mathematisierung der Natur, ihr „physikalistischer Objektivismus“, verursacht mit dem Sinn von Unendlichkeit, den sie stiftet, eine Verendlichung im weltkonstituierenden Prozeß der Subjektivität und ruft eine Verkürzung des Telos universaler Wissenschaft hervor. Wenn dies, Husserl zufolge, zu einer *Krisis* der Wissenschaften und nachfolgend der Lebenswelt führt, könnte jede entsprechende Verendlichung den Charakter einer Krisis aufweisen. Damit wird Krisis selbst zu einem wesentlichen Grundmerkmal des Weltlebens, denn alles Weltleben in natürlicher Haltung tendiert, zumindest auf bestimmter Stufe, in Vergegenständlichung und Objektivierung. Wird die Verendlichung aufgrund von Vergegenständlichung und Fixierung des teleologischen Prozesses gar an ihren letzten Grund verwiesen, so ist schon mit der Verendlichung, Selbstverendlichung der transzendentalen Subjektivität in ihrer Verweltlichung als Mensch-in-der-Welt der Raum der Krisis eröffnet. Krisis besagt dann die Ur-Scheidung von Mundanität und Transzendentalität selbst, eine Differenz, mit der sich zugleich die Uräumlichkeit konstituiert, in der die Entfaltung der Sorgestruktur und des Intention-Erfüllungssystems gründen. Krisis verliert damit den negativwertigen Aspekt, denn so bestimmt ist Krisis unaufhebbar: Das Leben ist in diesem Sinn stets ein Leben in der Krisis. Dies betrifft einen ursprünglichen, mit der Aufschließung jener Urräumlichkeit gestifteten Sinn von Krisis. Dieser ursprüngliche Sinn muß jedoch von mannigfachen Krisisformen, die als je bestimmte Konstellationen der Sorgestruktur und des Intentions-Erfüllungssystems auftreten, unterschieden werden. Bezüglich der Urräumlichkeit sind diese Krisen *Erscheinungs*weisen: Weisen, wie der mit der Eröffnung der Urdifferenz von Transzendentalität und Mundanität miterschlossene Krisis-Raum in Gestalt von bestimmten teleologischen

Verläufen im Horizont der mundanen Raumzeitlichkeit in Erscheinung tritt. Eine Krisis-Erscheinung ist demnach nicht einem bloßen Schein gleichzusetzen, sie ist nicht nichts. Sie verkörpert vielmehr eine handfeste Weise, wie transzendentale Subjektivität sich verweltlicht, ist Erscheinung bezüglich desselben, nämlich desselben als der Ur-Scheidung von Transzendentalität und Mundanität.

Der Versuch der Phänomenologie, Subjektivität als solcherart der Krisis ausgesetzt zu erfassen, muß nicht nur als ein *vermittelter*, sondern überdies als ein *nachträglicher* und *partieller* bezeichnet werden. Er ist *vermittelt*, da die Auflösung der Krisis-Erscheinungen mittels des phänomenologisch-theoretischen Aufweises erfolgt, der vermittelnd auf die Praxis der Auflösung zielt, in der jene Krisissymptome und ihre Auflösung letztlich manifest werden. Er ist *nachträglich*, sofern phänomenologische Analyse sich stets auf ein bereits vollzogenes Aktgeschehen richtet, und er ist schließlich *partiell*, da er nur im Thematischen Krisis-Erscheinungen auflöst und der Vorgang der thematischen Auflösung ein zeitlich begrenzter ist: eingeschränkt nämlich auf diejenige Zeitlichkeit, in der der Phänomenologe als transzendentaler Zuschauer operiert. Gegenüber dem Ort, wo Krisis besteht, also in der durch die Sorgestruktur eröffneten und durch das Intention-Erfüllungssystem bezeichneten Räumlichkeit, ist der thematisch-phänomenologische Blickpunkt ein Un-Ort, ein A-Topos, ein *utopischer* Ort. Obgleich die transzendentale Subjektivität im phänomenologischen Zuschauer ‚zu sich selbst kommt', ist ihr der mundane Standpunkt nach wie vor entfremdet. Denn der Phänomenologe muß ja, um die transzendentale Subjektivität vor den Blick zu bringen, die natürliche Einstellung verlassen haben. Ist sein Ort *als solcher*, trotz der sich im Phänomenologisieren durchhaltenden Praxisbezüge, im Horizont der Mundanität schlechterdings abwesend, so ist das Wissen um die Identität von transzendentaler und mundaner Subjektivität nach der Verweltlichung des phänomenologischen Subjekts, nach dessen ‚Wiedereintreten' in die Mundanität, nur ein *indirektes* Wissen: Denn es ist vermittelt durch den phänomenologischen Zuschauer und fortan im Mundanen nur als jene unerfüllte und hier unerfüllbare *Horizontvorzeichnung* präsent.

Die Erfahrung der Identität von transzendentaler und mundaner Subjektivität wird auf diese Weise nicht in der Mundanität selbst, im lebendigen Aktgeschehen, vollzogen, sondern erst im Überstieg über die Mundanität, in der transzendentalphänomenologischen Einstellung, mittelbar thematisch gewonnen. Damit wird der Krisis-Raum übersprungen und alle Einwirkung auf Krisis-Erscheinungen ist in der gekennzeichneten Weise indirekt. Die Einheitsstiftung der transzendentalen Phänomenologie und die in ihr vorgenommene Identifizierung von transzendentaler und mundaner Subjektivität verläuft somit ‚außerhalb' der Differenz, die sie betrifft, außerhalb des Raums der Krisis, und ‚trifft' diese nicht in derselben Gegenwart.

Versucht man jedoch das Geschehen der Epoché primär als ein Aktvollzugsgeschehen zu denken, so wird das Verhältnis der (vom mundanen Standpunkt aus betrachtet) einander ausschließenden Bereiche von Transzendentalität und Praxis zum Problem, denn in der Modifikation des Lebensvollzugs schließt sich beides zusammen: Das Transzendentale ereignet sich selbst im Aktvollzug und erscheint nicht ausschließlich über die Thematik einer Wissenschaft in der Welt. Die Differenz von Mundanität und Transzendentalität fordert aufgrund ihrer faktisch nicht zu übersteigenden Endlichkeit von sich selbst her eine ‚Identifizierung', in der die Identität der Differenz aufspringt, in der sich diese Differenz, jene Ur-Scheidung, in derselben Gegenwart inne wird. Diese Art von Identifizierung besagt eine Erschließung des Transzendentalen im Horizont der Mundanität: Im *Aktgeschehen* des Epoché-Vollzugs selbst - und nicht erst in seinem thematischen Blickfeld - erfolgt ein Aufbrechen des Zirkels mundanen Verstehens. Wie ist ein solches Aufbrechen zu bestimmen? Hier kann es nur darum gehen, Ansatzpunkte für entsprechende weiterführende Analysen zu bezeichnen.

Husserl zeigte, wie Epoché Doxa frei von allen Einmengungen der Praxis freilegen will. Bei diesem Aufweis war für Husserl der Vorblick auf eine radikal zu gründende Theorie leitend: Epoché und Reduktionen sollen ein Gegenstandsfeld abstecken, das für den Aufbau einer solchen Theorie ein fundamentum inconcussum bietet. Durchführung der Epoché wie Charakterisierung ihres Vollzugs standen für Husserl mithin von vornherein unter dieser Direktive, die als solche jedoch keineswegs selbstverständlich ist. So ist die Freisetzung aufgrund der Epoché nicht ohne weiteres schon auf Theorie zu beziehen. Es handelt sich bei dieser ‚Befreiung' nicht um eine Veränderung, die von transzendentalphänomenologischer Reflexion bewirkt wäre; sie läßt sich umgekehrt als eine solche ‚Umstellung' im transzendentalen Bewußtseinsstrom selbst fassen, die aller thematischen Epoché zugrunde liegt, so daß der thematische Blick nur das finden kann, wohinein er vorgängig schon gestellt ist. Das aber bedeutet, daß es eine Voraussetzung ist (wobei über die Rechtmäßigkeit und Grenze dieser Voraussetzung noch keine Aussage getroffen ist), wenn Epoché und Reduktion im thematischen Aufweis reiner Vernunftbestände kulminieren. Der Vollzug der Epoché ist ‚breiter' angelegt, als Husserls Phänomenologie von ihm Gebrauch macht: Diese nimmt eine bestimmte Auslegung von Möglichkeiten vor, die jener Vollzug eröffnet. Wird diese Auslegung der Epoché, die sie als Organon im Zusammenhang einer absoluten Gründung der Theorie festschreibt, ihrerseits in Klammern gesetzt, so enthüllt sie sich als ein Verwandlungsgeschehen, das den Weltbezug der Person, die in diese Verwandlung einbezogen ist, umstürzt: Die Person hat nicht mehr dieses und jenes im Gegenüber, sondern ist, da der Horizont aller Gegenständlichkeit entgleitet, mit *nichts* konfrontiert. Dieses *nichts* markiert das Aufbrechen des Zirkels mundanen Verstehens und läßt den Weltbezug sichtbar werden. Diese Sichtbarkeit besagt, daß der Zirkel des Weltlebens durchbrochen, doch nicht verlassen ist, daß hier die extreme Möglichkeit erwächst, sich *im* Weltverhältnis *gegen* dieses, im Sinn eines (relativen) Freiwerdens von ihm, zu stellen. Für die Analyse dieses Geschehens mag die Transzendentalphänomenologie Husserls ein unabdingbarer Anlaß sein, doch ihr Rüstzeug reicht zur phänomenologischen Erfassung dieses Weltverhältnisses nicht aus. Wird der Akt der Epoché nicht mehr am Themeninteresse der transzendentalen Phänomenologie festgemacht, nicht mehr von der Sache ihres Themas ihm sein Charakter zugesprochen, so vermag er als ein Geschehen erfaßt zu werden, zu dessen Möglichkeiten es lediglich unter anderem gehört, auch auf ein Thema und schließlich das Universalthema der Welt bezogen zu werden. Solcherart rückt der gesamte hermeneutische Bezug, in dem die Person, die die Epoché vollzieht, in dem gekennzeichneten paradoxen Verhältnis zur Welt steht, ins Thema einer anderen Phänomenologie der Epoché. Die Bestimmung des Aktgeschehens der Epoché wird hier mit einem Begriff von Welt zusammenzubringen sein, der einerseits 'Welt' nicht lediglich als Korrelat konstituierender Subjektivität denkt; denn Epoché ist noch in ihrer Wendung gegen die Übermächtigkeit von Welt als eine *Gabe* von Welt zu denken. Andererseits reicht die Möglichkeit zur Epoché in eine Tiefe des Selbst hinab, besitzt ihren Ursprung *auch* in einer „absoluten Selbstaffektion" (Michel Henry), wenn Epoché die Kraft aufbringt, gegen Welt zu revoltieren. Diese Tiefe verweist auf eine passive ‚Geschichte' der Epoché, die nicht nur ihre im thematischen Blick der Transzendentalphänomenologie unbeachtete Breite im Ganzen derselben Gegenwart umfaßt, sondern ihre verschlungenen Vorformen, die mehr oder minder blind auf die explizite Epoché ausgreifen, die auch Formen ihrer Variation in differenten kulturellen Kontexten sein mögen. Das solcherart aufgewiesene ‚Ich' der Epoché wäre in keinem Fall weltlos; zugleich wäre es aber nicht so in Welt verfugt wie Heidegger früh schon Leben in der „Selbstgenügsamkeit"[282] eines geschlossenen Umkreises bestimmt. Die Möglichkeit der Epoché erweist vielmehr das Leben als ein solches, das, als Leben selbst, sich in der Welt zugleich auf der Scheitellinie von Welt zu bewegen vermag: Der Auf-Bruch der Epoché überschreitet den Zirkel nicht, so daß Mundanität nicht in Transzendentalität aufgehoben wird. Er markiert als ein äußerstes Selbstverhalten des mundanen Verstehens eine radikale Selbsterfahrung: nämlich die Erfahrung des Hineingehaltenseins in einen Raum der Differenz als des Krisis-Raums. Erfahren wird, daß diese Differenz selbst ihre Verdeckung bewirkt und zugleich das Entdecken ihrer selbst ermöglicht. Der Auf-Bruch belegt zudem, daß Krisis hier *Scheidung*, und zwar sowohl *Unter-scheidung* wie auch *Ent-scheidung* besagt. *Krisis* verweist nicht nur auf die grundlegende Unterscheidung von Mundanität und Transzendentalität, indem sie als Möglichkeit mit dem Horizont der Mundanität ge-

[282] Vgl. Heidegger, *Grundprobleme der Phänomenologie (1919/20)* (*Gesamtausgabe* Bd. 58), hg. von H.-H. Gander, Frankfurt am Main 1993, § 7a und passim.

setzt ist. Sie eröffnet vielmehr einen Raum der Entscheidung, also der Freiheit, sich in diesem oder jenem Sinn zu den teleogischen Sinnsystemen, an denen man partizipiert, zu verhalten, und im besonderen, sozusagen im höherstufigen Fortgang, Verendlichungen phänomenologisch zu rechtfertigen, ungerechtfertigte Verendlichungen aufzulösen. Solches Selbstverhalten bezeichnet dann nicht nur ein Verhalten, das sein Verhalten-können jener vorgängigen Freiheit verdankt, sondern auf sich selbst gerade in dem Sinn bezogen ist, daß es sich zu seiner eigenen Ermöglichung als beständiges Sein in der Krisis verhält. Dieses Selbstverhalten wäre überdies nicht nur ein Reflex der Endlichkeit des Lebens, sofern es das Faktum, in der Krisis zu sein, nie hintersteigen kann; es würde so auch dieses Faktum annehmen. Zugleich nähme es die offenen Horizonte an, in die es in seiner Freiheit, seinem Sein im Raum der Krisis, gehalten ist.

Literaturverzeichnis

1. Werke Husserls

Husserliana - Edmund Husserl. Gesammelte Werke. Den Haag 1950 ff.

Band I: *Cartesianische Meditationen und Pariser Vorträge*, hg. v. S. Strasser, 1950
Band II: *Die Idee der Phänomenologie. Fünf Vorlesungen*, hg. v. W. Biemel, 1950
Band III: *Ideen zu einer reinen Phänomenologie und phänomenologischen Philosophie. Erstes Buch*, hg. v. W. Biemel, 1950
Band IV: *Ideen zu einer reinen Phänomenologie und phänomenologischen Philosophie. Zweites Buch*, hg. v. M. Biemel, 1952
Band V: *Ideen zu einer reinen Phänomenologie und phänomenologischen Philosophie. Drittes Buch*, hg. v. M. Biemel, 1952
Band VI: *Die Krisis der europäischen Wissenschaften und die transzendentale Phänomenologie*, hg. v. W. Biemel, 1954
Band VII: *Erste Philosophie. Erster Teil*, hg. v. R. Boehm, 1956
Band VIII: *Erste Philosophie. Zweiter Teil*, hg. v. R. Boehm 1959
Band IX: *Phänomenologische Psychologie*, hg. v. W. Biemel 1962
Band X: *Zur Phänomenologie des inneren Zeitbewußtseins*, hg. v. R. Boehm, 1966
Band XI: *Analysen zur passiven Synthesis*, hg. v. M. Fleischer, 1966
Band XII: *Philosophie der Arithmetik*, hg. v. L. Eley, 1970
Band XIII: *Zur Phänomenologie der Intersubjektivität. Erster Teil*, hg. v. I. Kern, 1973
Band XIV: *Zur Phänomenologie der Intersubjektivität. Zweiter Teil*, hg. v. I. Kern, 1973
Band XV: *Zur Phänomenologie der Intersubjektivität. Dritter Teil*, hg. v. I. Kern,XVI: 1973
Band XVI: *Ding und Raum*, hg. v. U. Claesges, 1973
Band XVII: *Formale und transzendentale Logik*, hg. v. P. Janssen, 1974
Band XVIII: *Logische Untersuchungen. Erster Band*, hg. v. E. Holenstein, 1975

Band XIX,1,2: *Logische Untersuchungen. Zweiter Band*, hg. v. U. Panzer 1984
Band XXI: *Studien zur Arithmetik und Geometrie*, hg. v. I. Strohmeyer, 1983
Band XXII: *Aufsätze und Rezensionen (1890-1910)*, hg. v. B. Rang, 1979
Band XXIII: *Phantasie, Bildbewußtsein, Erinnerung*, hg. v. E. Marbach, 1980
Band XXIV: *Einleitung in die Logik und Erkenntnistheorie*, hg. v. U. Melle, 1984
Band XXV: *Aufsätze und Vorträge (1911-1921)*, hg. v. Th. Nenon u. H. R. Sepp, 1987
Band XXVI: *Vorlesungen über Bedeutungslehre*, hg. v. U. Panzer, 1987
Band XXVII: *Aufsätze und Vorträge (1922-1937)*, hg. v. Th. Nenon u. H. R. Sepp, 1989
Band XXVIII: *Vorlesungen über Ethik und Wertlehre*, hg. v. U. Melle 1988
Band XXIX: *Die Krisis der europäischen Wissenschaften und die transzendentale Phänomenologie. Ergänzungsband*, hg. von R. N. Smid, 1993

Aus Hua III wird nach der von W. Biemel besorgten Ausgabe zitiert, unter Angabe der Seitenzahlen der im Jahrbuch für Philosophie und phänomenologischen Forschung *erschienenen Erstausgabe.*

Erfahrung und Urteil. Untersuchungen zur Genealogie der Logik, Redigiert und hg. v. L. Landgrebe, 5. Aufl. Hamburg 1976

Briefwechsel (*Husserliana Dokumente* III, 1-10), hg. von K. Schuhmann in Verbindung mit E. Schuhmann, 1994

Unveröffentlichte Nachlaßmanuskripte:

A V 7
A V 10
A V 19
A V 21
A V 22
A V 24
A VI 30
A VII 25
B I 21 I
B I 21 II
B I 21 IV

B I 21 V
B I 37
E III 4
E III 8
F I 24
F I 28
M II 3a

Aus den unveröffentlichten Manuskripten wird mit Angabe der Seitenzahlen der Transkriptionen zitiert, nur im Fall von B I 37 und M II 3a nach der Paginierung der Originalmanuskripte.

2. Weitere zitierte Literatur

Aguirre, A. F.: *Genetische Phänomenologie und Reduktion. Zur Letztbegründung der Wissenschaft aus der radikalen Skepsis im Denken E. Husserls* (*Phaenomenologica* Bd. 38), Den Haag 1970

-: *Die Phänomenologie im Licht ihrer gegenwärtigen Interpretation und Kritik*, Darmstadt 1982

Ales Bello, A: „Teleology as ‚the Form of all Forms' and the Inexhaustibility of Research", in: *Analecta Husserliana* 9 (1979) 337-351.

-: „L'etica nelle analisi fenomenologiche di Edmund Husserl", in: *Fenomenologia e societa* 14 (1991) 21-39

de Almeida, G. A.: *Sinn und Inhalt in der Genetischen Phänomenologie E. Husserls* (*Phaenomenologica* Bd. 47), Den Haag 1972

Avé-Lallemant, E.: „Die phänomenologische Reduktion in der Philosophie Max Schelers", in: P. Good (Hg.), *Max Scheler im Gegenwartsgeschehen der Philosophie*, Bern/München 1975, 159-178

Ballard, E. G.: „On the Method of Phenomenological Reduction. Its Presuppositions", in: L. E. Embree (ed.), *Life-world and Consciousness*, Evanston 1972, 101-124

Belussi, F.: *Die modaltheoretischen Grundlagen der Husserlschen Phänomenologie*, Freiburg/München 1990

Bergmann, W. und Hoffmann, G.: „Habitualität als Potentialität: Zur Konkretisierung des Ich bei Husserl", in: *Husserl Studies* 1 (1984) 281-305

Bernet, R., I. Kern und E. Marbach: *Edmund Husserl. Darstellung seines Denkens*, Hamburg 1989

Blecha, I.: „Kritik der pluralen Vernunft. Phänomenologie versus Postmoderne", in: E. Garzon Valdés und R. Zimmerling (Hg.): *Facetten der Wahrheit. Festschrift für Meinolf Wewel*, Freiburg/München 1995, 379-397

Boehm, R.: „Die phänomenologische Reduktion", in: ders: *Vom Gesichtspunkt der Phänomenologie. Husserl-Studien* (*Phaenomenologica* Bd. 26), Den Haag 1968, 119-140

-: „Die konstitutive Leistung der Epoché", in: ders.: *Vom Gesichtspunkt der Phänomenologie II* (*Phaenomenologica* Bd. 83), The Hague/Boston/London 1981, 67-80

Brand, G.: „Husserls Lehre von der Wahrheit", in: *Philosophische Rundschau* 17 (1969) 57-94

Bruzina, R.: „The Enworlding (Verweltlichung) of transcendental phenomenological reflection: A study of Eugen Fink´s 6th Cartesian Meditation", in: *Husserl Studies* 3 (1986)

Buckley, R. Ph.: *Husserl, Heidegger and the Crisis of Philosophical Responsibility* (*Phaenomenologica* Bd. 125), Dordrecht/Boston/London 1992

Claesges, U.: „Zweideutigkeiten in Husserls Lebenswelt-Begriff", in: U. Claesges, K. Held (Hg.): *Perspektiven transzendentalphänomenologischer Forschung* (*Phaenomenologica* Bd. 49), Den Haag 1972, 85-101

Ferrer, U.: „La Etica en Husserl", in: *Revista de Filosofia* 4 (1991) 457 ff.

Fichte, J. G.: *Grundlagen der gesamten Wissenschaftslehre*, I. H. Fichte (Hg.): *Fichtes Werke*, Nachdruck Berlin 1962-1965, Bd. I

-: *Grundlagen des Naturrechts*, *Fichtes Werke* Bd. III

-: *Die Staatslehre*, *Fichtes Werke* Bd. IV

Fink, E.: *Grundfragen der systematischen Pädagogik*, Freiburg 1978

-: *Sechste Cartesianische Meditation* (*Husserliana Dokumente* Bd. II, 1), Dordrecht/Boston/London 1988

Fischer, M.: *Differente Wissensfelder - einheitlicher Vernunftraum. Über Husserls Begriff der Einstellung*, München 1985

Frege, G.: Rezension der *Philosophie der Arithmetik, in: Zeitschrift für Philosophie und philosophische Kritik* 103 (1894) 313-332

Funke, G.: „Lebenswelt, praktisches Wissen und Praktik bei Husserl", in: E. Ströker (Hg.): *Lebenswelt und Wissenschaft in der Philosophie Edmund Husserls*, Frankfurt am Main 1979, 45-55

-: „Kritik der Vernunft und ethisches Phainomenon", in: E. W. Orth (Hg.), *Neuere Entwicklungen des Phänomenbegriffs* (*Phänomenologische Forschungen* Bd. 9), Freiburg/München 1980, 33-89

Gloy, K. und Rudolph, E. (Hg.), *Einheit als Grundfrage der Philosophie*, Darmstadt 1985

Grünberg, L.: „The ‚Life-World' and the Axiological Approach in Ethics", in: *Analecta Husserliana* 22 (1987) 287-296

Hart, J. G.: „Transcendental Phenomenology and Zen Buddhism. A Start of a Conversation", in: *Zen Buddhism (Annual Report of the Kyoto Zen Symposium)* 5 (1987) 145-160

-: „I, We and God. Ingredients of Husserl's Theory of Community", in: S. IJsseling (Hg.), *Husserl-Ausgabe und Husserl-Forschung (Phaenomenologica* Bd. 115), Dordrecht/Boston/London 1990, S. 125-149

-: „The entelechy and authenticity of objective spirit: Reflections on *Husserliana* XXVII", in: *Husserl Studies* 9 (1992) 91-110

-: *The Person and the Common Life* (*Phaenomenologica* Bd. 126, Dordrecht/Boston/London 1992

-: „Husserl and Fichte: With special regard to Husserl's lectures on ‚Fichte's ideal of humanity'" in: *Husserl Studies* 12 (1995) 135-163

Heidegger, M.: *Sein und Zeit* (*Gesamtausgabe* Bd. 2), hg. von F.-W- von Herrmann, Frankfurt am Main 1977

-: *Die Grundbegriffe der Metaphysik. Welt - Endlichkeit - Einsamkeit* (*Gesamtausgabe* Bd. 29/30), hg. von F.-W. von Herrmann, Frankfurt am Main 1983

-: *Grundprobleme der Phänomenologie (1919/20)* (*Gesamtausgabe* Bd. 58), hg. von H.-H. Gander, Frankfurt am Main 1993

Held, K.: *Lebendige Gegenwart. Die Frage nach der Seinsweise des transzendentalen Ich bei Edmund Husserl, entwickelt am Leitfaden der Zeitproblematik* (*Phaenomenologica* Bd. 23), Den Haag 1966

-: „Husserl und die Griechen", in: E. W. Orth (Hg.): *Profile der Phänomenologie (Phänomenologische Forschungen* Bd. 22), Freiburg/München 1989

-: „Edmund Husserl. Transzendentale Phänomenologie: Evidenz und Verantwortung" in: Margot Fleischer (Hg.), *Philosophen des 20. Jahrhunderts. Eine Einführung*, Darmstadt 1990, 79-93

-: „Husserls These von der Europäisierung der Menschheit", in: Chr. Jamme und O. Pöggeler, *Phänomenologie im Widerstreit*, Frankfurt am Main 1989, 13-39

Holenstein, E.: *Phänomenologie der Assoziation. Zu Struktur und Funktion eines Grundprinzips der passiven Genesis bei E. Husserl (Phaenomenologica* Bd. 44), Den Haag 1972

Hong, S.-H.: *Phänomenologie der Erinnerung*, Würzburg 1993

Hoyos Vásquez, G.: *Intentionalität als Verantwortung. Geschichtsteleologie und Teleologie der Intentionalität bei Husserl* (*Phaenomenologica* Bd. 67), Den Haag 1976

Iribarne J.: *Husserls Theorie der Intersubjektivität*, aus dem Spanischen übs. von M.-A. Herlyn, Freiburg/München 1994

Kant, I.: *Logik*, Akademie-Ausgabe, Bd. IX

van Kerckhoven, G.: „Die ‚Idee' einer transzendentalen Methodenlehre in phänomenologischer Absicht. Eine Voranzeige zu Eugen Finks Entwurf einer VI. Meditation zu Husserls *Méditations cartésiennes*", in: Ch. Jamme und O. Pöggeler (Hg.): *Phänomenologie im Widerstreit. Zum 50. Todestag Edmund Husserls*, Frankfurt am Main 1989, 81-105

Kern, I.: „Die drei Wege zur transzendentalphänomenologischen Reduktion in der Philosophie Edmund Husserls“, in: *Tijdschrift voor Filosofie* 24 (1962) 303-349

Landgrebe, L.: *Der Weg der Phänomenologie. Das Problem einer ursprünglichen Erfahrung*, Gütersloh 1963

-: „Lebenswelt und Geschichtlichkeit des menschlichen Daseins“, in: B. Waldenfels, J. M. Broekman und A. Pazanin (Hg.): *Phänomenologie und Marxismus*, Bd. 2, Frankfurt am Main 1977, 13-58

-: *Faktizität und Individuation. Studien zu den Grundfragen der Phänomenologie*, Hamburg 1982

Lasky, D.: „The Constitution of the Human Community: Value Experience in the Thought of Edmund Husserl. An Axiological Approach to Ethics“, in: *Analecta Husserliana* 20 (1986) 315-329

Lee, N.-I.: *Edmund Husserls Phänomenologie der Instinkte* (*Phaenomenologica* Bd. 128), Dordrecht/Boston/London 1993

Lembeck, K.-H.: *Gegenstand Geschichte. Geschichtswissenschaftstheorie in Husserls Phänomenologie* (*Phaenomenologica* Bd. 111), Dordrecht/Boston/London 1988

Marbach, E.: *Das Problem des Ich in der Phänomenologie Husserls* (*Phaenomenologica* Bd. 59), Den Haag 1974

Marx, W.: *Die Phänomenologie Edmund Husserls*, München 1987

Melle, U.: „Objektivierende und nicht-objektivierende Akte“, in: S. IJsseling (Hg.), *Husserl-Ausgabe und Husserl-Forschung (Phaenomenologica* Bd. 115), Dordrecht/Boston/London 1990, 35-49

-: „The Development of Husserl's Ethics“, in: *Etudes phénoménologiques* 13-14 (1991) 115-135

-: „Husserls Phänomenologie des Willens“, in: *Tijdschrift voor Filosofie* 54 (1992) 280-305

-: „Selbstverwirklichung und Gemeinschaft in Husserls Ethik, Politik und Theologie“, in: *Tijdschrift vor Filosofie* 57 (1995) 111-128

Merker, B.: *Selbsttäuschung und Selbsterkenntnis. Zu Heideggers Transformation der Phänomenologie Husserls*, Frankfurt am Main 1988

Mickunas, A.: „The Context of Praxis", H. Kojima (Hg.): *Phänomenologie der Praxis im Dialog zwischen Japan und dem Westen*, Würzburg 1989, 31-50

Mödersheim, S.: „Husserls Nachlaß und seine Erschließung", in: H. R. Sepp (Hg.): *Edmund Husserl und die Phänomenologische Bewegung*, Freiburg/München, 2. Aufl. 1988, 103-115

Müller, S.: „Das Apriori der Lebenswelt und die Vielfalt der Vernunft", in: H. Kojima (Hg.): *Phänomenologie der Praxis im Dialog zwischen Japan und dem Westen*, Würzburg 1989, 187 ff.

Orth, E. W.: „Interkulturalität und Inter-Intentionalität: Zu Husserls Ethos der Erneuerung in seinen japanischen Kaizo-Artikeln", in: *Zeitschrift für philosophische Forschung* 47 (1993) 333-351

Patocka, J.: *Die natürliche Welt als philosophisches Problem*, Stuttgart

Ponsetto, A.: *Die Tradition in der Phänomenologie Husserls. Ihre Bedeutung für die Entwicklung der Philosophiegeschichte* (*Monographien zur philosophischen Forschung* Bd. 157), Meisenheim am Glan 1978

Prechtl, P.: „Husserls Gedanken zur praktischen Vernunft in Auseinandersetzung mit Kant", in: *Perspektiven der Philosophie* 17 (1991) 291-314

Rang, B.: *Kausalität und Motivation. Untersuchungen zum Verhältnis von Perspektivität und Objektivität in der Phänomenologie Edmund Husserls* (*Phaenomenologica* Bd. 53), Den Haag 1973

Rizzacasa, A.: „Life-World, History, and Ethics in a Husserlian Perspective", in: *Analecta Husserliana* 22 (1987) 509-517

Roth, A.: *Edmund Husserls ethische Untersuchungen. Dargestellt anhand seiner Vorlesungsmanuskripte* (*Phaenomenologica* Bd. 7), Den Haag 1960

San Martín, J.: *Estructura del método fenomenológico*, Madrid 1986

Saito, Y.: „The transcendental dimension of ‚praxis' in Husserl's phenomenology", in: *Husserl Studies* 8 (1992) 17-32

Scheler, M.: *Die Wissensformen und die Gesellschaft* (*Gesammelte Werke* Bd. 8), hg. von M. S. Frings, 3. Aufl. Bern/München 1980
-: *Späte Schriften* (*Gesammelte Werke* Bd. 9), hrsg. von M. S. Frings, Bern/München 1976

Schütz, A.: *Der sinnhafte Aufbau der sozialen Welt. Eine Einleitung in die verstehende Soziologie*, Wien 1932

Schuhmann, K.: *Husserl-Chronik. Denk- und Lebensweg Edmund Husserls* (*Husserliana. Dokumente* I), Den Haag 1977

-: „Husserls Idee der Philosophie", in: *Husserl Studies* 5 (1988) 235-256

-: *Husserls Staatsphilosophie*, Freiburg/München 1988

-: „Probleme der Husserlschen Wertlehre", in: *Philosophisches Jahrbuch* 98 (1991) 106-113

Schwabe-Hansen, E.: *Das Verhältnis von transzendentaler und konkreter Subjektivität in der Phänomenologie Edmund Husserls*, Oslo/München 1991, 149-174

Shmueli, E.: „The Universal Message of Husserl's Ethics: An Explication of Some Ethical Premises in Transcendental Phenomenology", in: *Analecta Husserliana* 22 (1987) 551-569

Spahn, Ch.: *Phänomenologische Handlungstheorie. Edmund Husserls Untersuchungen zur Ethik*, Würzburg 1996.

Strasser, S.: „Der Begriff der Welt in der phänomenologischen Philosophie", in: E. W. Orth (Hg.): *Phänomenologie und Praxis* (*Phänomenologische Forschungen* Bd. 3), Freiburg/München 1976, 151-179

-: *Welt im Widerspruch. Gedanken zu einer Phänomenologie als ethischer Fundamentalphilosophie* (*Phaenomenologica* Bd. 120), Dordrecht/Boston/London 1991

Ströker, E.: „Das Problem der *epoché* in der Philosophie Edmund Husserls", in: *Analecta Husserliana* 1 (1971) 170-185

- (Hg.): *Lebenswelt und Wissenschaft in der Philosophie Edmund Husserls*, Frankfurt am Main 1979

-: „Husserls letzter Weg zur Transzendentalphilosophie im *Krisis*-Werk“, in: dies.: *Phänomenologische Studuien*, Frankfurt am Main 1987, 115-138

Tani, T.: „Heimat und das Fremde“, in: *Husserl Studies* 9 (1992) 199-216

Tugendhat, E.: *Der Wahrheitsbegriff bei Husserl und Heidegger*, Berlin 1967

Waldenfels, B.: *Der Spielraum des Verhaltens*, Frankfurt am Main 1980

-: *In den Netzen der Lebenswelt*, Frankfurt am Main 1985

-: „Der Logos der praktischen Welt“, in: H. Kojima (Hg.): *Phänomenologie der Praxis im Dialog zwischen Japan und dem Westen*, Würzburg 1989, 11-29

Welsch, W.: *Unsere postmoderne Moderne*, 3. Aufl. Weinheim 1991

Welter, R.: *Der Begriff der Lebenswelt. Theorien vortheoretischer Erfahrungswelt*, München 1986

Wiegerling, K.: *Husserls Begriff der Potentialität. Eine Untersuchung über Sinn und Grenze der Transzendentalen Phänomenologie als universaler Methode* (*Mainzer philosophische Forschungen* Bd. 27), Bonn 1984

-: „Value-Acquiring (Wertnehmung) and Meaning-Bestowal (Sinnzueignung): An Exposition of the Problem of Value-Acquiring“, in: *Analecta Husserliana* 22 (1987) 55-67

Personenregister

Sachregister

Phänomenologie. Texte und Kontexte

Herausgegeben von Karl-Heinz Lembeck, Ernst Wolfgang Orth und Hans Rainer Sepp

Der Verlag Karl Alber pflegt die phänomenologische Forschung seit langem durch sorgfältig erarbeitete Editionen sowie profilierte Monographien und Sammelwerke in verschiedenen Publikationsreihen. Wichtige Vertreter der Phänomenologie haben hier eine verlegerische Heimat gefunden. Daher liegt es für Alber nahe, noch mehr für diese vitale philosophische Richtung zu tun: Der Verlag bündelt ab 1997 die phänomenologischen Themen durch Gründung einer neuen Publikationsreihe mit dem umfassenden Namen „Phänomenologie. Texte und Kontexte".

Damit wird der Anspruch erhoben, grundsätzlich alle phänomenologischen Richtungen und Methoden zu repräsentieren. Es wurde also ein Forum geschaffen, auf dem sich Tradition und Zukunftsorientierung vereinen und die phänomenologische Sachforschung auf breiter Basis vorangetrieben wird. Der geistige Austausch zwischen der international und der im deutschen Sprachraum lebendigen Wissenschaft sowie die gegenseitige Annäherung von östlichem und westlichem Denken bilden das besondere Anliegen der Reihe.

In der Abteilung I. TEXTE werden Primärwerke ediert, in der Abteilung II. KONTEXTE werden Forschungsarbeiten als Monographien und Sammelbände vorgelegt.

Emmanuel Lévinas: Vom Sein zum Seienden. Titel der Originalausgabe: De l'existence à l'existant. Aus dem Französischen von Anna Maria Krewani und Wolfgang Nikolaus Krewani.
1997. 186 Seiten. TEXTE Band 1. ISBN 3-495-47632-6

Michel Henry: „Ich bin die Wahrheit.". Für eine Philosophie des Christentums. Titel der Originalausgabe: C'est Moi la Vérité. Pour une philosophie du christianisme. Aus dem Französischen übersetzt von Rolf Kühn. Vorwort von Rudolf Bernet.
1997. 408 Seiten. TEXTE Band 2. ISBN 3-495-47856-6

Hans Rainer Sepp: Praxis und Theoria. Husserls transzendentalphänomenologische Rekonstruktion des Lebens.
1997. 328 Seiten. KONTEXTE Band 1. ISBN 3-495-47842-6

Paolo Volonté: Husserls Phänomenologie der Imagination. Zur Funktion der Phantasie bei der Konstitution von Erkenntnis.
1997. 304 Seiten. KONTEXTE Band 2. ISBN 3-495-47874-4

Peter Trawny: Martin Heideggers Phänomenologie der Welt.
1997. 388 Seiten. KONTEXTE Band 3. ISBN 3-495-47865-5

Andrea Roedig: Foucault und Sartre. Die Kritik des modernen Denkens.
1997. 224 Seiten. KONTEXTE Band 4. ISBN 3-495-47860-4

Verlag Karl Alber Freiburg / München

Phänomenologische Forschungen (Neue Folge)

Phenomenological Studies / Recherches Phénoménologiques

Im Auftrag der Deutschen Gesellschaft für phänomenologische Forschung herausgegeben von Ernst Wolfgang Orth und Karl-Heinz Lembeck

Die seit 1996 als Zeitschrift herausgegebenen Phänomenologischen Forschungen verstehen sich als international offenes Publikationsforum für alle im weitesten Sinn phänomenologisch orientierten Arbeiten. Die einzelnen Hefte gliedern sich in drei Rubriken: *Beiträge* (selbständige Artikel zur phänomenologischen Forschung), *Berichte* (Diskussionsbeiträge, Forschungs- und Tagungsberichte), *Buchbesprechungen* (Sammel- und Einzelrezensionen, Buchanzeigen). Außerdem wird einmal jährlich eine aktuelle *Bibliographie* zur phänomenologisch relevanten Literatur veröffentlicht. Artikel und Berichte erscheinen in der Originalsprache, in der Regel in Deutsch, Englisch oder Französisch.
Bis 1995 erschienen die Phänomenologischen Forschungen in Gestalt einer Schriftenreihe in 30 thematisch gebundenen Sammelbänden.

Jährlich kommen 2 Halbbände heraus (im April und Oktober). Umfang des Jahrgangs: ca. 336 Seiten. Über die gültigen Abonnementspreise informiert der Verlag auf Anfrage.

Verlag Karl Alber Freiburg/München